国家社会科学基金教育学青年项目“农村小微型幼儿园办园模式的调查研究——中部农村地区普及学前教育的探索”（CA120134）最终成果

中国中部农村地区普及学前教育的现状与对策

裘指挥　张　丽　等◎著

科学出版社
北　京

内 容 简 介

农村地区普及学前教育具有重要的人力资本、社会公正和乡村文化引领价值。本书在分析我国中部农村地区发展学前教育的科学定位的基础上，从幼儿园教育质量、生均成本、保教人员胜任力、小微型幼儿园发展、学前教育公共服务体系建构等方面，对中部农村地区普及学前教育的成就和困境进行了探索。同时，本书在借鉴国外学前教育质量提升与财政投入相关经验的基础上，提出了促进中部农村地区学前教育发展的若干建议：坚持分层质量观，发展高质量是农村地区普及学前教育的生命线；加大经费投入、优化经费结构是当前普及农村学前教育的前提；职前职后联动，提高保教队伍的整体素质，是普及农村学前教育的保障；区域合作共生，彰显乡村文化，是发展农村学前教育的有效机制。

本书可供学前教育研究人员、学前教育专业研究生和本专科生及广大学前教育行政管理人员和幼儿园骨干教师阅读和参考。

图书在版编目（CIP）数据

中国中部农村地区普及学前教育的现状与对策 / 裘指挥等著. —北京：科学出版社，2021.5

ISBN 978-7-03-064610-1

Ⅰ. ①中…　Ⅱ. ①裘…　Ⅲ. ①乡村教育-学前教育-研究-中国
Ⅳ. ①G619.2

中国版本图书馆 CIP 数据核字（2020）第 038565 号

责任编辑：卢　森　高丽丽 / 责任校对：何艳萍
责任印制：李　彤 / 封面设计：润一文化

科学出版社 出版
北京东黄城根北街 16 号
邮政编码：100717
http://www.sciencep.com

北京虎彩文化传播有限公司印刷

科学出版社发行　各地新华书店经销

*

2021 年 5 月第　一　版　开本：720×1000　1/16
2021 年 5 月第一次印刷　印张：22 1/2
字数：428 000

定价：149.00 元

（如有印装质量问题，我社负责调换）

前　言

本书的研究遵循理论诠释、实证调研和对策建议的思路，在诠释当前普及农村学前教育的战略价值与合理定位的基础上，重点对我国中部地区有代表性的省份——江西省农村地区的学前教育进行深入的调研，探究小微型幼儿园在农村学前教育事业发展中的功能，剖析农村地区普及学前教育的成就、问题，提出促进农村地区学前教育与小微型幼儿园健康发展的若干对策，为构建符合中部农村地区属性的公益、普惠的学前教育公共服务体系提供理论支撑与政策建议。

农村地区普及学前教育具有重要的人力资本、社会公正和乡村文化引领价值。“普惠与质量”是当前农村地区发展学前教育的科学定位；小微型幼儿园是发展农村学前教育不可忽视的重要力量。江西省农村地区普及学前教育取得了一些成就：三年毛入园率持续增长，幼儿园数量不断增加，学前教育投入不断加大，“入园难”的问题有所缓解，家长对学前教育的满意度较高。农村地区普及学前教育存在的问题如下：全面普及学前三年教育的空间较大；学前教育的公益性、普惠性不强；“入园贵”问题在一些地区较突出；学前教育经费持续投入不足；学前教育成本核算与分担机制有待健全；部分幼儿园的游戏材料有待丰富；教育质量急需提升；师资质量及生存发展机制动力不足；等等。对于这些问题，本书提出如下建议与对策。

第一，高度重视农村地区普及学前教育的人力资本、社会公平和乡村文化引领的战略价值。高品质的学前教育能够提升幼儿的综合素养，减小儿童后续学业失败的可能性，提高升学率和入学率，提升学校教育质量，培养出高素质人才，从而提高劳动力在市场上的就业能力和生产效率，产生巨大的人力资本效益。学前教育是强公益性准公共产品，是一项社会公共事业，具有较强的福利性和公益性，学前教育具有维护教育公平、提升儿童学习和生存能力、打破贫困代际传递、促进社会公正和谐发展的价值。农村地区普及学前教育具有乡村文化引领价值，就教育领域看，村落里原有的小学（教学点）是乡村文化传承的重要场域，但随着“撤点并校”工程的实施，这一场域也逐渐消失，农村幼儿园将逐渐成为“村庄的重要文化中心”，是促进农村儿童成长的文化之根。

第二，大力发展“普惠性”幼儿园，是当前解决农村地区“入园贵”问题的科学方法。普惠性幼儿园的提出与发展是解决“入园难、入园贵”问题，办人民满意的幼儿教育[①]的重要举措。特别是随着国家学前教育三年行动计划的实施，“入园难”问题有所缓解，但是“入园贵”“入公办幼儿园难”等问题仍比较突出。发展普惠性幼儿园是当前农村地区普及学前教育的价值诉求。发展普惠性幼儿园要坚守三个属性：公平正义的价值取向、政府主导的保障与创新管理机制、有质量保障的学前教育。

第三，坚持分层质量观，鼓励发展高质量的学前教育，是农村地区普及学前教育的生命线。随着几期学前教育三年行动计划的实施，农村地区“入园难”问题得到缓解，但教育质量不高、“小学化”倾向较普遍等现象不利于幼儿的身心健康发展。因此，提供有质量保障的学前教育，是当前普及农村学前教育的生命线。为此要坚持分层质量观，要坚定不移地遏制幼儿教育“小学化”倾向，扎实地贯彻幼儿教育以游戏活动为主的理念，提升幼儿园保教实践的科学化水平；制定幼儿园教育质量评价标准，通过幼儿园教育质量评价提高幼儿园的教育质量。

第四，小微型幼儿园是农村地区普及学前教育的重要力量。小微型幼儿园是一种类似于家庭式的，以解决留守儿童学前教育问题，以及以看护为直接目的的村落幼儿园。它在一定程度上符合农村的地域特点、经济水平、人口特征和文化属性，比较适合我国中部广大农村地区家庭对学前教育的需求，特别是对解决农村留守儿童学前教育问题具有重要的价值。小微型幼儿园的教育活动形式存在混龄、家庭式等特征，具有方便入学、运转灵活、收费低、易于因材施教及与家庭社区联系密切等优势。农村小微型幼儿园是教育体系中最薄弱而又具有独特价值的学前教育机构，它对保障留守儿童的学前教育受教育权，实现教育公平，引领乡村文明，实施留守儿童教育补偿，以及对其终身发展，都具有重要的价值。

第五，加大经费投入、优化经费结构，是当前普及农村学前教育的前提。从整体上看，当前经费投入还不能很好地满足学前教育的需求，这在农村地区显得更迫切，因此需要政府及社会各方加大对学前教育的投入。另外，在投入结构与性质上进行优化，如经费应更多向普惠性幼儿园倾斜，更多向园内游戏材料添置、教育质量提升倾斜。同时，需要抓紧出台国家和省级层面的生均公用经费标

① 为论述方便，全书中的“学前教育”“幼儿教育”不做统一。

准、生均财政拨款标准，建立起真正合理的成本分担机制，以增强经费投入与使用的科学性、规范性和公正性。

第六，职前与职后联动，提高保教队伍的整体素质，是普及农村学前教育的保障。优秀的师资是发展学前教育的关键元素。为此，首先，要配齐幼儿园教职工，要合理地核定幼儿园教职工编制，增加公办在编教师数量，特别是要对农村地区进行编制倾斜。其次，从职前培养来看，要扩大培养资源，特别是要加大对符合农村地区学前教育需求的幼儿教师的培养力度，创新培养模式；从职后培养来看，要加强师资培训，完善省、市、县三级教师培训体系，开展“种子”工程，为每一所农村幼儿园培养 3～5 名骨干教师，发挥“引领示范作用、星火燎原效能”。最后，要切实保障幼儿教师待遇，如实现农村幼儿教师与小学教师同酬保障制度，实施农村幼儿教师荣誉工程等，特别是要进一步提高乡村教师的薪酬与社会保障待遇等。

第七，区域合作共生，县、镇、村三级联动，是农村学前教育发展机制的创新。以区域内（如乡镇）1～2 所优质幼儿园为核心，坚持共生发展的思路，形成农村幼儿园发展联盟。园际联盟实现管理互通、资源共享、研训联动、文化共建、项目合作等，从而有利于缩小城乡幼儿园的差距，充分利用优质教育资源，努力实现教育资源共享互补、教育教学联动互助，切实提高农村小微型幼儿园、薄弱幼儿园的整体办学水平。从宏观管理机制看，坚持县级统筹为主、乡镇统筹为辅，县、镇、村三级联动，确保资金、师资与办园条件等得到充分保障。从微观特色机制看，充分利用农村幼儿园的地域特点，开展乡村科学教育实验、田园科学教育之旅，充分挖掘乡村教育教学资源，让游戏教学充满探究学习的乐趣，达到说做结合、知行合一。

本书研究是集体智慧的结晶，总体上由裘指挥、张丽负责，具体分工如下：第一、二章由裘指挥负责，第三、四章由郑孝玲、裘指挥负责，第五章由吴盼、裘指挥负责，第六章由程婷、裘指挥负责，第七章由胡新宁、袁园负责，第八、九章由张丽负责。同时，我们对课题组人员及科学出版社朱丽娜、卢淼、高丽丽编辑的大力支持表示衷心感谢。

裘指挥

目 录

第一章 农村地区普及学前教育的科学定位

农村地区有其自身的地域属性、经济社会发展形势及文化习俗特点，结合农村地区的特性，对学前教育进行科学、适宜的定位，是发展农村地区学前教育的前提和基础。

第一节 普惠与质量：农村地区普及学前教育的核心元素

一、普惠性幼儿园：农村地区普及学前教育的价值诉求

（一）发展普惠性幼儿园是历史与现实的诉求

普惠性幼儿园的提出与发展是解决“入园难、入园贵”问题，办人民满意的幼儿教育的重要举措，发展普惠性幼儿园是历史与现实的诉求。20 世纪 90 年代中期，“入园难、入园贵”的问题并不突出，这与当时幼儿园的整体结构和服务性质相对合理有关。当时的教育统计结果表明，幼儿教育机构由四个部分组成：一是教育部门办园，即财政预算支持的幼儿园。二是其他部门办园，主要包括机关部队、事业单位、社会团体和国有企业所办的幼儿园。其中，机关部队、事业单位等部门开办的幼儿园所需经费可以通过事业费预算等方式间接进入财政预算。国有企业办园则往往计入劳动成本、职工福利等，通过税前预留的方式间接地获得公共资金的支持。三是集体办园，包括城市集体所有制企业园、街道园和农村集体办的幼儿园。这类幼儿园的经费也有一定的集体经济支持。四是

私立园。[①]

从幼儿园的类型看，20 世纪 90 年代的幼儿教育基本上具有“公办”的性质，如上述的四类幼儿园中，前三类占到幼儿园总数的 90%左右，在其经费中，各级政府、企事业单位和相关集体等承担了大部分，家庭负担部分的比例不大，学前教育的公益性得到较好的体现。另外，当时的群众对学前教育的满意度也很高，特别是有关集体和企事业办园在解决职工子女的入园问题时，还具有较强的单位福利性。这种幼儿园往往办在企事业单位里，具有就近、方便、精巧、低价的特点，虽然教育质量可能不太高，但满足了人们的需要，受到群众的欢迎。

但是，随着我国经济、政治体制改革的推进，企事业单位要求深化改革、精简机构，特别是与原来的计划经济体制相比，责、权、利等发生了重大变化，导致企事业单位和集体办园迅速被关、转、改，我国幼儿园的结构发生了根本性的改变：原先撑起我国幼儿教育大半壁江山的，以工人、普通公务员、服务行业职工等中低收入家庭子女为教育对象的企事业单位和集体办园急速萎缩，取而代之的是完全靠家长付费且要从中盈利的民办幼儿园。2006 年，全国部门办园和集体办园占全国幼儿园总量的 21%，2008 年则降到了 18%。[①]

随着社会经济的发展、人民生活水平的提高，一方面是广大家庭与社会对学前教育提出了更高的需求；另一方面是学前教育事业发展缓慢，民办幼儿园成为支撑学前教育事业的主要力量，学前教育不管在数量还是质量上都不能满足社会的需要，集中体现为“入园难、入园贵”。

为此，《国家中长期教育改革和发展规划纲要（2010—2020 年）》中明确提出了基本普及学前教育的目标：学前教育对幼儿身心健康、习惯养成、智力发展具有重要意义。遵循幼儿身心发展规律，坚持科学保教方法，保障幼儿快乐健康成长。积极发展学前教育，到 2020 年，普及学前一年教育，基本普及学前两年教育，有条件的地区普及学前三年教育。重视 0 至 3 岁婴幼儿教育……明确政府职责。把发展学前教育纳入城镇、社会主义新农村建设规划。建立政府主导、社会参与、公办民办并举的办园体制。大力发展公办幼儿园，积极扶持民办幼儿园……充分调动各方面力量发展学前教育……重点发展农村学前教育。努力提高农村学前教育普及程度。为贯彻落实该纲要，积极发展学前教育，着力解决当前存在的“入园难”问题，满足适龄儿童入园需求，促进学前教育事业的发展，《国务院关于当前发展学前教育的若干意见》中提出“多种形式扩大学前教育资源。大力发展公办幼儿园，提供‘广覆盖、保基本’的学前教育公共服务……鼓励社

① 冯晓霞. 2010. 大力发展普惠性幼儿园是解决入园难入园贵的根本. 学前教育研究，（5）：4-6.

会力量以多种形式举办幼儿园……积极扶持民办幼儿园特别是面向大众、收费较低的普惠性民办幼儿园发展……实施学前教育三年行动计划……有效缓解‘入园难’”。同时，要求“努力扩大农村学前教育资源。各地要把发展学前教育作为社会主义新农村建设的重要内容，将幼儿园作为新农村公共服务设施统一规划，优先建设，加快发展”。这些重要法规的颁布与实施，对促进我国学前教育发展，满足社会对学前教育的需求，发挥了重要作用。

教育部公布的数据显示：2015 年，全国共有幼儿园 22.4 万所，比上年增加 1.4 万所。入园幼儿 2008.9 万人，比上年增加 21.1 万人，增长 1.1%；在园（班）幼儿 4264.8 万人，比上年增加 214.1 万人，增长 5.3%。其中，农村在园（班）幼儿 2275.0 万人，比上年增长 4.9%。2015 年，全国学前教育毛入园率为 75.0%，比上年提高 4.5 个百分点，“入园难”问题得到很大缓解。小学招生中，接受学前教育的比例为 98.0%，比上年提高 0.3 个百分点。每 10 万人口中学前教育人数为 3118 人，比上年增加 141 人。2015 年，全国学前教育专任教师数为 205.1 万人，比上年增加 20.7 万人，增长 11.2%，学前教育规模大幅增长的同时，生师比继续下调，由 18.7∶1 下降至 18.1∶1，其中大专及以上学历教师比例为 73.8%，比上年提高 2.9 个百分点，农村专任教师中大专及以上教师比例为 68.3%，比城市低 11.9 个百分点，差距仍然较大。学前教育专任教师中，幼儿教育专业毕业的比例为 65.7%，比上年提升 1.2 个百分点。①

《中国妇女报》报道了一个案例。北京市海淀区的杨女士的女儿刚刚 1 岁半，她已经在家附近的一所二级一类公立幼儿园登记了，算是排上队了。但她也有顾虑：“听说这家公立幼儿园硬件设施一般，装修老旧，户外活动场地太小，但相对招收的孩子又多，每个班 3 位老师负责 30 多个孩子，据说到了中班还会重新编班，每个班 40 多个孩子，老师照顾不周在所难免，总觉得内向的女儿进了这样的幼儿园可能会受委屈。”提及私立幼儿园，杨女士首先不能接受的是费用比公立幼儿园高出不少，其次是私立幼儿园的教师流动性大、不稳定，教育水平可能也不如公立幼儿园。权衡二者，杨女士左右为难。北京市朝阳区教育委员会的一项调查数据显示，90%的家庭希望孩子进入公立幼儿园，特别是一级一类园，因为公立幼儿园享有大量政府补贴或是财政拨款，自己还可以以低廉的价格让孩子得到优质的服务和教育。②

正如著名学者刘焱教授指出的，目前我国学前教育“入园难、入园贵”的问题远远没有得到根本性的解决，特别是“入公办幼儿园难”“提供普惠性服务的

① 教育部. 2016. 2015 年全国教育事业发展统计公报. http://www.moe.gov.cn/srcsite/A03/s180/moe_633/201607/t20160706_270976.html[2020-06-01].

② 转引自：陈若葵. 2016-03-24. 扩大普惠性幼儿园覆盖面能缓解“二孩时代”入园难吗. 中国妇女报，第 1 版.

民办幼儿园数量太少”的问题更加突出。学前教育公共服务“公益普惠”程度较低，民办幼儿园占比过高，“公办民办并举”的格局尚未形成，质优价廉的公办幼儿园成了“一（学）位难求”的稀缺资源，远远不能满足人民群众的需要。她认为，随着全面二孩政策的实施，如果不持续加大对学前教育的投入、扩资源、调结构、提质量，当新的“婴儿潮”到来时，势必形成更为严峻的“入园难、入园贵”问题。她指出：不消除公办幼儿园和普惠性民办幼儿园在收费标准上明显的园际差距，很难真正解决“入园难”（主要是“入公办幼儿园难”）的问题，也不能真正体现教育公平。建设公益普惠的学前教育公共服务体系，就应当让大部分幼儿能够就近在家门口入园，交差不多的费用，进质量差不多的普惠性幼儿园。①

早在 2010 年，《国务院关于当前发展学前教育的若干意见》中就明确提出，“发展学前教育，必须坚持公益性和普惠性”，“积极扶持民办幼儿园特别是面向大众、收费较低的普惠性民办幼儿园发展”，“采取政府购买服务、减免租金、以奖代补、派驻公办教师等方式，引导和支持民办幼儿园提供普惠性服务”。②2014 年 11 月，教育部、国家发展和改革委员会、财政部联合出台的《关于实施第二期学前教育三年行动计划的意见》针对当前普惠性资源依然不足的现状，明确坚持公益普惠的原则，要求“扩大城乡公办幼儿园和普惠性民办幼儿园的覆盖面”，“各地 2015 年底前出台认定和扶持普惠性民办幼儿园实施办法，对扶持对象、认定程序、成本核算、收费管理、日常监管、财务审计、奖补政策和退出机制等做出具体规定”。③总之，发展普惠性幼儿园既是历史和现实的诉求，也是政府意志的体现。

（二）相关概念界定

1. 普惠制

“普惠”来源于经济学上的普惠制，是普遍优惠制（general system of preferences，GSP）的简称。普惠制的设想是由阿根廷经济学家罗尔·普雷比查首先提出来的，而普惠制的实施则是广大发展中国家和全世界进步力量长期争取

① 转引自：乔虹. 2017-03-06. 让普惠性幼儿园惠及更多孩子. 中国妇女报，第 2 版.

② 国务院办公厅. 2010. 国务院关于当前发展学前教育的若干意见. http://www.gov.cn/zwgk/2010-11/24/content_1752377.htm［2018-06-01］.

③ 教育部，国家发展改革委，财政部. 2014. 教育部 国家发展改革委 财政部关于实施第二期学前教育三年行动计划的意见. http://old.moe.gov.cn//publicfiles/business/htmlfiles/moe/s3327/201411/xxgk_178318.html［2018-06-01］.

的胜利成果，也是发达国家考虑自身利益做出让步的结果。普惠制是国际经济新秩序的产物。在现代国际贸易中，发达国家与发展中国家即使在条约上存在着形式上平等的最惠国待遇条款，但在运用过程中也会产生实质上的不平等的结果。为了消除这种表面平等而实质不平等的现象，缩小南北差距，促进人类社会的共同进步和繁荣，发展中国家进行了长期不懈的斗争，普惠制就是广大发展中国家不懈努力的结果。①

普惠制与《关税与贸易总协定》关系密切，可以说它是《关税与贸易总协定》不断完善、不断创新的集中体现。普惠制是在国际贸易中经济发达国家单方面给予发展中国家出口制成品或半制成品普遍的、非歧视性的、非互惠性的一种关税优惠制度，是世界贸易组织针对发展中国家制定的一项重要的例外条款，现已成为普遍承认的国际贸易规则。②根据联合国贸易发展会议相关决议，普惠制具有三项基本原则：普遍原则、非歧视原则、非互惠原则。普遍原则是指所有的发达国家应对所有的发展中国家和地区出口的产品给予普遍优惠制待遇。非歧视原则是指所有的发展中国家和地区都应无歧视、无例外地享受普惠制待遇。非互惠原则是指发达国家应当单方面给予发展中国家的出口产品特别关税减让，而不要求发展中国家对发达国家给予同等待遇。③非互惠原则既是普惠制的特点，也是普惠制的生命力所在。

普惠制所体现的是一种不断争取真正平等的精神，是一种相互依存的精神。普惠制是国际公认的普遍法律原则和公平合理原则在国际贸易中唯一可能的合理运用。公平合理原则要求各主权国家在相互交往中，不仅要做到法律上平等，而且要做到对彼此有利。另外，普惠制符合国际分工协作原则。市场经济将全世界连接为统一的、不可分割的整体，经济社会发展水平不同的各个国家和民族在国际分工体系中处于不同的地位，客观上起着各自不同的且彼此不可替代的作用。在国际分工体系中，发展中国家离不开发达国家，发达国家离开发展中国家更是一天也不能生存和发展。④

普惠制给发展学前教育带来的启示是：发展学前教育要秉承公平正义的精神，要贯彻普遍性、非歧视性、非互惠性原则。普遍性说明了给予优惠政策的对象是大众的、全民的，而不仅仅是一小部分的个体或群体；非歧视性体现了人人平等，不分种族、地域、年龄、性别等，一律平等对待；非互惠性是指提供者给予被提供者一定的财政支持，而被提供者无须偿还，只是一种单向的给予和被给

① 夏蕾. 2002. 浅论普惠制. 当代法学，(11)：61-63.
② 王翠文. 2001. 普惠制及其利用. 税务研究，(7)：58-61.
③ 余中根. 2016. 普惠性民办幼儿园的内涵及其政策价值. 聊城大学学报（社会科学版），(6)：111-115.
④ 薛淑云. 2000. 普惠制探析. 天津大学学报（社会科学版），(1)：7-12.

予的关系。[①]所有适龄幼儿享有普惠性学前教育是一种正当的权益，不应被附加任何条件。

2. 普惠性幼儿园的内涵与标准

对于普惠性幼儿园的界定，目前主要是集中于学术领域与政策法规领域。首先，我们来看看学术界的相关研究。学者刘焱从普惠性幼儿园类型的角度进行了界定：普惠性幼儿园由公办幼儿园、公办性质幼儿园（如企事业单位所办幼儿园）、普惠性民办幼儿园等构成。当前的实际情况是公办幼儿园办园质量高、收费低、家长成本分担比例较低；公办性质幼儿园、普惠性民办幼儿园等收费高、家长成本分担比例较高。[②]王海英认为，“学前教育普惠性的内涵非常丰富，主要包括三个层面。一是指受惠面的普遍化、扩大化，依据的标准是公民权利而非身份地位；二是指幼儿教育作为公共产品之一，由政府承担施惠方的责任；三是指普惠性学前教育的核心目标是普及学前教育，提升学前教育质量”[③]。这一概念主要是从普惠性幼儿园的性质——普适性、普惠性幼儿园的主要责任主体——政府、普惠性幼儿园的目标——普及与质量提升三个方面进行界定的。杨卫安、邬志辉认为，“普惠性学前教育有以下几个层次的含义：一是受益主体的多元性，受益主体包括国家、办园者和教师、受教育者及家庭等；二是普惠性学前教育的弱势补偿性质；三是保教质量的高水平”[④]。这里重点强调的是普惠性幼儿园的受益主体和质量，特别强调了受益主体不仅是幼儿和家庭，也包含国家和社会。秦旭芳、王默认为，“普惠性幼儿园是公平性、公益性在教育上的延续，其目的是使广大人民群众享有平等受教育的机会”。普惠性幼儿园具有教育对象大众化、弱势群体优先、实施结果公平化等特性。[⑤]余中根对“普惠性”做了如下阐释：普惠性学前教育是学前教育提供者给予接受者普遍的、非歧视的、非互惠的一种优惠制度。[⑥]这一概念强调普惠性学前教育的普遍正义性价值。学者冯晓霞指出，普惠性幼儿园应该包括两类：第一类是农村乡镇中心幼儿园及其直接指导和辐射的村园或班，以惠及广大农村，特别是中西部贫困地区、少数民族地区的幼儿。其中，留守幼儿更应该成为被优先考虑的对象。第二类是城市平价幼儿园，包括运用公共财政举办的普惠性教办园、企事业单位园、工厂园、街道园和

① 秦旭芳，王默. 2011. 学前教育普惠政策的价值分析. 教育研究，（12）：28-31.

② 转引自：乔虹. 2017-03-06. 让普惠性幼儿园惠及更多孩子. 中国妇女报，第 2 版.

③ 王海英. 2011. 从特权福利到公民权利——解读《国务院关于当前发展学前教育的若干意见》中的普惠性原则. 幼儿教育（教育科学），（1）：7-11.

④ 杨卫安，邬志辉. 2014. 普惠性学前教育的内涵与实现路径. 广西社会科学，（10）：199-202.

⑤ 秦旭芳，王默. 2012. 普惠性幼儿园的内涵、衡量标准及其政策建议. 学前教育研究，（7）：22-26，30.

⑥ 余中根. 2016. 普惠性民办幼儿园的内涵及其政策价值. 聊城大学学报（社会科学版），（6）：111-115.

新建普通住宅区的配套幼儿园，以及社区幼儿班、幼儿活动中心等，主要服务对象为城镇中低收入家庭的幼儿，包括外来务工家庭的幼儿。[①]在这里，低收入家庭幼儿、留守幼儿、外来务工家庭的幼儿成为普惠性幼儿园的主要教育对象，突出了普惠性幼儿园的正义与补偿价值。

从政策法规看，对于普惠性幼儿园的界定也不尽相同，并且主要是对普惠性民办幼儿园进行界定。《国务院关于当前发展学前教育的若干意见》虽没有对普惠性幼儿园予以界定，但提出了"积极扶持民办幼儿园特别是面向大众、收费较低的普惠性民办幼儿园发展"的主张，这成为许多地方法规界定普惠性幼儿园这一概念的源头。特别是"面向大众、收费较低"成为普惠性幼儿园的一个主要特征。湖南省教育厅颁布的《关于开展普惠性民办幼儿园建设和认定工作的通知》中把普惠性民办幼儿园界定为："普惠性民办幼儿园是指得到当地政府支持，幼儿园建设水平达标，收费合理，面向社区提供基本的学前教育服务的民办幼儿园。"《关于印发黑龙江省普惠性民办幼儿园认定及管理办法的通知》中把普惠性民办幼儿园界定为："普惠性民办幼儿园是指国家机构以外的社会组织或者公民个人举办的资质健全、管理规范、面向大众、收费合理、质量较高的民办幼儿园。"《关于印发〈新疆维吾尔自治区普惠性民办幼儿园认定及管理办法（试行）〉的通知》把普惠性民办幼儿园界定为："普惠性民办幼儿园是指面向大众，不以营利为目的，办园规范，收费较低，财务公开的民办幼儿园。"《山东省教育厅　山东省财政厅　山东省物价局关于开展普惠性民办幼儿园认定工作的通知》中把普惠性民办幼儿园界定为："普惠性民办幼儿园是指面向大众，办园规范，收费合理，财务公开，不以营利为目的的民办幼儿园。"《贵州省普惠性民办幼儿园认定扶持及管理办法》把普惠性民办幼儿园界定为："普惠性民办幼儿园是指国家机构以外的社会组织或者个人，利用非国家财政性经费举办的具有办园资质、面向大众、收费合理、办园规范、质量较好的民办幼儿园。"《陕西省普惠性民办幼儿园认定及管理办法（试行）》把普惠性民办幼儿园界定为："普惠性民办幼儿园是指国家机构以外的社会组织或者个人举办的具有办园资质、面向大众、行为规范、收费合理、质量较高的民办幼儿园。"《四川省教育厅　四川省财政厅　四川省发展和改革委员会关于普惠性民办幼儿园认定工作的指导意见》中对普惠性民办幼儿园的界定为："普惠性民办幼儿园是指办园资质合格、面向大众、办园规范、收费合理、质量较好的民办幼儿园。"

上述政策法规中，虽然在表述上有些差异，但基本上是从对象的广泛性、办园的规范性、收费的合理性及质量的可靠性等角度进行概念界定的。

① 冯晓霞. 2010. 大力发展普惠性幼儿园是解决入园难入园贵的根本. 学前教育研究，(5)：4-6.

基于以上概念的分析，我们认为普惠性幼儿园具有如下三个属性：①坚守公平正义的价值取向，即面向大众，但优先保障处境不利儿童（如低收入家庭幼儿、留守幼儿、外来务工家庭的幼儿和农村幼儿等）的发展。②政府主导的保障与管理机制。其核心是政府要给予各种形式的支持，特别是经费支持，形成幼儿园、政府与家庭合理的成本分担机制。另外，政府要发挥强有力的统筹规划功能，为幼儿园发展营造良好的内外部环境。③有质量保证，促进幼儿身心健康与快乐成长。

关于普惠性幼儿园的标准，有学者指出：一是要面向大众，对每个适龄幼儿开放；二是要收费合理，幼儿园教育质量有保障；三是园舍建设标准且安全、教师队伍素质高、财政体制科学。[①]关于普惠性幼儿园标准的更多内容主要体现在相关的地方性政策法规中。例如，四川省关于普惠性民办幼儿园的认定条件如下：符合当地城乡建设总体规划和学前教育发展整体规划；经县（市、区）教育行政主管部门审批，取得民办幼儿园办园资质；办园条件基本达到《四川省幼儿园办园基本要求（试行）》中的标准，保育教育质量基本达到当地同类公办幼儿园水平；办园行为规范，面向大众提供普惠性服务，优先招收本区域内适龄儿童就近入园；收费合理，保教费根据办园成本并参考本区域内同类公办幼儿园收费标准执行。湖南省关于普惠性民办幼儿园的认定条件如下：①在办园水平方面。一是符合规划。符合幼儿园规划布局要求，能够较好地满足适龄幼儿的入园需要。二是条件达标。一般应达到《湖南省幼儿园办园标准》中的基本要求；边远乡村幼儿园和主要服务对象为城镇中低收入家庭及外来务工人员子女的城郊幼儿园，要达到《湖南省简易幼儿园基本条件（试行）》中的标准。三是办园规范。办园思想端正，坚持公益性、普惠性方向；相关证照完善，法人治理结构符合规定要求；园务管理规范，依法为教职工购买相关社会保险；安全管理落实，依法办园，近3年年检合格且无重大安全责任事故。四是质量较好。遵循幼儿身心发展规律，以游戏为基本保教形式，拒绝“小学化”倾向；保教科学，建立了良好的家园共育机制；家长、社会对幼儿园的认可和满意度较高，社会评价良好。②当地政府支持。当地政府通过购买服务的方式，对民办幼儿园给予间接补偿或直接补偿。间接补偿主要是政府通过减免租金、以奖代补、派驻公办教师等形式，引导和支持民办幼儿园提供普惠性服务；直接补偿主要是政府为提供普惠性服务的民办幼儿园提供适当补贴保教费。通过政府支持，收费较高的民办幼儿园降低收费标准；收费较低、条件较差的民办幼儿园改善办园条件。具体支持办法由当地政府制定。③招生和收费。政府购买服务的普惠性民办幼儿园收费应不高

① 秦旭芳，王默. 2012. 普惠性幼儿园的内涵、衡量标准及其政策建议. 学前教育研究，(7)：22-26，30.

于当地同类公办幼儿园收费标准（具体标准按收费政策文件执行）。普惠性民办幼儿园应当接受当地政府和教育行政部门的指导，面向所在区域招生，为所在社区提供基本学前教育服务。湖北省关于普惠性民办幼儿园的认定条件如下：经当地教育行政部门批准举办；符合当地学前教育规划布局；近两年年检结果为“基本合格”或“合格”；班额符合省定标准，无“大班额”现象；每个班级师资配备达到“两教一保”要求；收费标准与本行政区域内同等级公办幼儿园收费标准相当或略高，高于公办幼儿园收费标准的，县级教育行政部门应结合本地消费水平特别是中低收入家庭经济承受能力，合理确定高出部分的比例；无乱收费现象，严格执行收费公示制度。

上述政策法规中，对普惠性民办幼儿园的认定标准包括：①资质合格。经相关教育行政部门审批，取得办园许可证和相关证件（民办非企业单位法人登记证、收费许可证、卫生保健合格证、餐饮服务许可证、消防验收合格意见书等）。②办园规范。有健全的规章制度，重视安全教育与管理，严格执行《幼儿园工作规程》《幼儿园教育指导纲要》《3～6岁儿童学习与发展指南》等的有关规定，坚持规范办园。③质量保障。遵循幼儿身心发展规律，实施科学保教，无“小学化”倾向。家长、社会和政府对幼儿园的认可和满意度较高。④收费合理。政府、幼儿园与家庭经费分担比例科学合理，突出公益性。

关于普惠性幼儿园的内涵与认定标准，我们认为还要思考如下几个问题。

第一，普惠不等于低质。“面向大众”“收费较低”是普惠性幼儿园的主要特征，但这也造成了目前大众对普惠性幼儿园的认识存在一定误区。《解放日报》报道：调查数据显示，70%的民众把普惠性幼儿园简单理解为“低质量”“低成本”或“免费”幼儿园。全国政协委员胡卫指出，“各地财政与相关部门只关注前期资质认定与当期资金发放，对财政资金后续使用缺乏绩效评价和有力监管，效果势必不甚理想。甚至一些地区不顾实际，对民办幼儿园收费标准实行‘一刀切’，导致一些民办幼儿园刻意压缩办园成本，造成办学质量受到影响”[①]。

第二，普惠性幼儿园不仅仅包括普惠性民办幼儿园。从目前各级地方政府出台的法规看，主要是关注普惠性民办幼儿园的认定，这显然窄化了普惠性幼儿园的概念。公办幼儿园成为普惠性学前教育服务的供给主体更具有合法性和合理性。从资金来源来看，公办幼儿园的经费来源以国家财政性经费为主，它代表的是公共利益，而不是某一群体的利益。[②]

第三，“收费较低”不等于政府不投入或少投入。普惠性幼儿园落实的前提是政府加大投入并建立起真正合理的成本分担机制。特别是发展普惠性民办幼儿

① 彭薇. 2017-03-14. 民办幼儿园“普惠”，不应等于“低质”. 解放日报，第4版.

② 江夏. 2011. 何谓“公办幼儿园”？人民教育，9（17）：21-23.

园，政府加大投入具有重要的意义。就民办幼儿园来看，虽然《中华人民共和国教育法》中明确规定，“以财政性经费、捐赠资产举办或者参与举办的学校及其他教育机构不得设立为营利性组织”，但按照《中华人民共和国民办教育促进法》的规定，出资人是可以从办学结余中取得合理回报的，那么这就给民办幼儿园举办者提供了营利空间。[①]营利与普惠公益之间存在着天然的张力，导致政府在支持民办幼儿园提供普惠性服务时需要支付高额的监督成本，即以完善的制度设计保证学前教育的普惠性质不被利润扩大的冲动所扭曲。为此学者刘焱指出：普惠性幼儿园要实行“一费制”，即以教育公平为原则，建立合理的普惠性幼儿园成本分担机制，消除不同办园体制普惠性幼儿园之间的收费差异，实行普惠性幼儿园收费标准、拨款/资助、质量监控一体化管理机制。[②]

二、教育质量保障：农村地区普及学前教育的生命线

提高教育质量、促进教育公平、办人民满意的教育、为建设人力资源强国打好基础，是当前我国教育改革和发展的中心思想。《国家中长期教育改革和发展规划纲要（2010—2020年）》明确提出了“优先发展、育人为本、改革创新、促进公平、提高质量”的工作方针；同时明确提出学前教育要“遵循幼儿身心发展规律，坚持科学保教方法，保障幼儿快乐健康成长”的质量保证主张。什么是幼儿园教育质量？如何来衡量幼儿园教育质量？这些问题都值得深思。

（一）相关概念的界定

1. 质量

对于“质量”的理解，我们首先可以从词源的角度进行解读。《说文解字》认为，“质量”二字均为会意字。小篆的“质”为“”，金文的“质”为“”。上为两个“斤”并列，下为“贝”。“斤”是象形字，甲骨文像一把刃朝左的斧子，金文则是一把宽刃大斧。“贝”亦为象形字，甲骨文和金文的写法均像一枚玛瑙贝的样子，古人以贝为财富，引申为钱财之意。以钱受物曰赞，以物受钱曰质。因而，“质”从贝，从斤，是以财物相抵之意，即抵押，生动地表现出古人日常物物交换的场景。相抵之物需要各取所需，品质与价值对等，所以进一

① 樊未晨. 2014.“药儿园”频现：学前教育扔给市场让“小无可依”. http://edu.people.com.cn/n/2014/0322/c1006-24706797.html［2016-12-01］.

② 乔虹. 2017-03-06. 让普惠性幼儿园惠及更多孩子. 中国妇女报，第2版.

步引申为物品的优劣、质量，现在又被引申为质地、底子、信实和诚信，如材质、品质等。

再说“量”。小篆的“量”为“”，金文的“量”为“”，下部像量器之形，上有口，表示可以向里面装东西，金文系“口”中加一点，后演变为“日”。其本义为量器，引申为对物体数量、数目的衡量。《汉志》曰：“量者，所以量多少也。”因此“量”有计量器具、量度、数量、数目之意。《说文解字》：“质，以物相赞也”；“量，称轻重也”。“质”与“量”合在一起即为对物品的品质进行衡量，反映的是事物、产品或者工作的优劣程度等。

英语 quality 一词源于拉丁文 qualis，指一给定实体（entity）的性质，基本上是价值无涉或是价值中立的。也就是说，质量只描述事实，不做价值判断或好坏区分，现代英语仍保留了 quality 的这一词义。但是，现代英语对 quality 一词的词义做了进一步的扩展，还具有优质、高质量的含义，如 quality education（高质量教育）、quality production（优质产品），这显然已经包括了价值判断。

《辞源》中对质量的解释为：物理学名词，物体内所有实质之量也。①《哲学大辞典》中认为质量（mass）是作为量度物体惯性和引力的物理量，而对质（quality）的解释除了引用西方哲学家的第一性和第二性的解释之外，还有现代系统理论将事物分为三种不同的质，即自然（物质结构）的质、功能的质和系统的质。②在《辞海》中，对于质量的解释如下：一为物体的一种性质，通常指该物体所含物质的量，是量度物体惯性大小的物理量；二为产品或工作的优劣程度。“质量”的内容十分丰富，随着社会经济和科学技术的发展，其内涵也在不断充实、完善和深化，同样，人们对质量概念的认识也经历了一个不断发展和深化的历史过程，如符合性质量、适用性质量和顾客满意质量等不同阶段。③

由此可知，质量的概念是从“符合”、“适用”到“顾客满意”不断演变的。

此外，当前又有了“卓越质量”的提法。根据卓越质量理念，对质量的衡量依据主要有三项：一是体现顾客价值，追求顾客满意和顾客忠诚；二是降低资源成本，减少差错和缺陷；三是降低和抵御风险。其实质是为顾客提供卓越的、富有魅力的质量，从而赢得顾客，在竞争中获胜。④

不同学科对质量的理解也是不同的。从物理学来看，质量是描述物体的惯性的物理量。质量不随物体的形状和空间位置的改变而改变，是物质的基本属性之一。

---

① 台湾商务印书馆编审委员会. 1984. 辞源. 台北：台湾商务印书馆，87.

② 金炳华. 2007. 哲学大辞典（分类修订本）. 上海：上海辞书出版社，97-98.

③ 转引自：唐晓芬. 2005-03-14. 质量概念的演变. 中国质量报，第 4 版.

④ 杨辉. 2008. 从质量概念的演变看企业质量竞争力. 中国标准导报，(9)：4-9.

从管理学的角度出发，有以下几种有代表性的观点和定义。

爱德华兹·戴明（Edward W. Deming）的观点如下：①质量是从客户的观点出发强加到产品上的东西。②质量是一种文化，是一种生活方式。[①]

约瑟夫·M. 朱兰（Joseph M. Juran）等则把产品质量定义为适应性。[②]

菲利浦·克劳士比（Philip Crosby）把产品质量定义为：产品符合规定要求的程度。[③]

彼得·德鲁克（Peter Drucker）被誉为“管理学之父”，他认为质量是用尽量低的成本满足顾客的需求。[④]

国际标准化组织所制定的 ISO 8402：1994《质量管理和质量保证——术语》中对质量做了如下的定义：“反映实体满足明确或隐含需要能力的特性总和。”ISO 9000：2000《质量管理体系——基础和术语》中对“质量”的定义如下：“一组固有特性满足要求的程度。”该定义中的“特性”是指事物所特有的性质，固有特性是事物本来就有的，它是通过产品、过程或体系设计和开发及其后的实现过程形成的属性，如感官特性（如用嗅觉、触觉、味觉、视觉等感觉控测的特性）、行为特性（如礼貌、诚实、正直）、时间特性（如准时性、可靠性、可用性）、人体工效特性（如语言或生理特性、人身安全特性）等。这些固有特性的要求大多是可测量的。满足要求就是应满足明示的（如明确规定的）、通常隐含的（如组织的惯例、一般习惯）或必须履行的（如法律法规、行业规则）的需要和期望。只有全面满足这些要求，才能被评定为好的质量或优秀的质量。

另外，质量的工程学术语如下：是产品或服务的总体特征和特性，基于此能力来满足明确或隐含的需要。质量的地理学术语如下：为适合应用，对数据所要求的或可以辨别的特征和特性的总和。质量的音乐学术语如下：是指将数字声音由模拟格式转化成数字格式的采样率，采样率越高，还原后的音质就越好。

随着社会的发展，对于质量一词的解读还要加上“公平、诚信、良知”等元素。一是公平与交换。交换的根本原则就是公平，交易双方遵循一致的准绳达成协议，各得其所，公平为上。公平的基础是卖方商品的价值和质量与买方所付出的货币等值。二是诚信与持久。贸易持久性的保持就是双方的诚信，而保证商品的质量则是保证诚信的根本。诚实守信，童叟无欺，以质取胜，方为商界的大智慧，即便吃点小亏，却可以打造金字招牌，具备成就一番事业的基石。三是良知

① ［美］W. 爱德华兹·戴明. 2003. 戴明论质量管理——以全新视野来解决组织及企业的顽症. 钟汉清等译. 海口：海南出版社，28.

② ［美］约瑟夫·M. 朱兰，A·布兰顿·戈弗雷. 2004. 朱兰质量手册. 焦叔斌等译. 北京：中国人民大学出版社，68.

③ ［美］菲利浦·克劳士比. 2006. 质量免费. 杨钢，林海译. 北京：中国人民大学出版社，56.

④ ［美］彼得·德鲁克. 2006. 卓有成效的管理者. 王永贵等译. 北京：机械工业出版社，23.

与责任。商品有价，生命健康无价。质量问题体现了商家的社会责任心和做人的良知道义，民心舆论正是衡量这种责任心和良知“质量”的砝码。总之，在对质量的解读中，“公平、诚信、良知”成为关键词，印证了“质量即人品”的箴言。[①]

2. 教育质量

笔者通过对相关文献的分析发现：教育质量的概念是动态发展的。有学者提出教育质量的一般性定义应强调两方面：“一是以一般的或具体的教育而表达的社会期望；二是教育过程的实际特征以及在学习水平上所观察到的变化。为此，关于教育质量，有两个有代表性的定义：①教育质量是指教育所提供的成果或结果（即学生所获取的知识、技能和价值观）满足教育目标系统所规定的标准的程度。②教育质量是指学生获取的知识、技能及价值观与人类和环境的条件及需要所相关的程度。”[②]

根据《教育大辞典》的解释，“教育质量是对教育水平高低和效果优劣的评价。影响它的因素主要是：教育制度、教学计划、教学内容、教学方法、教学组织形式和教学过程等的合理程度；教师的素养，学生的基础以及师生参与教育活动的积极程度。教育质量最终体现在培养对象的质量上”[③]。

教育质量有宏观与微观之分。从宏观层面看，教育质量即整个教育体系的质量，也可称为“体系质量”。所谓体系质量实质上是指其与系统规模、结构和效益等之间协调的问题。也就是说，它以系统内部各要素之间是否协调一致为标准。什么时候系统各要素之间协调一致，什么时候就表现出较高的体系质量。微观教育质量最终体现在培养对象的质量上，是指教育水平高低和效果优劣的程度，其衡量标准是教育目的和各级各类学校的培养目标。

英国学者格林（Green）在《什么是高等教育的质量》一书中把人们关于教育质量概念的看法分为以下几种：①“独有的”“优秀的”。例如，牛津大学、剑桥大学提供的教育服务是其他一般大学根本无法相比的，显然不能以这类少数名牌大学的教育质量作为标准来衡量其他大学的教育。②“与预定的规格和标准相一致。”这种观点源于企业中的质量控制，由于可以为不同类别的院校规定不同的标准，故所有高校都有机会保证其应有的教育质量。这有利于保证整个高等教育系统的质量。但这一定义的缺陷也是明显的：具有静止的特征，只关注结果的评估而忽视了过程的控制。③“适合于目的。”这是质量管

① 花晓川. 2011. 说文解字话“质量”. http://www.cqn.com.cn/news/zggmsb/diwu/491649.html［2018-09-01］.

② 朱益明. 1996. 教育质量的概念分析. 比较教育研究，（5）：55-56.

③ 教育大辞典编纂委员会. 1990. 教育大辞典（第1卷）. 上海：上海教育出版社，24.

理大师朱兰的名言“质量就是适用性”的翻版。该定义被大多数教育界人士所接受，但存在的问题是如何确定高等教育的目的。因为高等教育系统的各种利益相关者很难把各自的目的统一起来。④实现本学校目标的效果。高质量的院校就是明确宣布并切实达到了其目标的院校。⑤满足消费者规定的和潜在的需要的程度。①

从解读联合国教育、科学及文化组织（以下简称联合国教科文组织）的相关文献来看，不同时期其对教育关注的重点是有所不同的，但对教育质量大多坚持两个关键因素：一是确保学习者认知能力的发展，这是所有教育体系的主要的、明确的目标；二是强调培养学习者的创造力和促进其情感的发展，使他们具有成为负责任的公民应该具有的价值观和处世态度。例如，1972 年的报告《学会生存——教育界的今天和明天》中提出了“终生学习”和“相关性”的重要概念。20 世纪 90 年代的报告《教育——财富蕴藏其中》展示了一种崭新的教育质量观。报告强调：教育在社会发展和个人发展中起基础性作用，教育是社会的核心，是提高社会生活质量的基本手段。报告认为终身教育旨在帮助学生学会认知、学会做事、学会做人、学会共处。2000 年，在达喀尔召开的世界教育论坛，通过了《达喀尔行动纲领》，宣称接受优质教育是每个儿童的权利，认为“质量”是“教育的核心”，是儿童入学、修业和完成学业的一个主要决定因素。它阐明了学习者特征（健康的、有学习动机的）、教育过程（有能力的教师使用积极的教学法）、教育内容（相关课程）、教育体制（良好的管理和公平的资源分配）等都是提高教育质量的制约因素。联合国教科文组织后来的相关会议和报告都把提高青少年教育的质量作为中心议题。②

从价值取向来看，教育质量可分为如下几种。

一是结果取向的质量观。例如，在联合国教科文组织的报告《学会生存——教育世界的今天和明天》中，把教育改革的基本目标确定为消除不平等和建立平等的民主社会，并指出教育目的和内容必会增加社会和民主的新特点。③报告《学习——财富蕴藏其中》指出，教育应该围绕贯穿于一个人的一生并且在某种程度上将是知识支柱的四种基本学习进行组织：学会认知，即获得理解的手段；学会做事，以便能够对自己所处的环境创造性地采取行动；学会共同生活，以便参与和与他人合作进行所有的人类活动；学会做人，这是受益于前三种学习成果

---

① 转引自：刘凡丰. 2003. 教育质量的概念及评价方法. 学位与研究生教育，(1)：29-33.

② 转引自：胡玲. 2008. 教育质量：内涵、评估及改进策略——联合国教科文组织对提高教育质量的关注. 大学·研究与评价，(11)：82-89.

③ Faure E et al. 1972. Learning to be：The World of Education Today and Tomorrow. Paris：UNESCO，120-121.

的一个重要进展。[①]这两个报告贯彻的是结果取向的质量观。当然，对结果取向的教育质量的理解是一个不断拓展的过程，从简单地用成绩来标示质量，到增加教育目标和内容的社会和民主特点，到增强教育内容的可接受性和相关性，再到用认知、做事、社会性活动和做人等结果全面反映教育质量，结果取向的教育质量概念的包容性也在不断增强。[②]

二是权利取向的质量观。这种质量观注重儿童的权利，如 1989 年颁布并于 1990 年开始实施的《儿童权利公约》，可以被看成是一个例外，是儿童权利文献关注教育质量的开始。在《儿童权利公约》第 29 条中，缔约国一致认为教育儿童的目的应是：①最充分地发展儿童的个性、才智和身心能力；②培养对人权和基本自由以及《联合国宪章》所载各项原则的尊重；③培养对儿童的父母、儿童自身的文化认同、语言和价值观、儿童所居住国家的民族价值观、其原籍国以及不同于其本国的文明的尊重；④培养儿童本着各国人民、族裔、民族和宗教群体以及原为土著居民的人之间谅解、和平、宽容、男女平等和友好的精神，在自由社会里过有责任感的生活；⑤培养对自然环境的尊重。[③]

三是多元取向的质量观。这种质量观注重质量的多元性、全面性，如 2000 年《达喀尔行动纲领》在认定质量处于教育的核心地位这一主张的基础上，扩大了教育质量的概念，并从多个维度阐述了教育质量。它指出，成功的教育计划必须具备：①健康、营养好和学习积极性高的学生；②训练有素的教师和生动活泼的学习方法；③必要的设施和学习资料；④能用当地语言进行教学；⑤有不仅有助于学习而且是令人心情愉快、注重男女平等、健康和安全的环境；⑥对学习成绩，包括知识、技能、态度和价值观有明确的定义和准确的评估；⑦参与式的管理与经营；⑧尊重和接触当地社区和文化。[④]

《达喀尔行动纲领》对教育质量的理解并不是纯学术化的，它的重要性在于指明了不能单维度地理解教育质量，需要把教育质量看成一个由多个维度构成并且这些维度是相互影响的整体。《达喀尔行动纲领》可以被看成是从多个维度理解教育质量的重要文献。[⑤]

---

① Delors J. 1996. Learning：The Treasure Within. Report to UNESCO of the International Commission on Education for the Twenty- first Century. Paris：UNESCO，86.

② 秦玉友. 2008. 教育质量的概念取向与分析框架——联合国相关组织的研究与启示. 外国教育研究，(3)：20-23，49.

③ United Nations. Convention on the Rights of the Child. http://untreaty.un.org/English/TreatyEvent2001/pdf/03e.pdf [2007-12-06].

④ Dakar，Senegal. 2000. The world education forum. The Dakar Framework for Action，26-28.

⑤ 秦玉友. 2008. 教育质量的概念取向与分析框架——联合国相关组织的研究与启示. 外国教育研究，(3)：20-23，49.

就我国中小学教育质量现状和未来发展趋势来看，教育部于 2013 年 6 月 3 日印发的《教育部关于推进中小学教育质量综合评价改革的意见》进行了很好的总结和展望。这对提升幼儿教育质量具有重要的引导作用，因为目前出现的“幼儿教育小学化”现象与当前中小学教育质量现状及评价指标具有重要的关联性。

该意见指出，教育质量评价具有重要的导向作用，是教育综合改革的关键环节。推进中小学教育质量综合评价改革，是推动中小学全面贯彻党的教育方针、全面实施素质教育、落实立德树人根本任务的重要举措，是引导社会和家长树立科学的教育质量观、营造良好育人环境的迫切需要，是基本实现教育现代化、加强和改进教育宏观管理的必然要求。该意见提到，总体上看，由于教育内外部多方面的原因，单纯以学生学业考试成绩和学校升学率评价中小学教育质量的倾向还没有得到根本扭转，突出表现为：在评价内容上重考试分数忽视学生综合素质和个性发展，在评价方式上重最终结果忽视学校进步和努力程度，在评价结果使用上重甄别证明忽视诊断和改进。这些问题严重影响了学生的全面发展、健康成长，制约了学生社会责任感、创新精神和实践能力的培养。要解决这些突出问题，适应经济社会和教育事业发展的新形势新要求，必须大力推进中小学教育质量综合评价改革。

建立绿色评价指标体系是该意见的重中之重。评价内容和指标包括学生品德发展水平、学业发展水平、身心发展水平、兴趣特长养成、学业负担状况等五个方面。

其中品德发展水平、学业发展水平、身心发展水平，是针对学生德智体全面发展提出的。品德发展水平包括行为习惯、公民素养、人格品质、理想信念 4 个关键性指标。学业发展水平包括知识技能、学科思想方法、实践能力、创新意识 4 个关键性指标。身心发展水平包括的指标最多，有身体形态机能、健康生活方式、审美修养、情绪行为调控、人际沟通，不仅重视孩子要有良好的身体素质，而且要有良好的心理素质，还要提升他们的审美情趣和艺术修养。

兴趣特长养成是在关注统一要求、全面发展的同时，针对促进学生个性发展提出的，包括好奇心求知欲、爱好特长、潜能发展 3 个关键性指标，主要目的是尊重学生个体差异，因材施教，使学生生动活泼地发展。

学业负担状况包括学习时间、课业质量、课业难度、学习压力 4 个关键性指标。其主要目的是关注学生学习效率，保护学习兴趣和热情，着眼于孩子的长远发展，就像现在衡量经济发展强调“绿色 GDP”一样，评价教育质量也应该强调“绿色”。

为了保障教育质量的真正提升，关于评价指标体系方式，该意见中强调：一是强调注重全面客观地收集信息，根据数据和事实进行分析判断，改变过去主要依靠经验和观察进行评价的做法；二是强调注重考察学生进步的程度和学校的努力程度，改变单纯强调结果不关注发展变化的做法；三是强调注重促进学校建立质量内控机制，改变过于依赖外部评价而忽视自我诊断、自我改进的做法。

总之，该意见改革的总体思路，主要是“强化导向，促进发展，协同推进”。强化导向就是要坚持育人为本，通过综合考察学生发展情况，评价学校教育质量，扭转当前普遍存在的单纯以学生学业考试成绩和学校升学率评价中小学教育质量的倾向，引导全社会树立科学的教育质量观；促进发展就是要充分发挥评价的引导、诊断、改进、激励等功能，重视学校进步和努力程度，努力办出特色；协同推进就是要统筹规划相关改革，主要是基础教育课程改革、招生考试制度改革等，使各项改革协调配合，形成推进素质教育的合力。这是新时期的教育质量观。

3. 幼儿园教育质量

质量是实体满足明确或隐含需要的能力的特性之总和。质量作为实体的客观特性，同时又必须以满足主体需要为目的，它是实体客观特性和主体需要的统一体。在这一质量观的引导下，我国许多学者对学前教育质量的概念进行了探讨。刘焱认为，托幼机构教育质量评价是在一定的教育价值观的指导下，依据一定的标准与程序，对托幼机构的教育工作进行科学调查，做出价值判断的活动过程。她认为，托幼机构教育质量评价标准通常由以下四类构成：从业人员素质标准；工作人员的职责标准；效率标准；效果标准。[①]刘霞认为，托幼机构教育质量指的是托幼机构教育活动是否能满足幼儿身心健康发展的需要及其满足幼儿身心健康发展需要的程度。[②]刘占兰认为，学前教育质量可以被看作学前教育活动的一组固有特性满足要求的程度，即学前教育活动是否能够满足儿童发展需要及其满足儿童发展需要的程度。[③]李克建、胡碧颖指出，“托幼机构教育质量”大致可以理解为：托幼机构的教育满足相关利益主体某种需要的特性的总和。鉴于托幼机构设置的目的与核心任务，托幼机构的教育质量在很大程度上取决于其满足幼儿身心健康发展需要的程度。[④]王海英指出：学前教育质量是指学前教育起点、学前教育过程和学前教育结果是否能够满足儿童的发展需要及其满足儿童发展需要的程度。在此基础上，王海英提出了学前教育质量公平的概念：是人们对教育起点、教育过程和教育结果是否能满足儿童发展需要及其满足程度的心理感受，包含三个构成要素，即作为教育起点的条件质量公平、作为教育运行的过程质量

---

① 刘焱. 1998. 试论托幼机构教育质量评价的几个问题. 学前教育研究，(3)：14-17.

② 刘霞. 2004. 托幼机构教育质量：概念与构成. 幼儿教育，(6)：4-5.

③ 刘占兰. 2012. 我国幼儿园教育质量的现状——与 1992 年幼儿园质量状况比较. 学前教育研究，(2)：3-10.

④ 李克建，胡碧颖. 2012. 国际视野中的托幼机构教育质量评价——兼论我国托幼机构教育质量评价观的重构. 比较教育研究，(7)：15-20.

公平和作为教育输出的结果质量公平。①

总之，幼儿园教育质量是指幼儿园教育满足不同主体（如社会、家庭、幼儿、教师）需要的程度，其核心是满足促进幼儿身心和谐发展需要的程度。

从世界各国对托幼机构教育质量评定的内容和具体规定来看，虽然不可避免地受到本国文化和经济发展等因素的影响，但在其内涵和对托幼机构质量的评定标准的主要价值观方面有着一定程度的共性。例如，各国评价标准都强调给儿童提供一个安全、卫生和具有丰富刺激的教育环境；强调给儿童提供足够的操作材料和自主学习的机会；强调教师的职前专业培训和在职进修；强调教师与儿童互动的质量以及教师对儿童的关爱、尊重和引导；强调托幼机构通过与家长的合作来完成机构的教育任务等。这些共性为各国托幼机构对教育质量评定内容的相互学习和借鉴提供了基础。②

国际幼儿教育领域的学者基本公认，美国幼儿教育协会（National Association for the Education of Young Children，NAEYC）推广的发展适宜性教育实践（developmentally appropriate practice，DAP）最确切地代表了高质量学前教育的内涵。DAP 强调通过创设富有吸引力的适宜环境激发幼儿的学习兴趣和动力，鼓励其主动参与游戏活动，让他们能自然地培养良好的自尊心、自信心和社会交往能力，为今后的学习和发展奠定坚实的基础。在 DAP 背后，为其提供支持的理论主要包括皮亚杰、维果斯基及杜威等所倡导的建构主义教育方式。NAEYC 倡导 DAP 的原因主要是想避免幼儿教育工作者和家长陷入“拔苗助长”（即小学化教育倾向）的误区。同时，在 DAP 中，要进行高质量的教育，需要教师根据幼儿的发展水平和特点灵活地使用多种教学方法。因此，教师的角色是多元化的，如支持者、合作者、观察者、引导者与研究者等。优秀的幼儿教师的最大特点是“有意识性”（intentional），即能根据幼儿的年龄、发展和文化背景等特点有目的地进行教室布置、区角规划、材料投放；选择主题和相关的教学目标和内容；选择如何、何时与幼儿互动、交流信息，提问、纠正或提供反馈意见等。③

（二）衡量幼儿园教育质量的主要指标

1. 联合国相关组织对儿童教育质量分析框架的探讨

2000 年，联合国儿童基金会（United Nations International Children’s Emergency

① 王海英. 2013. 学前教育质量公平的内涵、结构及其现状调查. 幼儿教育（教育科学），（1）：21-26.

② 周欣. 2003. 托幼机构教育质量的内涵及其对儿童发展的影响. 学前教育研究，（7）：34-38.

③ 胡碧颖，李克建. 2012. 学前融合教育质量：相关概念解析与评价工具的理论构想. 中国特殊教育，（5）：3-7.

Fund，UNICEF）向国际教育工作组会议提交了论文《定义教育质量》，从学习者质量、环境质量、内容质量、过程质量与结果质量5个维度分析了儿童教育质量，具体如表1-1所示。

表1-1　儿童教育质量分析维度

分析维度	具体描述
学习者质量	学习者应该是健康的，得到很好的养育，能够有准备地参与和学习，并且在学习中应该得到家庭和社区的支持。这方面主要包括健康与养育、儿童早期心理发展经验、定期参加学习、家庭支持学习
环境质量	环境应该是健康、安全的，并重视性别问题，提供充足的资源和设施。这方面主要包括物理要素、心理要素和服务三类。物理要素包括学校设施质量、学校基础设施与其他质量维度间的互动、班级规模；心理因素包括和平、安全的环境（特别是对女孩）、影响安全的教师行为、有效的学校纪律政策、全纳的环境、非暴力；服务主要是指提供健康服务
内容质量	内容反映在相关课程、活动和获得基本技能的材料方面，特别是在识字、算术和生活技能领域，以及性别、健康、营养、艾滋病预防与和平这些领域的知识方面。这方面主要包括学生中心的、非歧视的、标准本位的课程结构；独特的地方和国家内容，注重培养学生读写能力，算术能力，生活能力，和平能力
过程质量	在教育过程中，受过训练的教师在管理良好的教室和学校里，运用儿童中心的教学方法和熟练的评估手段进行教学。这方面主要包括教师和监督支持两类。教师方面包括教师的专业学习、教师能力和学校效率、专业发展、学生中心学习的持续支持、积极的基于标准的参与方法、教师反馈机制、所有学生都可以学习的教师信念、教师工作条件；监督支持包括行政上的支持和领导、学生获得学校使用的语言的机会、运用技术降低而不是提高歧视、过程和条件的多样性
结果质量	结果包括知识、技能和态度，并与国家教育目标和积极的社会参与相联系。这方面主要包括读写与算术成绩，采用形成性评价改善成就结果，父母寻求的结果，与社区参与、学习者的信心和终身学习相关的结果，实现理想结果的经验性方法，健康结果，生活技能和结果

资料来源：UNICEF. 2000-06-03. Defining Quality in Education. A paper presented at the Meeting of the International Working Group on Education Florence，Italy

联合国的《全民教育全球监测报告2005：提高教育质量迫在眉睫》（以下简称《报告》）从学习者特点、背景、扶持投入、教与学和结果5个相互影响的维度，建构了旨在监控和提高教育质量的分析框架，具体如表1-2所示。

表1-2　教育质量的分析框架

分析维度	具体描述
学习者特点	学习者的态度、毅力和智力水平对教与学的过程和教育结果都产生了直接影响。监控和提高教育质量，必须认识到性别、残疾、种族、民族、疾病对学习者的影响
背景	可以分为4个层面：①学校所处环境层面的社区经济和劳动力市场条件、文化宗教因素、帮助策略；②直接为教育提供支持层面的教育知识和基础设施支持、可以利用的公共资源、劳动力市场上的教师专业竞争力、国家的治理和管理策略；③直接影响教育结果和教育过程层面的教师和学习者的哲学观、同辈影响、父母支持、用于学校和家庭作业的时间；④政策层面的国家标准、公众期望、劳动力市场和全球化压力

续表

分析维度	具体描述
扶持投入	扶持投入包括教材、基础设施和条件、人力资源（教师、校长、检查者、督导者和管理者）。教材包括教科书、其他学习材料以及对教室、图书馆、学校设备和其他基础设施的利用。在人力资源中最重要的是教师，在教育实践中，生师比、教师的平均工资、投入和分配到各种项目的教育支出所占比例应该优先考虑。教材和人力资源通常通过生均公用经费支出和教育经费占 GDP 的比例等支出指标测量。同时，资源管理是影响教育质量的一个非常重要的维度，但资源管理如何以及在何种程度上影响教育质量，现在并没有得到准确研究
教与学	教与学的过程深深地嵌入扶持投入系统和其他背景性因素之中。课程的影响是否被感受到、教师的教学方法是否奏效、学习者是否主动参与都属于这个过程。但是，上面讨论的非直接的扶持投入与这些维度密切相关，真正的教学过程包括学生学习时间、监控学生进步的评估方法、教学风格、教学语言和班级管理策略
结果	对于教育的结果，应该以事先达成的目标进行评估。尽管评估创造和情感的方式以及价值、态度和行为变化的方式也被设计出来，但是教育结果最容易通过学术成绩来表达

资料来源：The EFA Global Monitoring Report Team. 2005. EFA Global Monitoring Report 2005：The Quantity Imperative，35-36

分析上面两个重要文献可以发现，学习者、环境、内容、过程与结果等成为分析教育质量的主要因素，这为我们设计幼儿园教育质量标准提供了思考的视角。

2. 幼儿园教育质量评价要素构成

对于幼儿园教育质量评价的要素，国内外不同学者都有论述，我们可以在总结前人研究的基础上来探讨这一问题。

我们首先来看国外的研究。格里塞（A. Grisay）和马尔克（L. Mahlck）提出，教育质量包括 3 个内在相关的维度："为教育所提供的资源的质量（投入）；教育实践的质量（过程）；教育成果的质量（产出）。"[①]据此，对于托幼机构教育质量，可从三个方面来把握，即条件的质量、过程的质量和结果的质量。

凯茨（L. Katz）指出，托幼机构教育质量由以下要素构成：①师幼比例；②工作人员资格及其稳定程度；③师幼交往的特征；④设备和材料的数量及质量；⑤幼儿人均占有空间的数量和质量；⑥家具和防火安全设备等数量；⑦健康/卫生程序和标准；⑧工作人员的工作条件。[②]

1996 年，洛弗（J. M. Love）等指出，在评价托幼机构教育质量时普遍涉及

① Grisay A，Mahlck L. 1991. The quality of education in developing countries：A review of some research studies and policy Documents. Issues and Methodologies in Educational Development. An IIEP Series for Orientation and Training，3.

② 转引自：鄢超云. 2010. 学前教育评价. 北京：高等教育出版社，106.

以下要素。[①]

1）托幼机构的结构，如物质环境、安全和健康特征、人数、家具。

2）工作人员的特征，如教师的培训、经验、工资及福利方面的情况。

3）托幼机构的动态特征，如师幼交往、教师行为、教学活动。

4）管理和支持性服务，如工作人员的发展机会、财政情况、健康服务、许可和认证情况。

5）家长的参与，如教师和家长的关系、家长的支持、家长教育、家园互访等。

1999 年，德国联邦家庭、老人、妇女、少年儿童工作部制定了《儿童日托机构的教育质量：国家标准集》。该标准集把托幼机构的质量归纳为 5 个层次、20 个质量领域，包含 1364 个具体的质量标准条目。[②]

第一个层次是为儿童的活动创设基本的时空结构，包括“给儿童创设的空间”和“一日流程设计”2 个质量领域。

第二个层次涉及对儿童日常在园生活常规的教育设计，包括“餐点与营养”“健康与身体照料”“睡觉与休息”“安全”4 个质量领域。

第三个层次包括 10 个质量领域，关注的是狭义的教育工作，涉及“语言与交流”“认知发展”“情感与社会性发展”“运动”“想象与角色游戏”“搭建构形”“绘画、音乐和舞蹈”“自然、环境和事物的知识”“跨文化学习”“残疾儿童的随班融合”。

第四个层次包括“过渡期适应”“问候与告别”“与家庭合作”3 个托幼机构必须与家庭合作进行的质量领域。

第五个层次只有 1 个质量领域，即对托幼机构的质量发展负有全面责任的“领导”工作。

目前，在世界范围内应用最为广泛并得到众多研究支撑的托幼机构教育质量测量工具之一是美国北卡罗来纳大学（University of North Carolina）儿童发展研究中心的哈姆斯等编制的《幼儿学习环境评价量表》（Early Childhood Environment Rating Scale，ECERS）及其修订版（ECERS-R）。[③]该量表由 7 个子量表（包括空间和设施、日常生活护理、语言/推理、活动、互动、作息结构、家长和教师）、43 个评价项目，共计 470 个具体评价指标构成，采用 7 点评分方式。下面

① Love J M，Schochet P Z，Meckstroth A L. 1996. Are They in Any Real Danger? What Research Does-and Doesn't Tell us about Child Care Quality and Children's Well-being. Princeton：Mathematica Policy Research，120.

② 郭良菁. 2010. 德国《儿童日托机构的教育质量：国家标准集》对我国制定学前教育国家质量体系的启示. 中国教育政策评论，(1)：291-302.

③ Harms T，Clifford R M，Cryer D. 2005. Early Childhood Environment Rating Scale（Revised Edition）. New York：Teachers College Press，112.

以“空间和设备”及“活动”为例进行说明：

空间和设备

（1）室内空间：幼儿、教师使用的空间及摆放家具设备的空间是否足够；房间照明、通风、温度控制以及隔音条件如何；房间的维修及清洁状况如何。

（2）日常保育、游戏和学习的家具：日常保育、游戏和学习所需的家具是否充足；家具是否牢固结实且维修良好；家具尺寸是否符合幼儿身材；是否便于幼儿使用。

（3）使幼儿放松、舒适的家具：是否为幼儿提供了柔软的家具、设备、玩具或者专门创设了柔软、舒适的区域；柔软的家具、设备是否清洁且维修良好。

（4）游戏活动的空间安排：是否设置了多个活动区；活动区的空间安排是否合理，是否有利于幼儿独立使用；是否及时添加材料或更换活动区。

（5）私人空间：是否为幼儿留出不受他人打扰的私人空间；幼儿是否可以使用私人空间；是否在私人空间为幼儿提供远离集体的活动。

（6）与幼儿有关的环境布置：是否陈列幼儿作品；幼儿作品是否多样且有个性；陈列的材料是否符合幼儿年龄特点；环境布置与当前活动及幼儿是否密切相关；是否由幼儿完成大部分环境布置。

（7）大肌肉活动场地：户外大肌肉活动场地是否充足、安全、类型多样；场地安排是否合理；是否有保护措施。

（8）大肌肉活动设施：大肌肉活动设施是否充足、结实牢固且适合幼儿的年龄和能力；能否促进幼儿各种技能的发展。

活　动

（1）小肌肉活动：小肌肉活动材料是否充足多样，是否与幼儿发展水平相适宜；材料安排是否合理；是否轮换材料；是否注意培养幼儿的自理能力。

（2）美工活动：美工材料是否充足多样；幼儿在使用美工材料时是否有个性化表现；是否有与教室中的其他活动相关的美工活动。

（3）音乐/律动活动：音乐材料和音乐是否充足多样；每人是否有自选音乐活动和集体音乐活动；音乐活动中是否鼓励幼儿发挥创造性。

（4）积木活动：场地、积木和辅助材料是否充足；材料摆放和场地安排是否合理；是否每人都有积木活动时间。

（5）沙/水活动：户内或户外是否有沙/水活动的设备、材料；是否每人都安排有沙/水活动；是否有各种不同的沙/水活动。

（6）表演游戏：表演游戏材料和设备是否充足多样；是否有明确的表演游戏

活动区；是否根据不同的主题轮换材料；教师是否通过图片、故事和远足活动丰富表演游戏。

（7）自然/科学活动：自然/科学材料是否充足多样；是否摆放合理且保养较好；日常是否安排有自然/科学活动。

（8）数学/数字活动：数学/数字材料是否充足多样，是否适合幼儿发展水平；是否摆放合理且保养较好；教师是否通过日常活动促进数学/数字学习；是否轮换材料。

（9）电视、录像和/或电脑的使用：材料是否符合幼儿发展水平，是否鼓励幼儿积极参与及发挥创造性；教师是否积极参与使用电视、录像或电脑；所使用的材料能否支持并扩展教室中的各种主题和活动。

（10）促进对多样性的认同：提供的书籍、图片和材料是否表现了不同种族、文化、年龄、能力和性别；日常活动和游戏活动是否体现了多样性；活动是否有助于幼儿理解和接受多样性。

ECERS-R 的判断标准包括选择性、独立性、自由创造、多样化、计划性、积极氛围、监督管理和成人角色。值得一提的是，自 1970 年起，美国在几项全国性长期研究中均应用了 ECERS 或 ECERS-R 作为对托幼机构教育质量的最权威的评估工具，可以说 ECERS-R 是美国乃至世界范围内应用最广泛的学前教育质量评价工具之一。①

回顾美国多年来的托幼机构教育质量研究历程，公平（equity）、效果（effect）、效率（efficacy）始终是推动其发展的三大动力。对公平的渴望催生了美国学者较早研究了托幼机构教育对处境不利儿童的学习与发展的影响；对效果的关注推动美国学者着重探讨了不同质量水平的托幼机构教育对儿童和社会的作用和结果；对效率的追求促使有关研究重点分析了在托幼机构教育上的投入与质量之间的关系。

美国有关托幼机构教育质量的研究逐渐深入、具体，从一般性的“托幼机构教育是否利于儿童发展”转化到“什么样的托幼机构教育对儿童有利”和“如何提供高质量的托幼机构教育”，为人们认识托幼机构教育质量提供了翔实、可靠的信息。例如，许多研究考察了结构变量（如班级规模、师幼比、物质环境等）与过程变量（如师幼互动等）以及它们的相互作用对婴幼儿发展的影响。洛弗等的实验研究比较了幼儿与教师比在 8∶1、9∶1 和 10∶1 时的托幼机构的保教质量，发现随着幼儿与教师比的升高，托幼机构的保教质量也随

① 胡碧颖，李克建. 2012. 学前融合教育质量：相关概念解析与评价工具的理论构想. 中国特殊教育，(5)：3-7.

之下降。[①]总之，众多研究表明，较低的幼儿与教师比、稳定的教师队伍、受教育水平较高的教师、成人更多的适宜行为与婴幼儿较好的社会性发展、语言和认知发展结果之间存在相关性。

国内学者周欣认为，对于托幼机构教育质量，一般从两个方面来评定，即结构性质量和过程性质量。这两方面的质量是相互联系、相互影响的。例如，从结构性质量看，教师/儿童比例和班级人数被看作保证托幼机构教育质量的两个重要指标，且对这两个因素是同时限定的，认为它们会影响教育质量中的其他诸如健康、安全和教育过程的问题。例如，美国要求2岁儿童的班级人数为8～12人，师生比相应地为1∶6～1∶4；3岁儿童的班级人数为14～20人，师生比相应地为1∶10～1∶7；4～5岁儿童的班级人数为16～20人，师生比相应地为1∶10～1∶8。这种师生比应该保持在一日生活中的任何环节。有的国家还有法定的师生比，也就是说达不到这一方面的标准，幼儿园不得开办。[②]

刘霞、戴双翔通过对我国幼儿园教育质量标准结构的具体考察发现，我国幼儿园教育质量标准大多包括人员条件、物质条件、教育活动、幼儿发展和园所管理5类构成要素，具体如下。[③]

1）人员条件：幼儿园为教育活动所提供的人员方面的投入，包括工作人员资格、班级规模、人员配备等具体项目。

2）物质条件：幼儿园为教育活动所提供的物质方面的投入，包括园舍场地、设备设施等具体项目。

3）教育活动：以教师行为为核心的班级教育活动，包括教师与幼儿的交往、教师对教育环境的创设与利用、教师与家长的交流等具体项目。

4）幼儿发展：在园幼儿在体、智、德、美等方面的发展状况。

5）园所管理：幼儿园管理人员针对本机构人、财、物、事、时、空等因素所进行的计划、组织、检查、调整、总结等工作，包括办园方向、组织管理、后勤管理、教职工管理、卫生保健管理、教育教学管理等具体项目。

在综合分析国内外现有的实证和理论研究结果的基础上，刘霞、戴双翔得到了教育质量构成图，如图1-1所示。

刘焱教授主持的课题组在分析和借鉴ECERS-R和ECERS-E的基础上，广泛征求幼儿园园长、教师、教研员、高校专家、行政人员等不同层次专业人士的意见，并通过多年实践检验，制定了《幼儿园教育环境质量评价量表》，量表采

① Love J M，Ryer P，Faddis B. 1992. Caring Environments：Program Quality in California's Publicly Funded Child Development Programs. Portsmouth，NH：RMC Research，28.

② 周欣. 2003. 托幼机构教育质量的内涵及其对儿童发展的影响. 学前教育研究，(7)：34-38.

③ 刘霞，戴双翔. 2010. 我国幼儿园教育质量标准研究. 中国教育政策评论，(1)：144-158.

用 5 级评定制，包含物质环境创设、生活活动、人际互动和课程 4 个领域，共 25 个项目，强调评价内容的现场“可观察性”，具体如下。

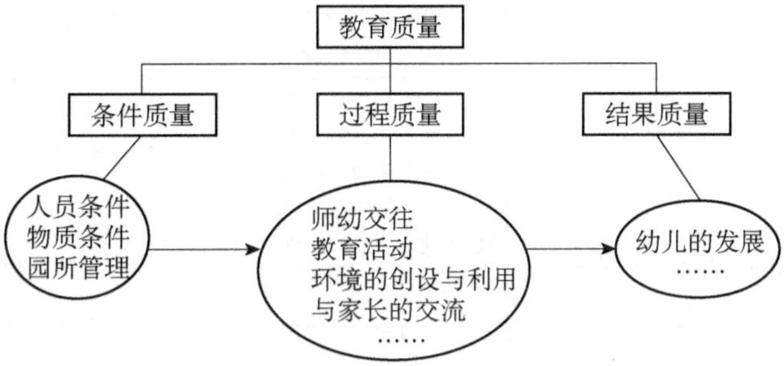

图 1-1　幼儿园教育质量构成图

资料来源：刘霞，戴双翔. 2010. 我国幼儿园教育质量标准研究. 中国教育政策评论，(0)：144-158

“物质环境创设”是指幼儿和教师开展游戏、学习和教育教学活动所需要的物质条件，注重对幼儿园户内物质环境的评价。

“生活活动”是指为满足幼儿基本生活需要进行的活动，如进餐、睡眠和盥洗等，其首先从时间和规则出发考察幼儿园一日生活的总体安排，然后分别评估各生活活动环节的组织。

“人际互动”是指发生在幼儿园班级范围内、直接影响幼儿学习与发展的人与人之间的、以交往为基础的相互理解和相互影响。就“互动”的主体来说，包括教师与幼儿之间、幼儿与幼儿之间、教师与教师之间、教师与家长之间的互动，其着重于对互动性质的考察和评价。

“课程”兼有“教什么”和“怎么教”的含义，在“教什么”的问题上，其主张自由游戏是课程实施的途径之一，也是幼儿需要学习的重要经验之一。

研究表明，该量表具有较强的实践性和可操作性，内容适合中国幼儿园教育实践，能够反映并区分幼儿园教育环境质量的高低，具有较高的内部一致性、内容效度和结构效度。[①]

综上所述，我们认为，幼儿园教育质量由三大类要素构成：结构性要素、过程性要素和幼儿发展要素，每一类又包含若干具体的质量要素，具体如表 1-3 所示。

过程性要素对儿童发展的影响比结构性要素更大，因而它是托幼机构质量评价中最重要的部分。

① 刘焱，潘月娟. 2008.《幼儿园教育环境质量评价量表》的特点、结构和信效度检验. 学前教育研究，(6)：60-64.

表 1-3　幼儿园教育质量构成要素

名称	内涵	要素	特性
结构性要素	是指那些可具体规范和控制的变量	如师幼比例、班级人数、师资条件、空间和设施等	相对容易量化和较为客观地加以评估
过程性要素	是那些与儿童的生活和学习经验有更直接联系的变量	师幼互动、同伴互动、课程、各类活动的实施过程、健康和安全、家长参与、管理等	以动态的形式来表现，评估起来难度相对较大
幼儿发展要素	是指幼儿的身心和谐发展	社会性、语言、数学、动作技能等	以量化和动态的形式来表现，评估起来难度相对较大，影响因素多

第二节　小微型幼儿园：农村地区普及学前教育的重要力量

一、小微型幼儿园的概念

何为小微型幼儿园？目前，还并没有一个成熟的界定。但我们可以从地域特点、在园幼儿数、教师数、班级数、幼儿园面积和办园特征（如混龄班、家庭作坊）等辅助性指标来判定小微型幼儿园。例如，对于地域特点，《国务院关于当前发展学前教育的若干意见》在关于发展农村地区学前教育中提及，加强“乡镇和大村独立建园，小村设分园或联合办园……逐步完善县、乡、村学前教育网络”[①]。为此，“小村设分园或联合办园”是农村小微型幼儿园的主体，在地理位置上可以界定为乡镇以下的“村级”幼儿园。另外，小微型幼儿园还存在教师、幼儿和班级数量小的特点，如《北京市举办小规模幼儿园暂行规定》指出：小规模幼儿园是指办园规模较小、相关设施条件（办园规模、场地面积）达不到《北京市幼儿园、托儿所办园、所条件标准》的基本标准、办园规模在 4 个班及以下、收托幼儿 40～100 名左右的幼儿园。从幼儿园性质看，国家机构举办和利用国家财政性经费举办的小微型幼儿园按公办幼儿园进行管理；国家机构以外的社会组织或个人利用非财政性经费举办的小微型幼儿园按民办幼儿园进行管理。从园舍看，可利用平房和四合院开办幼儿园，应当有独立院落，有一定活动场地，同时要符合其他的相关要求。从办园时间和面积看，小微型幼儿园提

① 国务院办公厅. 2017-06-03. 国务院关于当前发展学前教育的若干意见. http://www.gov.cn/zwgk/2010-11/24/content_1752377.htm［2016-09-01］.

供计时制、半日制和全日制服务，提供全日制服务的，应有相对独立的幼儿户外活动场地及安全防护措施，人均面积不低于 2 平方米；每班幼儿活动室建筑面积不低于 60 平方米，人均使用面积不低于 2 平方米，每班班额不超过 30 人，光照充足，通风良好。从教职工要求看，聘任的幼儿园保教人员应当符合《幼儿园管理条例》与《幼儿园工作规程》规定的任职资格和条件，教职工与幼儿的比例在 1∶6～1∶5.5。①

为进一步加强学前教育管理，规范办园行为，提高保育教育质量，满足广大人民群众对广覆盖、保基本、有质量的学前教育的需求，辽宁省教育主管部门针对城市和农村大量存在的幼儿园规模较小、办园条件不达标、农村偏远地区幼儿居住分散、学前教育资源短缺等问题，出台了《辽宁省小规模幼儿园暂行管理规定（试行）》，指出："小规模幼儿园是指幼儿班型较小，收托幼儿总数在 30～75 人左右、园舍建筑面积在 200～900m^2 以内，幼儿园有基本设施设备、玩教具以及生活设施，能够基本满足保育教育需要的幼儿园。""小规模幼儿园食品安全、消防、卫生防疫、餐饮安全等要求应符合国家以及省现行的有关规定，保障幼儿安全卫生健康需要。""本规定适用于所有已经开办但部分条件未达到《辽宁省幼儿园办园标准（试行）》（辽教发〔2011〕5 号）的幼儿园及农村村屯新建的小规模幼儿园。原则上城市、县城、乡镇政府所在地不得新建小规模幼儿园。""利用平房开办的小规模幼儿园，应有相对独立的幼儿户外活动场地及安全防护措施。利用民用建筑开办的小规模幼儿园，应设置在首层，设置不少于 2 个单独安全出入口，疏散通道严格执行消防规定。""小规模幼儿园园舍建筑面积不少于 200m^2，确保生均用地面积不少于 9m^2，户外活动场地面积可根据其规模确定，生均户外活动场地面积不少于 1.5m^2。户外活动区域应独立设置，并采取有效的防护隔离设施与其他区域分开。区域内应提供活动器械，有一定的绿化面积。"② 在广大农村，小微型幼儿园可能是由原有小学、居民住宅等相关建筑改造而成，教育活动形式存在混龄、家庭式等特征，具有方便入学、运转灵活、收费成本低、易于因材施教及与家庭社区联系密切等优势。从地域看，可以分为城市（城镇）小微型幼儿园和农村小微型幼儿园。从发展阶段看，可以分为"生存型"小微型幼儿园和"发展型"小微型幼儿园。"生存型"小微型幼儿园的主要特征是基于基本办园条件的实现，努力提供合格的教育，以满足社会、家长和幼儿的基本需求为主，如提供集体看护、安全保障和满足幼儿简单的认知需要等。"发展

① 北京市四部门印发举办小规模幼儿园暂行规定通知. http://www.gov.cn/gzdt/2011-04/11/content_1841378.htm［2020-06-01］.

② 辽宁省教育厅. 2012. 辽宁省教育厅等八部门关于印发《辽宁省小规模幼儿园暂行管理规定（试行）》的通知. http://www.lnen.cn/zwgk/zwtz/277151.shtml［2017-07-01］.

型”小微型幼儿园则拥有较好的办园条件和资源，能够提供良好的教育，追求特色发展和优质服务，可以满足社会、家庭和幼儿对教育多元化、更高层次的需求。现阶段，我国农村小微型幼儿园存在着资金不足、观念不科学、师资短缺和流动性大、玩具材料缺乏和教育活动小学化等问题，以处于生存型阶段的为主。

发展小微型幼儿园，特别是发展农村小微型幼儿园具有重要的意义。首先，小微型幼儿园是农村幼儿园的主体，是解决农村地区“入园难”问题的主要力量。小微型幼儿园能够更好地满足边远、贫困地区幼儿和分散居住于城乡接合部流动的农民工子女的学前教育需求。小微型幼儿园低投入、低收费、近区域、活机制的特征，能够更好地满足贫困儿童、流动幼儿和留守幼儿的教育需求。①发展农村小微型幼儿园更能体现出学前教育的公益性和普惠性。其次，“小规模民办幼儿园的存在，对改革单一的办园体制，满足社会不断增长的多样化需求，大幅度地提高入园率，大力推进幼教事业的发展，确实功不可没”②。为此，探讨处于生存阶段的农村小微型幼儿园的发展现状、困境及对策显得非常迫切。

二、农村小微型幼儿园发展的困境

随着农村学前教育公共服务体系的逐步建立，农村小微型幼儿园将成为基层农村地区对留守学前儿童实施教育和看护的主阵地。但由于经济、地域、文化等多种因素的影响，农村小微型幼儿园的发展存在着理论与现实困境。

（一）理论困境

1. 乡土化与城市化的冲突

所谓农村幼儿教育发展的乡土化，指的是农村幼儿教育的发展要充分彰显农村文化特色，凸显乡村文化习俗，在幼儿园的办园宗旨、课程开展、环境创设、材料玩具、游戏活动诸方面要结合农村特有的地域、文化等来安排，以便使农村幼儿教育保持“原汁原味”。农村幼儿教育发展的乡土化符合幼儿教育的自然性、淳朴性等特点。乡村教育家梁漱溟认为，乡村教育的内容可分为两部分：一类是共有的课程，强调共性；另一类是各学校根据自身所处环境优势和特点而设

---

① 符太胜，严仲连. 2014. 论城镇化背景下小规模幼儿园的合理性——基于小规模幼儿园不合法性的反思. 广州大学学报（社会科学版），(10)：67-71.

② 缪晨霞. 2012-06-20. 小规模幼儿园生存存在困境. 新京报，第2版.

置的课程。乡村学校的教育内容强调乡村资源，密切联系农村生产、生活需要。[①]人民教育家陶行知认为，农村教育不应该盲目地学习城市中的生活习惯和生产方式，应该教会儿童应有的农村文化素养，形成具有农村特色的淳朴民风，否则对农村的发展有害无益。[②]乡村丰富和独特的地域资源是幼儿教育的生存土壤，是幼儿园开展游戏活动的广阔天地。

所谓农村幼儿教育发展的城市化，指的是以城市的幼儿教育为效仿的榜样，在办园理念、课程开展、环境创设以及游戏活动的组织与实施等方面以城市幼儿教育为参照，从而使得农村幼儿教育逐步城市化。农村幼儿教育城市化现象的出现，与当前农村幼儿教育的自主、自觉意识不足有关（如农村幼儿园不知如何定位、发展自己而只好模仿城市幼儿教育）；与当前信息化、全球化的时代不同文化之间的交流与融合日益频繁和必要有关[③]；同时还与有些乡村改造落后局面时向城市看齐的价值取向有关。

当前学前教育的乡土化与城市化的冲突集中表现为割裂、对峙的中心主义。这种中心主义是指各个民族和个体都有一种倾向，即易于将自己的生活方式、信仰、价值观、行为规范看成是最好的，是优于其他人的，将本民族、本群体的文化模式当作中心和标准，以此来衡量和评价其他文化，常常敌视和怀疑自己所不熟悉的文化模式。[④]因此，所谓的幼儿教育城市化和乡土化都略显武断，自我、割裂、独断是它们共同的特点。

2. 效率与公平的冲突

从性质看，我国农村小微型幼儿园存在公办、民办、民办公助等多种形式，农村小微型幼儿园在发展中如何协调效率与公平的关系，是理论需要解决的困境。效率是一个经济学概念，关注的重点是投入与产出、投资与回报，效率用于社会领域常常指社会效益，其主要思想是“资源的有效使用和有效配置”。公平则是典型的社会学概念，关注的是社会正义和社会资源“合理的分配”[⑤]。美国教育家杜威认为，教育具有促进人的心智发展，通过人的社会化实现社会整合，以及促进社会平等三大功能。美国“公立学校之父”贺拉斯·曼指出：“教育是

① 转引自：孙培青，杜成宪. 2009. 中国教育史. 上海：华东师范大学出版社，454.

② 陶行知. 1991. 中国乡村教育之根本改造//江苏省陶行知教育思想研究会. 陶行知文集. 南京：江苏教育出版社，155.

③ 凡勇昆，邬志辉. 2012. 我国农村教育发展方向的困境与出路——基于文化的视角. 华东师范大学学报（教育科学版），(4)：26-30.

④ 郑航生. 2003. 社会学概论新修（第二版）. 北京：中国人民大学出版社，98.

⑤ 杨东平. 2004. 教育公平是一个独立的发展目标——辨析教育的公平与效率. 教育研究，(7)：26-31.

实现人类平等的伟大工具，它的作用比任何其他人类的发明都伟大得多。”[①]当前我国农村幼儿教育的公平与效率的冲突，主要表现在政府对农村幼儿教育资源配置过少，过分依靠市场机制，从而出现体制不全、管理混乱、收费昂贵、发展不均等诸多问题。特别是农村民办幼儿园规模小、经费不足，一方面要维持幼儿园的运转并获得利益，另一方面要保证幼儿教育的公益性和公平性，这是一种悖论。农村小微型幼儿园处于整个教育体系的最低端，但它却具有启蒙、补偿、关爱等独特的价值。为此，如何保障处于弱势地位的农村小微型幼儿园的发展，促进其在兼顾效益的同时发挥更大的公平、公益性效能，具有重要的意义。

（二）现实困境

1. 政策层面：合理性存在与制度设计不完善

合理性存在是指小微型幼儿园的存在和发展是满足社会和家庭对学前教育需求的重要途径。《国家中长期教育改革和发展规划纲要（2010—2020年）》指出，要推进农村学前教育工程，通过多种形式扩大农村学前教育资源，因此发展农村小微型幼儿园有其政策依据，同时这对解决偏远农村地区“入园难、入园贵”的问题，保障农村留守学前儿童的受教育权，拓展社会公平的内涵与推进社会稳定，具有重要的价值。但就目前小微型幼儿园的发展来看，制度设计不完善。首先是基于农村小微型幼儿园独特价值和生存不利处境的鼓励性制度设计几乎缺失。这与我们对农村小微型幼儿园的认识误区有关，“教育行政部门及其决策者经常持有这样的假设：与小规模相比，较大规模的教育机构能选拔和聘任更为优秀的教师，能提供更为丰富的课程，更有助于完整配置教育教学设备，也更有助于发挥规模效益和节约教育成本”[②]。在强调“大规模、大效益”的价值取向下，农村小微型幼儿园因其规模小、效益低而往往被政府与政策制定者忽视，结果是资源主要流向规模大的教育机构，小微型幼儿园的生存与发展面临较大的困境。其次是有些制度设计不科学，把小微型幼儿园排除在外，如《山东省教育厅　山东省财政厅　山东省物价局关于开展普惠性民办幼儿园认定工作的通知》认定条件第三条如下：“达到山东省幼儿园基本办园条件标准，规模在3个班及以上。”《云南省普惠性民办幼儿园评估指标体系》对班级规模的规定如下：“农村（含乡镇）幼儿总数不低于120人；贫困山区幼儿总数不少于90人。”按这

① 转引自：约翰·S. 布鲁贝克. 1987. 高等教育哲学. 郑继伟，张维平，徐辉等译. 杭州：浙江教育出版社，66.

② 邬志辉，史宁中. 2011. 农村学校布局调整的十年走势与政策议题. 教育研究，(7)：22-30.

里的人数要求，许多小微型幼儿园就没有机会申请普惠性幼儿园。

2. 师资层面：生存境遇与道德主义的要求

有一定质量保障的学前教育是促进幼儿健康发展的前提，而专业性强的教师是保障教育质量的核心要素。教师的专业发展有双重动力：一是外生动力，主要与教师的福利待遇、物质保障等有关，具有工具性、直接性；二是内生动力，主要与教师的职业信仰、爱心奉献等精神有关，具有内生性、潜在性和弥漫性。教师专业的持续发展离不开外生与内生动力的协调助推，但在专业发展的不同时期，外生与内生动力发挥的作用是不同的，如对于新入职教师来说，外生动力可能会发挥更大的效能。当前我国许多农村小微型幼儿园师资存在着数量不足、学历偏低、观念陈旧、家族式、保姆式等发展性问题和待遇较低、流动性大、身份不明确等生存境遇问题，这表明教师专业化发展的外生动力不足更为明显。同时，社会对教师的期待有时具有“道德主义”的倾向，即过分地宣传“自我牺牲”式的教师。教师具有较好的职业道德，为人师表应该是基本条件，但对于教师的要求还要基于人的基本需要，社会对教师道德的要求不能成为政府和社会推卸发展教育的责任的借口。在提升外生动力的前提下推动教师发展的内生动力，是当前促进农村小微型幼儿园教师专业化成长的基本机制。

3. 地域层面：多重贫困与多重期待

农村小微型幼儿园面临多重贫困，首先，是资金贫困。从政府层面看，农村学前教育是教育体系投入的最薄弱环节，虽然有“以县级统筹为主”的管理体制，但主要的经费用于义务教育；从幼儿园自身看，因其规模小、竞争性强，为了吸引生源，收费低廉。资金贫困给幼儿园带来了质量、安全等诸多问题。其次，是地域贫困，主要体现为农村小微型幼儿园所处地域具有人口密度相对较小（以留守儿童和老年人为主）、经济相对落后、交通相对不便等特点，这常常表现为连片贫困。最后，是地域文化、文明及精神等方面存在贫困。一方面是多重贫困，另一方面是多重期待。其一，是社会的期待，即小微型幼儿园是现实教育公平、保障留守学前儿童受教育权的主要途径。其二，是家长的期待，即外出务工的农民期待小微型幼儿园是保障孩子安全、呵护孩子成长的场所。其三，是孩子的期待，即孩子期待幼儿园是自己学习、交流和排除孤独的乐园。农村小微型幼儿园在多重贫困与多重期待中生存，值得关注。

第二章 农村地区普及学前教育的战略价值

农村地区是普及学前教育的重点与难点，剖析农村地区普及学前教育的战略价值，对推动农村地区学前教育发展具有重要的意义。

第一节 农村地区普及学前教育的人力资本价值

一、人力资本概述

人力资本理论最早起源于经济学研究。20 世纪 60 年代，美国经济学家舒尔茨和贝克尔创立了人力资本理论，开辟了关于人类生产能力的崭新思路。该理论认为物质资本指体现在物质产品上的资本，包括厂房、机器、设备、原材料、土地、货币和其他有价证券等；而人力资本则是体现在人身上的资本，即对生产者进行教育、职业培训等支出及其在接受教育时的机会成本等的总和，表现为蕴含于人身上的各种生产知识、劳动与管理技能以及健康素质的存量总和。靳希斌认为，人力资本的基本含义为：人力资本不是指个人和人口群体自然体本身，而是指他们所具有的知识、技能、能力和健康等质量因素；它是一种具有经济价值的生产能力；个人或人口群体所拥有的人力资本并非与生俱来的，而是后天靠投入一定成本获得的；人力资本本身并不是人类发展的目的，而是人类发展的工具和手段，它只体现了个人或人口群体所具有的能力或素质的经济价值，绝对不是个人或人口群体价值的全部，人类发展的终极目的是人的体力和智力全面协调发展。[①]

---

① 靳希斌. 2003. 人力资本理论阐释——兼论教育的人力资本价值. 广西师范大学学报（哲学社会科学版），（3）：71-74.

人力资本理论主要包括：①人力资源是一切资源中最主要的资源。人力资源可以进一步分解为具有不同技术知识程度的人力资源。技术知识程度高的人力带来的产出明显高于技术知识程度低的人力。②在经济增长中，人力资本的作用大于物质资本的作用。人力资本投资与国民收入成正比，比物质资源增长速度快。③人力资本的核心是提高人口质量，如增加生产知识、提高劳动与管理技能。④教育在人力资本形成和积累中具有重要的价值。现代经济增长主要依靠的是人力资本投资，即劳动者的质量和素质，而劳动者的质量和素质的形成与积累，主要依靠的是教育、培训和知识增进，如果说人力资本理论是分析经济增长、揭示经济发展的方法和工具，那么教育则是揭示人力资本形成与积累的关键环节。⑤教育投资是人力投资的主要部分。不应当把人力资本的再生产仅仅视为一种消费，而应视为一种投资，这种投资的经济效益远大于物质投资的经济效益。教育收益率高于物质投资收益率，据估计，教育对国民经济增长的贡献在25%～35%。这充分说明人力资本对经济增长的拉动作用，相当大的一部分是通过教育实现的。

学前期是人身心发展的关键期，学前教育是国民教育的基石。大量关于幼儿教育价值的研究表明：学前教育除了对个体身心发展具有重要的价值外，其对社会的发展也具有重要的意义，特别是对社会发展具有重要的人力资本价值。

二、学前教育的人力资本效益体现

关于学前教育的人力资本效益研究，主要包括1981年门罗（E. Monroe）和麦克唐纳（M. Mc-Donald）的开端计划研究，1982年格雷（S. Gray）等的早期训练研究，1988年伽博（H. Garber）的密尔沃基项目，2000年拉米（C. Ramey）等的初学者方案研究，2001年雷诺兹（A. Reynolds）等的芝加哥亲子中心研究，韦卡特（D. Weikar）、劳伦斯（J. Lawrence）、萨尔哈特（L. Schweinhart）等的高瞻-佩里幼儿教育研究项目等。另外，美国经济发展委员会（The Committee for Economic Development）的许多教育经济学家如诺艾（J. Roy）、迪姆斯（J. Timothy）等从高质量学前教育作为经济发展有效工具的角度，詹姆斯·赫克曼（J. Heckman）从学前教育作为一种人力资本投入的角度，冈德森（Gunderson）、克里夫兰（Cleveland）和克拉辛斯基（Krashinsky）从学前教育提高妇女就业率的角度，进行了相关研究，其中芝加哥亲子中心研究和高瞻-佩里幼儿教育项目最具代表性。其通过文献分析，归纳了国外关于学前教育经济效益研究的主要观点，阐述了国外学前教育带来较大经济效益的原因。

（一）普及学前教育的人力资本效益远远大于投资传统经济方案的效益

美国经济发展委员会资助的研究项目“普及学前教育与投资传统经济方案的比较研究”表明：高品质的学前教育对经济发展产生的影响远远大于一般的商业补贴和投资，研究预测持续普及学前教育，到 2080 年，可提高将近 2% 的国家就业率和 GDP，国家将多出 300 多万个就业机会及年 GDP 将增加近 1 万亿美元。表 2-1 显示了普及学前教育到 2080 年对美国经济的影响。①研究指出：投资学前教育与传统经济方案所带来的就业机会和产生的实际收入是不同的。图 2-1 显示的是一个州采用普及学前教育的方式和将同样的资源投入到商业补贴中，对州就业形势影响的对比情况。②如图 2-1 所示，最初经济发展的商业补贴为州创造了更多就业机会，但是随着时间的推移，原先学前教育参与者的劳动力供给在数量和质量上的大幅度提升，对州经济有着很大的作用。到 2033 年，普及学前教育对州居民就业的影响将超过州经济带来的补贴。从长期来讲，等到原来的幼儿到了就业的年龄，在州经济中，普及学前教育对年就业率的影响会是商业补贴的 2 倍多。

表 2-1　普及学前教育到 2080 年对美国经济的影响

项目	增加的百分比/%	增加的绝对数
工作机会	1.8	320 万份工作
居民收入	1.9	2940 亿美元
GDP	1.9	9430 亿美元
国家税收	1.9	2350 亿美元

资料来源：Bartik T J. 2006. The Economic Development Benefits of Universal Preschool Education Compared to Traditional Economic Development Programs. W. E. Upjohn Institute for Employment Research，5：1-5

① Bartik T J. 2006. The Economic Development Benefits of Universal Preschool Education Compared to Traditional Economic Development Programs. W. E. Upjohn Institute for Employment Research，5：1-5.

② Bartik T J. 2006. The Economic Development Benefits of Universal Preschool Education Compared to Traditional Economic Development Programs. W. E. Upjohn Institute for Employment Research，5：1-5.

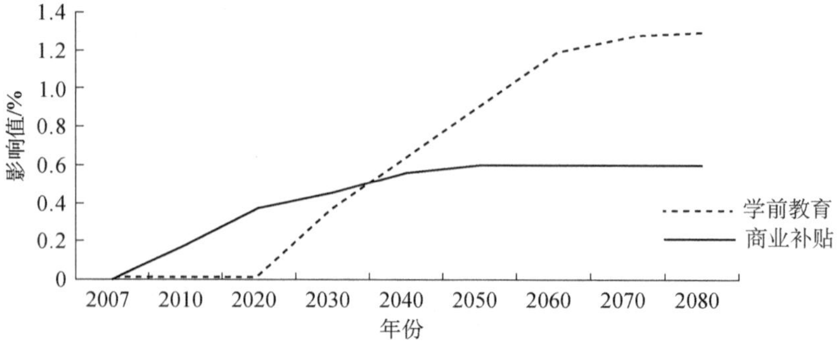

图 2-1 普及学前教育对州就业形势的影响

资料来源：Bartik T J. 2006. The Economic Development Benefits of Universal Preschool Education Compared to Traditional Economic Development Programs. W. E. Upjohn Institute for Employment Research，5：1-5

图 2-2 显示的是一个州采用普及学前教育的方式和将同样的资源投入到商业补贴中给州带来的实际收入的对比情况。[①]在相当长的时间内，商业补贴给州带来了更多的实际收入，但等到原来的学前教育参与者成为社会的主要劳动力时，学前教育的经济效益更明显。

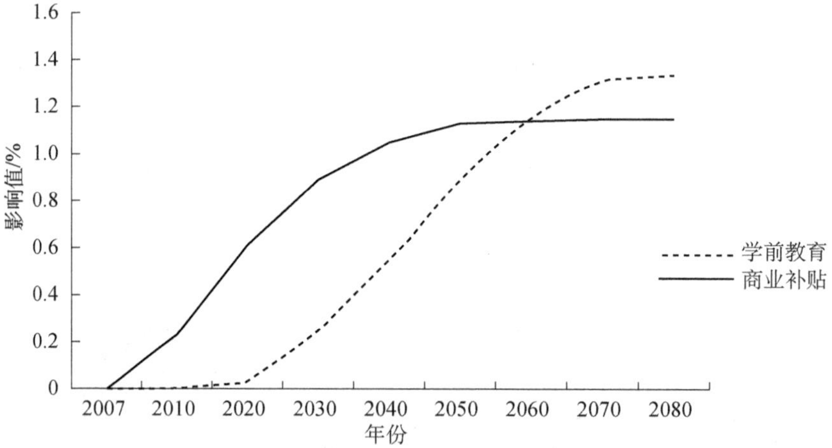

图 2-2 普及学前教育对州实际经济收入的影响

资料来源：Bartik T J. 2006. The Economic Development Benefits of Universal Preschool Education Compared to Traditional Economic Development Programs. W. E. Upjohn Institute for Employment Research，5：1-5

另外，有研究发现，将相同的资金用于学前教育和商业补贴，对州和国家层面产生的影响是不同的。投资 1 美元在高质量的学前教育上，在州层面会产生

① Bartik T J. 2006. The Economic Development Benefits of Universal Preschool Education Compared to Traditional Economic Development Programs. W. E. Upjohn Institute for Employment Research，5：1-5.

约 3 美元的收入，在国家层面会产生约 4 美元的收入；而投资 1 美元在商业补贴上，在州层面会产生约 3 美元的收入，在国家层面上只会产生不到 1 美元的收入。从表 2-2 可以看出，对于州而言，普及学前教育的收益与商业补贴的收益是差不多的；但对于国家而言是相差甚远的，普及学前教育的收益远远大于商业补贴的收益。①这给我们的启示是，国家要成为投资学前教育的主体。

表 2-2　投入 1 美元给州和国家带来的实际收入　　单位：美元

项目	州层面	国家层面
1 美元用于学前教育	2.78	3.79
1 美元用于商业补贴	3.14	0.65

资料来源：Bartik T J. 2006. The Economic Development Benefits of Universal Preschool Education Compared to Traditional Economic Development Programs. W. E. Upjohn Institute for Employment Research，5：1-5

（二）学前教育具有很高的经济回报率

芝加哥亲子中心通过追踪研究发现，在考虑通货膨胀因素的情况下，对亲子中心每投入 1 美元，15～18 年后所获得的收益是 7.14 美元，其中社会获得的收益是 3.85 美元，幼儿及其家庭获得的收益是 3.29 美元，社会收益主要来源于行政、司法开支的减少。②初学者方案研究的投入与产出的比例是 1∶4 。在美国高瞻-佩里幼儿教育研究项目中，研究者在 123 名低收入贫困黑人中随机抽取了 58 名儿童（实验组），让他们在 3 岁和 4 岁的时候参与接受高质量的学前教育项目，另外 65 名儿童（控制组）没有接受学前教育项目。对实验组和控制组儿童经过约 40 年的追踪研究发现：优质的学前教育对贫困儿童成年后的学业成就、经济状况、犯罪率降低、家庭关系和健康状况均有积极影响，让儿童终身受益，如实验组成员在 40 岁时的被雇佣率显著高于控制组（76%对 62%），年收入也显著高于控制组（27 岁时，12 000 美元对 10 000 美元；40 岁时，20 800 美元对 15 300 美元）。其成本收益分析显示：在考虑通货膨胀因素的情况下，在实验组被试 27 岁时，对幼儿教育每投入 1 美元能够获得 7.16 美元的收益；到实验组被试 40 岁时，对幼儿教育每投入 1 美元就可获得 17.07 美元的收益，幼儿教育的投入回报率大幅增长，其中 4.17 美元是对个体成长的回报，12.9 美元是对社会公共的回报，体现在社会福利、补救教育、预防犯罪方面投入的降低以及纳税的

① Bartik T J. 2006. The Economic Development Benefits of Universal Preschool Education Compared to Traditional Economic Development Programs. W. E. Upjohn Institute for Employment Research，5：1-5.

② Reynolds A，Temple J. 2001. Age 21cost-benefit analysis of the Title I Chicago Child-Parent Center Program：Executive summary. http//www.waisman.wisc.edu/cls/cbaex-ecsum4.html［2017-09-10］.

增加上。[①]与控制组成员相比，实验组需要社会救济的记录更少，更多的人拥有了自己的房子和稳定的住所，车辆拥有率、储蓄账户拥有率、被雇佣率也更显著地提高了。图 2-3 显示了高瞻-佩里幼儿教育研究项目 62 年后的投资回报。多项研究表明：学前教育具有很高的经济回报率。

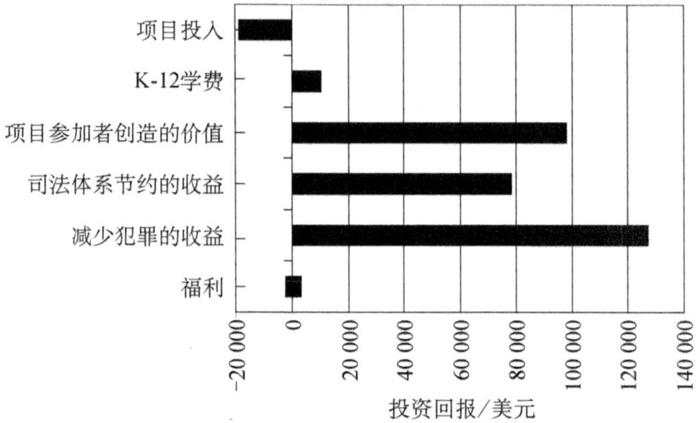

图 2-3　高瞻-佩里幼儿教育研究项目 62 年后的投资回报

资料来源：Schweinhart L J，Montie J，Xiang Z P et al. 2005. The High/Scope Perry Preschool Study through Age 40. Ypsilanti：High/Scope Press

（三）学前教育是最值得投资的教育时段

2000 年诺贝尔经济学奖得主、芝加哥大学教授詹姆斯·赫克曼（J. Heckman）从人力资本的视角对芝加哥亲子中心、高瞻-佩里幼儿教育研究等项目进行了深入分析，提出了“学前教育是回报率最高的教育时段”的观点。他指出：在其他条件相同的情况下，幼儿时期投入 1 美元所产生的回报将比幼儿期之后投入同样金额所产生的回报多得多。他认为产生这种结果的主要原因有二：首先，年幼的儿童有更长的时间去产生收益；其次，低水平技能能够促进高水平技能的发展，幼儿时期的投入会形成一种长期的“累积效应”。赫克曼发现，教育投入的回报率与受教育者的年龄成反比关系，在对所有教育阶段的投入中，只有对学前教育和小学低年级的投入所产生的回报超过了机会成本，这就更说明了学前教育是一个非常值得投入的教育领域，因为对它的投入所产生的收益甚至超过了对其他非教育领域（如生产领域）投入可能产生的收益。赫克曼建议，教育投入必须从幼年开始，最佳的投入模式应当是“对年龄越小的儿童投入更多的资金，并且不断追加

① Schweinhart L J，Montie J，Xiang Z P et al. 2005. The High/Scope Perry Preschool Study through Age 40. Ypsilanti：High/Scope Press.

投入”，如果家庭无法为幼儿的学习提供必要的条件，政府则应该及早介入，因为只有这样才能避免对下一阶段的教育投入回报率产生消极影响，从而获得更好的人力资本投入效益。[①]赫克曼指出：“学习是一个动态的过程，我们在儿童不同人生阶段的教育投入对其不同能力的形成有着至关重要的作用，在儿童不同时段的教育投入对其不同能力的形成至关重要。儿童在某一阶段获得的能力不仅会影响他在该阶段的总体发展，更会影响他在下一年龄阶段的学习和发展。如果错过了学习某一特定技能或发展某一特定能力的机会，以后补救的代价会相当昂贵。”[②]

三、学前教育带来人力资本效益的原因分析

（一）学前教育对提高学业质量、提升劳动力素养具有基础性作用

学前教育能在经济发展中获得更大收益，是因为高品质的学前教育提高了幼儿的综合素养，减少了儿童后续学业失败的可能性，提高了升学率和入学率，提升了学校教育质量，能培养出高素质人才，从而提高劳动力在市场上的就业能力和生产效率，产生巨大的经济效益。哥伦比亚普罗米萨（Promesa）项目研究结果显示，实验组有60%的幼儿升入四年级，控制组只有30%的幼儿升入四年级。高瞻-佩里幼儿教育研究项目的追踪研究表明，实验组和控制组幼儿在后续IQ值上存在着差异，如表2-3所示，实验组幼儿后续的IQ发展更好。另外，实验组儿童的5岁入学准备情况、14岁仍在校学习的人数比例、14岁时基本技能掌握情况、高中毕业人数比例等均较控制组有更好的表现，实验组儿童辍学率为23%，控制组则高达39%，实验组84%的女生达到高中毕业水平，控制组仅32%的女生能完成高中阶段的学习。[③]

表2-3 高瞻-佩里幼儿教育研究项目中实验组与控制组的IQ发展对比[④] 单位：分

组别	起点值	4岁	5岁	6岁	7岁	8岁	9岁
控制组	78.5	83.3	83.5	86.3	87.1	86.9	86.8
实验组	79.6	95.5	94.9	91.3	91.7	88.1	87.7

① 严冷，冯晓霞. 2009. 学前教育作为人力资本投入的启示. 中国教育学刊，(7)：10-13，26.

② 转引自：University of Wisconsin-Madison Institute for Research on Poverty. 2005. Inequality in America：Role for human capital policies. Focus，23（3）：1-10.

③ Bartik T J. 2006. The Economic Development Benefits of Universal Preschool Education Compared to Traditional Economic Development Programs. W. E. Upjohn Institute for Employment Research，5：1-5.

④ Schweinhart L J，Montie J，Xiang Z P et al. 2005. The High/Scope Perry Preschool Study through Age 40. Ypsilanti：High/Scope Press.

学前教育对提高学生的学习能力和社会适应力非常有效，美国俄克拉荷马州实施的一项面向全州所有 4 岁儿童的早期教育项目研究显示，该项目使低收入家庭儿童的认知技能提升了 31%，语言技能提升了 18%，非裔儿童测试成绩提升了 54%。[①]经济合作与发展组织的一些神经学家和心理学家认为，人生最初几年对一个人的认知、语言、生理、社会性和情感发展十分重要，最初几年的教育对人的心理和行为的影响远大于人生后期。儿童最初几年的可塑性很强，如有缺陷可以弥补，错过了最佳补偿机会将遗憾终生。有学者指出，学前教育和保育具有重要的潜在效益，其可以促进儿童大脑和社会性的发展，能有效地提高儿童未来的阅读水平和生产能力，从而提高其收入水平，促使其成为一个更好的公民，特别是对弱势幼儿进行教育，产生的效益一般会大于正常儿童。

（二）学前教育对降低犯罪率、节约政府开支具有重要的作用

研究表明：高质量的学前教育对于儿童社会性、人格的发展具有积极的促进作用，而且这种作用具有潜在性和延迟性的特点，能有效预防和持续降低后续暴力与犯罪行为，从而能较好地预防犯罪、保障社会稳定，为国家节约大量的开支。

美国高瞻-佩里幼儿教育研究项目对美国贫困黑人长达 40 年的追踪对比发现，优质的学前教育对贫困儿童早期的认知和社会发展有重要意义，对他们成年后的学业成就、经济状况、降低犯罪率、家庭关系和健康状况均有积极影响，但学前教育社会经济收益的 88%来源于犯罪率的降低。表 2-4 显示，实验组幼儿后来的犯罪率远远低于控制组幼儿，特别是在成年早期，差别更大。40 岁时，实验组人员入狱总月数为 34.6，而控制组人员入狱总月数为 48.8。在吸毒、离异和滥用药物等一些极易引发家庭和社会矛盾与危机，损害家庭和社会幸福与和睦的指标上，接受高瞻-佩里幼儿教育研究项目干预的实验组幼儿较控制组幼儿在成年后（40 岁时）的表现更好：实验组吸毒人数比例是 14%，而控制组则高达 34%。特别是对男性被试而言，接受幼儿教育对其成年后的家庭关系、家庭生活质量、家庭责任履行情况和亲子关系等的影响更为显著——只有 43%的实验组男性被试的子女由其他照看者看护，而控制组男性被试的子女则有 70%交由其他照看者看护；实验组男性被试滥用药物和使用大麻的比例分别为 17%和

① Jr Gormley W T，Phillips D. 2005. The effects of universal Pre-K in Oklahoma：Research highlights and policy implications. Unpublished manuscript. Policy Studies Journal，（33）：65-82.

48%，而控制组男性被试滥用药物和使用大麻的比例则分别高达 43%和 71%。①

表 2-4 高瞻-佩里幼儿教育研究项目中实验组与控制组被捕 5 次以上的人数比例②

单位：%

组别	青少年时期（到 19 岁）	成年早期（20～27 岁）	成年中期（28～40 岁）
实验组	3	7	29
控制组	5	29	37

“发展适宜性教育”实践表明，学前期适宜的教育能够有力地促进儿童社会交往能力、爱心、责任感、自控力、自信心和合作精神等社会性、人格品质的发展，接受了适宜社会性教育的儿童，其以上各方面的发展水平都要显著高于没有接受过这一教育方案的儿童。如果儿童在学前时期没有形成良好的社会性及人格品质，后续阶段的社会化就会出现困难。早期行为、性格发展不良的儿童容易出现孤僻、冷淡、退缩、依赖、攻击性及破坏性强等问题，严重的还会产生情感、人格障碍，在学龄阶段更难适应学校生活，交往困难，厌学、逃学及纪律等方面的问题更多和少年犯罪率更高；成年时期更容易出现情绪、交往障碍和行为问题，有的甚至会出现人格障碍，走上犯罪的歧途。脑科学研究发现，儿童早期不良的发展环境与经验会导致其大脑逐渐出现结构与功能的改变，而这种改变将会在儿童成年后以沮丧、焦虑、外部压力、冲动、多动、药物滥用、攻击性行为等各种形式表现出来。研究充分表明，良好的幼儿教育对预防暴力行为和降低犯罪率、节约开支、提高经济效益具有重要的意义。③

（三）学前教育对促进妇女就业、创造更多经济价值具有重要作用

学前教育事业的普及和发展有利于提高妇女的就业率和工作质量。冈德森等通过研究发现，幼儿教育的供给和政策对妇女劳动力市场的就业率、工作时间、一般劳动力市场经验和单位特殊资质的获得、人力资本的形成、收入、就业地位等六个方面都有影响。在加拿大，女性的平均收入只有男性的 60%～68%，这种收入差别只有 5%可用工资歧视来进行解释，其他大部分几乎都是由女性生育和

① Schweinhart L J，Montie J，Xiang Z P et al. 2005. The High/Scope Perry Preschool Study through Age 40. Ypsilanti：High/Scope Press.

② Schweinhart L J，Montie J，Xiang Z P et al. 2005. The High/Scope Perry Preschool Study through Age 40. Ypsilanti：High/Scope Press.

③ Mustard J F. 2006. Experience-based brain development：Scientific underpinnings of the importance of early child development in a global world. Paediatr Child Health，（9）：12-14.

抚养孩子造成的。[①]换句话说，女性一般集中于从事销售、服务、文秘等进出容易、工作时间灵活性较大但工资相对容易被扣除的女性传统职业中。冈德森等由此总结道："没有任何一个因素像生育孩子那样能如此至关重要地影响决定工作收入的每一因素。事实上，在造成工资差别的各因素中，我们再也找不到比生育孩子更重要的其他因素。"[②]1997 年，鲍威尔（L. Powel）报告指出，如果政府的儿童看护补助能给全日制工作的人提供强有力的支持，那么参加全日制工作的母亲将增加 29%～52%，如果将其放到母亲一生的背景下考虑，政府补助学前教育对母亲的正面影响会更突出。

总而言之，学前教育不仅对个体的身心发展有直接影响，同时具有重要的人力资本价值。例如，普及学前教育的经济效益远远大于投资传统经济方案的效益，学前教育具有很高的经济回报率，是最值得投资的教育时段。学前教育能够带来较大的经济效益，是因为学前教育能提高儿童的后续学业质量、提升劳动力素养、降低犯罪率、节约政府开支和促进妇女就业等。学前教育对于个体终身发展、国民教育质量与全民素质的整体提升、社会经济和谐可持续发展，乃至一国综合国力与核心竞争力的增强，均具有基础性、全局性的重要价值。这给我们带来的启示是：政府与社会要从提高国家综合国力、促进社会经济发展的战略高度重视学前教育。

第二节　农村地区普及学前教育的社会公平价值

一、学前教育是强公益性准公共产品

（一）准公共产品理论

早在 300 多年前，大卫·休谟就曾注意到：某些任务的完成对单个人来讲并无什么好处，但对整个社会却是有好处的，因而只能通过集体行动来执行。这大概可以看成是对公共产品研究的起源。随后，亚当·斯密、帕累托等若干经济学者对这一问题从各个方面做了研究和探索，但是直到保罗·萨缪尔森在 1954 年、1955 年分别发表了《公共支出的纯粹理论》《公共支出理论的图式探讨》两篇短文之后，理论界才对公共产品、准公共产品和私人产品等有较深入的认识。

① 转引自：裘指挥，刘焱. 2011. 国外学前教育的社会经济效益研究. 比较教育研究，(6)：1-4，14.

② 转引自：蔡迎旗，冯晓霞. 2007. 政府财政投资幼儿教育的合理性——来自国外的教育经济学分析. 比较教育研究，(4)：44-48.

萨谬尔森对公共产品的经典定义是：公共产品是指每个人对它的消费不会减少其他人对该产品的消费量的产品。公共产品是具有消费的非排他性和非竞争性等特征的产品。按照萨缪尔森的阐述，消费的非排他性有三个方面的含义：①公共产品在技术上不易排除众多的受益人；②公共产品还具有不可拒绝性；③虽然在技术上可以实现排他，但是排他的成本极高。消费的非竞争性指一个人的消费不会减少其他人的消费数量，或许多人可以同时消费同一种物品。[①]这两个特征基本上都是从公共产品具有的经济技术特点的角度来界定社会公共产品的，已经成为人们判断什么是公共产品的主要标准。

效用的不可分割性、消费的非竞争性和受益的非排他性是公共产品的三大特性。效用的不可分割性是指公共产品是不可分割的，如国防、外交、社会治安等最为典型，相反那些可以被分割成许多可以买卖单位的产品就不是公共产品，即谁付款，谁受益。消费的非竞争性是指任何人消费公共产品都不排除他人消费（从技术上加以排除几乎不可能或排除成本很高），因而不可避免地会出现“白搭车”现象。有些产品只能是占有人才可以消费，坚持谁付款谁受益的原则时，这种新产品就不是公共产品了。受益的非排他性是指任何人对公共产品的消费都不会影响其他人同时享用该公共产品的数量和质量，个人无法调节其消费数量和质量，即公共新产品的边际拥挤成本为零。

同时，萨缪尔森指出，处于公共产品和私人产品之间的就是准公共产品，即凡是可以由个别消费者所占有和享用，具有敌对性、排他性和可分性的产品就是私人产品，介于二者之间的产品称为准公共产品。现实中，真正的纯公共产品是很少的，大多数物品都可以被看作介于纯公共产品和私人产品之间的准公共产品，如教育、文化、广播、电视、医院、应用科学研究、体育、公路、农林技术推广等方面的事业单位，其向社会提供的属于准公共产品。此外，实行企业核算的自来水、供电、邮政、市政建设、铁路、港口、码头、城市公共交通等也属于准公共产品的范围。对于准公共产品的供给，在理论上应采取政府和市场共同分担的原则。

准公共产品具有不充分的排他性和竞争性，更重要的是还具有收益的外部效应，即拥有这部分产品的收益，一部分归所有者个人，另一部分归整个社会。外部收益性有两种表现形式：一是生产的正外部性，即生产的社会成本小于私人成本；二是消费的正外部性，即消费的社会收益大于私人收益。[②]

① 郭庆旺，赵志耘. 1999. 财政理论与政策. 北京：经济科学出版社，45.

② 崔运武. 2006. 公共事业管理概论（第二版）. 北京：高等教育出版社，234.

（二）作为强公益性准公共产品的学前教育

学前教育是一种准公共产品，学前教育具有一定的竞争性，在既定的学前教育机会下，一个人接受了学前教育，就减少了他人接受学前教育的机会。另外，学前教育也具有一定的排他性，幼儿园可以通过确定招生范围、收取高昂建园费和高昂学费等将一部分幼儿排除在学前教育之外。已有研究证实，接受过早期教育的儿童将来能够获得更高的收入和社会地位，这属于受教育者的个人收益，他人不可能分享，因此具有竞争性和排他性。同时，学前教育也具有私人产品的性质，家长购买了这种服务，孩子就可以拥有某种技能，为未来发展打下坚实的基础。但学前教育也具有收益的外溢性，也就是具有收益的社会性，如解放了家庭劳动力、提高其他阶段教育的收益率、降低幼儿成年犯罪率等。同时，学前教育传授的知识可以促进对幼儿潜能的开发和学习兴趣的培养，提高儿童的整体学习水平和质量，促进儿童教育事业的发展，具有较强的公共性。可见，学前教育同时具有公共产品和私人产品的性质，是一种准公共产品，具有很强的公益性。

在西方，对于教育公平理论主要有两种观点，即民主主义学派（如杜威）和社会学的功能论学派（如涂尔干、帕森斯）。在以杜威等为代表的民主主义学派看来，民主主义社会的教育具有三大功能，即整合、平等、发展。民主主义学派所倡导的自由主义的平等思想与现代“教育机会均等”的思想非常接近，功能论学派也承认扩大教育机会平等有助于促进社会平等。学前教育是基础教育和整个国民教育体系的重要组成部分，是学校教育和终身教育的奠基阶段，是重要的社会公益事业。

学前教育具有外部收益性，即不对学前教育进行足够的投入，将会对社会发展产生极其不利的严重后果。例如，保护环境是一项外向型经济，保护河流需要国家投入大量的人力和财力，但是如果不对河流进行保护，一旦河流遭到严重污染，那么治理河流污染的代价将会更大。对学前教育投入与对河流进行保护都属于外向型经济。①“相比那些充分接受教育的人来说，未受足够教育以致在当今社会无法取得成功的人群中，犯罪率和由公共福利或是民间慈善产生的成本更高。把一个人关进监狱带给纳税人的直接成本是教育一个学生的单位成本的数倍，还会产生由受害人和经常由罪犯所在家庭带来的犯罪附加成本。”②

为此，要把学前教育看成一项社会公共事业，强化其福利性和公益性。刘占兰指出，如果把幼儿园、小学、中学、大学这四级教育按公共性划分，学前教育

① 周桂勋. 2012. 论学前教育的纯粹公共产品属性. 教育导刊（下半月），（8）：17-20.

② 小弗恩・布里姆莱，鲁龙・R. 贾弗尔德. 2007. 教育财政学——因应变革时代（第九版）. 窦卫霖主译. 北京：中国人民大学出版社，18-40.

应是各级教育中公共性最强、社会受益面最广的一项社会公共事业，这是国际共识。[①]由于经济发展水平、社会制度、教育重视程度等因素的不同，有些国家将学前教育视为完全具有非竞争性和非排他性的公共服务，即把学前教育作为完全具有公益性的公共事业来对待；而有些国家认为学前教育具有一定的一般私人物品的性质，即将学前教育作为具有准公益性的公共事业来对待。可以肯定的是，大多数国家和组织都把公益性作为学前教育的基本属性，政府和相关组织把它作为公益事业，加大了对其的投入。例如，大部分欧洲国家都是通过公共财政来支持学前教育的发展的。有些国家不论父母的就业状况或家庭收入如何，学前教育都是免费的，如在法国，所有 2～6 岁幼儿的教育都是免费的。也有一些国家的学前教育采取由国家财政支持和根据父母收入水平交费并行的方式，如在德国和意大利，为所有 3～6 岁儿童提供免费学前教育，3 岁以下幼儿的保育则由社会福利加以保障，并由其父母支付不高于 20%的费用。[②]

在我国，学前教育的公益性还没有得到很好的体现，学前教育的价值和消费的正外部性没有受到高度重视，学前教育在民族与国家战略发展中的地位没有得到应有的体现。相关研究表明：一方面，我国政府对学前教育的投资仅用于占幼儿园数量一半的公立幼儿园；另一方面，政府对学前教育投入的不足，导致学前教育的平均学费超出高等教育的平均学费，但在四个教育阶段中，学前教育经费占教育总经费的比例最低，经费的不足严重影响了学前教育的发展。相当多的幼儿园收费远远超出了某些家庭的支付能力，只有高收入群体才能进行更多的幼儿教育投资。在凭借经济实力选择优质幼儿园、贫富差距不断拉大的现实的影响下，幼儿在接受学前教育的过程中存在着机会不均等的现实情况，学前教育的公益性没有得到充分体现。[③]为此政府要加大对学前教育的投入，凸显学前教育的公益性，只有这样才能让幼儿公平地接受高质量的学前教育，从而保障学前教育的个体与社会发展战略价值得以充分实现。

二、彰显早期补偿教育功能

（一）补偿教育的概念

补偿教育（compensatory education）是指为经济、文化等处境不利儿童提供适宜的教育和救助的方案，以补偿其幼年所处的不利环境，进而减少其课业学习困难，提

① 刘占兰. 2009. 学前教育必须保持教育性和公益性. 教育研究，5：31-36.

② 芭芭拉·鲍曼. 2005. 渴望学习——教育我们的幼儿. 南京：南京师范大学出版社，17-19.

③ 田书梅. 2011. 政府分担学前教育成本的理论支持研究. 企业家天地（下半月刊），12：99.

高课业学习和社会交往能力。其最终目的是维护教育公平，提升儿童的学习能力和生存能力，打破贫困代际传递，促进社会和谐发展。补偿教育主要关注处境不利儿童，其基本假定是处境不利儿童在幼年生活中可能存在环境不利、文化剥夺、家庭经济水平低、语言发展显著不利等状况，从而影响到后来的学习与生活。为此，政府和社会应高度重视这一问题，给予处境不利儿童一定的协助，为他们创造更多的学习机会，不让他们成为学习的失败者或落后者。

补偿教育在英国和美国约起源于 20 世纪五六十年代左右。第二次世界大战后，在牧师马丁·路德·金的领导下，美国黑人开始了争取民主权利、反对种族隔离与歧视的群众运动。当时民权运动呼吁促进学校融合、落实教育机会均等，要求废除种族隔离政策。为此，重视弱势族群或文化不利儿童，成为当时教育和社会福利改革的重点之一。补偿教育受到重视还与英国和美国充分认识到早期教育对打破代际贫困循环具有重要作用有关。贫穷是循环进行的，处境不利的贫困儿童、少数民族儿童在教育上的不平等地位、生活环境差等导致了其将来的就业机会少，只能从事一些较低级的、社会认可程度和报酬较低的工作。这样，一代贫穷，代代贫穷，如此循环不息。于是，美国政府提出了“向贫穷开战”的口号，强调早期教育的重要性，肯定补偿教育越早，取得的效果越佳，企图通过对贫困家庭的幼儿、弱势族群或文化不利地区的儿童进行早期补偿教育，重视对早期儿童的语言学习、阅读技巧、数学学习、自我观念和学习态度的培养，从而有利于这些家庭走出代代贫穷的恶性循环圈。

（二）早期补偿教育的独特价值

早期补偿教育对个体、社会与民族发展具有独特价值。首先，从儿童个体发展来看，学前期是人一生发展的关键期，早期优质的补偿教育对人的一生具有至关重要的影响。根据关键期理论，在适宜的环境的影响下，行为习得特别容易，发展特别迅速。但如果缺乏适宜的环境，也可能会引起病态反应，甚至会阻碍一个人日后的正常发展。在关键期，机体对环境的影响极为敏感，有的研究者因此将其称为敏感期。个体从出生到成熟有一个漫长的过程，在这个过程中，不同年龄阶段的发展水平和速度是不同的。在其发展过程中，个体在某个特定时期会对某些能力或知识信息的获得特别敏感，如果接受了适当刺激的影响，就能不知不觉地、毫无困难地获得这些能力和知识；如果在这个时期未能受到适当刺激的影响，那么他们以后对这些知识或能力的获得就会变得困难，得花几倍、几十倍的时间与努力，甚至会永远失去获得这些能力和知识的可能。即使以后花大量的时间和精力去弥补，由于早期没有得到适当的刺激，收益也是甚微的，或者说根本就没有效果。对于这样一个时期，心理学称为发展的关键期。例如，有人认为 2～3 岁是儿童学习口头语言的关键年龄，4～5 岁是开始学习书面语言的关键年龄，等等。最典型的事例是 1920 年在印度发现 8 岁狼孩卡玛拉，由于她错过了言语发展和社会化的关键期，虽然牧师辛格对其进行精心照料、训练长达 9 年，到 17 岁病死时，其智力仅达到三岁半儿童的水平。

学前期是大脑发育的关键期。随着年龄的增长，儿童脑的重量以先快后慢的速度增加，第一年的脑重量增加最快，3 岁以后大脑发育速度递减，到 20 岁时停止增长。成人大脑平均重量为 1400g，新生儿脑重量为 360g 左右，为成人脑重量的 26%；6 个月时为 700g，是成人脑重量的 50%；满 1 周岁时脑重量为 950g，已经接近成人脑重量的 68%；2 周岁脑重量为 1100g，为成人脑重量的 79%；3 周岁时脑重量为 1250g，已为成人脑重量的 89%；6 周岁时为成人脑重量的 90%以上。①通过脑成像技术观察不同年龄水平的大脑各个脑区消耗的能量发现：出生后 2～3 个月，顶叶、颞叶、视觉皮层、基底神经节及小脑半球的血流量都相应地增加。3～4 个月，由于大脑基底神经节的髓鞘化，婴儿在表达情绪时出现了微笑。6 个月时，额区的活动开始活跃，大脑左侧颞叶和顶叶之间负责语言理解的韦尼克区也发育成熟了，这时的婴儿能够对一些语言进行分辨和归类。8 个月时，由于额叶的活动显著增加，其认知能力显著提高，大多数婴儿都具有足够的运动控制能力来与环境中的人和物进行有意义的交流，同时能通过模仿他人的动作进行学习。8～12 个月，额叶顶部和中部的活动表现得更为活跃，伴随发生的是与行为相关的认知活动。1 岁时，婴儿大脑皮层的新陈代谢活动与成人大脑相似，2 岁时，大脑内突触数量达到成人的水平，3 岁时，幼儿大脑的活动量约为成人大脑的 2.5 倍。②3～8 岁儿童的皮层神经元比之前增加 1 倍，突触继续增加。4 岁时，大脑中的葡萄糖代谢水平是成人的 2 倍。③从大脑重量增长的速度可以看出，显然 0～3 岁时大脑发育最快，6 岁后减缓。因此，6 岁前是儿童脑发育的关键期，而且前 3 年特别关键。

另外，值得关注的是，幼儿的大脑几乎是以能量消耗为主，对葡萄糖的消耗是成年人的 2.25 倍，早期学习的效率比较高，学习也比较容易。美国加利福尼亚大学的脑科学专家玛丽安·戴蒙德（Marian Diamond）指出，如果我们使环境丰富起来，我们的大脑将具有更加厚的皮层，生长更多的树突，生长更多的中心体和更大的细胞体，这意味着大脑细胞之间的交流会更佳。其认为在关键期提供

---

① 窦向亲，赵阳，门赟. 2004. 儿童脑发育时期的营养补充. 现代中医药，(6)：75.

② 周相全，唐浩. 2010. 大脑研究对教育的启示. 知识经济，(10)：176.

③ 王爱民. 2006. 大脑发展研究及其对儿童教育的意义. 幼儿教育（教育科学版），(1)：48-50.

合理的营养和丰富多彩的环境刺激，促进儿童大脑的发育与学习，并在适应的时期给予适当的刺激等，在关键期内学习任何事物几乎都是可能的，但是如果错过学习之窗，将会面临与残障儿童打交道的局面。①从脑科学角度看，“神童”并不神秘，他们只不过是有幸在大脑发育的各种关键期得到丰富而适宜的后天养育，从而形成比一般儿童更多的神经突触和更发达的神经回路而已。脑科学研究已揭示了儿童大脑内神经元的发展过程：新生儿的大脑内的神经元之间没有多少连接，大脑皮层的大多数区域也不活跃，当受到外界环境的刺激时，神经元连接的速度却惊人地增长，3 岁儿童神经元的连接数是成人的 2 倍，0～3 岁儿童脑活跃的程度远远超过成人。②

大量研究表明，学前期是心理发展的关键期。抓住关键期进行适宜的教育特别重要，否则会造成终生遗憾。美国心理学家布鲁姆（Bloom）对近千人的智力发展，从幼儿一直追踪到成年，得出结论：如果个体从出生到 17 岁时的智力水平达到 100%，那么 0～4 岁就获得 50%，4～8 岁又获得 30%，其余的 20%是 8～17 岁获得的。也就是说，个体智力发展的最初 4 年是以后 13 年的总和，其学习成就在很大程度上取决于早期经验。③婴幼儿阶段是人的智力开发的最佳期，早期教育有利于开发大脑的潜能。3 岁以前的教育，一年顶十年。歌德、莫扎特、贝多芬、爱迪生、爱因斯坦等伟人的成功都是得益于家庭早期教育。

蒙台梭利专门对有性格缺陷的儿童进行了研究和观察，当其将这样的孩子送进“儿童之家”之后，孩子有了自由成长的良好环境，促进了心理和性格的健康发展，原有的缺陷逐步消失。雷米（Ramey）于 1996 年在阿拉巴马大学对一群婴儿 12 年的跟踪研究发现，从 6 个月就进入丰富的环境生活（指有小伙伴、足够的营养及学习和游戏的机会）的实验组婴儿明显比未参与实验的婴儿智商高，脑成像技术的结构扫描揭示实验组婴儿的脑在利用能量方面更加有效。可见儿童出生的最初几年十分重要，0～6 岁是儿童心理和生理的重要发展阶段，对儿童的语言发展与性格形成显得尤为重要，教养环境和方法甚至会改变儿童的一生。④

这给我们带来的启示是，要抓住关键期及早地对处境不利儿童进行救助与补偿教育。1997 年，克林顿总统及其夫人主持了题为“早期儿童发展与学习：脑研究的新进展告诉我们些什么”的著名的“白宫会议”，全美顶尖的科学家和教育学家倡导全民重视儿童教育。2008 年，世界性金融危机席卷全球之际，美国

① 转引自：冯扬. 2012. 学前期是儿童语言发展及性格形成的关键期. 考试周刊，（47）：162-164.
② 袁爱玲，肖丹. 2007. 经脑科学透视的儿童早期教育之误识与误行. 教育导刊（幼儿教育），（11）：63.
③ Bloom. 1985. Developing Talent in Young People. New York：Ballantine Books，105.
④ 转引自：冯扬. 2012. 学前期是儿童语言发展及性格形成的关键期. 考试周刊，（47）：162-164.

奥巴马政府采取“振兴经济，教育当先”的执政战略，设立总统早期学习委员会，更是优先发展学前教育，每年增加190亿美元的联邦教育经费，用于实施“0～5岁教育计划”，以兑现其在竞选时“为全美每一个儿童提供世界一流教育”的承诺。[①]这些做法值得我们关注，因为早期儿童教育不仅对儿童个体具有重要意义，对国家与民族的发展也具有重大的战略价值。

另外，早期补偿教育对社会与民族发展、打破贫困代际传递等具有独特的战略价值。贫困代际传递有着复杂多样的成因，而学前教育的落后则是导致贫困代际传递的重要因素。

“贫困不仅仅指收入低微和人力发展不足，它还包括人对外部冲击的脆弱性，包括缺少发言权、权利和被社会排除在外。”[②]从这里可以看出，贫困更指向人在发展过程中最基本的机会与选择的缺乏，更倾向于人的发展能力不足，基于这一观点，打破贫困代际循环的重点是提升人的发展空间和能力。从这个意义上讲，学前教育具有重要的战略价值，因为通过向所有学前儿童提供公平的、优质的教育，可以提升儿童后续的综合发展水平和生存能力，从而对社会做出更大的贡献，大大降低陷入贫困的概率。可以说，学前教育作为公共服务的重要组成部分，是防止社会贫困的有效工具。

学前教育对提高儿童后续的学习能力和社会适应力、打破贫困代际循环非常有效。大量早期干预项目证实，早期补偿教育可有效消除家庭和社会处境不利对儿童成长的消极影响，能有效降低因出生缺陷和成长环境不利所带来的影响，有利于打破“一代贫困，代代贫困”的恶性循环。“旨在向3～5岁贫穷儿童与残疾儿童进行免费学前教育、营养与保健的美国‘提前开端计划’”，“旨在结合早期教育、儿童养护、健康及家庭援助，给居住在处境不利地区的幼儿一个良好的开端的英国‘确保开端计划（Sure Start Programme）’”，其追踪研究均显示，早期良好的学前教育能使接受学前教育计划的处境不利儿童比未接受这一计划的儿童在“在认知、语言和思维操作等各方面发展得更好，一般幼儿的智商因此提高了10～15，消除他们与其他儿童入小学前形成的差异，保障他们更有可能完成高中及以上学业并获得工作上的成功”，并且“对这些儿童产生一直持续到其成年期的长期的、积极的影响”，降低了青少年犯罪、未成年怀孕的可能性，有效提高了处境不利儿童成年后自立、组建家庭并忠实于婚姻生活的比例，减少了他们对特殊教育的需求和对社会福利的依赖。美国密歇根大学教授苏珊·纽曼非常重视学前教育的地位和作用。她在《学前教育改革与国家反贫困战略——美国的

① 闫守轩，段蕾，范超. 2011. 美国奥巴马政府“0～5岁教育计划”的解析与借鉴. 辽宁师范大学学报（社会科学版），(6)：64-67.

② 肖巍，钱箭星. 2004. 人权与发展. 复旦学报（社会科学版），(3)：104-109.

经验》一书中指出，学前教育不是保姆，而是消除儿童贫困、切断贫困代际传递的重要途径，对国家实施长远的减贫战略具有重要意义。而且，在人一生的发展中，儿童时期的回报率最高，政府应把更多的钱投入到学前教育，而不是花在免费高中教育上。越早干预贫困儿童的教育，越有助于贫困儿童做好入学准备，也有利于切断贫困的代际流动，收到更大的社会效益。①大量研究表明，学前教育可以降低贫困家庭儿童在学校的留级概率，提高学习成绩，减少犯罪，使其成为有技术、适应能力较强的社会有用人才，能够实现充分就业、经济独立并摆脱对政府救济的依赖，对国家福利的增长和社会的和谐稳定具有巨大的现实意义。无论是美国的“提前开端计划”还是英国的“确保开端计划”，其理论基础都是试图通过施加适当的教育影响，改变贫困的代际循环现象。两国政府均认为贫困具有代际循环的特点，而对贫困家庭儿童实施良好的学前教育，能够阻止贫困的代际循环，让贫困家庭儿童逐步走出贫困的灾难境地。②

学前教育是“根”的教育。陶行知在《创设乡村幼稚园宣言书》一文中写道：“六岁以前是人格陶冶最重要的时期。这个时期培养得好，以后只要顺其自然，孩子自然成为社会的优良分子；倘使培养得不好，习惯成了不易改，倾向定了不易移，态度决了不易变。”③尽管学前教育对一个人的一生非常重要，但在农村尤其是贫困地区，学前教育恰恰成为教育最短的一块板。④发展学前教育，给贫困家庭儿童、流动儿童、留守儿童、离异家庭儿童等处境不利儿童提供一个相对公平的竞争起点，是打破贫困代际传递链条的重要手段，也是政府为全社会提供公共服务，尤其是实现公共服务均等化的重要途径。为此，相关部门必须下大力气改变幼儿教育薄弱的状况，斩断贫困的代际传递。同时，政府应大力支持贫困地区乡村幼儿园建设，加快构建贫困地区乡村学前教育体系。要解决贫困代际传递的问题，必须从学前教育抓起，为贫困家庭子女提供学前教育机会。当前和今后一个时期，政府应大力支持乡村幼儿园建设，从最贫困地区、最贫困人口抓起，逐步建立和完善学前教育资助政策体系，切实减轻贫困家庭的学前教育负担。⑤

① 转引自：张贵勇. 2011-10-13. 学前教育：消除贫困的重要途径——美国密歇根大学教授谈美国学前教育的政策和经验. 中国教育报，第5版.

② 戴莉. 2009. 美英“开端计划”对我国贫困儿童学前教育的启示. 中华女子学院学报，(3)：95-99.

③ 转引自：董晓燕. 2014. 陶行知幼儿教育思想的理论与现实意义. 课程教育研究，(28)：29-30.

④ 万吉彦. 2016-10-12. 发展学前教育斩断贫困代际传递. 甘肃日报，第6版.

⑤ 秦和. 2013-04-21. 阻断贫困，瞄准儿童早期发展. 人民日报，第9版.

三、保障留守学前儿童健康成长

中华全国妇女联合会发布的《我国农村留守儿童、城乡流动儿童状况研究报告》显示，2010 年，我国 0～17 岁农村留守儿童达 6102.55 万人，总体规模扩大；全国流动儿童规模达 3581 万人，数量大幅度增长。报告指出，学龄前农村留守儿童（0～5 岁）规模快速膨胀，达 2342 万人，在农村留守儿童中占 38.37%，比 2005 年增加了 757 万人，增幅达 47.76%。近 20%的务工父母在儿童 1 岁前外出，其中 30%在儿童出生 1～3 个月外出，相当数量的留守婴儿由于母亲外出不能得到足够时间的母乳喂养。因此，留守学前儿童问题需要引起高度的重视。

（一）农村留守学前儿童面临的困境

2015 年 6 月 9 日，毕节 4 名留守儿童服用农药自杀时，家里有粮、有肉、有钱，唯独没有“亲情”，他们是被骨肉分离、缺情少爱的“亲情空洞”吞噬的。按照 2010 年全国 6102.55 万 0～17 岁农村留守儿童总数测算，全国约有近 1794 万农村留守儿童一年只能见父母 1～2 次；有近 1000 万孩子一年没有机会见到父母，其中独居留守儿童达 205.7 万人，庞大数字的背后，是他们比物质贫困更为严重的心理和情感匮乏。当前，我国农村留守学前儿童面临的困境如下。[①]

第一，精神情感供给不足。随着社会的发展，当前我国大多数留守儿童家庭呈现出经济供给能力越来越强的趋势，但农村家庭的精神供给意识和供给能力没有得到应有的重视。就目前许多农村留守儿童问题和相关悲剧看，主要原因不是经济贫困，而是精神匮乏。2015 年，毕节 4 名留守儿童在家自杀时，家里有玉米 1000 多斤[②]和腊肉 50 斤，资金 4000 多元，显然贫困不是 4 个花季孩子走上绝路的主要原因。母亲离弃家庭、父亲外出打工、爷爷奶奶和外公外婆已撒手尘寰而造成的“亲情空洞”，吞噬了 4 个孩子。一项调查显示，在父母经常回家看望、购物、给钱、外出旅游等选项中，100%的儿童选择希望父母经常回家看望。[③]可见，对父母的想念是儿童最大的“心病”；对亲情的渴望大于对物质的追求。当前农村留守儿童问题面临的新形势是：一方面是农村家庭经济供给功能尚可甚至是增强；另一方面是父母亲职的教养育能力几近全无、亲属情感抚慰能

① 裘指挥. 2016. 留守儿童“亲情空洞”问题发生的特殊性及防范. 中国教育学刊，（5）：37-41，80.

② 1 斤=500 克。

③ 朱永新. 2015-11-04. 让乡村儿童不再留守. 人民日报，第 2 版.

力高度稀薄，家庭固有的教育、亲情、关爱等功能面临丧失，这给当前解决留守儿童问题提出了新的挑战。

第二，儿童权利底线失守。家长没有很好地履行监护职责，政府对家庭监护缺乏监督和指导，家庭对儿童权利的尊重和保护的底线失守，是当前许多问题发生的主要因素之一。《儿童权利公约》第九条相关条款，诸如“尊重与父母一方或双方分离的儿童同父母经常保持个人关系及直接联系的权利，但违反儿童最大利益者除外……缔约国应确保不违背儿童父母的意愿使儿童和父母分离”等规定，充分体现了儿童享有与家人团聚的权利。[①]但问题是许多农村父母对儿童权利表现出无知和漠视，大多数父母几乎没有“儿童团聚权”的意识，家庭中儿童权利的尊重与保护出现底线失守的局面。例如，忙于务工忽略孩子，放弃或推脱抚养监护之责，看重学习而过于粗暴管教，注重物质提供而无视精神呵护，侵害孩子的生存权和受保护权，甚至以“为了孩子好”的名义实施家暴，逾越法律底线。近年来，媒体公开报道的近 700 件家庭暴力案件中，有 359 个孩子是被父母家暴而死的。[②]尊重和保护儿童权利是家庭教育的起点和归宿，这对解决留守儿童“亲情空洞”问题有至关重要的作用。

第三，烦乱度和迷茫度增强。《中国留守儿童心灵状况白皮书（2015）》从留守儿童的烦乱度、迷茫度、愉悦度及平和度等几个方面对农村留守儿童的情绪与心灵状态进行了分析，结果表明当前农村留守儿童存在烦乱度和迷茫度提高，表现出伤心、害怕、紧张、忧愁、心烦意乱等消极情绪，在愉悦度、平和度两个积极情绪变量上，留守儿童的得分均低于非留守儿童，这与农村留守儿童常年与父母见面的次数少有很大的关联。统计分析发现，与父母联系每月 3～4 次及每年 3～4 次、1～2 次的儿童，在迷茫度方面达到较高的水平，一年内与父母没有联系的儿童的迷茫度最高，表现为寂寞、孤独、无聊、迷茫、缺乏信心等。与父亲外出相比，母亲外出使儿童的烦乱度、迷茫度更高，愉悦度较低。[③]烦乱度往往指向个体对当下生存状态的感知与体验，留守儿童的烦乱度增高反映了其当下生存条件的状况不利甚至面临严重的危机；迷茫度往往指向个体对未来生活的肯定与向往，留守儿童的迷茫度增高表明其对未来生存状态的不明确、较悲观，甚至是绝望。当留守儿童对自己的当下与未来生存状态都处于悲观、无望时，其危害有多大就可想而知了。

第四，冷漠、怨恨、仇视等情绪加强。父母外出务工，亲子间长期分离和

① 联合国儿童基金会. 儿童权利公约（1989 年 11 月）. http://www.un.org/zh/documents/treaty/files/A-RES-44-25.shtml［2017-09-08］.

② 杨咏梅. 2015-12-25. 尊重儿童权利　弥补亲情空洞. 中国教育报，第 6 版.

③ 转引自：李亦菲. 2015. 留守儿童心灵状况白皮书. 中国青年，14：40.

缺乏联系，使留守儿童长时间缺乏父母亲情的呵护和相伴，失去双亲的抚慰与关怀，造成留守儿童心理压力较大，对外界的认识较容易产生偏差，性格发展存在着明显的缺陷，表现为情感冷漠、内心封闭、缺乏爱心，行为孤僻，还有的表现为自卑感严重或者任性、胆小、叛逆心理特别强等。[①]从亲子关系看，亲子间长期分离所产生的子女亲情缺失容易导致孩子对家长产生怨恨，父母与子女沟通障碍加深。留守儿童在长大后常常会表现出冷淡、无情、挑剔和批评的特点，既体验不到他人的爱，也不会爱他人。这种对自己、他人、家庭与社会的冷漠与绝望，其危害是不言而喻的。由于缺乏亲情与有效教育，有些留守儿童对社会的诚信、公平、正义等的认可较为悲观，即存在社会认知和行为习惯方面的偏差。留守儿童对社会主流价值的认识与行为上的偏差，造成了诸如吸烟、喝酒、打架等不良行为，甚至产生了对自己、家人与社会的过激行为，需要引起高度关注。

（二）发展学前教育对保障留守儿童健康成长的重要价值

《国家中长期教育改革和发展规划纲要（2010—2020年）》提出“建立健全政府主导、社会参与的农村留守儿童关爱服务体系和动态监测机制”，大力发展学前教育，对保障留守儿童健康成长具有重要的意义。

首先，依托幼儿园建立健全农村留守儿童关爱服务体系。《中国儿童发展纲要（2011—2020年）》把完善农村留守儿童关爱服务机制、建立儿童之家作为重要的指标任务，提出到2020年，“90%以上的城乡社区要建设1所为儿童及其家庭提供游戏、娱乐、教育、卫生、社会心理支持和转介服务的儿童之家”。幼儿园具有儿童之家的属性，为此要加强国家的顶层设计和投入，以幼儿园为依托，将儿童关爱服务体系相关内容要求纳入“农村基层综合公共服务平台统筹发展规划”中；要建立起以民政部牵头的多部门统筹机制，出台与完善相关配套政策，将农村留守儿童关爱服务阵地建设作为重要组成部分纳入农村社区建设整体规划；要完善与创新诸如向社会组织购买、政府提供等多种儿童关爱公共服务方式，调动全社会的资源；要加大项目经费投入，将以幼儿园为依托的农村留守儿童关爱服务项目纳入中央财政支持的重点项目。总之，以幼儿园为依托的儿童之家，能为留守儿童提供亲情活动、娱乐游戏、身体锻炼、心理疏导、安全看护、家教指导等公共服务，丰富儿童的精神与文化生活，加强对他们的关爱与呵护。

其次，可依托幼儿园建立农村留守儿童安全保护预警与应急机制。当前，因留守儿童亲情缺失及相关因素造成了一些悲剧，需要尽快建立起农村留守儿童安

---

① 辜胜阻，易善策，李华. 2011. 城镇化进程中农村留守儿童问题及对策. 教育研究，（9）：29-33.

全保护预警与应急机制。全国妇联课题组2013年的报告显示，农村留守儿童家庭中，父亲或母亲仅一人外出务工的占53.3%；父亲或母亲都外出务工的占46.7%。在后者中，占总数32.7%的留守儿童与祖父母一起居住；占总数10.7%的留守儿童与其他人一起居住；占总数3.4%的留守儿童单独居住，人数高达205.7万人。[①]由于对留守儿童提供的监护缺位或部分缺位，我国留守儿童人身安全隐患较严重。从外部看，除诸如溺水、交通事故、中毒、火灾等意外事故之外，留守儿童还面临着性侵犯及其他多方面的安全威胁；从自身内部看，由于长期的亲情缺失，留守儿童会出现孤独、自卑、冷漠、怨恨、仇视等情绪，也会做出一些过激的行为，存在严重的安全隐患。为此，政府可以以幼儿园为依托，创立留守儿童信息动态管理系统，健全评估帮扶机制，加强对留守儿童家庭的经济、教育和健康等信息的监测；对农村留守儿童的监护处境、安全情况、身心状况等进行评估和调查，掌握全面信息，确保留守儿童的安全。

最后，发展幼儿园，保障农村留守儿童快乐学习。建立与完善农村学前教育公共服务体系，可以保障农村留守儿童的学习权，促进儿童健康快乐成长。优质的农村学前教育对留守儿童身心健康、习惯养成、智力发展具有重要意义。当前，国家积极发展学前教育，《国家中长期教育改革和发展规划纲要（2010—2020年）》指出，要“重点发展农村学前教育。努力提高农村学前教育普及程度。着力保证留守儿童入园。采取多种形式扩大农村学前教育资源，改扩建、新建幼儿园，充分利用中小学布局调整富余的校舍和教师举办幼儿园（班）。发挥乡镇中心幼儿园对村幼儿园的示范指导作用。支持贫困地区发展学前教育……遵循幼儿身心发展规律，坚持科学保教方法，保障幼儿快乐健康成长”。在工业化、城镇化进程加快，进城务工人员不断增多，留守儿童大量涌现的背景下，发展农村学前教育事业，对于做好农村留守儿童关爱教育工作，保障农村留守儿童的健康成长，推进城乡教育均衡发展，提高人才培养质量和劳动者素质，促进农村经济社会发展，维护教育公平，构建社会主义和谐社会，具有重要意义。

① 全国妇联课题组. 2013. 全国农村留守儿童城乡流动儿童状况研究报告. 中国妇运，6：30-34.

第三节　农村地区普及学前教育的乡村文化引领价值

一、乡村文化的价值与发展困境

（一）乡村文化的价值

乡村（rural，有时又称 country）是居民以农业为经济活动基本内容的一类聚落的总称，又称农村。《辞源》中对乡村的解释为：主要从事农业、人口分布较城镇分散的地方。以美国学者 R. D. 罗德菲尔德为代表的部分外国学者认为，乡村是人口稀少、比较隔绝、以农业生产为主要经济基础、人们生活基本相似，而与社会其他部分特别是城市有所不同的地方。在斐迪南·滕尼斯（Ferdinand Tönnies）看来，乡村"是一个天然共同体"，既是人们的生产空间，也是人们的生活空间。在这个共同体内，基于人与人、人与自然、人与社会的长期互动和相互统一，形成了独特的乡村文化，并规范着人、自然与社会的基本关系结构，维系着人们正常的生产秩序和生活秩序。[①]我国著名思想家、教育家梁漱溟非常重视乡村建设，他对乡村有以下几种认识：①乡村的自然环境。农夫接触的是广大的自然界，而自然界安逸舒适的环境适合于人的理性思维的发展。②乡村带有一种生命感。农夫面对的是动植物等生物，生物是有生命的、生动而有趣的，这些引发着农夫的活趣。③乡村有奋发向上的精神。④乡村富于温情。乡村的组织结构是家庭式的，家庭在中国人心目中和生活中都占有极其重要的位置。⑤乡村具有一种家的感觉。乡村结构是家庭式的，人与人之间的亲切感很容易转化成家园感。⑥乡村与四季变化及宇宙的结合，能涵养一种"平静通达"的审美心理。[②]

乡村独特的传统、习俗与土地的质朴和生命力紧密相关，建构着乡村人的精神家园，形成了独特的乡村文化。对于乡村文化，不同的学者有不同的理解。朱启臻指出，乡村文化是与城市文化相对应的一种区域文化。[③]也有的学者认为乡村文化是文化的一种具体形态，是一种以农民为主体的农村居民的文化，指的是农民在长期的历史进程中创造和形成的精神文明的总和，包括农民的价值观念、

① 转引自：赵霞. 2011. 传统乡村文化的秩序危机与价值重建. 中国农村观察，（3）：80-86.

② 屠蕊芳. 2015. 梁漱溟乡村建设文化思想研究. 中州大学学报，（6）：105-109.

③ 朱启臻. 2013. 生存的基础. 北京：社会科学文献出版社，26.

规范体系、语言和符号、处事方法和行为方式等四个特征。①乡村文化是乡村共同体内的一个“精神家园”，它的最大特质是具有自然、淳朴的文化品格，它所蕴含的静谧是历代人们的精神原点。在乡村文化中，既有“天人合一”的自然主义情结，也有“趋福避祸”的民间信仰；既有“乌鸦反哺，羔羊跪乳”的慈孝道德观，也有“出入相友，守望相助，疾病相扶”的良善交往原则；既有平和淡然的生活态度，也有充满希望的未来期冀。②小约翰·柯布则直接指出中国的乡村除了保证中国的粮食安全外，乡村文化更是在为中国的农民提供着“人文教育”与“生态教育”，这正是中国以务农为生的村落所起到的带头作用。③刘铁芳指出，构成乡村文化整体的，一是乡村独特的自然生态景观及建立在这种生态之上的村民的劳作与生存方式；二是相对稳定的乡村生活之间不断孕育、传递的民间故事化与情感的交流融合。④乡村文化核心正是这样一种生存价值理念：善良、淳朴、亲情、基本善恶的分明等。⑤

乡村文化对于促进“乡村人”的生存与发展发挥了重要的作用。费孝通在《乡土中国》中指出，长期以来，依托于乡村生活的农民，以乡土为根基，以乡情为纽带，形成了难以割舍的恋乡情结。以难以割舍的恋乡情结为基础，乡村文化首先彰显出独特的价值是人与自然和谐相处的生态智慧。在对待人与自然的关系时，农民朴素地认识到了天、地、人和谐共处的重要性，从而形成了“人法地，地法天，天法道，道法自然”的顺应自然的、与自然规律相适宜的、独特的“天人合一”生态观。它所投射的是大自然与其所养育的人类相融合、相协调的生态意识，以及人类节制欲望、合理利用和开发自然资源的原始的可持续发展观。⑥农业科学家金恩在山东省和长江沿岸调查时，发现了中国乡土传统的一个重要特点，即“资本和生命的循环：生产的耕耘与收获皆取之于土，终归于地，并能世代相传，平衡稳定，以简朴的耗费供养密集的种群”⑦。与先期的工业文明形成了鲜明对比，中国传统乡村蕴含了最深刻、最智慧的生态哲理，形成了尊重、善待自然的和谐发展秩序。另外，乡村文化为乡村人提供了独有的精神食粮。在乡村文化的渗透下，中国传统的村庄具有以下特征：①稳定性。乡村人习惯了相对不变的人际关系以及既定的生活方式。②安全感。人彼此信任，营造心里踏实、安全

① 任超，何仁伟. 2016. 乡村文化的困境、传承与未来——基于乡村文化研究综述. 荆楚学刊，(8)：29-33，39.
② 赵霞. 2011. 传统乡村文化的秩序危机与价值重建. 中国农村观察，(3)：80-86.
③ 小约翰·柯布. 2015. 和中国农民朋友说点心里话. 刘敏译. 学术评论，(6)：4-8.
④ 刘铁芳. 2008. 乡土的逃离与回归：乡村教育的人文重建. 福州：福建教育出版社，38-39.
⑤ 刘铁芳. 2008. 乡土的逃离与回归：乡村教育的人文重建. 福州：福建教育出版社，74.
⑥ 转引自：赵霞. 2011. 传统乡村文化的秩序危机与价值重建. 中国农村观察，(3)：80-86.
⑦ 转引自：唐晓腾. 2008. 农村现代化与乡土社会变迁：概念、理念及现状. 中共宁波市委党校学报，(2)：34-41.

的感觉。③归属感。乡村人可以带给同乡人共同的记忆，具有共同的精神依托，乡民之间相互关怀、体恤，彼此默认。[①] 乡村文化是乡村人的心灵家园，在乡村社会，家庭、家族及村落等初级群体是村民生产和生活的基本组织形式。在这些初级群体中，依靠亲情和乡情的支撑，人们彼此亲近、沟通，并对其所处的环境和生产生活方式达到高度认同，形成群体内公认的价值核心和伦理性社会舆论。乡村文化规约着人们的交往行为，维系着乡村社会生产生活的有序进行。其主要表现是：以亲仁善邻为道德态度，以乡邻和睦为价值目标，以相容相让为基本原则，以相扶相助为伦理义务。[②]乡村文化还具有重要的伦理价值。梁漱溟在《乡村建设理论》中就认为乡村文化保留着"中国的老道理为根本精神"[③]，而这种老道理就是中国的文化，也是乡土自身的文化。只不过在梁漱溟的眼中，乡村文化与中国本土文化是一种概念。尽管如此，他仍然认为中国文化的"礼"与"教化"使得社会秩序自然地维持着。毕竟中国就是乡土性的，乡村社会是一个熟人社会，生活在这里的人彼此熟识，在插叙格局中，孝、梯、忠、信、仁是维系人际联系的道德因素。[④]

（二）乡村文化消解与儿童精神乐园异化

乡村文化具有重要的价值，但现实是目前我国乡村文化的发展面临巨大的挑战。在"城乡发展一体化"的战略思想下，我国基础设施建设不断完善，居民生活水平有所提高。欣喜于新农村建设取得成绩的同时，我们不由地发现，农村千年发展中的文化追求正在悄然流失，有"沙漠化"之势。[⑤]工业化进程是一把"双刃剑"，它给农村带来了工业文明，推动了农村的城市化进程，但也对传统乡村文化产生了冲击与消解。与农业文明相比，工业文明具有自身的优越性和进步性，它改造了乡村文化中落后、愚昧的观念，也打破了乡村文化的封闭性。在城市化与工业文明的影响下，农民的知识视野日益开阔，政治参与意识日渐增强，民主法治与权利义务观念逐渐得到强化，传统的依附型人格正在向现代公民人格转型，乡村社会正呈现出强劲的经济发展态势和发展活力。但工业文明和城市化在给乡村带来先进技术，提高乡村人的物质生活水平的同时，也以强势力量改造和解构着乡村社会的文化价值，冲击着农民的精神世界，带来了深刻的文化冲突。生活在乡村社会的人，在享受现代城市文化带来的富足、文明与进步的同

① 屠蕊芳. 2015. 梁漱溟乡村建设文化思想研究. 中州大学学报，(6)：105-109.

② 赵霞. 2011. 传统乡村文化的秩序危机与价值重建. 中国农村观察，(3)：80-86.

③ 梁漱溟. 2011. 乡村建设理论. 上海：上海人民出版社，69.

④ 任超，何仁伟. 2016. 乡村文化的困境、传承与未来——基于乡村文化研究综述. 荆楚学刊，(4)：29-33，39.

⑤ 李志超，吴惠青. 2016. 乡村建设的精神危机与乡村学校的文化救赎. 中国教育学刊，(4)：1-5.

时，其内心也承受着文化冲突与价值冲突所带来的不确定性和不安全感。[①]伴随农民的流动，“空心化”已成为对我国农村现状的生动写照和代名词。在工业化和城市化的时代变迁中，一些传统村落遭到破坏甚至消失。2000 年，中国自然村总数约为 360 万个，到了 2010 年大约锐减到 270 万个，仅仅 10 年内就减少了 90 万个。[②]刘铁芳指出，目前乡村文化秩序遭遇的危机如下：①自然生态秩序方面，滥捕滥杀、使用有毒农药、过度开发；②文化秩序方面，年长者边缘化、年轻人外出打工；③公共生活方面，以乡村情感维系的乡村公共生活不复存在；④心态秩序方面，传统的乡村伦理秩序难以为继，新的伦理秩序又尚未形成。[③]

乡村文化是儿童的精神乐园，是儿童社会化的重要场域。随着社会的变迁，独特的村落文化、家族制度、家庭结构、价值理念、生活方式和人际关系等发生了改变，不能再给予留守家庭和留守儿童有力的支持。另外，乡村文化的城市化取向造成了儿童社会认同的冲突，即受城市化的影响，乡村儿童不由自主地徘徊与背离生于斯、长于斯的“乡村世界”，造成了文化上的不自信；乡村家庭文化传递功能的削弱和邻里关系的陌生化，导致儿童社会化的不确定后果，削弱了社区场域对乡村儿童的养育功能。[④]在城市文化的强烈冲击下，乡村儿童的乡村文化自信心、自尊心、自豪感、亲切感下降。乡村儿童在接触了城市文化以后，以盲目的心态追逐和热捧城市文化。在感受城市文化给他们带来的快乐的同时，狂热地迷恋明星，强调个人权力，追求物质利益，忽视了城市文化的弱点，形成了错误的文化价值观。在感受、追求城市文化的过程中，迷失了自我，迷失了乡村文化的发展方向。乡村生活与他们渐行渐远，乡土性和乡村情怀逐渐被淡化与淡忘，内心缺少对土地、自然的敬畏，失去对乡村的留恋与精神寄托，失去生命之根。[⑤]

二、以幼儿园为主场域引领乡村文化

（一）“撤点并校”与乡村文化传承的场域缺失

乡村文化是乡村的精神家园，是乡村人的生命之魂，传承与发扬光大乡村文

① 赵霞. 2011. 传统乡村文化的秩序危机与价值重建. 中国农村观察，(3)：80-86.

② 乡村发现网. 古村落之殇：空心化、过度开发致数量锐减. http://www.zgxcfx.com/m/view.php?aid=85763 [2016-05-25].

③ 刘铁芳. 2008. 乡土的逃离与回归：乡村教育的人文重建. 福州：福建教育出版社，59.

④ 江立华. 2011. 乡村文化的衰落与留守儿童的困境. 江海学刊，4：108-114.

⑤ 吕宾，俞睿. 2016. 城镇化进程中留守儿童乡村文化认同危机及对策. 宁夏社会科学，(4)：229-233.

化具有重要的价值。但现实是传承与光大乡村文化的场域缺失，寻求新的文化传承支点与场域显得十分迫切。就教育领域看，村落里原有的小学（教学点）是乡村文化传承的重要场域，但随着“撤点并校”工程的实施，这一场域逐渐消失。根据教育部的统计数据，中国农村小学校数量从 1997 年的 512 993 所减少到 2009 年的 234 157 所；教学点从 1997 年的 186 962 个减少到 2009 年的 70 954 个；农村小学在校生数从 1997 年的 95 604 440 人减少到 2009 年的 56 555 439 人。学校平均规模则从 1997 年的 136.6 人上升至 2009 年的 185.4 人。2009 年，全国的小学数量已大大低于中华人民共和国成立初期的水平，调整的幅度是相当大的。[①]这给乡村文化的传承带来了困境。

首先，乡村文化传承的重要载体、组织（乡村小学）“不在场”。从乡村文化传承与光大机制来看，有效的组织与载体是关键元素之一。乡村文化传承的主要特点有实践性与在场性、专业性与精英性。其中，实践性是指在日常生活中逐渐形成并认可的乡约规范、乡村生活中耳濡目染以及乡村社区及学校的文化辐射，这种民间化传承具有潜移默化的作用，包括生活方式、民间故事等。在场性是指乡村文化传承与光大的场域主要是村落，在村落里发生的教育、典故、习俗等是乡村文化的重要印记和形式。专业性是指乡村居民根据一定的准则在心中形成价值观念，乡土文化纳入学校教育体系需要经过加工，通过书本、教师向学生进行传递，这是一种制度化传承。精英性是指有着文化与知识的人如当地的教师、求学的学生等运用学到的知识，通过各种方式传递乡村文化，这是一种精英化的传承方式。各种特点的文化传承方式都对文化传承发挥着重要的作用，制度化传承是乡村文化传承的核心，精英化传承是乡村文化传承的主体，民间化传承是乡村文化传承最普遍与现实的方式。[②]随着农村“撤点并校”工作的推进，村落学校教育对乡村的影响越来越弱，制度化和精英化文化传承几乎丧失，而实践性文化传承则缺乏提炼与指导。

其次，乡村文化的学习与传承的重要主体（乡村儿童）“不在场”。“撤点并校”工程的实施，使乡村儿童从小就去镇里上学和寄宿，乡村文化传承与光大的实践性、在场性受阻。杨贵平在 20 世纪 80 年代深入中国农村观察发现，“农村的孩子早当家，四五岁就要开始帮着父母做各种家务和农活，烧饭、带弟妹、挑水、喂猪、种菜等等。在劳动中，孩子逐渐学到许多实用的知识和技能，培养了勤劳、动手的习惯，也培养了对土地、对自然、对家乡的感情”[③]。正是由于乡村儿童有充足的时间与上辈人接触、参与大量的乡村活动，保证了这些知识和技

① 转引自：冯翠云. 2012. 学校布局调整背景下乡村文化传承的困境分析. 清华大学教育研究，(2)：96-99，124.
② 王成芝，曹晶. 2015. 乡村文化传承何以受阻：农村学校布局调整的文化学思考. 教育理论与实践，(11)：30-34.
③ 转引自：吴晓蓉. 2011. 共生理论观照下的教育范式. 教育研究，(1)：50-54.

能等的养成，而当下村落学校的消失，从而带动乡村儿童长时间地离开村落与长辈，从时空上形成了隔绝。总之，“撤点并校”工程实施所带来的乡村文化传承的场域缺失，呼唤着新的乡村文化传承机制。

（二）农村幼儿园成为引领乡村文化的主场域

与前些年农村义务教育“撤点并校”工程相对的是当前我国正大力发展农村幼儿园。建设好农村幼儿园不仅是解决“入园难、入园贵”问题，保障儿童健康成长的需要，也是引领乡村文化、促进乡村文明建设的需要，农村幼儿园应该成为引领乡村文化的主场域。《国家中长期教育改革和发展规划纲要（2010—2020年）》提出了2020年学前一年毛入园率达到95%，学前三年毛入园率达到70%的发展目标。我国颁布的《国家教育事业发展“十三五”规划》中提出，到2020年学前三年毛入园率提高到85%。随着乡村幼儿园数量的不断增加与质量的不断提升，乡村幼儿园的乡村文化引领功能也会发挥得更好。

幼儿园是文化传承的一个重要载体，它将不同的文化加工整理，让儿童在体验优秀乡村文化的同时，充分发挥其辐射功能，使幼儿园成为村落与社区的精神文明的核心地。目前，许多乡村幼儿园成了引领乡村文化、培育优良家风家规和乡村文明的主阵地。乡村文化具有地域性、自然性和独特性，乡村文化是乡村的灵魂，具有很强的育人功能。“人文文化曾经是和现在仍然是进入生活的预备教育，但今后它应变得不再只是对于精英人物而是对于所有的人都是如此。”①目前，许多农村小微型幼儿园具有农村文化中心的功能，它对“生产发展、生活宽裕、乡风文明、村容整洁、管理民主”的新农村建设具有文化涵养功能。农村幼儿园是弘扬优秀传统文化、普及先进科学知识、了解国家教育政策及相关法规的载体，是城市与农村间开放对话、融合农村文化与城市文化的桥梁，是培育优良家风家规、促进乡村文明建设的主阵地。当然，要发展农村幼儿教育，就必须植根于乡土文化，坚守幼儿教育的文化之根，将具有深厚底蕴的乡土文化应用到幼儿园的教育活动中去。正如陈鹤琴先生倡导的，“大自然、大社会”是幼儿教育的根本。概言之，农村幼儿园对村民的思想品性、文化素养和文明习惯的提高有着潜移默化的作用，它将逐渐成为“村庄的重要文化中心”，是陪护农村儿童成长的文化之根。

当然，要充分发挥乡村幼儿园的乡村文化传承与光大功能，还需要多方努力。首先，政府要从人力、物力、财力等方面加大规划与投入，确实保障幼儿园在提供有质量保障的幼儿教育的前提下，更好地发挥对乡村文化传承与光大的功

① 张丽，刘焱，裘指挥. 2016. 农村小微型幼儿园发展的价值、困境及路径. 教育学报，（5）：91-96.

能。其次，政府与社区要认识、认可与宣传乡村幼儿园对乡村文化传承与光大的功能，把幼儿园建设成乡村文化传播中心。乡村幼儿园（学校）作为传播先进文化知识、提升农民精神文化水平的重要教育服务场所，在传承乡村文化、助力乡村发展、实现农民由“传统”走向“现代”的过程中发挥着举足轻重的作用。就乡村幼儿园来说，其应充分发挥自身的文化整合功能，发挥自身优势，与社区、村落建立并形成联动机制，主动打破与乡村社会的隔离状态，加强与乡村社会的互动交流，构建幼儿园资源与乡村文化资源的共享机制。在保证日常游戏活动与教学的情况下，乡村幼儿园要尽量为乡村的日常文化生活提供便利，力争成为乡村人的文化阵地和精神家园。

幼儿园要充分做好家园合作工作，充分调动家长参与乡村文化建设，特别是要引领家庭的家风传承与建设。家风是一个家族代代相传沿袭下来的体现家族成员精神风貌、道德品质、审美格调和整体气质的家族文化风格。中国人安身立命之处不是天国，而是家国。家风乃吾国之民风。[①]习近平总书记指出：“一家仁，一国兴仁；一家让，一国兴让。”[②]家风好，则族风好、民风好、国风好；家风纯正，雨润万物；家风一破，污秽尽来。“家庭是社会的基本细胞，是人生的第一所学校。不论时代发生多大变化，不论生活格局发生多大变化，我们都要重视家庭建设，注重家庭、注重家教、注重家风……”[③]为此，通过幼儿园引领家风建设，是乡村文化建设的重要组成部分。

乡村幼儿园要保持乡村文化的本色，充分利用好乡村的“大社会、大自然”。乡村文化建设要突出农村元素，从而有别于城市文化。在乡村文化建设过程中，要结合村庄的实际情况，鼓励人们挖掘本土民歌民谣、民间故事、民间手艺等，使乡土文化发扬光大，由被动地吸收城市文化变为主动地展现本土文化的特色。当前，有些乡村幼儿园和学校文化的城市取向造成儿童社会认同的迷失，使乡村幼儿园和学校生活逐渐失去了自己的精神内涵和独特的文化魅力。陈鹤琴先生曾说：大自然、大社会都是我们的活教材。

幼儿园要充分发挥其专业与师资优势，在传承与光大乡村民俗文化中发挥重要的作用。我国乡村民俗民族文化资源丰富，民间戏曲、舞蹈、音乐等文化活动内容生动、贴近需求，符合农民的审美心理，而一些秧歌、龙灯、腰鼓等文化形式还能让农民参与其中，往往对乡村公共价值具有开拓作用，能让农民寻找到精神的意蕴，由此应挖掘并培植具有本土特点的文化活动形式，并予以

---

① 鲍鹏山. 2016-05-24. 家风乃吾国之民风. 光明日报，第 3 版.

② 习近平. 把家风建设摆在重要位置. http://www.chinanews.com/gn/2016/05-11/7867115.shtml［2017-09-08］.

③ 习近平. 不论时代发生多大变化都要重视家庭建设. http://politics.people.com.cn/n/2015/0217/c70731-26580958.html［2017-09-08］.

改造和创新。[①]另外，乡村文化的引领与传承需要有乡土文化骨干或带头人，幼儿园教师往往具有较好的艺术和文化技能，能充分发挥幼儿园教师的引领作用，对其给予重视和支持，对推动乡村文化建设特别是民间艺术文化的传承具有重要的作用。

① 韩鹏云. 2015. 中国乡村文化的衰变与应对. 湖南农业大学学报（社会科学版），（1）：49-54.

第三章 幼儿园教育质量现状调查分析

学前教育是终身学习的开端，是国民教育体系的重要组成部分，是重要的社会公益事业。坚持科学育儿，遵循幼儿身心发展规律，促进幼儿健康快乐成长，是实施学前教育的基本要求。为此，关注幼儿园教育质量现状，提高幼儿园教育质量，具有重要的意义。

第一节 幼儿园教育质量现状调查的研究设计

通过调研和比较，了解幼儿园特别是农村幼儿园的教育质量，有利于发现问题、剖析原因并提出提升幼儿园教育质量的相关建议。

一、幼儿园教育质量研究现状分析

随着学前教育的发展，人们越来越关注学前教育的质量问题。在我国，关于幼儿园教育质量的研究，主要集中在以下三个方面。

（一）托幼机构教育质量及评价概念研究

2009 年，中央教育科学研究所学前教育研究室撰写的《幼儿园教育质量评价手册》认为，托幼机构教育质量指的是托幼机构教育活动是否满足幼儿身心健康发展的需要及其满足幼儿身心健康发展需要的程度。周欣指出，托幼机构教育质量应包括结构性质量和过程性质量。教师/儿童比例、幼儿园人数、师资条件以及总体上的物质环境和实施等一些具体规范和控制的变量属于结构性质量。过程性质量是与儿童的生活和学习经验有更加直接联系的变量，如儿童—教师互动、学习环境、课程、健康和安全、家长参与等。①

（二）关于托幼机构教育质量评价目的的研究

评价目的决定了评价的性质和作用，进而会影响评价标准体系的制定和组织实施。刘霞提出，托幼机构教育质量评价主要应侧重实现评价的形成性目的。具体来说，一方面，通过评价提供的信息，使托幼机构了解其教育实践活动存在的优势和问题，进一步发扬优点，改进不足，促进教育改革和提高教育质量；另一方面，促使托幼机构对照评价标准不断进行自我评价，反省本机构的教育活动，并使本机构工作人员不断调整教育观念和行为，努力提高教育质量。②刘丽湘提出，托幼机构教育质量评价的目的应定位于托幼机构的发展，这样的评价才是具有建设性的，才有可能促进托幼机构教育质量得到不断提升。③从当前的研究来看，研究者对研究目的的研究，一方面是在对传统托幼机构教育质量评价理论和实践进行反思基础上提出的新思考；另一方面是基于对当前国家颁布的《幼儿园工作规程》《幼儿园教育指导纲要（试行）》等政策法规的理解而提出的体现时代性的理念。近年来，幼教工作者开始认同要通过评价创设适宜每个幼儿的教育、评价要为教育的可持续发展服务的观念，评价研究越来越强调其诊断、改进教育过程，提高教育质量，以及促进教师和幼儿成长的功能，但这些新观念还有待于进一步落实到具体的评价行为上。

（三）关于托幼机构教育质量评价工具的研究

评价工具是托幼机构教育质量评价取得成功的核心和关键。我国对此的研究主要体现在介绍、比较、分析国外评价量表和评析我国托幼机构的分类定级标准，以及构建科学合理的评价标准两方面。

（1）对研究标准的研究。根据所查阅的文献，笔者对评价维度进行了梳理，如表 3-1 所示。

周欣对英国、澳大利亚、美国、新西兰和中国等国家托幼机构的过程性质量的评定标准进行了比较和分析，认为以上国家的评定标准基本上都涉及了五个方面：教师与儿童的互动、课程、学习的物质环境、健康和安全、与家长的合作。这五个方面标准的内在联系所产生的整体效应是托幼机构的过程性教育质量的重

① 周欣. 2003. 托幼机构教育质量的内涵及其对儿童发展的影响. 学前教育研究，（7）：34-38.

② 刘霞. 2003. 对我国当前托幼机构教育质量评价工作组织实施的研究. 山东教育，（9）：8-10.

③ 刘丽湘. 2006. 当前我国幼儿园教育质量评价工作的误区及调整策略. 学前教育研究，（7）：85-87.

要保证。①这些比较研究使我们对托幼机构教育质量的评价有了更深入的认识，有利于我们进一步开展托幼机构教育质量评价标准的研究与制定。

表 3-1　托幼机构教育质量评价维度整理

名称	研究标准	文献来源
《托幼机构环境评价量表》	（1）日常生活护理 （2）家具与设备 （3）语言/推理经验 （4）大/小肌肉活动 （5）创造性活动 （6）社会性发展 （7）成人的需要	刘焱等：《"托幼机构环境评价量表"述评》，《学前教育研究》，1998 年
《NAEYC 幼儿活动室观察评价量表》	（1）教师与幼儿互动 （2）课程 （3）物质环境 （4）健康与安全 （5）营养与膳食	刘霞：《"NAEYC 幼儿活动室观察评价量表"述评》，《教育导刊》，2002 年
《托幼机构环境评价量表（修订版）》	（1）空间与设备 （2）日常生活护理 （3）语言—护理 （4）活动 （5）互动 （6）作息制度 （7）家长和教师	刘霞：《"托幼机构环境评价量表（修订版）"述评》，《教育导刊》，2004 年
《幼儿园教育环境质量评价量表》	（1）物质环境创设 （2）人际互动 （3）生活活动 （4）课程	刘焱等：《〈幼儿园教育环境质量评价量表〉的特点、结构和信效度检验》，《学前教育研究》，2008 年
北京、广东、上海、福建、江西五省（市）评价工具	（1）人员条件 （2）物质条件 （3）教育活动 （4）幼儿发展 （5）园所管理	戴双翔等：《我国现行托幼机构教育质量评价工具研究》，《学前教育研究》，2003 年
《幼儿园教育质量评价手册》	（1）区县幼教状况 （2）幼儿园总体状况 （3）幼儿家庭与教养状况 （4）幼儿园环境 （5）儿童发展	中央教育科学研究所学前教育研究室：《幼儿园教育质量评价手册》，教育科学出版社，2009 年

我们通过梳理可以发现，托幼机构教育质量主要分为托幼机构教育环境质量和幼儿发展质量。托幼机构教育环境质量共同关注的维度主要有：①物质环境，

① 周欣. 2003. 托幼机构教育质量的内涵及其对儿童发展的影响. 学前教育研究，(7)：34-38.

主要指托幼机构为幼儿与教师提供的生活与学习空间、设备等；②一日生活安排，即幼儿在托幼机构中的作息制度；③人际互动，即在托幼机构中，幼儿与幼儿、幼儿与教师、教师与教师、教师与家长等的人际互动现状和人际互动环境的创设；④课程，即托幼机构为幼儿的发展所提供的课程支持以及教师的教学是否有利于幼儿的发展。幼儿发展质量作为一个效果变量，主要关注的方面为幼儿的健康与身体发展、认知发展、语言发展、社会性与生活能力的发展以及幼儿的入学准备情况。

（2）对现有评价工具的反思。刘焱指出，我国托幼机构分类定级验收工作中存在的问题如下：一是评价标准过于抽象笼统，可操作性差。很多地方的分级分类验收标准简单套用《幼儿园工作规程》中的教育原则。二是重园所管理评价，轻幼儿园教育工作评价。三是在办园条件上，往往不注重实用效率标准，只罗列应当“有什么”，不注意考察实际使用的情况。四是缺乏对评价工作的调节和监控机制。五是缺乏家长对于幼儿园教育质量评价工作的参与。①此外，刘焱等根据自编的《幼儿园教育环境质量评价量表》进行了一系列的实证研究，并发现教师学历、师幼比、幼儿园规模是影响教育环境质量的主要结构变量，不同办园体制的幼儿园在教育环境质量方面存在显著差异。②

国内的相关研究主要集中在对国外相关量表的介绍、我国各地方政府定级分类评价工具的分析等方面，关于幼儿园教育质量的实证研究还不多，有待于进一步加强。

（3）从国外的研究来看，美国哥伦比亚大学的 Howes 和 Helburn 对于“保教质量”做了如下描述：今天，在对儿童成长具有正面影响的、直接相关的保教质量要素的认识上，研究者之间已达成相当程度的共识，即认为保教质量主要由两个相互关系密切的要素组成。一个是“过程质量”，它是反映儿童在保教机构中所感受的体验和获得的经验方面的要素；另一个是“条件质量”（或称结果质量），它是反映儿童所处的周围环境的状况的要素，往往是由政府来规定的。另外，趋于明朗的研究结果如下：成人的劳动环境与保育者的行动及经验积累有密切的关系，所以“劳动环境质量”也会间接地影响保教机构中儿童的行动。③

根据学者朱家雄的介绍，对学前教育质量的大规模研究始于 20 世纪 80 年代的美国。学前教育的质量问题引起了学术界的关注与讨论。有关学前教育质量的研究和探索，主要关注学前教育机构的各种特征（组织规模、机构水平、儿童

① 刘焱. 1998. 试论托幼机构教育质量评价的几个问题. 学前教育研究，(3)：14-17.
② 刘焱，李志宇，潘月娟等. 2008. 不同办园体制幼儿园班级教育环境质量比较. 学前教育研究，(8)：7-11.
③ 大宫勇雄. 2009. 提高幼儿教育质量. 李季湄译. 上海：华东师范大学出版社，123.

活动、组织行为、儿童与教师的比例、儿童与成年人的互动等）与其所产生的各种结果（常以儿童发展为衡量指标，也有的以儿童今后的学业成绩、社会性发展、经济实力等为衡量标准）之间的关系。[①]随着研究的开展，人们普遍接受了质量是可以测查的，且具有普遍意义和客观性的观点。这些以“技术理性”为基础的对学前教育质量的思考和做法，逐渐在全世界的范围内推广开来。这种以“技术理性”为基础的质量评价观越来越受到大家的质疑。随着多视角研究的深入，人们开始意识到质量应该是被建构的，研究个体所处的社会环境、文化不同，对于教育质量的看法也不尽相同。

国外相关研究主要采用观察评定、访谈和问卷调查等方法，研究学前教育的质量、学前教育对儿童发展的影响等问题。此外，托宾（J. Tobin）等学者关于学前教育质量的跨文化研究等为本书概念的界定、研究框架的设计提供了重要的参考信息。

二、研究设计

（一）研究内容

本部分探讨的是中部江西省幼儿园教育质量的现状，主要内容如下。

（1）幼儿园教育环境质量现状。了解其在城乡、不同园所性质间是否具有显著差异，重点关注农村幼儿园。

（2）幼儿入学语言、数学准备状况。进一步分析幼儿入学语言、数学准备的具体表现，并考察其是否具有显著的城乡、不同园所性质差异，重点关注农村幼儿园。

（3）幼儿园教育环境质量现状与幼儿入学语言、数学准备之间的关系。分别考察它们之间的相关关系。

（二）研究方法

1. 资料收集方法

笔者通过文献分析法、观察法、测查法、访谈法来收集数据，完成研究。

（1）文献分析法。对国内外关于幼儿园教育质量与生均成本的相关研究的资料进行分析和梳理。

① 朱家雄. 2006. 对学前教育质量的重新思考. 教育导刊（下半月），（1）：4-6.

（2）观察法。选择有代表性的城市和农村幼儿园，实地考察其办学条件、课程与教学、一日活动开展等情况。根据GDP排名情况，本研究将南昌、吉安、上饶作为重点研究的区域。在每个地区的城市、农村分别抽取好、中、差各2所学前教育机构，在每所学前教育机构中抽取1所幼儿园，共36所幼儿园，如表3-2所示。

表3-2 幼儿园教育环境质量评定样本构成表 单位：所

地区	城市			农村			合计
	好	中	差	好	中	差	
南昌	2	2	2	2	2	2	12
吉安	2	2	2	2	2	2	12
上饶	2	2	2	2	2	2	12
合计	6	6	6	6	6	6	36

（3）测查法。分别抽取样本幼儿园中的幼儿进行语言、数学入学准备状况方面的测查，了解学前教育的效果。每个班抽取15名幼儿，在实际操作中，根据各班实际情况，共抽取512名幼儿。抽样分布如表3-3所示。

表3-3 样本幼儿园数学、语言学习结果测查样本幼儿人数分布情况 单位：人

项目	南昌	吉安	上饶	合计
城市	90	70	89	249
农村	85	87	91	263
合计	175	157	180	512

（4）访谈法。通过对样本幼儿园园长进行访谈，了解幼儿园的总体情况以及各项开支情况，以获得各所幼儿园的生均成本数据。

2. 数据处理方法

将资料收集上来以后，通过SPSS17.0软件对其进行分析。主要采用的方法有描述性统计，包括最大值、最小值、平均值、标准差等统计分析方法，以及推断统计中的独立样本t检验、单因素方差分析、聚类分析、相关分析等分析方法。

（三）研究工具

本研究采用的主要工具有《中国幼儿园教育环境质量评价量表（第二版）》

《幼儿入学准备评价——数学学习》《幼儿入学准备评价——语言学习》《幼儿园园长访谈记录表（生均成本）》。

《中国幼儿园教育环境质量评价量表（第二版）》由北京师范大学刘焱、潘月娟研制开发，在多次实践以及会议讨论后修订而成。该评价量表包含物质环境创设（包含室内空间、室内空间安排、家具设备、游戏材料、墙面布置与幼儿作品展示、室外空间与设施、教职工个人/工作需要的满足 7 个项目）、生活活动（包含入园/离园、进餐、午睡、如厕/盥洗/饮水 4 个项目）、课程（包含自由游戏、健康、社会、科学/数学、语言、艺术 6 个项目）、一日活动（包含一日活动安排、人际互动 2 个项目）等 4 个子量表，共 19 个项目，59 个一级指标。每一个项目包含 9 个等级：1 是不适宜，3 是及格，5 是一般，7 是良好，9 是优秀，2 为介于不适宜与及格之间，4、6、8 以此类推。

在调查过程中，研究人员为外部观察者，因此两名研究员为一组，同时对各样本幼儿园进行了至少 1 天的完整观察。在观察过程中，两名研究人员之间不进行任何与观察情况有关的交流，观察结束后分别进行评分，之后再进行一一核对，讨论后确定对样本幼儿园的评分。

《幼儿入学准备评价——数学学习》亦由北京师范大学刘焱、潘月娟研制开发，共分为指导语、测验卡片以及记分表 3 个部分。测验卡片包含数（包含数的含义与比较、数的加减 2 个项目）、量（包含量的比较 1 个项目）、图形与空间（包含几何图形、空间方位 2 个项目）、关系（包含分类、排序、模式认知、传递性推理 4 个项目）等 4 大部分，共 18 个题目。具体分数及项目构成如表 3-4 所示。

表 3-4　《幼儿入学准备评价——数学学习》框架

测查领域	测查维度	题目数量/个	分值/分
数	数的含义与比较	2	2
	数的加减	4	4
量	量的比较	1	1
图形与空间	几何图形	2	2
	空间方位	1	1
关系	分类	2	2
	排序	2	2
	模式认知	2	3
	传递性推理	2	2

在研究过程中，研究人员与幼儿园工作人员沟通，选取较为安静且阳光充足的场所进行测评。研究人员对幼儿进行二对一的测评，研究人员 1 根据指导语对幼儿一一提问，研究人员 2 则记录幼儿的回答情况，包括其具体表现。

《幼儿入学准备评价——语言学习》也由北京师范大学刘焱、潘月娟研制开发，共分为指导语、测验卡片、记分表 3 个部分。测验卡片由听指令做动作、找字和补字、听故事回答问题、听指令画图、记图画图、排图讲故事、翻看图书几个部分组成。具体分数如表 3-5 所示。

表 3-5 《幼儿入学准备评价——语言学习》框架

测试题目	测试维度	题目数量/个	分值/分
听指令做动作	言语理解/听—动转换能力	1	2.0
找字和补字	字形结构的细微差异识别能力	2	4.0
听故事回答问题	听觉记忆和听力理解能力	1	6.0
听指令画图	听力理解和精细动作能力	1	1.5
记图画图	图形识记和再现能力	1	3.5
排图讲故事	阅读理解和口语表达能力	1	12.0
翻看图书	前阅读技能	1	4.0

其操作方法与数学学习测评一样。考虑到幼儿在幼儿园的一日生活活动情况，采取上午测数学学习，下午测语言学习的策略。

第二节 幼儿园教育环境质量现状

一、幼儿园教育环境质量整体有待提高

研究表明，幼儿园教育环境质量整体较差。大多数幼儿园的教育环境质量处于及格水平（21 所幼儿园，占比 58.3%），没有幼儿园达到优良水平，有近 1/4 的幼儿园教育环境质量不及格，主要是农村幼儿园（图 3-1）。

从物质环境创设、生活活动、课程、一日活动 4 个子量表的情况来看，样本幼儿园在 4 个子量表的均分最高为 4.94（物质环境创设），最低为 1.14（一日活动）。样本幼儿园教育环境整体质量仅处于及格水平[①]（表 3-6）。

① 本书中，我们将质量等级划分为不同的水平，具体标准如下：1.000～1.999 分为不及格；2.000～3.999 分为及格；4.000～5. 999 分为一般；6.000～7.999 分为良好；8.000 分及以上为优秀。

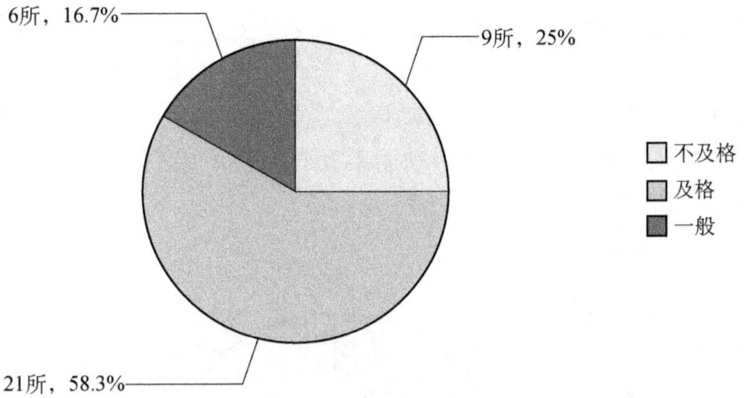

图 3-1 幼儿园教育环境质量水平分布图

表 3-6 幼儿园在 4 个子量表上的平均得分 单位：分

项目	地理位置		园所性质			平均
	城市	农村	公办性质	民办性质	小学附设	
物质环境创设	4.17	2.10	4.94	2.80	1.80	3.14
生活活动	3.82	1.90	3.97	2.83	1.54	2.86
课程	3.32	1.71	3.91	2.28	1.43	2.52
一日活动	2.83	1.56	3.06	2.18	1.14	2.19
整体质量	3.69	1.89	4.21	2.58	1.56	2.79

（一）物质环境创设

对于物质环境创设，主要从室内空间、室内空间安排、家具设备、游戏材料、墙面设置与幼儿作品展示、室外空间与设施以及教职工个人/工作需要的满足七个方面考察其质量，强调在保证幼儿安全与健康的基础上，室内环境应该重视活动区的创设与游戏材料的提供。该子量表平均得分为 3.14 分（表 3-6），仅处于及格水平。在室内空间、家具设备、室外空间与设施维度，大部分幼儿园能够为幼儿提供基本的学习空间与环境，并能提供简易的活动设施设备。在其他几个维度，主要存在的问题如下。

1. 室内空间结构多为课桌椅秧田式排列

在室内空间安排与利用维度，我们主要考察了幼儿园班级内活动区的设置以及利用情况。在调查的样本班级中（图 3-2），66.67%的室内空间结构为适合集体上课需要的课桌椅秧田式排列，有16.67%的班级能够临时拼搭一些活动区，或有几个常设的活动区，但很少使用。从活动区设置的适宜程度与利用频率来看，仅有极少数（8.33%）的班级活动区设置合理，各活动区有足够的空间供规定人数的幼儿同时开展游戏/学习活动而不互相干扰，且每天有一次时长为30～45分钟的活动区活动。

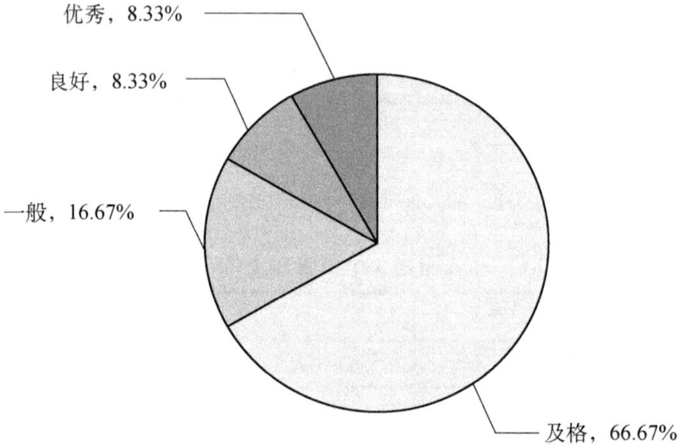

图 3-2　幼儿园室内空间结构安排等级分布图

及格等级主要指该教室有独立的教学区域，按照集体教学活动的需要摆放幼儿的桌椅；一般等级主要指在秧田式排列的基础上会临时拼搭一些活动区或有几个常设的活动区，但很少使用；良好等级主要指至少有3～4个常设的活动区，满足幼儿不同类型的游戏/学习活动需要；优秀等级主要指至少有5个明确划分的常设活动区，满足幼儿不同类型的游戏/学习活动需要

2. 幼儿园内可供幼儿操作的材料过少

在游戏材料维度，主要从游戏材料的安全、数量/种类、游戏材料是否适宜、存放方式、更新频率等五个方面考察。在调查的样本幼儿园中，最突出的问题是幼儿园内可供幼儿操作的游戏材料较少。多数幼儿园（47.2%）除教师用书和幼儿用书外，没有任何可供幼儿操作的材料，仅有25%的幼儿园有少量可供幼儿操作的材料（如简单的插塑玩具，图3-3），只有少数幼儿园能为幼儿提供一些适宜的材料。在游戏材料的安全方面，有33.3%的幼儿园提供的材料不清洁或带有锐角、锋利的边，含有毒物质，其中主要问题集中在游戏材料的不干净以及有异味。大多数幼儿园（88.9%）在游戏材料的适宜性、存放方式上均处于不适宜等级，而在更新频率上，所有的幼儿园均为不适宜。

图 3-3　插塑玩具

本图为某农村小微型幼儿园唯一的插塑玩具。该幼儿园共 3 个班，总共有 150 名孩子

3. 对教职工个人/工作需要的满足重视不够

在教职工个人/工作需要的满足维度，主要从教职工专门使用的厕所以及个人空间两个方面进行考察。本研究提出幼儿园应有专门供教职工使用的厕所，目的有二：一是保护成人的隐私；二是预防成人疾病传染给幼儿。在调查的样本幼儿园中，55.6%的幼儿园没有专门供教职工使用的厕所，19.4%的幼儿园在院内有专门供教职工使用的厕所，但远离教学楼，仅 5.6%的幼儿园在幼儿园盥洗室内有专门供教职工使用的厕所。在个人空间方面，38.9%的幼儿园没有为教师提供工作和休息的个人空间，大部分（38.9%）的幼儿园在教室一角有可供教职工使用的桌椅。

（二）生活活动

生活活动子量表从入园/离园、进餐、午睡、如厕/盥洗/饮水四个方面考察幼儿园生活活动的质量，既考察幼儿园为幼儿在园生活提供的设施设备状况，也评价教师对生活活动的组织，强调教师应适时适当地利用生活环节开展教育，寓教育于幼儿生活活动之中。该子量表的平均得分为 2.86 分（表 3-6），仅处于及格水平。在入园/离园方面，大多数幼儿园教师能友好地回应幼儿的问候，恰当地把握离园时间，并能以友好的态度回应家长的需要。在调查的样本幼儿园中，分别有 5 所和 11 所幼儿园未组织进餐和午睡活动。在进餐、午睡以及如厕、饮水方面，其主要存在的问题表现在以下几个方面。

1. 进餐环境、如厕和饮水设备条件较差

在所调查的样本幼儿园中，45.16%的幼儿园进餐环境不够卫生，例如，在进餐前不能严格对餐桌进行消毒；有 25%的幼儿园没有专门供幼儿使用的厕所，也没有流动水冲洗；高达 52.8%的幼儿园未提供安全的饮水设备，例如，某幼儿园星期一将不锈钢杯发给幼儿，星期五再统一收回进行清洗，在此期间不对幼儿饮水用的杯子进行任何形式的清洗与消毒。

2. 教师利用生活活动开展教育的意识比较薄弱，容易忽视幼儿的特殊需求

幼儿午睡时，41.7%的教师会催促幼儿赶快入睡，管理态度比较生硬；大部分教师（77.8%）会在固定时段组织幼儿上厕所，若幼儿在其他时间提出如厕要求，16.7%的教师会从语言或表情上做出批评。

（三）课程

课程子量表从户内游戏、健康、社会、科学/数学、语言、艺术等六个方面考察幼儿园课程的内容与实施的质量，强调把游戏作为幼儿园课程的组成部分和基本的实施途径，寓教育于幼儿的日常生活和游戏活动之中。教师应有意识地在日常生活和游戏活动中渗透教育内容，鼓励和支持幼儿生动活泼、主动地学习。该子量表的平均得分为 2.52 分（表 3-6），仅处于及格水平。在调查的样本幼儿园中，大部分幼儿园能根据《幼儿园教育指导纲要（试行）》的要求，从健康、社会、语言、科学/数学、艺术 5 个领域设置课程，并根据计划开展相关活动。一些幼儿园能在活动区提供丰富的材料供幼儿使用，并根据各个领域的特点专门组织活动，同时寓教育于幼儿的日常生活和游戏活动之中，以促进幼儿在各个领域的全面发展。但是，总体来看，江西省的幼儿园在这方面仍存在较大的问题，主要表现在以下几个方面。

1. “户内游戏”严重缺乏

从课程子量表的得分情况来看，“户内游戏”指标的平均得分最低，仅为 2 分。50%的幼儿园户内游戏处于“不及格”水平。从户内游戏的时间和材料来看，52.8%的幼儿园几乎没有户内游戏时间，30.6%的幼儿园每天有一些户内游戏时间。在户内游戏的指导上，高达 75%的幼儿园教师不关注、不鼓励幼儿自由游戏，也很少组织幼儿进行游戏。

2. 户外活动时间不足，教师经常忽略和忽视幼儿的情绪感受和体验

健康领域主要从户外活动（时间、幼儿能否自由使用户外运动设施和器械）、自我保护教育（是否组织相关内容的教育和活动）、心理健康（教师是否经常忽略和忽视幼儿的情绪感受和体验）三个方面考察该领域课程的内容和实施质量。从得分情况来看，该领域的平均得分仅为 2.14 分。

在该领域中，最为突出的问题表现为户外活动时间不足。一天中，幼儿户外活动不足 2 小时、户外自由游戏活动时间不足 1 小时的幼儿园比例高达 66.7%。有少数的幼儿园（22.2%）有 1 小时户外自由游戏活动时间，但是通过对幼儿的访谈，我们发现幼儿不能自由使用户外运动设施和器械。

此外，在心理健康方面，大部分教师（52.8%）经常忽略和忽视幼儿的情绪感受和体验。

3. 忽视“社会”领域课程的开展

社会领域主要从分享与合作、责任感、对他人的理解、尊重与平等、多元文化和反偏见教育、以身作则等方面考察该领域课程的内容和实施质量。在调查的样本幼儿园中，47.2%的幼儿园的社会课程处于“不及格”水平。在该领域，最为突出的问题表现为相关内容的教育和活动较少。在分享与合作、责任感、对他人的理解、尊重与平等等方面，大部分幼儿园基本不组织相关内容的教育和活动（所占比例分别为 55.6%、58.3%、55.6%、57.4%），不开展相关内容的教育和活动的幼儿园均在半数以上。只有极少数幼儿园的教师（5.6%）能够在日常生活活动中开展随机教育。

4. 忽视科学领域的环境创设与活动开展

在科学/数学领域，所有的幼儿园均会开展与数学领域相关的教学活动，但是在科学领域方面，主要问题为忽视科学领域的环境创设与活动开展，表现为基本不组织相关内容的教育，教室里几乎不提供任何相关的材料，所占比例高达 61.1%。即使有部分幼儿园开展了与科学领域相关的活动，也是以集体上课为主，注重教师的讲解和演示。仅有极少数的幼儿园（5.6%）教师会注意将自己的讲解和演示与幼儿的探索操作相结合，并在幼儿园内专门创设了科学区。在调查的样本幼儿园中，某些幼儿园将科学教育作为本园的特色，部分重点班级会开展较多的科学活动，能较为频繁地使用园内的科学活动室。

（四）一日活动

一日活动子量表包括一日生活安排和人际互动两个项目。一日生活安排主要考察一日生活的顺序与时间的安排是否合理，教师对过渡环节的组织及其要求以及对幼儿不当行为的处理是否适宜。人际互动主要考察幼—幼互动、师—幼互动、教师—家长互动以及师—师互动的质量，强调教师应与幼儿有个别化的交往，鼓励和引导幼儿之间进行有意义的互动，支持幼儿进行探索，鼓励家长参与，并与其他教师有合理的分工与合作。从一日活动子量表的平均得分情况来看，仅为 2.19 分，是 4 个子量表中得分最低的，处于“及格”水平（表 3-6）。

1. 幼儿园规模过大，师幼比过低

幼儿园规模是指幼儿园注册幼儿总数。《幼儿园工作规程》规定，“幼儿园每班幼儿人数一般为：小班（3 周岁至 4 周岁）25 人，中班（4 周岁至 5 周岁）30 人，大班（5 周岁至 6 周岁）35 人，混合班 30 人”。在我们调查的样本幼儿园中，75%的样本幼儿园注册幼儿人数不符合该规定。表 3-7 展现了江西省样本幼儿园规模情况。

表 3-7　江西省样本幼儿园规模情况

幼儿园总数/所	样本幼儿园幼儿总人数/人	幼儿园人数最大值/人	幼儿园人数最小值/人	幼儿园平均人数/人
36	1513	60	18	42.0278

笔者对各样本班级规模进行了分类统计，根据江西省的特殊情况，以 40 人的规定标准来看，仍有 53%的样本班级注册幼儿人数超过了此规定。从图 3-4 可以直观地了解江西省样本幼儿园班级规模分布情况。

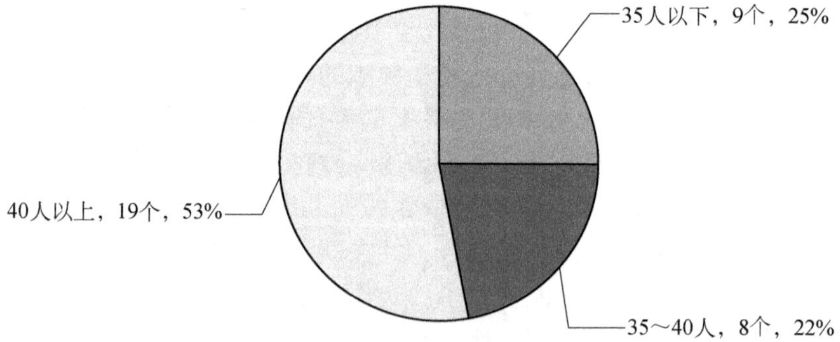

图 3-4　样本幼儿园班级规模分布情况

2. 一日生活安排不合理，在过渡环节过多地让幼儿消极等待

在所调查的样本幼儿园中，一日生活安排以及常规要求缺乏合理性，50%的样本幼儿园一日活动安排随意性大，安排不合理。表 3-8 为某城市幼儿园作息时间安排表，从中我们可以看出，该幼儿园在安排幼儿的作息时间时，虽然对小、中、大班的时间安排稍有区分，但仍有较明显的中小学校作息时间的痕迹。我们在进行调查后发现，各班教师对活动安排的随意性较大，在课间休息时，主要采用“放羊式”管理，教师不给予任何的游戏指导，部分幼儿园则完全实行小学的作息制度。

表 3-8　某城市幼儿园作息时间安排表

××幼儿园一日作息时间安排				
	时间			内容
	小班	中班	大班	
上午	7：30—8：30			来园接待
	8：30—9：30			早操、早锻炼
	8：20—9：10	8：20—9：00	8：20—9：00	自主活动、晨读
	9：10—11：10	9：00—11：10	9：00—11：10	教育活动、体育活动
	9：30—10：00	10：00—10：20	10：20—10：40	课间休息
	11：10—12：00			午餐、睡前准备
下午	12：00—2：30			午休
	2：30—3：15	2：30—3：05	2：30—3：05	教育活动、户外活动
	3：15—3：40	3：05—3：30	3：05—3：20	午点、自由活动
	3：40—4：20	3：30—4：20	3：20—4：20	游戏、教育活动、户外活动
	4：20—5：20			离园

在对幼儿的常规要求方面，41.7%的幼儿园常规的要求不合理，对幼儿行为的期望不符合幼儿的年龄特点，对幼儿不恰当的行为漠视不管或简单粗暴。在活动过渡环节，教师过多地让幼儿消极等待。66.7%的样本幼儿园的教师在活动过渡环节经常用命令的口吻要求幼儿安静，不许随意走动和说话。

某农村小学附设学前班的课表如图 3-5 所示。

从 19 个子项目的平均得分情况来看，样本幼儿园教育环境质量在户内游戏上的得分最低，其次是社会、健康以及人际互动（图 3-6）。

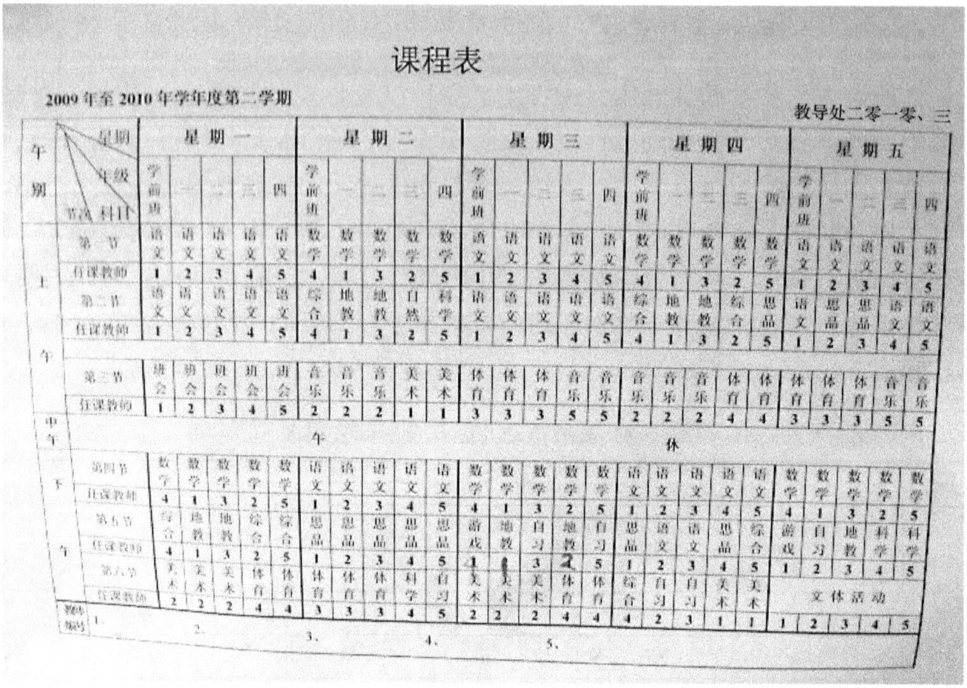

课程表

2009年至2010年学年度第二学期　　　　教导处二零一零、三

星期一

午别	节次	学前班	一	二	三	四
上午	第一节	语文	语文	语文	语文	语文
	任课教师	1	2	3	4	5
	第二节	语文	语文	语文	语文	语文
	任课教师	1	2	3	4	5
	第三节	班会	班会	班会	班会	班会
	任课教师	1	2	3	4	5
中午	午休					
下午	第四节	数学	数学	数学	数学	数学
	任课教师	4	1	3	2	5
	第五节	综合	地教	地教	综合	综合
	任课教师	4	1	3	2	5
	第六节	美术	美术	美术	体育	体育
	任课教师	2	2	2	4	4

星期二

午别	节次	学前班	一	二	三	四
上午	第一节	数学	数学	数学	数学	数学
	任课教师	4	1	3	2	5
	第二节	综合	地教	地教	自然	科学
	任课教师	4	1	3	2	5
	第三节	音乐	音乐	音乐	美术	美术
	任课教师	2	2	2	1	1
中午	午休					
下午	第四节	语文	语文	语文	语文	语文
	任课教师	1	2	3	4	5
	第五节	思品	思品	思品	思品	思品
	任课教师	1	2	3	4	5
	第六节	体育	体育	体育	科学	自习
	任课教师	3	3	3	4	5

星期三

午别	节次	学前班	一	二	三	四
上午	第一节	语文	语文	语文	语文	语文
	任课教师	1	2	3	4	5
	第二节	语文	语文	语文	语文	语文
	任课教师	1	2	3	4	5
	第三节	体育	体育	体育	音乐	音乐
	任课教师	3	3	3	5	5
中午	午休					
下午	第四节	数学	数学	数学	数学	数学
	任课教师	4	1	3	2	5
	第五节	游戏	地教	自习	地教	自习
	任课教师	1	[illegible]	3	2	5
	第六节	美术	美术	美术	体育	体育
	任课教师	2	2	2	4	4

星期四

午别	节次	学前班	一	二	三	四
上午	第一节	数学	数学	数学	数学	数学
	任课教师	4	1	3	2	5
	第二节	综合	地教	地教	综合	思品
	任课教师	4	1	3	2	5
	第三节	音乐	音乐	音乐	体育	体育
	任课教师	2	2	2	4	4
中午	午休					
下午	第四节	语文	语文	语文	语文	语文
	任课教师	1	2	3	4	5
	第五节	思品	语文	语文	思品	综合
	任课教师	1	2	3	4	5
	第六节	综合	自习	自习	美术	美术
	任课教师	4	2	3	1	1

星期五

午别	节次	学前班	一	二	三	四
上午	第一节	语文	语文	语文	语文	语文
	任课教师	1	2	3	4	5
	第二节	语文	思品	思品	语文	语文
	任课教师	1	2	3	4	5
	第三节	体育	体育	体育	音乐	音乐
	任课教师	3	3	3	5	5
中午	午休					
下午	第四节	数学	数学	数学	数学	数学
	任课教师	4	1	3	2	5
	第五节	游戏	自习	地教	科学	科学
	任课教师	1	2	3	4	5
	第六节	文体活动				
	任课教师	1	2	3	4	5

教师编号 1. 2. 3. 4. 5.

图 3-5　某农村小学附设学前班的课表

本图为某小学附设学前班的课表，学前班的一日生活时间与小学其他年级的完全一致，
在课表上安排了语文、数学、美术、体育、班会、综合等科目

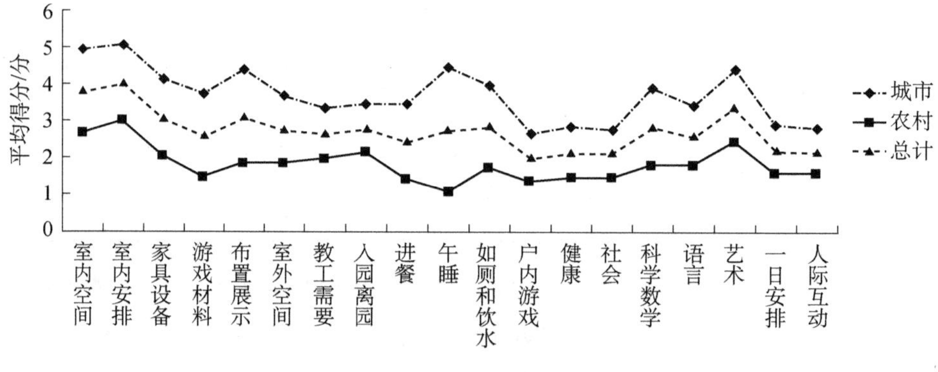

图 3-6　幼儿园在 19 个子项目上的平均得分

二、幼儿园教育环境质量存在显著的城乡差异

城市和农村幼儿园教育环境总体质量以及在物质环境创设、生活活动、课程、一日活动等方面存在极其显著的差异。

在样本幼儿园中，33.3%的城市幼儿园教育环境质量达到了一般水平，但农村没有能达到一般水平的幼儿园。分别有 50%的农村幼儿园教育环境质量处于及格和不及格水平，如图 3-7 所示。独立样本 t 检验表明，城市幼儿园教育环境的总体质量显著高于农村幼儿园。

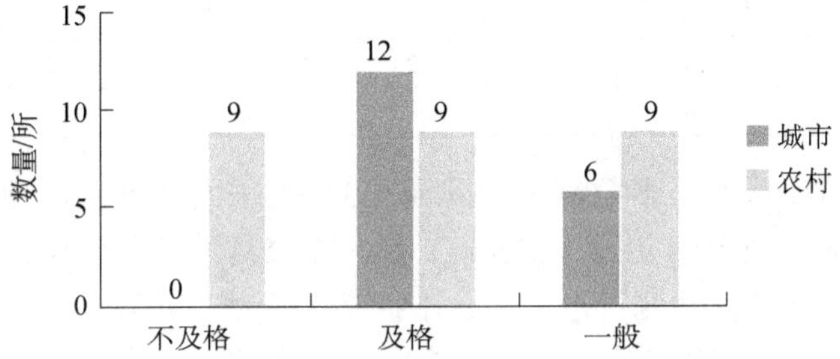

图 3-7　城市及农村幼儿园教育环境质量水平分布图

对 4 个子量表的得分进行差异检验，结果表明，城市幼儿园在物质环境创设、生活活动、课程以及一日活动 4 个子量表上的得分均显著高于农村幼儿园（表 3-9）。

表 3-9　总体质量与各子量表得分的城乡差异检验

量表得分	总体质量	物质环境创设	生活活动	课程	一日活动
t	6.555***	6.433***	6.244***	5.798***	3.924**

注：*p<0.05，**p<0.01，***p<0.001，全书同

（一）物质环境质量的城乡差异

研究表明，城市幼儿园在该子量表的游戏材料、室外空间、教工个人/工作需要的满足 3 个项目上能达到及格水平，其余 4 个项目为一般水平。农村幼儿园在游戏材料、墙面布置与幼儿作品展示、室外空间、教工个人/工作需要的满足 4 个项目上为不及格水平，其余 3 个项目为及格水平（表 3-10）。

表 3-10　城市和农村幼儿园在物质环境创设量表上各项目的平均得分　单位：分

项目	室内空间	室内空间安排	家具设备	游戏材料	墙面布置与幼儿作品展示	室外空间	教工个人/工作需要的满足
城市	4.944	5.056	4.111	3.722	4.389	3.667	3.333
农村	2.667	3.000	2.000	1.444	1.833	1.833	1.944

独立样本 t 检验结果表明，城市幼儿园在物质环境创设子量表的所有 7 个项目上的得分均显著高于农村幼儿园（表 3-11）。

表 3-11　物质环境创设的城乡差异检验

项目	室内空间	室内空间安排	家具设备	游戏材料	墙面布置与幼儿作品展示	室外空间	教工个人/工作需要的满足
t	4.603	4.606	4.858	5.523	5.831	4.703	2.349
p	0.000	0.000	0.000	0.000	0.000	0.000	0.028

在室内空间项目上，多数城市幼儿园（33.3%）的活动室使用面积的大小符合国家规定，部分城市幼儿园（22.2%）在去除家具设备、座位占据的空间后，幼儿活动空间较充足，幼儿行走方便，不拥挤，活动不相互干扰，少部分城市幼儿园（16.7%）能在去除家具设备、座位占据的空间后，方便幼儿和成人开展集体活动和小组的、个别的区域活动。然而，有 33.3%的农村幼儿园室内空间拥挤，不能保证每个幼儿有自己单独的座位，如 2 个人的座位坐 3 名幼儿。大部分农村幼儿园（66.7%）能保证每个幼儿有自己单独的座位。在通风、照明、温度、隔音项目上，仍有 5.6%的城市幼儿园和 33.3%的农村幼儿园室内采光不足，通风不好。在房屋的维护整修项目上，有 5.6%的城市幼儿园和 16.7%的农村幼儿园的房屋结构存在安全隐患。城市和农村幼儿园的活动室比较如图 3-8 所示。

（一）

（二）

图 3-8　城市和农村幼儿园的活动室比较图

图（一）是某农村小学附设幼儿园的活动室，课桌椅按照集体教学的需要按秧田式摆放，窗户没有玻璃，用的薄膜但并不牢固。图（二）为某城市幼儿园的活动室，有明显的活动区创设，室内空间充足，方便幼儿和成人开展集体活动和小组的、个别的区域活动

在室内空间安排项目上，有 33.3%的城市幼儿园能临时拼搭一些活动区，或者有几个常设的活动区，但很少使用；16.7%的城市幼儿园能有 3～4 个常设的活动区，能满足幼儿不同类型的游戏/学习活动的需要，同时有便于幼儿开展集

体活动的空间；部分城市幼儿园（16.7%）至少有 5 个明确划分的常设活动区，能满足幼儿不同类型的游戏/学习活动的需要。在空间的利用上，少数城市幼儿园（11.1%）每周至少有 3～4 次时长为 30～45 分钟的活动区活动，16.7%的城市幼儿园每天有一次时长为 30～45 分钟的活动区活动。18 所农村幼儿园都是按照集体教学活动的需要将课桌椅进行秧田式摆放，没有活动区的创设。

在游戏材料项目上，88.9%的城市幼儿园能为幼儿提供操作的材料，部分城市幼儿园（27.8%）还能在活动区内为幼儿提供数量丰富、种类多样的游戏材料。在游戏材料的适宜性上，部分城市幼儿园（22.2%）能提供有一定难易区分度的游戏材料；22.2%的城市幼儿园能将游戏材料分类存放，且存放方式便于幼儿独立取放，其中 11.1%的城市幼儿园能进一步做到在存放处贴有适宜的标签，对游戏材料进行说明。83.3%的农村幼儿园除了幼儿用书外，没有任何可供幼儿操作的材料，仅 4 所农村幼儿园能提供少量的可供幼儿操作的材料。

在墙面布置与幼儿作品展示项目上，城市和农村幼儿园之间的均值差是最大的（表 3-11），大多数城市幼儿园（50%）仅是展示幼儿的部分作品，没有其他墙面布置。部分城市幼儿园（27.8%）的墙面布置能够反映较长一段时间内的主题活动，少数城市幼儿园（16.7%）的墙面布置与展示能反映幼儿当前的活动。在幼儿作品的展示方式上，部分城市幼儿园（27.8%）能把材料和作品摆放在适宜幼儿观看的高度，并且会考虑展示的方式是否有利于作品的保存。在 18 所农村幼儿园中，11 所幼儿园的墙面无任何布置，38.9%的农村幼儿园有墙面布置，但仅是展示幼儿的部分作品，很少会定期更新，并且幼儿作品的摆放位置不适合幼儿观看。

（二）生活活动质量的城乡差异

独立样本 t 检验表明，城市幼儿园在生活活动子量表 4 个项目上的得分均显著高于农村幼儿园（表 3-12）。

表 3-12　生活活动的城乡差异检验

项目	入园/离园	进餐	午睡	如厕、盥洗、饮水
t	3.589	4.276	6.828	5.467
p	0.001	0.000	0.000	0.000

在幼儿来园时，50%的城市幼儿园教师在入园时能够主动亲切地问候幼儿，在离园时能热情主动地与幼儿和家长道别，并能够与家长进行简单的交流。但

是，大多数农村幼儿园教师（88.9%）经常因忙于手头的工作很少主动问候幼儿，只有幼儿向他们问候时才给予回应。在幼儿离园时，61.1%的农村幼儿园教师让幼儿早早地穿好衣服、收拾好东西坐在教室里等待。

在进餐方面，94.4%的城市幼儿园每周都有食谱，而且食物营养基本均衡，但 18 所城市幼儿园中有 5 所幼儿园的进餐环境不适宜。大部分城市幼儿园的教师（84.3%）鼓励幼儿独立进餐，并能注意培养幼儿养成良好的饮食习惯。在提供午餐的 13 所农村幼儿园中，有 10 所幼儿园为幼儿提供的食物营养不均衡，进餐环境不适宜（图 3-9）。在吃饭过程中，50%的农村幼儿园不注意培养幼儿良好的进餐行为与习惯，例如，当还有一部分孩子未吃完饭时，教师因急于打扫，就让这部分孩子站在角落匆忙完成就餐。

（一）　　　　（二）

图 3-9　农村和城市幼儿园午餐食物比较图

图（一）是某农村幼儿园提供的午餐，汤、菜（榨菜肉丝）混在一起，孩子们的午餐为汤菜泡饭；
图（二）是某城市幼儿园提供的午餐，菜为南瓜以及莴苣炒肉

在午睡方面，72.3%的城市幼儿园的午睡时间安排适合大多数幼儿，幼儿有自己单独的睡具和卧具，且干净整洁。22.2%的城市幼儿园有单独的寝室，室内空气畅通。在样本幼儿园中，组织午睡的农村幼儿园只有 7 所，有 11.1%的农村幼儿园午睡环境不符合卫生健康的要求，某些农村幼儿园因房间空气不流通，房内有刺鼻的气味。

在如厕、盥洗、饮水方面，94.4%的城市幼儿园有专门为幼儿设计的厕所，33.4%的城市幼儿园在每一楼层都有供幼儿使用的厕所。55.6%的城市幼儿园有必要的盥洗设备，提供手纸、肥皂等，83.3%的城市幼儿园提供统一消毒的水杯，并通过在格子架上贴标签等方式来标识各幼儿当天专用的水杯。44.4%的农村幼儿园全园没有专门供幼儿使用的厕所；66.7%的农村幼儿园没有流动水供幼儿洗手；88.9%的农村幼儿园未提供安全的饮水设备，有的幼儿园是所有孩子共用几个水杯。在如厕、盥洗方面，72.2%的农村幼儿园会在固定时段组织幼儿上

厕所，仅 11.2%的农村幼儿园会有固定的饮水时间。

（三）课程质量的城乡差异

《中国幼儿园教育环境质量评价量表（第二版）》从环境创设、材料提供、活动的组织、日常生活和专门活动的有机结合等方面评价了幼儿园各领域课程的质量。

独立样本 t 检验表明，城市幼儿园在课程所有项目上的得分均显著高于农村幼儿园（表 3-13）。

表 3-13　课程的城乡差异检验

项目	户内游戏	健康	社会	科学/数学	语言	艺术
t	3.011	4.233	3.708	5.639	3.490	6.347
p	0.007	0.000	0.001	0.000	0.002	0.000

1. 户内游戏

幼儿园应当以游戏为基本活动。游戏既是幼儿园课程的组成部分，也是幼儿园课程的实施途径。《中国幼儿园教育环境质量评价量表（第二版）》从环境创设和材料提供、时间保障和安排、教师的指导等方面评价了户内游戏活动的质量。

研究发现，27.9%的城市幼儿园每天至少有 30～45 分钟的户内自由游戏活动，但教师在幼儿自由游戏时主要关注幼儿的行为和幼儿园秩序的维护。除了户外活动时间外，72.2%的农村幼儿园几乎没有安排户内游戏时间，教师不关注幼儿的自由游戏，也很少组织幼儿进行游戏。

2. 健康

研究发现，50%的城市幼儿园一天中幼儿至少有 1 小时户外自由游戏活动时间，但是农村幼儿园的这一比例仅为 16.7%。大部分城市幼儿园（88.9%）在课程中安排了自我保护教育的相关教育内容和活动，而农村幼儿园的这一比例仅为 22.3%。在心理健康方面，82.8%的城市幼儿园的教师能够注意到个别幼儿明显的消极情绪，并做出适当的反应；83.3%的农村幼儿园的教师经常对幼儿的行为做消极评价，常常忽略和忽视幼儿的情绪感受和体验。

3. 社会

研究发现，在分享合作、责任感、尊重理解、多元文化等方面，大部分城市幼儿园（68.08%）在课程中安排了相关的教育内容和活动，而大部分农村幼儿园（77.78%）基本上不组织。在分享合作与多元文化两方面，分别有11.1%和16.7%的城市幼儿园会在日常生活和游戏活动中开展随机教育。在以身作则方面，88.9%的城市幼儿园的教师在幼儿面前的行为举止基本符合教师行为规范，而有83.3%的农村幼儿园的教师在幼儿面前的行为举止不够规范。

4. 科学/数学

研究发现，50%的城市幼儿园主要采用集体教学活动（上课）的方式对幼儿进行科学/数学教育，注意教师的讲解、演示与幼儿的操作相结合。但是，农村幼儿园几乎没有科学活动的操作材料，77.8%的农村幼儿园在数学教学过程中主要通过教师的上课讲解和幼儿的书面练习让幼儿学习数学。

5. 语言

在语言材料提供及环境创设方面，72.2%的城市幼儿园提供少量图书供幼儿阅读，过道及墙壁上有较多适合幼儿看的文字符号，其中，16.7%的城市幼儿园有专门的阅读区，阅读区的图书充足，并提供了适量的纸张和笔。88.9%的农村幼儿园除了人手一册的儿童用书以外，班级中几乎没有适合幼儿阅读的图书和文字符号。

从对幼儿倾听和表达能力的培养来看，44.4%的城市幼儿园教师在集体活动中会要求幼儿注意倾听他人的谈话，并鼓励幼儿大胆发言，27.8%的城市幼儿园教师会主动和幼儿进行个别化的交流，鼓励幼儿表达自己的想法。77.8%的农村幼儿园教师经常忽视倾听幼儿的谈话和倾诉，对幼儿前来“告状”表示不耐烦。

从早期读写来看，83.3%的城市幼儿园每周会安排1～2次讲故事的活动，38.9%的农村幼儿园基本不安排讲故事活动，且早期读写的教学内容不符合幼儿的年龄特点。

6. 艺术

从艺术环境创设的方面来看，大部分城市幼儿园（83.4%）不仅开展专门的艺术教学活动，还注意在日常生活中为幼儿提供接触音乐和绘画的机会。5.6%的城市幼儿园还有专门设置的艺术活动区域，并提供比较丰富的供幼儿自由使用的相关活动材料。18所农村幼儿园中有8所幼儿园几乎没有任何美工材料和音乐活动材料。

在艺术活动的组织上，83.4%的城市幼儿园基本能按照课程计划开展艺术活动，但以集体上课为主，教师讲解完，幼儿进行模仿练习。77.8%的农村幼儿园只组织幼儿开展简单的唱歌、美工活动。

（四）一日活动质量的城乡差异

在一日活动安排的合理性方面，83.3%的城市幼儿园有专门的学期、月、周、日活动计划并能够执行，27.8%的城市幼儿园一日活动安排基本合理，5.6%的城市幼儿园会平衡各种形式的活动，既有动态活动又有静态活动，既有集体活动又有小组、个别活动。83.3%的农村幼儿园一日活动安排不合理，几乎没有幼儿自由游戏的时间和户外游戏活动的时间，小学附设学前班采用小学的作息时间，“小学化”倾向严重。

从过渡环节的活动来看，55.6%的城市幼儿园的幼儿都熟悉作息制度，活动之间的过渡流畅自然。88.9%的农村幼儿园在过渡环节常让幼儿消极等待，教师把过多的时间放在纪律管理上，要求幼儿排队安静、不要随便说话等，或者教师实行“放羊式”管理，不组织任何的游戏、活动。

在幼—幼互动和师—幼互动方面，61.1%的城市幼儿园教师能与幼儿和颜悦色地互动，但互动主要指向幼儿集体和幼儿的学习活动，维持教室秩序，27.8%的城市幼儿园教师能以友好温和的方式发起或回应幼儿的交往，并注意和幼儿进行个别化的交往。大部分城市幼儿园教师（83.4%）允许幼儿在生活活动、过渡环节、游戏等活动中自由交往。但有50%的农村幼儿园教师不苟言笑，师幼关系比较紧张，一些教师对笔者说道：“不对他们严一点，是压不住他们的。”55.6%的农村幼儿园教师不鼓励或禁止幼儿之间的自由交往。

在师—师互动、教师—家长互动方面，55.6%的城市幼儿园的教师之间有比较明确的职责分工，能够就幼儿及其家庭信息进行必要的交流，有较为严格的交接班制度。在与家长的互动上，88.9%的城市幼儿园的教师在入园/离园时能与家长进行积极的交流，并能通过壁报、家长会、家访等方式向家长通报信息，幼儿园还会定期开展家长开放日活动。94.4%的农村幼儿园只有一位教师负责幼儿园的所有工作，38.9%的农村幼儿园的教师与家长没有任何形式的交流。

三、幼儿园教育环境质量存在显著的园所性质差异

不同园所性质的幼儿园的教育环境总体质量以及在物质环境创设、生活活动、课程、一日活动等方面均存在显著差异。将不同园所性质的幼儿园的整体教育质量及4个子量表得分制成折线图，能更为直观地展示三者之间的差异（图3-10）。

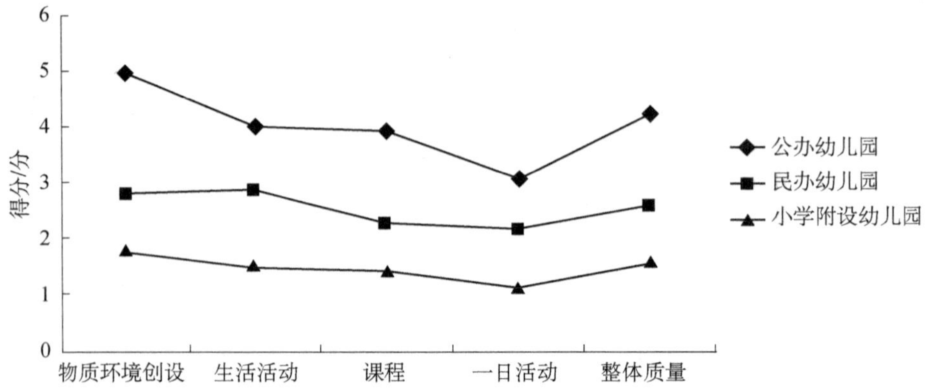

图 3-10　不同园所性质的幼儿园的教育环境整体质量及 4 个子量表得分比较图

方差分析表明，公办幼儿园的总体质量显著高于民办幼儿园和小学附设幼儿园，民办幼儿园的总体质量显著高于小学附设幼儿园。

对 4 个子量表得分进行差异检验，结果表明，公办幼儿园在物质环境创设、生活活动、课程以及一日活动 4 个子量表上的得分均显著地高于民办幼儿园和小学附设幼儿园，民办幼儿园在 4 个子量表上的得分均显著地高于小学附设幼儿园（表 3-14）。

表 3-14　总体质量与各子量表得分的不同园所性质差异检验

量表得分	园所性质（I-J）	均值差（I-J）	p
总体质量	公办幼儿园—民办幼儿园	1.630 974	0.000***
	公办幼儿园—小学附设幼儿园	2.647 820	0.000***
	民办幼儿园—小学附设幼儿园	1.016 846	0.000***
物质环境创设	公办幼儿园—民办幼儿园	2.136 508	0.000***
	公办幼儿园—小学附设幼儿园	3.140 590	0.000***
	民办幼儿园—小学附设幼儿园	1.004 082	0.000***
生活活动	公办幼儿园—民办幼儿园	1.147 222	0.012*
	公办幼儿园—小学附设幼儿园	2.436 508	0.000***
	民办幼儿园—小学附设幼儿园	1.289 286	0.010***
课程	公办幼儿园—民办幼儿园	1.632 407	0.000***
	公办幼儿园—小学附设幼儿园	2.478 836*	0.000***
	民办幼儿园—小学附设幼儿园	0.846 429*	0.019*
一日活动	公办幼儿园—民办幼儿园	0.880 556*	0.035*
	公办幼儿园—小学附设幼儿园	1.912 698*	0.001**
	民办幼儿园—小学附设幼儿园	1.032 143*	0.024*

（一）物质环境质量的园所性质差异

研究表明，公办幼儿园在该子量表的各个项目上均能达到一般水平，民办幼儿园在所有项目上只能达到及格水平，小学附设幼儿园仅在室内空间和室内空间安排与利用两项上能达到及格水平，其他各项处于不及格水平（表3-15）。

表 3-15　不同园所性质的幼儿园在物质环境创设量表上各项目的平均得分 单位：分

园所性质	室内空间	室内空间安排	家具设备	游戏材料	墙面布置与幼儿作品展示	室外空间	教工个人/工作需要满足
公办幼儿园	5.444	6.000	4.111	4.444	5.667	4.333	4.556
民办幼儿园	3.450	3.500	3.100	2.250	2.650	2.450	2.200
小学附设幼儿园	2.714	3.000	1.571	1.143	1.143	1.571	1.429

方差分析结果表明，公办幼儿园除了在家具设备上与民办幼儿园没有显著差异外，在其他各项的得分均显著高于民办幼儿园。公办幼儿园在物质环境创设子量表的所有7个项目上的得分都显著高于小学附设幼儿园。民办幼儿园在家具设备、墙面布置与幼儿作品展示两个项目上的得分显著高于小学附设幼儿园，在其他5个项目上均不存在显著差异（表3-16）。

表 3-16　物质环境创设的不同园所性质差异检验

项目	园所性质（I-J）	均值差（I-J）	*p*
室内空间	公办幼儿园—民办幼儿园	1.994 444	0.004**
	公办幼儿园—小学附设幼儿园	2.730 159	0.002**
室内空间安排	公办幼儿园—民办幼儿园	2.500 000	0.000***
	公办幼儿园—小学附设幼儿园	3.000 000	0.000***
家具设备	公办幼儿园—小学附设幼儿园	2.539 683	0.002**
	民办幼儿园—小学附设幼儿园	1.528 571	0.025*
游戏材料	公办幼儿园—民办幼儿园	2.194 444	0.000***
	公办幼儿园—小学附设幼儿园	3.301 587	0.000***
墙面布置与幼儿作品展示	公办幼儿园—民办幼儿园	3.016 667	0.000***
	公办幼儿园—小学附设幼儿园	4.523 810	0.000***
	民办幼儿园—小学附设幼儿园	1.507 143	0.000***
室外空间	公办幼儿园—民办幼儿园	1.883 333	0.000***
	公办幼儿园—小学附设幼儿园	2.761 905	0.000***
教工个人/工作需要满足	公办幼儿园—民办幼儿园	2.355 556	0.001**
	公办幼儿园—小学附设幼儿园	3.126 984	0.000***

在室内空间安排项目上，公办幼儿园在该项目上的得分显著高于民办幼儿园和小学附设幼儿园，民办幼儿园与小学附设幼儿园没有显著差异。有 55.6%的公办幼儿园能够临时组织一些活动区，部分幼儿园设置了个别活动区，但很少利用。部分公办幼儿园（33.3%）的班级内至少有 5 个明确划分的常设活动区，满足幼儿不同类型的游戏/学习活动需要，且活动区位置合理，标记适宜、清楚，每周至少有 3～4 次时长为 30～45 分钟的活动区活动，部分公办幼儿园（22.2%）每天有一次时长为 30～45 分钟的活动区活动。大多数民办幼儿园和小学附设幼儿园（分别是 85%和 100%）的室内空间结构为适合集体上课需要的课桌椅秧田式排列，仅有 5%的民办幼儿园每天至少有 3～4 次时长为 30～45 分钟的活动区活动。

在游戏材料上，公办幼儿园在该项目上的得分显著高于民办幼儿园和小学附设幼儿园，民办幼儿园和小学附设幼儿园没有显著差异。88.8%的公办幼儿园在活动区中有一些与该区功能匹配的材料，有 33.3%的公办幼儿园提供的材料有一定的难易区分度，且能分类存放，便于幼儿独立取放；有 50%的民办幼儿园和所有的小学附设幼儿园除教师用书和幼儿用书外，没有任何可供幼儿操作的材料，少数民办幼儿园（5%）能提供有难易区分度的材料，且分类存放，便于幼儿独立取放。

在墙面布置与幼儿作品展示上，公办幼儿园在该项目上的得分显著高于民办幼儿园和小学附设幼儿园，民办幼儿园的得分又显著高于小学附设幼儿园。大部分公办幼儿园（88.9%）都能够根据一段时间内的主题活动来布置墙面，墙面布置的内容基本上能反映当前幼儿的活动；在幼儿作品展示方面，大部分公办幼儿园（88.9%）都能把材料和作品摆放在适宜幼儿观看的高度，并且会考虑展示的方式是否有利于作品的保存。所有的小学附设幼儿园的墙面无任何布置，75%的民办幼儿园只展示幼儿的部分作品，没有其他墙面布置。70%的民办幼儿园会展示幼儿作品，但摆放的位置不适合幼儿观看。仅少数小学附设幼儿园（14.3%）会展示幼儿作品，但展示方式不适合幼儿观看（图 3-11）。

在教工个人/工作需要满足方面，大部分公办幼儿园（67%）为教职工提供了专门的厕所，条件稍好的幼儿园在每一楼层都会提供教职工专用厕所，但是分别有 55%的民办幼儿园和 85.7%的小学附设幼儿园没有专门供教职工使用的厕所。55.5%的公办幼儿园为教师准备了专门的办公室或休息室，即使没有专门办公室，一些幼儿园在园内也为教师提供了固定的地方存放个人物品和工作材料，但只有 5%的民办幼儿园和 28.6%的小学附设幼儿园为教师在园内提供了固定的存放个人物品和工作材料的地方，大部分民办幼儿园（55%）为教师在教室一角提供了供幼儿园教职工使用的桌椅。

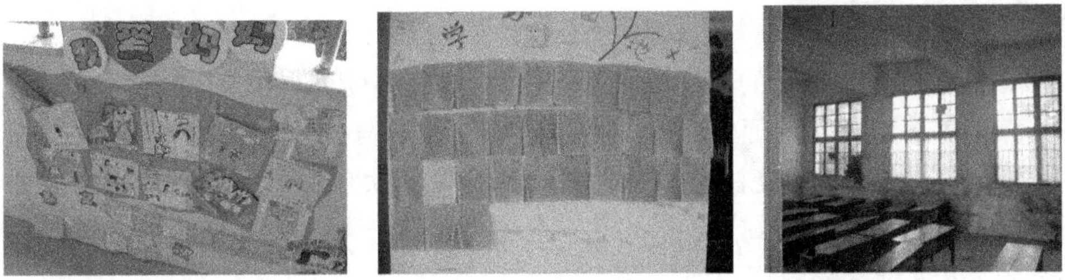

（一）　　　　（二）　　　　（三）

图 3-11　不同园所性质的幼儿园墙面布置

图（一）反映了某公办幼儿园墙面一角，此布置反映了当月幼儿园的活动主题；展示的材料、幼儿的作品摆放的高度和方式适合幼儿观看；图（二）为某城市民办幼儿园墙面一角，该图片中的墙面布置主要是展示了部分幼儿“好的”作品，“作品”为幼儿写的整页汉字，其摆放的位置不适合幼儿观看；图（三）反映的是某农村小学附设幼儿园教室一角，教室墙面无任何布置

（二）生活活动质量的园所性质差异

方差分析表明，公办幼儿园在如厕、饮水项目上的得分显著高于民办幼儿园，在所有项目上的得分显著高于小学附设幼儿园；民办幼儿园在入园/离园、进餐、午睡三个项目上的得分显著高于小学附设幼儿园，在如厕、饮水项目上的得分与小学附设幼儿园没有显著差异（表 3-17）。

表 3-17　生活活动的不同园所性质差异检验

项目	园所性质（I-J）	均值差（I-J）	*p*
入园/离园	公办幼儿园—小学附设幼儿园	1.873 016	0.003**
	民办幼儿园—小学附设幼儿园	1.328 571	0.013*
进餐	公办幼儿园—小学附设幼儿园	3.238 095	0.000***
	民办幼儿园—小学附设幼儿园	2.121 429	0.002**
午睡	公办幼儿园—小学附设幼儿园	3.619 048	0.001**
	民办幼儿园—小学附设幼儿园	2.035 714	0.024*
如厕、饮水	公办幼儿园—民办幼儿园	1.844 444	0.001**
	公办幼儿园—小学附设幼儿园	3.015 873	0.000***

在幼儿来园时，44.4%的公办幼儿园教师和 45%的民办幼儿园教师在入园时能主动、亲切地问候幼儿，在离园时能热情主动地与幼儿和家长道别，并能够与家长进行简单的交谈。但是，大部分小学附设幼儿园（85.7%）几乎没有入园/离园活动，实行小学的管理制度，教师只有在上课铃响后才会到教室。同时，教师也很少与家长交流。在幼儿离园时，57.1%的小学附设幼儿园教师会让幼儿过早

地穿好衣服等待。

在进餐方面，所有的公办幼儿园和 55%的民办幼儿园每周都有食谱，而且食物营养基本均衡，教师鼓励幼儿独立进餐，大部分公办幼儿园（66.7%）和部分民办幼儿园（20%）能注意培养幼儿养成良好的饮食习惯，但仍有 1 所公办幼儿园和 11 所民办幼儿园的进餐环境不适宜。提供午餐的 2 所小学附设幼儿园的食物营养以及进餐环境均不适宜。

在如厕、盥洗、饮水方面，公办幼儿园在该项目上的得分显著高于民办幼儿园和小学附设幼儿园，民办幼儿园与小学附设幼儿园没有显著差异。所有的公办幼儿园都有专门供幼儿使用的厕所，一半以上的公办幼儿园在每一层楼都有供幼儿使用的厕所（图 3-12）；77.8%的公办幼儿园有必要的盥洗设备，洗手池高度符合幼儿的身高，只有 1 所公办幼儿园未提供幼儿专用水杯；55%的民办幼儿园和 71.4%的小学附设幼儿园没有专门供幼儿使用的厕所；35%的民办幼儿园和 85.7%的小学附设幼儿园没有流动水供幼儿洗手；65%的民办幼儿园和 85.7%的小学附设幼儿园没有幼儿专用水杯。

（一）　　（二）　　（三）

图 3-12　不同园所性质的幼儿园的如厕设备

图（一）展示的是某城市公办幼儿园的如厕设备，男女幼儿有各自的如厕室，如厕设备的大小符合幼儿的年龄特点；图（二）为某城市民办幼儿园的厕所，男女混合使用，有流动水冲洗；图（三）为某小学附设幼儿园的厕所，为旱厕，也是小学里唯一的厕所

（三）课程质量的园所性质差异

研究表明，公办幼儿园在科学/数学、语言、艺术项目上能达到一般水平，户内游戏、健康、社会项目为及格水平；民办幼儿园在健康、科学/数学、语言、艺术项目上为及格水平，但在户内游戏、社会项目上为不及格水平；小学附设幼儿园仅在艺术项目上能达到及格水平，其他各项目均为不及格水平（表 3-18）。

表 3-18　不同园所性质的幼儿园在课程量表上各项目的平均得分　单位：分

园所性质	户内游戏	健康	社会	科学/数学	语言	艺术
公办幼儿园	2.778	3.111	3.333	5.111	4.111	5.000
民办幼儿园	1.950	2.050	1.950	2.200	2.300	3.200
小学附设幼儿园	1.143	1.143	1.000	1.714	1.571	2.000

1. 户内游戏

在户内游戏项目上，公办幼儿园在该项目上的平均得分高于小学附设幼儿园，公办幼儿园和民办幼儿园、民办幼儿园和小学附设幼儿园之间没有显著差异。88.8%的公办幼儿园每天都有一些户内游戏时间，其中 33.3%的公办幼儿园的幼儿每天至少有 30～45 分钟的户内自由游戏时间，44.4%的公办幼儿园的教师能在户外或在活动过渡环节组织幼儿做一些规则游戏。40%的民办幼儿园每天都有一些户内游戏时间，其中 5%的民办幼儿园在一天的大部分时间中，所有活动区的材料都向幼儿开放，幼儿每天有较充足的时间自由使用材料。但有 60%的民办幼儿园和 85.7%的小学附设幼儿园除了户外活动以外，幼儿几乎没有户内游戏时间。大部分民办幼儿园的教师（75%）和所有的小学附设幼儿园的教师不关注、不鼓励幼儿自由游戏，也很少组织幼儿进行游戏。

2. 健康

在健康项目上，公办幼儿园在该项目上的平均得分显著高于民办幼儿园和小学附设幼儿园，民办幼儿园和小学附设幼儿园之间没有显著差异。研究发现，公办幼儿园幼儿户外活动平均时间超过了民办幼儿园及小学附设幼儿园，教师会有针对性地组织专门活动对幼儿进行自我保护的安全意识教育；50%的民办幼儿园和 85.7%的小学附设幼儿园基本不组织相关内容的教育活动；30%的民办幼儿园在课程中安排了相关的教育内容和活动，但只能实施部分内容，其中 20%的民办幼儿园能够按照课程计划专门开展与自我保护意识相关的教育活动。在心理健康方面，所有的公办幼儿园的教师都能注意到个别幼儿的明显的消极情绪反应，但方式过于简单；60%的民办幼儿园的教师和所有小学附设幼儿园的教师经常对幼儿的行为做消极评价，常常忽略幼儿的情绪感受和体验。

3. 社会

在社会项目上，公办幼儿园在该项目上的平均得分显著高于民办幼儿园和小学附设幼儿园，民办幼儿园的平均得分又显著高于小学附设幼儿园。44.4%的公办幼儿园能够制订相关课程计划并实施，22.2%的公办幼儿园会在日常生活和游戏中开展随机教育；50%的民办幼儿园在课程中安排了相关的内容和活动，但只能实施部分内容；85.7%的小学附设幼儿园基本不组织相关内容的教育活动。

4. 科学/数学

在科学/数学项目上，公办幼儿园在该项目上的平均得分显著高于民办幼儿园和小学附设幼儿园，民办幼儿园和小学附设幼儿园之间没有显著差异。公办幼儿园主要以集体教学活动（上课）的方式对幼儿进行科学/数学教育，但教师会注意进行讲解和演示，22.2%的公办幼儿园的教师还会注意将自己的讲解、演示和幼儿的探索操作相结合，同时教室里还会有专门创设的科学/数学区；只有25%的民办幼儿园在课程中安排了与科学领域相关的教育内容和活动，但也只能实施部分内容；71.4%的小学附设幼儿园主要以集体教学活动（上课）的方式对幼儿进行数学教育，注重的是教师的讲解、演示和书面练习，在教室几乎不提供任何与科学相关的材料，也不组织与此相关的教育活动。

5. 语言

在语言项目上，公办幼儿园在该项目上的平均得分显著高于民办幼儿园和小学附设幼儿园，民办幼儿园和小学附设幼儿园之间没有显著差异。

在材料提供及环境创设上，88.9%的公办幼儿园会提供少量图书供幼儿阅读，过道及墙壁上有较多适合幼儿观看的文字符号，大部分公办幼儿园（77.8%）有专门的阅读区，阅读区图书充足，并提供了适量的纸张和笔；30%的民办幼儿园仅为儿童提供人手一册的儿童用书，65%的民办幼儿园和所有的小学附设幼儿园几乎没有适合幼儿阅读的图书和文字符号。

从对幼儿倾听和表达能力的培养来看，88.9%的公办幼儿园和40%的民办幼儿园的教师在集体活动中要求幼儿注意倾听他人的谈话，并鼓励幼儿大胆发言，5%的民办幼儿园的教师会主动和幼儿进行个别化的交流，鼓励幼儿表达自己的想法；85.7%的小学附设幼儿园的教师经常忽视倾听幼儿的谈话和倾诉，对幼儿前来“告状”表示不耐烦。

从早期读写来看，33.3%的公办幼儿园和5%的民办幼儿园的幼儿每天有自由阅读图书的时间，教师会根据环境中的相关资源，组织幼儿进行早期读写活动；57.1%的小学附设幼儿园基本上不进行讲故事的活动，教学内容不符合幼儿的年龄特点。

6. 艺术

在艺术项目上，公办幼儿园在该项目上的平均得分显著高于民办幼儿园和小学附设幼儿园，民办幼儿园的平均得分又显著高于小学附设幼儿园。在环境创设上，大部分公办幼儿园（88.9%）和10%的民办幼儿园不仅开展专门的艺术教学活动，还注意在日常生活中为幼儿提供接触音乐和绘画的机会；70%的民办幼儿园和28.6%的小学附设幼儿园教室里有一些协助教学活动开展的相关材料，如教师上课用的风琴、电子琴和录音机；71.4%的小学附设幼儿园教室里几乎没有任何相关活动材料。

在艺术活动的组织上，所有的公办幼儿园和35%的民办幼儿园能按照课程计划开展艺术教育活动，但以集体上课为主，注重教师的讲解、演示和幼儿的模仿练习。60%的民办幼儿园和71.4%的小学附设幼儿园只能组织幼儿开展简单的唱歌、美工等活动。

（四）一日活动质量的园所性质差异

研究表明，公办幼儿园和民办幼儿园在各个项目上均为“及格”水平，小学附设幼儿园在所有项目上均为“不及格”水平。

方差分析结果表明，公办幼儿园在一日活动安排项目上的平均得分显著高于小学附设幼儿园，民办幼儿园与小学附设幼儿园之间没有显著差异。在人际互动项目上，民办幼儿园的平均得分显著高于小学附设幼儿园（表3-19）。

表3-19　一日活动的不同园所性质的幼儿园的差异检验

项目	园所性质（I-J）	均值差（I-J）	p
一日活动安排	公办幼儿园—小学附设幼儿园	1.825 397	0.007**
	公办幼儿园—民办幼儿园	0.800 000	0.029*
人际互动	公办幼儿园—小学附设幼儿园	2.000 000	0.000***
	民办幼儿园—小学附设幼儿园	1.200 000	0.004**

所有的公办幼儿园和40%的民办幼儿园有专门的学期、月、周、日活动计划安排并能够执行，66.6%的公办幼儿园和15%的民办幼儿园一日生活安排基本合理，5%的民办幼儿园会平衡各种形式的活动，一日生活安排符合幼儿的年龄特点；分别有60%的民办幼儿园和85.7%的小学附设幼儿园一日活动安排不合理，几乎没有幼儿自由游戏的时间和户外活动的时间，小学附设幼儿园采用小学的作息时间。

从过渡环节的活动来看，44.4%的公办幼儿园和40%的民办幼儿园的幼儿都熟悉作息制度，活动之间的过渡流畅、自然；55.6%的公办幼儿园和60%的民办幼儿园在过渡环节常让幼儿消极等待，而所有的小学附设幼儿园在过渡环节采用的是“放羊式”的管理，教师不组织任何过渡活动。在常规活动的组织上，45%的民办幼儿园和85.7%的小学附设幼儿园的教师对幼儿行为的期望不符合幼儿的年龄特点，对幼儿的不恰当行为漠视不管或简单粗暴。

在人际互动项目上，88.9%的公办幼儿园和85%的民办幼儿园的教师能对幼儿和颜悦色，但与幼儿的互动主要指向幼儿的学习活动；小学附设幼儿园的师幼关系比较紧张，大部分教师除了上课，几乎不参与幼儿的活动，只是在幼儿犯错或发生纠纷时才“出现”。66.7%的公办幼儿园和20%的民办幼儿园的教职工之间有比较明确的职责分工，能够就幼儿及其家庭信息进行必要的交流；33%的公办幼儿园和15%的民办幼儿园基本都有交接班制度；小学附设幼儿园基本上采用小学的作息时间，不同的教师教不同的学科，71.4%的小学附设幼儿园教师和家长之间没有任何形式的交流。

四、小结

（一）幼儿园教育环境总体质量普遍偏低

幼儿园教育环境总体质量普遍较低，在36所幼儿园中，没有幼儿园能达到良好或优秀水平，25%的幼儿园甚至没有达到及格水平。一日生活安排（包括一日生活安排的顺序与时间安排的合理性，教师对过渡环节的计划与组织、常规及其要求等）和人际互动方面的质量以及课程质量方面的问题尤为突出。这与多方面的因素有关，幼儿园规模、师幼比例、教师工作制度安排、经费投入等是影响幼儿园教育环境质量的重要因素。在36所样本幼儿园中，有27所幼儿园的班级规模超过了35人，19所幼儿园的班级规模超过了40人，个别幼儿园的班级规模甚至达到了60人。大部分农村幼儿园每个班级只配备一名教师，许多幼儿园虽然每个班级配备了两名教师，但是只有一名教师在参与组织和指导幼儿的活动。超大的班级规模、较低的师幼比、经费投入不足等都严重影响了幼儿园教育环境的质量。

（二）幼儿园教育环境质量的城乡差异较大，农村幼儿园的教育环境质量更低

城市幼儿园教育环境的总体质量以及物质环境创设、生活活动、课程、一日活动安排等各子量表的平均得分均显著高于农村幼儿园。城市幼儿园的物质环境条件较好，有较丰富的游戏材料和图书，一些幼儿园的电脑、互联网、空调等各种设备一应俱全，教师能够指导幼儿开展多样化的活动。相当多的农村幼儿园除了幼儿人手一套的教材之外，没有其他图书和游戏材料，连最基本的桌椅都是小学淘汰下来的，教师只是组织幼儿集体上课，小学化、成人化的现象非常严重。

（三）不同性质幼儿园的教育环境质量差异较大

公办幼儿园教育环境的总体质量以及物质环境创设、生活活动、课程、一日活动安排等各子量表的平均得分显著高于民办幼儿园和小学附设幼儿园，民办幼儿园的平均得分显著高于小学附设幼儿园。公办幼儿园能提供较好的物质环境，在生活活动方面能对幼儿进行较为周全的照顾，教师能组织丰富多样的区域活动、集体活动。民办幼儿园在物质环境创设、生活活动上能满足幼儿园活动开展的需要，但部分民办幼儿园在课程设置、一日活动安排上仍存在比较严重的小学化现象。小学附设幼儿园在课程及一日安排等多个项目上处于不及格水平，学前班的一日活动按照小学的课程内容和作息时间进行设置，同时小学附设幼儿园缺少必要的图书和游戏材料，在生活活动方面也缺乏相应的基本设备。

第三节　幼儿语言入学准备现状

学前阶段获得的语言学习经验是儿童后续进行语言学习的重要基础。幼儿园教育是影响幼儿语言学习结果的重要因素之一，幼儿的语言学习结果与幼儿园所提供的语言环境和教育质量存在密切关联。[①]了解幼儿语言学习质量与入学准备现状，剖析幼儿园语言教育中存在的问题并提出相关建议，对提高幼儿园的教育教学质量和儿童后续的语言学习质量具有重要的价值。

① Duncan G，Dowsett C，Claessens A et al. 2007. School readiness and later achievement. Developmental Psychology，43：1428-1446.

一、幼儿语言入学准备整体情况

（一）幼儿语言入学准备存在发展的不同步性

本节首先将被试的语言入学准备测试原始分转化为均值，进而对城乡、不同园所性质的大班幼儿的语言入学准备总分以及各个维度的均值进行排序和比较。结果显示，语言入学准备在7个测查维度上存在着发展的不同步性和不均衡性；字形结构的细微差异识别、听觉记忆和听力理解、听力理解和精细动作、前阅读技能等几个维度的发展水平优于其他维度，阅读理解和口语表达的发展水平最差（表3-20、表3-21）。

表3-20　幼儿语言入学准备总分及各维度均值

语言测查维度	城市	农村	公办	民办	小学附设	总体
言语理解/听—动转换	0.663 16	0.307 69	0.713 68	0.481 37	0.191 18	0.502 89
字形结构的细微差异识别	0.796 05	0.592 15	0.810 90	0.689 44	0.555 15	0.704 12
听觉记忆和听力理解	0.762 72	0.409 19	0.788 46	0.582 82	0.333 33	0.603 32
听力理解和精细动作	0.680 70	0.401 71	0.754 99	0.490 68	0.362 75	0.554 91
图形识记和再现	0.569 17	0.367 22	0.610 50	0.429 46	0.365 55	0.478 12
阅读理解和口语表达	0.361 40	0.199 79	0.375 36	0.273 81	0.174 02	0.288 54
前阅读技能	0.690 79	0.403 85	0.685 90	0.537 27	0.404 41	0.561 42
语言总分均值	0.581 66	0.343 60	0.603 40	0.451 25	0.307 04	0.474 34

表3-21　幼儿语言入学准备总分及各维度均值排序

语言测查维度	城市	农村	公办	民办	小学附设	总体
言语理解/听—动转换	5	6	4	5	6	5
字形结构的细微差异识别	1	1	1	1	1	1
听觉记忆和听力理解	2	2	2	2	5	2
听力理解和精细动作	4	4	3	4	4	4
图形识记和再现	6	5	6	6	3	6
阅读理解和口语表达	7	7	7	7	7	7
前阅读技能	3	3	5	3	2	3

（二）幼儿语言入学准备存在显著的城乡差异

对城市、农村两个地区的幼儿语言总分和各个维度的均值进行统计分析，发现幼儿语言入学准备存在显著的城乡差异。

（1）城市幼儿语言入学准备总分均值高于农村幼儿。城市幼儿语言入学准备总分均值为0.5817，农村幼儿为0.3436。在各个测查维度，城市幼儿的均值均高于农村幼儿。城市和农村幼儿在听觉记忆和听力理解、言语理解/听—动转换两个维度上均值差异相对较大，均在0.35 以上（表3-20、图3-13）。

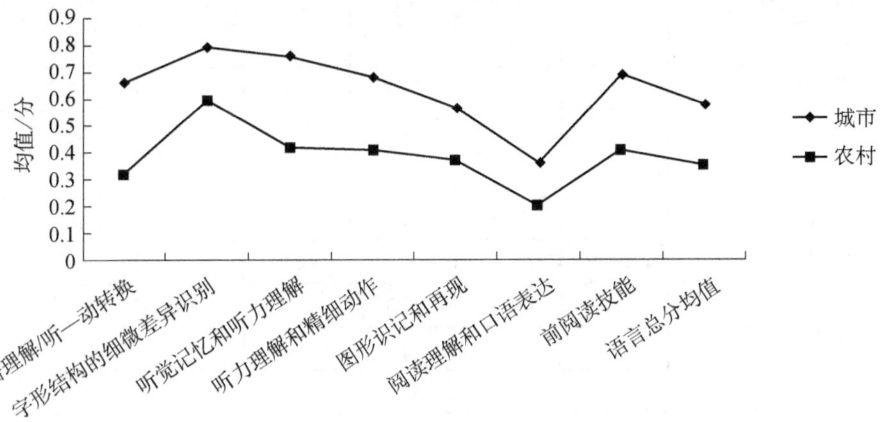

图 3-13　城乡幼儿入学语言准备得分均值分布

（2）将幼儿语言入学准备总分和各个维度的均值进一步聚类之后，分成好、中和差三个水平。对城乡不同地区好、中、差三个水平的幼儿频数进行统计分析（表 3-22），结果如下。

第一，在语言总分和每个测查维度上，入学准备水平处于“好”的城市幼儿的比例均远高于农村幼儿的比例；入学准备水平处于“差”的城市幼儿的比例均低于农村幼儿的比例。

第二，在语言入学准备整体水平上，城市绝大多数幼儿处于“好”和“中”两个发展水平，比例为 96.4%，而农村幼儿的这一比例仅为 51.2%。

第三，在字形结构的细微差异识别、听觉记忆和听力理解、听力理解和精细动作、前阅读技能等发展相对较快的 4 个维度上，城市幼儿处于“好”的发展水平的比例都超过了 60%，而处于“差”的发展水平的农村幼儿依然占有一定的比例。例如，在听力理解和精细动作这个维度，有 34%的农村幼儿处于“差”的发展水平；在前阅读技能维度，有 49.4%的农村幼儿处于“差”的发展水平。

第四，在其他 3 个发展相对较慢的维度上，处于“好”和“中”的发展水平的城市幼儿的比例虽然相对较低，但处于“差”的发展水平的比例也不高，分别为 8.9%、17.9%和 24.7%。农村幼儿处于“差”的发展水平的比例相对较高，其中，在言语理解/听—动转换、阅读理解和口语表达两个维度上，农村幼儿处于“差”的发展水平的比例均超过了 50%。在阅读理解和口语表达维度上，农村幼儿处于“好”的发展水平的比例仅为 0.6%（表 3-22）。

表 3-22　幼儿语言入学准备水平分布表　　单位：%

语言测查维度	水平	城市	农村	公办	民办	小学附设	总体
语言总分均值	好	61.1	11.5	67.5	32.9	2.9	38.7
	中	35.3	39.7	29.9	42.2	38.2	37.3
	差	3.7	48.7	2.6	24.8	58.8	24.0
言语理解/听—动转换	好	50.5	17.9	55.6	33.5	7.4	35.8
	中	31.6	25.6	31.6	29.2	23.5	28.9
	差	17.9	56.4	12.8	37.3	69.1	35.3
字形结构的细微差异识别	好	84.2	51.3	86.3	68.3	42.6	69.4
	中	11.6	32.7	8.5	23.6	36.8	21.1
	差	4.2	16.0	5.1	8.1	20.6	9.5
听觉记忆和听力理解	好	78.4	28.2	83.8	51.6	42.6	55.8
	中	21.1	54.5	15.4	41.6	36.8	36.1
	差	0.5	17.3	0.9	6.8	20.6	8.1
听力理解和精细动作	好	75.3	42.9	83.8	54.0	36.8	60.7
	中	18.4	23.1	14.5	22.4	26.5	20.5
	差	6.3	34.0	1.7	23.6	36.8	18.8
图形识记和再现	好	40.0	11.5	45.3	18.6	16.2	27.2
	中	51.1	60.3	47.0	62.7	51.5	55.2
	差	8.9	28.2	7.7	18.6	32.4	17.6
阅读理解和口语表达	好	1.1	0.6	1.7	0.6	0	0.9
	中	74.2	44.9	73.5	60.9	39.7	61.0
	差	24.7	54.5	24.8	38.5	60.3	38.0
前阅读技能	好	60.0	20.5	60.7	39.1	17.6	42.2
	中	24.2	30.1	19.7	31.1	29.4	26.9
	差	15.8	49.4	19.7	29.8	52.9	30.9

注：因四舍五入，个别数据之和不等于 100，下同

（3）城乡幼儿语言入学准备水平的整体差异。以幼儿园所在地为自变量，以城市和农村幼儿语言总分均值及各维度均值为因变量，对城市和农村幼儿园幼儿的语言入学准备水平进行独立样本 t 检验。结果显示，城乡幼儿在语言准备的总体状况上存在极其显著的差异（$p<0.001$），所测查的 7 个维度的差异也均在 0.001 的水平上呈显著性（表 3-23）。

表 3-23　城乡幼儿语言入学准备水平的整体差异

语言测查维度	p
言语理解/听—动转换	0.000***
字形结构的细微差异识别	0.000***
听觉记忆和听力理解	0.000***
听力理解和精细动作	0.000***
图形识记和再现	0.000***
阅读理解和口语表达	0.000***
前阅读技能	0.000***
语言总分均值	0.000***

（三）幼儿语言入学准备存在显著的园所性质差异

对三种不同园所性质的幼儿园的幼儿的语言总分和各个维度均值进行统计分析，发现幼儿语言入学准备存在显著的园所性质差异。

（1）幼儿语言入学准备总分均值随公办、民办、小学附设的性质呈依次递减趋势。公办幼儿园的幼儿语言入学准备总分均值为 0.603 40，民办幼儿园的幼儿语言总分均值为 0.451 25，小学附设幼儿园的幼儿语言总分均值为 0.307 04。其中，公办幼儿园的幼儿语言总分均值几乎为小学附设幼儿园幼儿的两倍。这种随公办、民办、小学附设性质依次呈递减的趋势也存在于每个测查的维度上。公办幼儿园和小学附设幼儿园的幼儿在言语理解/听—动转换、听觉记忆和听力理解以及听力理解和精细动作 3 个维度上均值差异相对较大，分值差分别为 0.5225、0.455 13 以及 0.392 24（图 3-14）。

（2）将幼儿语言入学准备总分和各个维度均值进一步聚类之后，分成好、中和差 3 个水平。对不同园所性质的幼儿园的好、中、差 3 个水平的幼儿频数比例进行统计分析，结果如下。

在语言总分和每个测查维度上，入学准备水平处于“好”的发展水平的幼儿比例随公办、民办、小学附设的性质呈依次递减趋势，入学准备水平处于“差”的发展水平的幼儿比例随公办、民办、小学附设的性质呈依次递增趋势。

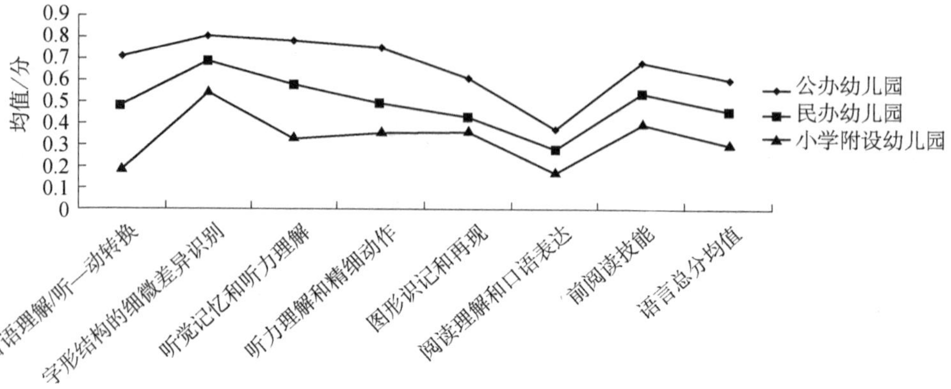

图 3-14　不同园所性质的幼儿园的幼儿语言入学准备均值分布

在语言入学准备整体水平上，公办幼儿园、民办幼儿园的绝大多数幼儿处于“好”和“中”两个发展水平，比例分别为 97.4%和 75.1%。小学附设幼儿园的大部分幼儿处于“差”这一发展水平，比例高达 58.8%。

在字形结构的细微差异识别、听觉记忆和听力理解、听力理解和精细动作以及前阅读技能等发展相对较快的 4 个维度上，公办幼儿园处于“好”的发展水平的幼儿比例超过了 60%，其中，在字形结构的细微差异识别、听觉记忆和听力理解、听力理解和精细动作 3 个维度上，公办幼儿园处于“好”的发展水平的幼儿比例超过了 80%。小学附设幼儿园在这 4 个维度上处于“差”的发展水平的幼儿依然占有一定的比例。例如，在前阅读技能这个维度上，有 52.9%的小学附设幼儿园的幼儿处于“差”的发展水平。

在其他 3 个发展相对较慢的维度上，处于“好”和“中”两个发展水平的公办幼儿园和民办幼儿园的幼儿比例虽相对较低，但处于“差”这个发展水平的比例也不高，分布在 7.7%～38.5%。小学附设幼儿园处于“差”的发展水平的幼儿比例在 32.4%～69.1%，其中在言语理解/听—动转换维度上，处于“好”的发展水平的幼儿比例仅为 7.4%，而在阅读理解和口语表达维度，处于“好”的发展水平的幼儿比例为 0。

（3）不同园所性质的幼儿园的幼儿语言入学准备水平的整体差异。以幼儿园园所性质为自变量，以不同园所性质幼儿园的幼儿语言总分均值及各维度均值为因变量，对江西省公办幼儿园、民办幼儿园和小学附设幼儿园或学前班的幼儿语言入学准备水平进行方差分析。结果显示，不同园所性质幼儿园的幼儿在语言准备的总体状况上存在极其显著的差异（$p<0.001$），所测查 7 个维度的差异也均在 0.001 的水平上呈显著性（表 3-24）。

表 3-24 不同园所性质幼儿园的幼儿语言入学准备水平的方差分析

语言测查维度	p
言语理解/听—动转换	0.000***
字形结构的细微差异识别	0.000***
听觉记忆和听力理解	0.000***
听力理解和精细动作	0.000***
图形识记和再现	0.000***
阅读理解和口语表达	0.000***
前阅读技能	0.000***
语言总分均值	0.000***

对不同园所性质幼儿园的幼儿语言测查均分进一步进行组间差异检验，多重比较结果显示（表 3-25），在语言总分均值上，公办幼儿园、民办幼儿园、小学附设幼儿园两两之间都存在显著差异，其中，公办幼儿园幼儿的得分明显高于民办幼儿园、小学附设幼儿园幼儿（表 3-20 和图 3-14）。从语言测查的具体维度看，公办幼儿园、民办幼儿园、小学附设幼儿园两两之间几乎在所有维度上都呈现显著差异。

表 3-25 不同园所性质幼儿园的幼儿语言入学准备水平的组间差异分析

语言测查维度	p		
	公办—民办	公办—小学附设	民办—小学附设
言语理解/听—动转换	0.000***	0.000***	0.000***
字形结构的细微差异识别	0.000***	0.000***	0.000***
听觉记忆和听力理解	0.000***	0.000***	0.000***
听力理解和精细动作	0.000***	0.000***	0.005**
图形识记和再现	0.000***	0.000***	—
阅读理解和口语表达	0.000***	0.000***	0.003**
前阅读技能	0.000***	0.000***	0.002**
语言总分均值	0.000***	0.000***	0.000***

二、城乡幼儿语言入学准备差异的具体表现

为进一步了解城乡幼儿在语言入学准备上的差异，我们对幼儿在各题目上的得分进一步进行独立样本 t 检验。

（一）听指令做动作

该题目主要考察幼儿理解指令并按指令行事的能力，测查的是幼儿的言语理解/听—动转换的能力。在测查中，分顺序部位、数量两个具体维度。

独立样本 t 检验结果（表 3-25）表明，城乡幼儿在理解指令并按指令行事的能力上存在极其显著的差异（$p<0.001$）。对两个具体维度进行独立样本 t 检验，结果发现，在顺序部位、数量两个具体维度上，城市和农村幼儿存在极其显著的差异（$t_{顺序部位}=7.895$，$p=0.000$；$t_{数量}=6.874$，$p=0.000$）。在顺序部位和数量上，分别有 80%和 52.6%的城市幼儿能按照指令做出正确的动作，而农村幼儿的这两项的比例仅分别为 41%和 20.5%。

（二）找字和补字

该题目通过找字（形近字识别）和补字（识别缺失部件）的测查方式考察幼儿对汉字字形结构细微差异的识别能力。

独立样本 t 检验结果（表 3-25）表明，城乡幼儿在字形结构的细微差异识别上存在显著的差异（$p<0.001$）。对找字和补字两个具体维度进行独立样本 t 检验，结果发现，在找字和补字两个具体维度上，城市和农村幼儿存在极其显著的差异（$t_{找字}=5.433$，$p=0.000$；$t_{补字}=5.828$，$p=0.000$）。在找字维度上，83.7%的城市幼儿能正确识别出形近字，而农村幼儿的这一比例仅为 56.2%；在补字维度上，35.9%的城市幼儿能找对 4 个所要测查的汉字，而农村幼儿的这一比例为 16.7%，大多数农村幼儿仅能找对 1～2 个所要测查的汉字。

（三）听故事回答问题

该题目通过听故事回答问题（共有 4 个问题）的方式来考察幼儿的听觉记忆和听力理解。

独立样本 t 检验结果（表 3-25）表明，城乡幼儿在听觉记忆和听力理解上存在显著的差异（$p<0.001$）。对 4 个问题分别进行独立样本 t 检验，结果发现，在 4 个问题上，城市和农村幼儿均具有极其显著的差异（$t_{第一问}=7.864$，$p=0.000$；$t_{第二问}=5.879$，$p=0.000$；$t_{第三问}=8.498$，$p=0.000$；$t_{第四问}=8.225$，$p=0.000$）。进一步研究发现，在第一问“故事里有哪些小动物”中，城市幼儿完全答对 4 个小动物的比例为 46.3%，而农村幼儿的这一比例为 17.9%，大部分农村幼儿（48.7%）能答对 2～3 个小动物。第三问和第四问考察幼儿对整个故事的理解程度，随着问题难度的增加，城乡之间的差异更加明显（城市和农村幼儿在第三、

第四问答对的比例之比分别为 84.2∶41、63.7∶21.8）。

（四）听指令画图

该题目通过听指令画图，一方面测查幼儿的听力理解能力（即对指令的理解能力），另一方面测查幼儿的精细动作能力。

独立样本 t 检验结果（表 3-25）表明，城乡幼儿在听指令画图上存在显著的差异（$p<0.001$）。对 3 个具体维度的得分进行进一步的独立样本 t 检验，结果发现，在位置、形状、边线 3 个具体维度上，城市和农村幼儿均具有极其显著的差异（$t_{位置}=5.377$，$p=0.000$；$t_{形状}=5.452$，$p=0.000$；$t_{边线}=6.294$，$p=0.000$）。研究发现，在边线这一维度上，能够按照指导语的要求所画圆圈不出大圆和小圆边线的幼儿比例，城市为 75.8%，而农村仅为 43.6%；能够按照指导语正确画出所要求圆圈的幼儿比例，城市为 35.3%，农村为 11.5%，城市和农村之间相差 23.8 个百分点。

（五）记图画图

该题目通过看图—记图—画图来考察幼儿对于图形的结构、部件、方位等的识记和再现能力。首先，给幼儿呈现图形刺激，提出识记任务（“我把图拿走后，你把看到的图画出来”），在图形被拿走的情况下回忆并画出刚才看到的图形。该题目中共有两个图形。

独立样本 t 检验结果（表 3-25）表明，城乡幼儿在记图画图上存在显著的差异（$p<0.001$）。对各个考察点上的均分分别进行独立样本 t 检验，结果发现，在图 1、图 2 结构以及图 2 位置、图 2 形状上，城市和农村幼儿均具有极其显著的差异，但在图 2 连接点上，城市和农村幼儿不具有显著差异（$t_{图1}=7.027$，$p=0.000$；$t_{图2结构}=3.459$，$p=0.000$；$t_{图2位置}=7.227$，$p=0.000$；$t_{图2形状}=3.644$，$p=0.000$；$t_{图2连接点}=1.405$，$p=0.161$）。能够正确再现图 1 的城市幼儿比例为 84.2%，而农村幼儿仅为 15.8%。在图 2 位置这一维度上，能正确画出图 2 位置的城市幼儿比例为 69.3%，而农村幼儿仅为 30.7%。

（六）排图讲故事

该题目通过让幼儿排图（可以任意排列的 3 张图片）讲故事的方式，考察幼儿的看图讲述能力，从句子、讲述的连贯性和讲述的生动性等三个方面评价幼儿的看图讲述能力（包括阅读理解能力和口语表达能力）。

独立样本 t 检验结果（表 3-25）表明，城乡幼儿在排图讲故事上存在显著的差异（p<0.001）。对三个考察点上的均分分别进行独立样本 t 检验，结果发现，在句子、讲述的连贯性和讲述的生动性三个方面，城市和农村幼儿均具有极其显著的差异（$t_{句子}$=5.706，p=0.000；$t_{连贯性}$=6.177，p=0.000；$t_{生动性}$=5.357，p=0.000）。进一步研究发现，幼儿得分均分最高的是句子维度，均分最低的是讲述的生动性维度。在该题中，有 32.7%的农村幼儿选择沉默或者说不知道、妈妈没有教给我等方式回应。

（七）翻看图书

该题目通过翻看图书考察幼儿的“前阅读技能”，包括会正确拿书、识别书的封面，知道书的书名，会翻到指定的页码，知道阅读顺序等。

独立样本 t 检验结果（表 3-25）表明，城乡幼儿在前阅读技能上存在显著的差异（p<0.001）。对 4 个考察点上的均分分别进行独立样本 t 检验，结果发现，在识别书的封面、知道书的书名、知道页码、知道阅读顺序 4 个具体维度上，城市和农村幼儿均具有极其显著的差异（$t_{识别书的封面}$=5.511，p=0.000；$t_{知道书名}$= 6.361，p=0.000；$t_{知道页码}$=3.785，p=0.000；$t_{阅读顺序}$=5.830，p=0.000）。进一步研究发现，在会正确拿书、识别书的封面，知道书的书名，知道阅读顺序 3 个维度上，能根据指导语正确完成任务的城市和农村幼儿比例差异较大，二者之比分别为 73.9∶26.1、73.5∶26.5、69.4∶30.6。

三、不同园所性质幼儿园的幼儿语言入学准备差异的具体表现

为进一步了解不同园所性质幼儿园的幼儿在语言入学准备上的差异，对幼儿在各题目上的得分进一步进行方差分析。

（一）听指令做动作

方差分析结果（表 3-24）表明，不同园所性质幼儿园的幼儿在理解指令并按指令行事的能力上存在极其显著的差异（p<0.001）。两两比较发现（表 3-25），公办与民办、公办与小学附设、民办与小学附设幼儿园的幼儿两者之间均存在极其显著的差异。由表 3-20 可见，不同园所性质幼儿园的幼儿均分为 0.191 18～0.713 68。其中，公办幼儿园幼儿均分显著高于民办幼儿园和小学附设幼儿园。

民办幼儿园和小学附设幼儿园幼儿均分低于总分平均值。对该题的两个具体维度，即顺序部位和数量进行均值分析发现，两两之间均具有极其显著的差异（表 3-26）。从表 3-26 中可知，在顺序部位维度上，公办幼儿园与小学附设幼儿园幼儿的均值差最大，进一步研究发现，能按照指令做出正确的顺序与部位动作的公办幼儿园的幼儿比例为 85.5%，小学附设幼儿园的幼儿比例仅为 30.9%；在数量维度上，能按照指令做出正确动作的幼儿比例，公办幼儿园为 57.3%，民办幼儿园为 37.3%，而小学附设幼儿园仅为 7.4%。

表 3-26　不同园所性质幼儿园的幼儿在听指令做动作子维度上的均值差异

因变量	（I）园所性质	（J）园所性质	均值差（I-J）	*p*
顺序部位	公办	小学附设	0.545 877	0.000***
	公办	民办	0.264 639	0.000***
	民办	小学附设	0.281 239	0.000***
数量	公办	小学附设	0.499 120	0.000***
	公办	民办	0.199 979	0.000***
	民办	小学附设	0.299 141	0.000***

（二）找字和补字

方差分析结果（表 3-24）表明，不同园所性质幼儿园的幼儿在字形结构的细微差异识别上存在极其显著的差异（$p<0.001$）。多重比较发现（表 3-25），公办幼儿园、民办幼儿园、小学附设幼儿园幼儿两两之间存在显著差异。由表 3-20 可以看出，在字形结构的细微差异识别维度，不同园所性质幼儿园的幼儿均值为 0.555 15～0.810 90。其中，公办幼儿园幼儿均分显著高于民办幼儿园、小学附设幼儿园幼儿。民办幼儿园和小学附设幼儿园幼儿在该维度的得分都低于总体平均值。进一步对找字和补字两个维度进行方差分析，结果发现，不同园所性质幼儿园的幼儿两两之间均存在显著的差异（表 3-27）。在找字维度，86.3%的公办幼儿园幼儿能正确找出形近字，民办幼儿园幼儿的这一比例为 68.3%，小学附设幼儿园幼儿的这一比例为 50%；在补字维度上，能顺利找出 4 个所测查的汉字的公办幼儿园幼儿比例为 37.6%，民办幼儿园幼儿比例为 23.5%，而大多数的小学附设幼儿园幼儿（39.7%）只能找出 1～2 个汉字，能顺利找出 4 个所测查的汉字的小学附设幼儿园幼儿比例仅为 16.7%。

表 3-27　不同园所性质幼儿在找字和补字子维度上的均值差异

因变量	（I）园所性质	（J）园所性质	均值差（I-J）	p
找字	公办	小学附设	0.488 436	0.000***
	公办	民办	0.203 270	0.007**
	民办	小学附设	0.285 166	0.002**
补字	公办	小学附设	0.534 565	0.000***
	公办	民办	0.282 556	0.000***
	民办	小学附设	0.252 009	0.008**

（三）听故事回答问题

方差分析结果（表 3-24）表明，不同园所性质幼儿园的幼儿在听觉记忆和听力理解能力上存在极其显著的差异（p<0.001）。两两比较发现（表 3-25），公办幼儿园、民办幼儿园、小学附设幼儿园幼儿两两之间均存在极其显著的差异（p<0.001）。从表 3-20 可以看出，在听觉记忆和听力理解维度，不同园所性质幼儿园的幼儿均分为 0.333 33～0.788 46。其中，公办幼儿园幼儿的均分显著高于民办幼儿园和小学附设幼儿园的幼儿。民办幼儿园和小学附设幼儿园幼儿的均分低于总体平均值。进一步对该题的 4 个维度进行方差分析，结果发现，在 4 个问题上不同园所性质幼儿园的幼儿均具有显著的差异（表 3-28）。

表 3-28　不同园所性质幼儿园的幼儿在听故事回答问题子维度上的均值差异

因变量	（I）园所性质	（J）园所性质	均值差（I-J）	p
第一问	公办	小学附设	0.718 829	0.000***
	公办	民办	0.272 628	0.009**
	民办	小学附设	0.446 200	0.000***
第二问	公办	小学附设	0.367 019	0.000***
	公办	民办	0.141 955	0.000***
	民办	小学附设	0.225 064	0.000***
第三问	公办	小学附设	0.535 948	0.000***
	公办	民办	0.292 616	0.000***
	民办	小学附设	0.243 332	0.000***
第四问	公办	小学附设	1.085 721	0.000***
	公办	民办	0.518 129	0.000***
	民办	小学附设	0.567 592	0.000***

（四）听指令画图

方差分析结果（表 3-24）表明，不同园所性质幼儿园的幼儿在听力理解和精细动作能力上存在极其显著的差异（$p<0.001$）。两两比较发现（表 3-25），公办、民办、小学附设幼儿园的幼儿两两之间均存在显著的差异（$p<0.01$）。从表 3-20 可以看出，在听力理解和精细动作维度，不同园所性质幼儿园幼儿的均分为 0.362 75～0.754 99。其中，公办幼儿园幼儿的均分显著高于民办幼儿园和小学附设幼儿园幼儿。民办幼儿园和小学附设幼儿园幼儿的均分均低于总体平均值。进一步对听指令画图各具体维度进行方差分析，结果发现，在圆圈位置、圆圈形状、圆圈边线 3 个维度上，公办幼儿园与民办幼儿园、公办幼儿园与小学附设幼儿园的幼儿具有显著差异。民办幼儿园与小学附设幼儿园的幼儿在圆圈位置、圆圈形状维度上不具有显著差异（表 3-29）。

表 3-29 不同园所性质幼儿园的幼儿在听指令画图子维度上的均值差异

因变量	（I）园所性质	（J）园所性质	均值差（I-J）	*p*
圆圈位置	公办	小学附设	0.192 119	0.000***
	公办	民办	0.134 894	0.000***
	民办	小学附设	—	—
圆圈形状	公办	小学附设	0.156 988	0.000***
	公办	民办	0.111 775	0.000***
	民办	小学附设	—	—
圆圈边线	公办	小学附设	0.239 253	0.000***
	公办	民办	0.149 785	0.000***
	民办	小学附设	0.089 468	0.007**

（五）记图画图

方差分析结果（表 3-24）表明，不同园所性质幼儿园的幼儿在图形识记和再现能力上存在极其显著的差异（$p<0.001$）。两两比较发现（表 3-25），公办幼儿园与民办幼儿园、公办幼儿园与小学附设幼儿园的幼儿两两之间均存在显著差异（$p<0.01$）。从表 3-20 可知，在图形识记和再现维度，不同园所性质幼儿园幼儿的均分为 0.365 55～0.610 50。其中，公办幼儿园幼儿的均分显著高于民办幼儿园和小学附设幼儿园的幼儿。民办幼儿园和小学附设幼儿园的幼儿的均分均低于总体平均值。进一步对记图画图各具体维度进行方差分析，结果发现，在各维

度，公办幼儿园幼儿的均分均显著高于民办幼儿园和小学附设幼儿园的幼儿，民办幼儿园和小学附设幼儿园幼儿在该维度上无显著差异（表 3-30）。

表 3-30　不同园所性质幼儿在记图画图子维度上的均值差异

因变量	（I）园所性质	（J）园所性质	均值差（I-J）	*P*
图 1	公办	小学附设	0.333 082	0.000***
	公办	民办	0.298 190	0.000***
	民办	小学附设	—	—
图 2 结构	公办	小学附设	0.100 742	0.000***
	公办	民办	0.058 953	0.000***
	民办	小学附设	—	—
图 2 位置	公办	小学附设	0.207 453	0.000***
	公办	民办	0.166 852	0.000***
	民办	小学附设	—	—
图 2 形状	公办	小学附设	0.124 686	0.000***
	公办	民办	0.064 766	0.000***
	民办	小学附设	—	—
图 2 连接点	公办	小学附设	0.091 378	0.016*
	公办	民办	—	—
	民办	小学附设	—	—

（六）排图讲故事

方差分析结果（表 3-24）表明，不同园所性质幼儿园的幼儿在排图讲故事的能力上存在极其显著的差异（$p<0.001$）。两两比较发现（表 3-25），公办幼儿园与民办幼儿园、公办幼儿园与小学附设幼儿园的幼儿两两之间均存在显著差异（$p<0.01$）。从表 3-20 可知，在阅读理解和口语表达维度，不同园所性质幼儿园幼儿的均分为 0.174 02～0.375 36。其中，公办幼儿园的幼儿均分显著高于民办幼儿园和小学附设幼儿园的幼儿。民办幼儿园和小学附设幼儿园幼儿的均分均低于总体平均值。进一步对排图讲故事各具体维度进行方差分析，结果发现，在排图讲故事的各个维度，公办幼儿园、民办幼儿园、小学附设幼儿园的幼儿两两之间均具有显著差异（表 3-31）。进一步研究发现，幼儿均分最高的是句子维度（1.609 83），均分最低的是讲述的生动性维度（0.745 66）。此外，在排图讲故事的所有子维度上，都是公办幼儿园的幼儿均分最高，其次为民办幼儿园的幼儿，

小学附设幼儿园幼儿的均分最低。

表 3-31 不同园所性质幼儿园的幼儿在排图讲故事子维度上的均值差异

因变量	(I)园所性质	(J)园所性质	均值差(I-J)	p
句子	公办	小学附设	0.870 035	0.000***
	公办	民办	0.507 777	0.001**
	民办	小学附设	0.362 258	0.038*
讲述的连贯性	公办	小学附设	0.983 409	0.000***
	公办	民办	0.456 920	0.000***
	民办	小学附设	0.526 489	0.001**
讲述的生动性	公办	小学附设	0.594 394	0.000***
	公办	民办	0.277 167	0.003**
	民办	小学附设	0.317 227	0.005**

(七)翻看图书

方差分析结果(表 3-24)表明，不同园所性质幼儿园的幼儿在翻看图书上存在极其显著的差异(p<0.001)。两两比较发现(表 3-25)，公办幼儿园与民办幼儿园、公办幼儿园与小学附设幼儿园的幼儿两两之间均存在显著的差异(p<0.01)。从表 3-20 可知，在前阅读技能维度，不同园所性质幼儿园幼儿的得分均值为 0.404 41～0.685 90。其中，公办幼儿园的幼儿均分显著高于民办幼儿园和小学附设幼儿园的幼儿。民办幼儿园和小学附设幼儿园的幼儿的均分均低于总体平均值。进一步对翻看图书各具体维度进行方差分析，结果发现，在翻看图书的各个维度，公办幼儿园幼儿的得分显著高于民办幼儿园和小学附设幼儿园的幼儿；民办幼儿园和小学附设幼儿园幼儿在会正确拿书、识别书的封面，知道页码子维度没有显著差异(表 3-32)。进一步研究发现，在知道页码维度，三种园所性质的幼儿园均有 75%以上的幼儿能按照要求翻到正确页码。在阅读顺序维度上，能知道阅读顺序的幼儿比例，公办幼儿园为 65.8%，民办幼儿园为 58.4%，小学附设幼儿园为 36.8%。

表 3-32 不同园所性质幼儿园的幼儿在翻看图书子维度上的均值差异

因变量	(I)园所性质	(J)园所性质	均值差(I-J)	p
会正确拿书、识别书的封面	公办	小学附设	0.345 902	0.000***
	公办	民办	0.270 638	0.000***
	民办	小学附设	—	—

续表

因变量	(I)园所性质	(J)园所性质	均值差(I-J)	p
知道书的书名	公办	小学附设	0.373 932	0.000***
	公办	民办	0.176 727	0.003**
	民办	小学附设	0.197 205	0.005**
知道页码	公办	小学附设	0.115 636	0.047*
	公办	民办	—	—
	民办	小学附设	—	—
知道阅读顺序	公办	小学附设	0.290 473	0.000***
	公办	民办	—	—
	民办	小学附设	0.216 204	0.002**

四、小结

(一)幼儿语言入学准备存在着发展的不同步现象

研究结果显示,幼儿语言入学准备存在着发展的不同步现象。字形结构的细微差异识别、听觉记忆和听力理解、听力理解和精细动作以及前阅读技能等 4 个维度上的发展水平优于其他 3 个维度。字形结构的细微差异识别的发展水平最好,阅读理解和口语表达的发展水平最差。从幼儿语言入学准备各维度均值排序(表 3-21),我们可以看出,无论是不同区域还是不同园所性质的幼儿园,排序靠前的维度具有一定的一致性,表明学前幼儿的语言学习都遵循着一定的发展顺序和规律。

(二)幼儿语言入学准备水平存在明显的城乡差异,小微型幼儿园的幼儿发展水平更低

研究结果显示,江西省幼儿语言入学准备水平存在明显的城乡差异。城市幼儿语言入学准备整体水平比较高,没有做好语言入学准备的幼儿人数比例仅为 3.7%。在 7 个测查维度,语言入学准备状况处于“好”和“中”的发展水平的幼儿人数比例在 75.3%～99.5%。农村地区幼儿语言入学准备整体水平比较差,分别有 39.7%和 48.7%的幼儿处于“中”和“差”的发展水平。城市幼儿语言入学准备总分以及各维度均值均显著高于农村幼儿。在听故事回答问题(考察听觉记忆和听力理解)题目上,随着问题难度的增加,城乡幼儿之间的差异越加明

显。农村幼儿在听指令做动作（考察言语理解/听—动转换的能力）题目上的得分均值较低，排名第 6（表 3-21）。在顺序部位和数量上，仅有 41%和 20.5%的农村幼儿能按照指令做出正确的动作，城市幼儿的这一比例分别为 80%和 52.6%。

（三）幼儿语言入学准备水平存在明显的园所性质差异

研究结果显示，幼儿语言入学准备水平存在明显的园所性质差异。公办幼儿园幼儿语言入学准备整体水平较高，没有做好语言入学准备的幼儿人数比例仅为 2.6%。在 7 个测查维度，入学语言准备状况处于“好”和“中”的发展水平的幼儿人数比例在 75.2%～99.2%。民办幼儿园和小学附设幼儿园幼儿入学语言准备整体水平较差，绝大多数处于“中”和“差”的发展水平，比例分别为 67.1%和 97.1%。其中，58.8%的小学附设幼儿园幼儿没有做好语言入学准备。民办幼儿园和小学附设幼儿园幼儿的入学语言准备水平明显低于公办幼儿园。

此外，本研究还发现，在语言总分及各维度均值上，随公办、民办、小学附设的园所性质呈现出依次递减趋势。在语言总均分上，公办幼儿园、民办幼儿园、小学附设幼儿园的幼儿两两之间都存在显著差异，公办幼儿园幼儿的均分显著高于民办幼儿园、小学附设幼儿园幼儿。从语言测查的具体维度看，公办幼儿园、民办幼儿园、小学附设幼儿园的幼儿两两之间几乎在所有维度上均呈现出极其显著的差异。特别是在听故事回答问题（考察听觉记忆和听力理解）这一题目上，小学附设幼儿园与公办幼儿园、民办幼儿园幼儿之间的差异极其显著，随着问题难度的增加，不同园所性质幼儿园的幼儿之间的差异渐趋显著。

第四节　幼儿数学入学准备现状

幼儿园教育是影响学前儿童数学学习结果的重要因素之一，学前儿童的数学学习结果与幼儿园所提供的数学课程和教学质量存在密切关联。了解幼儿数学学习结果与入学准备的现状，剖析教育中存在的问题并提出相关建议，对提高幼儿园教育教学水平和儿童后续的数学学习质量具有重要的价值。

一、幼儿数学入学准备表现的一致之处

笔者通过比较和分析江西省幼儿在各题目上的通过率，发现在以下几个方面

的表现具有较大的一致性：①通过率高的题目分别是加法运算（有图），按数量配对，按大小配对，通过率低的题目分别是重量的传递性推理、递增模式延伸、数的守恒、方位的传递性推理。②数的守恒上的通过率明显低于数量与数字的关系的通过率。③在数的守恒上的通过率明显低于形状守恒的通过率。④在递增模式延伸上的通过率明显低于重复模式识别的通过率。⑤在重量的传递性推理上的通过率明显低于方位的传递性推理的通过率（表 3-33）。

以上结果表明，幼儿在传递性推理、数的守恒、递增模式延伸等方面的发展相对较晚，在依据数量和大小进行双重排序、分类、加减运算等方面的发展相对较早。另外，数的守恒概念的发展要晚于数量与数字的关系和形状守恒的发展，递增模式延伸的发展晚于重复模式识别，重量的传递性推理晚于方位的传递性推理。

表 3-33　幼儿在数学各题上的通过率

维度	题项	测查内容	通过率/%					
			总体	城市	农村	公办	民办	小学附设
数的含义	1	数量与数字的关系	62.1	67.9	55.1	65.0	57.1	69.1
	2	数的守恒	26.0	28.4	23.1	31.6	23.6	22.1
数的加减	3	15 以内加法（加数大于 5，有图）	70.0	72.1	67.3	70.1	72.7	63.2
	4	10 以内减法（减数大于 5，有图）	8.9	81.1	76.3	76.9	84.5	69.1
	5	15 以内加法（加数大于 5，无图）	62.1	68.9	53.8	65.8	67.1	44.1
	6	15 以内减法（减数小于 5，无图）	64.2	72.6	53.8	70.9	68.3	42.6
量的比较	7	常见量之大小排序	42.2	60.5	19.9	65.8	34.8	19.1
几何与空间	8	正方形的守恒	39.6	52.1	24.4	55.6	38.5	14.7
	9	三角形的守恒	44.5	58.4	27.6	62.4	41.6	20.6
	10	以自身为中心的左右方位认知	57.5	68.4	44.2	33.8	46.5	19.7
分类	11	分类（找不同）	33.2	43.7	20.5	48.7	29.8	14.7
	12	分类（类包含）	52.6	62.6	40.4	58.1	55.9	35.3
双重排序	13	按数量配对	76.3	91.1	58.3	88.9	75.2	57.4
	14	按大小配对	76.6	87.4	63.5	90.6	75.8	54.4
模式认知	15	重复模式识别	38.4	62.1	9.6	67.5	31.7	4.4
	16	递增模式延伸	11.6	17.9	3.8	23.1	7.5	1.5
传递性推理	17	重量的传递性推理	7.2	12.6	0.6	14.5	5.0	0
	18	方位的传递性推理	27.2	32.6	20.5	30.8	31.1	11.8

二、幼儿数学入学准备的城乡比较

（一）总体差异

从通过率来看，城市幼儿的表现要优于农村幼儿。在大多数题目上至少有半数以上城市幼儿能够正确完成任务，未达到半数的题目仅有 5 道；而农村幼儿在大多数题目上未能有半数以上幼儿正确完成任务，未达到半数的题目有 11 道。城市幼儿在各领域得分的均值均高于农村幼儿（图 3-15）。

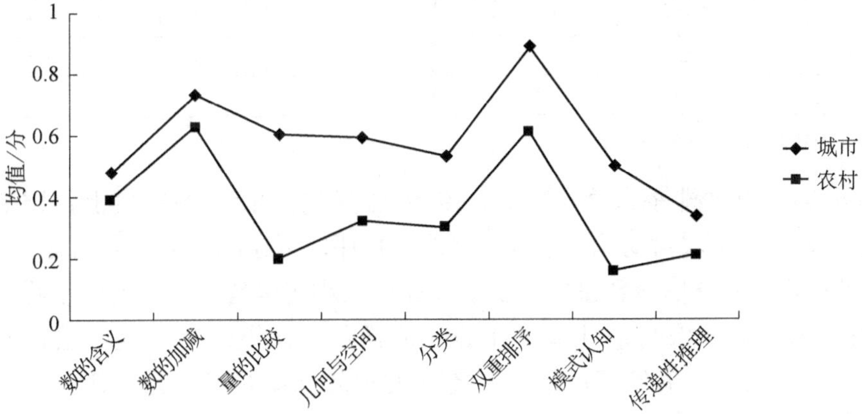

图 3-15　城乡幼儿在各维度上的均值分布

对城乡幼儿在数学各维度上的均值进行方差分析，结果表明，城市幼儿在各维度上的均分都显著高于农村幼儿（表 3-34）。

表 3-34　城乡幼儿在各维度上的均值差异

维度	t	p	维度	t	p
数的含义	2.400	0.017*	分类	6.118	0.000***
数的加减	3.436	0.001**	双重排序	7.897	0.000***
量的比较	8.792	0.000***	模式认知	12.623	0.000***
几何与空间	8.792	0.000***	传递性推理	4.250	0.000***

（二）具体差异

为进一步了解城乡幼儿在数学入学准备上的差异，本研究对幼儿在各题目上的得分进行了方差分析结果，如表 3-35 所示。

表 3-35　城乡幼儿在具体题目上的均值差异

维度	t	p	维度	t	p
1	2.435	0.015*	10	4.626	0.000***
2	1.134	—	11	4.776	0.000***
3	0.967	—	12	4.217	0.000***
4	1.072	—	13	7.318	0.000***
5	2.887	0.004**	14	5.242	0.000***
6	3.646	0.000***	15	12.352	0.000***
7	8.493	0.000***	16	7.544	0.000***
8	5.539	0.000***	17	3.999	0.000***
9	6.083	0.000***	18	2.575	0.000***

注：本表维度与表 3-33 中的维度相对应

在分类、双重排序、模式认知、传递性推理这 4 个关系维度上，城市幼儿的表现都显著优于农村幼儿。例如，在双重排序的两道题目上，分别有 91.1%和 87.4%的城市幼儿能够按数量的多少和物品的大小正确地一一对应两个物群，但是仅有 60%左右的农村幼儿能够正确完成任务。在模式认知这一题目上，有 62.1%的城市幼儿能够发现所示材料蕴含的重复规律并正确完成任务，但仅有 9.6%的农村幼儿能够正确完成任务。

在形状守恒题目上，城市和农村幼儿之间存在显著差异，半数以上的城市幼儿能够摆脱颜色、大小、摆放朝向的干扰，正确找出所有正方形或三角形，但是仅不到 1/3 的农村幼儿能够做出正确判断。

在量的比较题目上，城市和农村幼儿之间存在显著差异，有 60%以上的城市幼儿能正确判断常见量大小排序，但是农村幼儿中能正确判断的比例不足 20%。

在加、减法（有图）题目上，城市与农村幼儿之间不存在显著差异，在有具体形象的支持时，分别有 70%和 78.9%的幼儿能够正确地完成加、减法任务。但是，在加、减法（无图）题目上，即在没有具体形象的支持时，能够正确判断的城市幼儿比例没有显著变化，但是农村幼儿的比例显著下降。

在数的守恒题目上，城市与农村幼儿之间不存在显著差异，均只有 30%以下的幼儿能够判断物品排列方式变化不会改变数量。

三、幼儿数学入学准备的园所性质比较

（一）总体差异

从通过率来看，公办幼儿园中的幼儿的表现最好，在大多数题目上至少有半数以上幼儿能够正确完成任务，未达到半数的题目仅有 6 道；小学附设幼儿园中的幼儿表现最差，在大多数题目（13 道）上能够正确完成任务的幼儿都未达到半数；民办幼儿园中的幼儿完成的题目未达到半数的为 10 道。

对不同园所性质幼儿园的幼儿在数学各维度上的均值进行方差分析，结果表明，除了数的含义维度，公办幼儿园、民办幼儿园的幼儿在其他各子维度上的得分均值都显著高于小学附设幼儿园幼儿的得分均值。公办幼儿园与民办幼儿园幼儿在数的含义、数的加减、传递性推理 3 个维度上的得分均值没有显著差异，在其他维度上的均分都存在显著差异（表 3-36）。

表 3-36　不同园所性质幼儿园的幼儿在各维度上的得分均值差异

维度	公办—民办	公办—小学附设	民办—小学附设
数的含义	—	—	—
数的加减	—	0.16*	0.18*
量的比较	0.31*	0.47*	0.16*
几何与空间	0.19*	0.36*	0.17*
分类	0.11*	0.28*	0.18*
双重排序	0.14*	0.34*	0.20*
模式认知	0.25*	0.42*	0.17*
传递性推理	—	0.17*	0.14*

（二）具体差异

为进一步了解不同园所性质幼儿园的幼儿在数学入学准备上的差异，本研究对幼儿在各题目上的得分进行了方差分析，结果如表 3-37 所示。

表 3-37　不同园所性质幼儿园的幼儿在具体题目上的均值差异

维度	公办—民办	公办—小学附设	民办—小学附设
1	—	—	—

续表

维度	公办—民办	公办—小学附设	民办—小学附设
2	—	—	—
3	—	—	—
4	—	—	0.15*
5	—	0.22*	0.23*
6	—	0.28*	0.26*
7	0.32*	0.47*	0.16*
8	0.17*	0.41*	0.24*
9	0.21*	0.42*	0.21*
10	0.18*	0.25*	—
11	0.19*	0.34*	0.15*
12	—	0.23*	0.21*
13	0.14*	0.32*	0.18*
14	0.15*	0.36*	0.21*
15	0.36*	0.63*	0.27*
16	0.39*	0.63*	0.24*
17	—	0.15*	—
18	—	0.19*	0.19*

注：本表维度与表 3-33 中的题目相对应

在双重排序、模式认知这两个关系维度上，公办幼儿园、民办幼儿园幼儿的表现都显著优于小学附设幼儿园幼儿的表现，公办幼儿园幼儿的表现还显著优于民办幼儿园幼儿的表现。

在形状守恒题目上，不同园所性质幼儿园的幼儿之间存在显著差异。有50%的公办幼儿园幼儿能够摆脱颜色、大小、摆放朝向的干扰，正确找出所有正方形或三角形，民办幼儿园幼儿的这一比例为 40%左右，而小学附设幼儿园幼儿的这一比例仅为 20%左右。

在加、减法（有图）题目上，公办幼儿园、民办幼儿园、小学附设幼儿园的幼儿之间均不存在显著差异，在有具体形象的支持时，有 60%以上的幼儿能够正确地判断。在减法（有图）题目上，80%以上的民办幼儿园幼儿能够正确地判断。但是在加、减法（无图）题目上，即在没有具体形象的支持时，公办幼儿园和民办幼儿园的幼儿的表现显著优于小学附设幼儿园的幼儿。

在数的含义题目上，公办幼儿园、民办幼儿园、小学附设幼儿园的幼儿之间不存在显著差异，均有60%左右的幼儿能够识别物品的数量，并能找到相应的数学符号来进行表示，能够正确判断物品排列方式变化不会改变数量的民办幼儿园、小学附设幼儿园幼儿的数量均不到1/3，公办幼儿园幼儿的这一比例也仅为31.6%。

四、小结

（一）幼儿的数学入学准备存在不同步、不均衡现象

在本研究中，比较城乡幼儿以及不同园所性质幼儿园的幼儿入学数学准备状况发现，在表现较好以及较差的题目类别上具有一定的一致性。幼儿在数量与数字对应、加减法、双重排序等子维度上表现较好，在分类、模式认知、传递性推理等关系维度，以及在数的守恒子维度上表现较差。在分类子维度上，分类（找不同）上的得分低于分类（类包含）上的得分；在关系维度上，递增模式认知上的得分低于重复模式上的得分，在重量传递性推理上的得分低于方位传递性推理上的得分；在数的含义维度上，数的守恒的得分低于数量与数字关系的得分。

学前儿童在数学各领域的学习与发展上存在不同步、不均衡的现象，在守恒、模式认知、传递性推理等关系维度上的发展较差。这一方面可能是由于学前儿童发展自身的原因，导致守恒、分类、模式认知、传递性推理方面的能力发展较晚；另一方面可能是由于在幼儿园数学教育实践中，教师不重视也没有从关系的角度来理解数学并进行数学教育。因此，在学前儿童数学教育实践中，教师应转变数学教育观念，不应将数学学习简单地视作技能的掌握，而应从关系的角度来理解数学，引导幼儿感知和理解数学中所蕴含的关系。

（二）城市幼儿在多个方面的表现优于农村幼儿

在本研究中，城市幼儿几乎在所有题目上的表现都优于农村幼儿，尤其是在需要更强的抽象和逻辑分析能力的题目上。例如，在加、减法题目中，在有具体图像支持的情况下，城乡幼儿的通过率差异不显著，但是在没有图像支持，完全依赖表征来完成时，农村幼儿的通过率明显下降。

（三）公办幼儿园幼儿在多个方面的表现优于民办幼儿园和小学附设幼儿园幼儿，民办幼儿园幼儿的表现又优于小学附设幼儿园幼儿

在本研究中，公办幼儿园幼儿在多个方面的表现要优于民办幼儿园和小学附设幼儿园幼儿，而民办幼儿园幼儿的表现又优于小学附设幼儿园幼儿。特别是在量的比较、几何空间、关系维度等方面，不同园所性质幼儿园的学前一年幼儿有着显著的差异。例如，在量的比较维度，有 65.8%的公办幼儿园幼儿能正确做出判断，但民办幼儿园和小学附设幼儿园幼儿的这一比例分别为 34.8%和 19.1%。

第四章 幼儿园生均成本现状调查分析

《国家中长期教育改革和发展规划纲要（2010—2020年）》提出了到2020年逐步普及学前教育的战略目标和重点发展农村学前教育的任务。大力发展学前教育已成为共识，但其核心是财政经费投入问题。

第一节 幼儿园生均成本现状调查

生均成本是测算财政投入规模的基本单位，通过对幼儿园运营所需生均成本的调研，分析其成本的结构效益，对确定我国（特别是农村地区）幼儿园的生均成本，以及探讨有效的投入渠道，具有重要的参考价值。

一、关于学前教育成本研究的分析

（一）学前教育成本的概念

学前教育成本是教育成本的下属概念，随着教育成本概念的发展，学前教育成本的概念也逐渐明确。曹艳明指出，幼儿教育成本是幼儿园培养每一位幼儿所需的全部费用。它由幼儿教育的社会直接成本（包括幼儿教育事业费和基本建设费）、社会间接成本（指进行幼儿教育所占用的劳动力所能从事社会生产劳动所创造的收入）以及幼儿教育的个人成本（指由幼儿个人或家庭直接负担的教育费用）构成。[①]进入21世纪以来，学前教育工作者对学前教育成本的认识更为丰

---

① 曹艳明. 1995. 幼儿教育成本统计调查初探. 教育财会研究，（4）：44-46.

富和完善。此外，王彬在其研究中将幼儿教育的成本界定为学校财务成本，即根据幼儿园的财簿记录来核算的幼儿教育成本。[①]总体而言，学前教育成本的概念体现出了更强的实践性和实用性。

（二）学前教育成本构成项目

关于学前教育成本项目构成的研究不多，主要集中在对幼儿园教育成本的研究上。张咏指出，幼儿园成本由经常性成本和基础建设成本构成。经常性成本包括工资、公务费、业务费以及修缮费；基础建设成本指的是租金或折旧费。其还特别指出，教育成本应该包括对固定资产的日常修理费用，对于金额较大的修缮费用，应按修理间隔年限分期摊算。[②]王红等对广州市 62 所样本幼儿园的教育成本以及收费状况进行了调查，将幼儿园教育成本项目分为三级，分别为类、项、目。在类级成本上分为公用成本和人员成本，公用成本有公务费、固定资产折旧费、园舍场地建筑费、教学材料费、业务费等 5 个项级成本。在项级成本下又具体区分为不同的目级成本，如固定资产折旧费包括大型活动器械折旧费、电脑折旧费等，而人员工资、奖金、福利、社会保障等以及其他工资性支出则属于人员成本类。[③]王彬则认为，幼儿园教育成本应划分为人员成本、经常性物质成本以及资产性成本。[④]王晓云采用袁连生提出的成本项目构成法，将幼儿园成本分为人员经费、公务费、业务费、修缮费、折旧费等 5 项。[⑤]

从上述研究中可以发现，其划分虽有区别，但总体而言具有一定的趋同性，从构成项目来说，基本上分为人员经费以及公用经费、固定资产折旧费、固定资产添置费、其他支出。

（三）学前教育成本的测算

学前教育成本的测算主要是对幼儿园教育成本的计量。较早的研究是 1994 年扬州市教育局对在园幼儿的社会直接成本的调查，该研究调查了 13 所幼儿园的公用经费、人员经费以及园舍和设备费用，在对园舍以及设备等固定资产进行折旧的基础上，核算出生均成本为 470 元，城市、乡中心、村办幼儿园生均成本分别为 811 元、471 元及 303 元。[⑥]2002 年，王红等对广州市 62 所样本幼儿

① 王彬. 2004. 广州市幼儿教育成本与收费标准的实证研究. 华南师范大学，16.

② 张咏. 2003. 幼儿园收费制度改革：实行成本收费. 教育导刊（下半月），(5)：29-32.

③ 王红，沈慧洁，王彬. 2003. 对广州市幼儿园教育成本及收费制度改革的调查分析. 学前教育研究，(5)：25-29.

④ 王彬. 2004. 广州市幼儿教育成本与收费标准的实证研究. 华南师范大学，18.

⑤ 王晓云. 2010. 学前教育成本与收费的调查研究——以陕西省 A 市为例. 陕西师范大学，23.

⑥ 转引自：刘桂心，张金声. 1995. 1994 年扬州市在园幼儿教育成本知多少. 早期教育（教师版），(4)：30.

园的教育成本进行了调查，调查结果显示：①幼儿园成本随着幼儿园所处地域的不同而不同，生均成本从高到低依次为城市幼儿园、乡中心幼儿园、村办幼儿园；②幼儿园成本随着幼儿园级别的提高而增加；③全日制幼儿园的生均成本低于寄宿制幼儿园；④规模大的幼儿园成本低于规模小的幼儿园；⑤人员成本支出在成本支出总额中所占的比例相对较高（50%～70%）。[①]王彬研究了各个等级幼儿园生均收费占生均成本的比例，发现广州部分行政区的部分公立幼儿园在政府投入之外还存在着相当大的教育经费缺口。[②]王晓云对陕西省 A 市 20 所不同等级、不同类型幼儿园的教育成本进行了调研，发现：①幼儿园生均成本随着幼儿园等级的下降而下降；②幼儿园收费较低，难以补偿成本。[③]

总结以上关于学前教育成本的研究发现，从最初的教育行政人员到高校研究生，越来越多的人将目光转向了学前教育成本的研究，同时做出了很多有益的尝试，具有很大的实践价值。但现有的研究只是着眼于笼统的生均成本数据，缺乏对教育成本和教育质量关系的探讨。

（四）生均成本的测算

幼儿园的生均成本主要指学前教育机构在实现学前教育基本职能中，每年所获得的政府财政经费和家庭缴费平均用于每个幼儿的数量，即年生均运营成本（以下简称生均成本）[④]，其具体构成及测算方法如表 4-1 所示。

表 4-1　生均成本构成及具体测算方法

变量	维度	指标	具体内容	测量公式
生均成本	生均成本数量	年保教费收入	一年中家长缴纳的保教费用（不含伙食费）	生均成本=幼儿园年总收入（年保教费收入+年财政拨款+年其他收入）/幼儿园幼儿总人数
		年财政拨款	年政府拨款总额	
		年其他收入	如兴趣班所收费用、赞助费等	
生均成本	生均成本结构	人员经费所占比例	用于教师工资、福利、奖金发放等人员经费占生均成本数量的比例	人员经费比例=年人员生均经费/生均成本数量
		公用经费所占比例	幼儿园一年公用经费开支占生均成本数量的比例	公用经费比例=年生均公用经费/生均成本数量

资料来源：康建琴，刘焱，刘芃. 2011. 农村学前一年教育经费投入效益分析. 教育学术月刊，5：34-37，90

① 王红，沈慧洁，王彬. 2003. 对广州市幼儿园教育成本及收费制度改革的调查分析. 学前教育研究，（5）：25-29.

② 王彬. 2004. 广州市幼儿教育成本与收费标准的实证研究. 华南师范大学，18.

③ 王晓云. 2010. 学前教育成本与收费的调查研究——以陕西省 A 市为例. 陕西师范大学，23.

④ 康建琴，刘焱，刘芃. 2011. 农村学前一年教育经费投入效益分析. 教育学术月刊，5：34-37，90.

（五）有关幼儿园教育质量[①]和生均成本关系研究现状分析

国外在这方面的经典研究是赫伯在其“Cost，quality and child outcomes in child care centers：Key findings and recommendations”一文中对 1993 年全美托儿所的成本、质量及二者的关联性进行的系统研究。[②]研究分别采用描述法、比较法、相关法、因素法、调查法、访谈法等，着重对其中的营利部门和非营利部门的效率、工资与质量的关系、全托幼儿园与半托幼儿园的质量、成本关系等几个主要影响质量和成本关系的因素进行了观察和计量比较。研究的基本结论是：①全美的托儿所的质量和成本的外部发展不均衡、内部分配不公平；②整体而言，托儿所的盈利状况对服务质量没有显著的影响，但是获取经费主要渠道的不同对服务质量有一定程度的影响；③在平均服务质量水平的基础上，只需提高 10%的质量成本，就能够使得服务质量上升到最高的一层；④家长的服务价值追求与实际托儿消费之间存在现实的差距，这种不充分的市场消费使得一些托儿机构提高质量、控制质量成本的行为受到打击。最后，作者认为美国政府应当鼓励托儿机构控制质量成本、提高服务质量，并号召家长落实相关质量保证的制度。

日本学者大宫勇雄在其著作《提高幼儿教育质量》（李季湄译，华东师范大学出版社，2009 年）中介绍了日本在 21 世纪初进行的有关保教服务的“质量与成本”的两项调查。作者指出这两项调查报告都是从保教服务市场化的立场出发的，并指出所谓市场化几乎是无止境地降低成本的别名。其分析了得出此错误结论的原因：一是将成本差仅仅看成是人工费的差；二是仅用监护人的“满意度”来测定“保教质量”。其对于保教质量与生均成本关系的研究对本研究有较大的启示意义。

国内有关幼儿园教育成本与质量的关系的研究较少，有学者进行了初步的探索研究。刘焱教授主持的北京市十五规划课题“托幼机构办园成本、效益和质量之间的关系”的研究表明，幼儿园教育环境质量与经费来源没有直接关系，经费来源不同的幼儿园在教育环境质量上的差异并不显著；幼儿园收费高低与幼儿园教育环境质量存在一定关联，但高收费并不一定能保证高质量，收费的高低所反映的更多是幼儿园在物质环境创设方面的优与劣。研究还表明，幼儿园总体支出金额与幼儿园教育环境总体质量方面成正相关，但日常支出和园舍建设投入与教育环境质量不存在显著相关，而在教师工资、培训与玩具上的投入与幼儿园教育环境质量中的多项得分存在显著相关，幼儿园在户内玩具和图书上的投入与教育

① 本章中的“教育质量”专指“教育环境质量”，两者不做统一。

② Helburn，Suzanne. 1995. Cost，quality，and child outcomes in child care centers：Key findings and recommendations. Young Children，50（4）：40-44.

环境质量存在显著相关。

在我国，在大的教育范围内也有将教育成本与教育效果联系起来进行研究的。教育的成本—效果分析是教育成本与教育产出或效果的比较，也就是教育的内部效率。教育成本—收益分析是教育成本与存在于教育之外的教育所带来的经济利益（如较高的生产能力或毕业生较高的收入）的比较，即教育的外部效率。这一方面的教育成本研究，可以让决策者了解教育资源的配置效率，有助于教育决策的制定或修改。有学者将此类研究区分为 4 个领域：成本效果分析、成本—收益分析、成本—效用分析、成本—可行性分析。其把教育的内部效率分为效果和效用两个方面，前者指单向产出，如学生学业成绩，后者体现了偏好的综合产出，如对学生学习成绩的满意度。成本—可行性分析主要是对一项教育活动的经济可能性的分析，如残疾儿童教育的成本分析等，实际上属于成本计量。①

尽管关于幼儿园教育质量与生均成本的关系研究，国内的相关资料相对较少，但教育经济领域关于成本与教育效果的研究对本研究具有一定的启示与借鉴意义。

二、研究设计

（一）研究内容

1. 幼儿园生均成本调查

本部分探讨的是幼儿园生均成本的现状，主要内容如下。

（1）生均成本的数量。调查了解幼儿园生均成本数量现状，并分析不同地区、不同质量水平、城乡、不同园所性质幼儿园的不同特点。

（2）生均成本的结构。分析幼儿园生均成本人员经费比例、公用经费比例现状以及不同质量水平、城乡、不同园所性质幼儿园的不同特点。

2. 幼儿园教育质量与生均成本关系研究

本部分探讨的是幼儿园教育质量与生均成本的相关性，主要内容如下。

（1）生均成本与教育质量的基本关系研究。采用斯皮尔曼等级相关进行成本与质量总量表以及 4 个分量表（物质环境创设、生活活动、课程、一日活动）之间的相关性检验，以考察生均成本与教育质量之间的关系。

① 转引自：盛蕾. 2009. 北京高校教育成本核算问题研究. 首都经济贸易大学，87.

（2）成本构成比例与教育质量的关系研究。其包括人员经费比例与教育质量关系、在编教师经费比例与教育质量关系、自聘教师经费比例与教育质量关系、公用经费比例与教育质量关系等。

（二）研究方法

我们通过对样本幼儿园园长进行访谈，了解幼儿园的总体情况以及各项开支情况，以获得各所幼儿园的生均成本数据，通过 SPSS17.0 软件对收集的资料进行分析。

（三）研究工具

研究工具为《幼儿园园长访谈记录表（生均成本）》。该访谈表共包括 22 个项目，涉及幼儿园所在地、主办单位、类型、教职工数、教职工收入（包括奖金、福利等）、上级财政每年拨款、幼儿保育费等内容。这些数据是通过研究人员与样本幼儿园园长进行访谈获得的。

三、生均成本现状分析

（一）生均成本的总体状况

我们通过对幼儿园生均成本的状况进行描述统计发现，生均成本最小值为 560 元（农村小微型幼儿园），最大值为 6000 元，生均成本平均值为 2282.81 元。其中，36 所样本幼儿园中，大部分幼儿园的生均成本集中在 1000～2000 元，共有 17 所。图 4-1 直观地展示了中部江西省幼儿园生均成本分布情况。

为了更全面地了解幼儿园生均成本的总体状况，本研究将对生均成本为 560 元和 6000 元的幼儿园进行进一步的分析。

为便于陈述，我们将生均成本为 560 元的幼儿园称为 A 园，将生均成本为 6000 元的幼儿园称为 B 园。

A 园是一所农村民办幼儿园（农村小微型幼儿园），服务形式为日托，幼儿每天在园时间为 8 小时。A 园共 3 个班，分别为 1 个大班、1 个中班以及 1 个小班，共有 95 名幼儿，其中大班幼儿有 45 人。在我们观察的班级里，教室的面积大约为 70 平方米，有 1 名教师负责班级所有的工作，课桌椅按照集体教学活

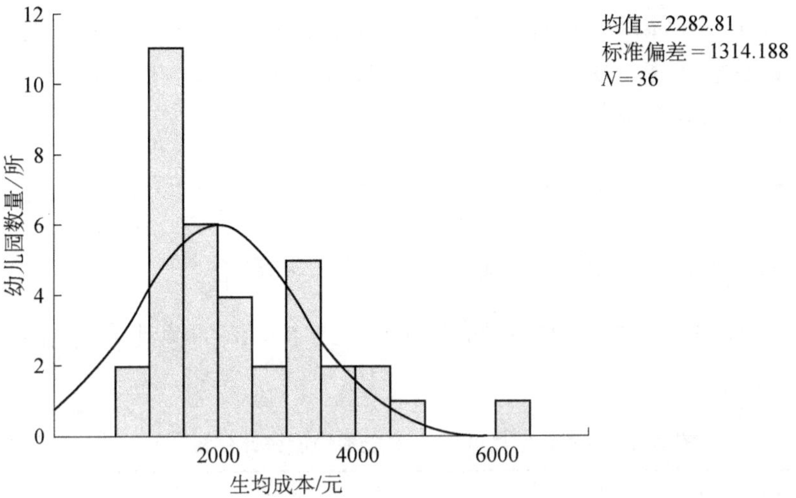

图 4-1 幼儿园生均成本数量分布

动进行秧田式摆设。墙上基本没有环境创设，除了幼儿用书外，只有少量的可供幼儿操作的游戏材料，如厕、盥洗、饮水设备简陋。A 园是该园园长利用自家的住房开办起来的，户外活动场地面积大约为 70 平方米。该园共有 6 名教职工，其中园长与专任教师共 4 人，行政后勤人员 2 人，均是园长自聘，聘任教师月均收入为 550 元。该园的教师均为初中及以下学历。幼儿每月需缴纳 56 元的保育费，即 280 元/学期，伙食费为 52 元/月，每个幼儿每天的伙食费用约为 2.6 元，幼儿园提供 1 顿午餐。一些幼儿离园较远，因此需要坐车的幼儿需另外缴纳 100 元/学期的接送费。除了每月收取的保教费外，幼儿园没有其他的经费来源。

B 园是一所城市民办幼儿园，地处市区，服务形式为日托，幼儿每天在园时间为 10 小时。B 园共 6 个班，分别为 1 个大班、1 个中班、1 个小班以及 3 个混龄班。全园共 200 名幼儿，其中大班幼儿为 50 人。在我们观察的班级里，教室的面积大约为 165 平方米，有 3 名教师负责班级所有的工作。在班级内设有功能不同的活动区域，配置了适宜幼儿取放玩具的开放式柜架，有较丰富的游戏材料。班级内设有独立的盥洗室，每名幼儿都有专用水杯。B 园开办在一个小区内，园长租下了一整栋房子，幼儿园有大约 1000 平方米的户外活动场地。该园共有 18 名教职工，其中园长与专任教师共 16 人，行政后勤人员 2 人，幼儿园的教职工均为园长自聘，月均收入为 1000 元。该园的教师中师、大专、本科及以上学历人数分别为 8 人、5 人、3 人。幼儿每月需缴纳 600 元的保教费，即 3000 元/学期。除了每月收取的保教费外，幼儿园没有其他经费来源。

在研究中，A 园的教育环境质量等级为 2.060，处于及格水平，能为幼儿提供最基本的保教服务；B 园的教育环境质量等级为 5.632，处于一般水平，能为幼儿提供较好的保教服务。

（二）生均成本的特点

1. 不同地区幼儿园生均成本不存在显著差异

南昌、吉安、上饶各 12 所幼儿园生均成本均值的统计分析结果如表 4-2 所示。

表 4-2　不同地区幼儿园生均成本均值统计分析　　单位：元

地区	最小值	最大值	平均值	标准差
南昌	860.00	4350.42	2362.25	1123.53
吉安	560.00	6000.00	2450.67	1760.45
上饶	1000.00	3900.00	2035.51	1014.62

统计分析数据显示，从总体均值来看，最高的是吉安地区的幼儿园，最低的是上饶地区的幼儿园。南昌和吉安两个地区幼儿园的生均成本均值均高于全省的平均值。

江西全省的生均成本最小值和最大值都出现在吉安地区，说明吉安地区幼儿园生均成本全距较大。从标准差来看，吉安地区的值最大，也进一步说明了吉安地区幼儿园的生均成本均值离散程度最高。

我们对不同地区幼儿园生均成本均值进行方差分析，结果发现，三个样本地区的生均成本均值之间不存在显著差异。

2. 城乡幼儿园生均成本存在极其显著的差异

对城市和农村幼儿园生均成本均值的统计分析结果如表 4-3 所示。

表 4-3　城乡幼儿园生均成本均值统计分析　　单位：元

地理位置	最小值	最大值	平均值	标准差
城市	1600.00	6000.00	3125.59	1163.27
农村	560.00	4431.58	1440.02	835.72

表 4-3 显示，在平均值上，城市幼儿园和农村幼儿园之间的差距较大，城市幼儿园的生均成本均值约是农村幼儿园生均成本均值的 2.17 倍。无论是在最小

值还是最大值上，城市幼儿园的生均成本均值均远高于农村幼儿园。

从标准差来看，城市幼儿园的离散程度更高，而农村幼儿园的离散程度稍低。88.89%的农村幼儿园的生均成本均值集中在560～1600元，生均成本均值为4431.58元的农村幼儿园较为特殊，在本研究中将对其进行个案分析。

对城市幼儿园和农村幼儿园的生均成本数量进行独立样本 t 检验，结果发现，城乡幼儿园的生均成本之间存在极其显著的差异，城市幼儿园的生均成本显著高于农村幼儿园（t=4.993，p=0.000）。

3. 不同园所性质幼儿园生均成本存在差异显著

对不同园所性质幼儿园生均成本均值的统计分析结果如表4-4所示。

表4-4　不同园所性质幼儿园生均成本均值统计分析　　单位：元

园所性质	最小值	最大值	平均值	标准差
公办	1945.61	4958.52	3408.96	884.79
民办	560.00	6000.00	1922.23	1254.82
小学附设	860.00	4431.58	1865.11	1226.97

表4-4显示，在生均成本平均值上，不同园所性质的幼儿园形成了一个较为明显的梯度，表现为公办>民办>小学附设。民办幼儿园和小学附设幼儿园的生均成本均值均低于全省的平均水平。

生均成本均值的最小值和最大值均出现在民办幼儿园中，说明民办幼儿园的生均成本均值全距最大。结合标准差来看，民办幼儿园生均成本均值的标准差明显大于公办幼儿园，说明两类园所之间的差异较大。

进一步对三种不同园所性质幼儿园的生均成本进行单因素方差分析，结果发现，不同园所性质幼儿园之间存在显著差异（F=5.560，p=0.008），进一步采用LSD方法检验，结果发现，公办幼儿园在生均成本上显著高于民办幼儿园和小学附设幼儿园，但小学附设幼儿园和民办幼儿园在生均成本上不存在显著差异（表4-5）。

表4-5　不同园所性质幼儿园生均成本均值差异检验

园所性质（I）	园所性质（J）	均值差（I-J）	标准误	p
公办	小学附设	1 543.848 42	589.878 3	0.013*
公办	民办	1 486.730 51	469.824 3	0.003**
民办	小学附设	57.117 91	514.032 5	0.912

4. 不同质量水平幼儿园生均成本存在显著差异

对不同质量水平幼儿园生均成本均值的统计分析结果如表 4-6 所示。

表 4-6 不同质量水平幼儿园生均成本均值统计分析 单位：元

质量水平	最小值	最大值	平均值	标准差
不及格	860.00	4431.58	1727.91	1098.74
及格	560.00	3900.00	1973.32	938.91
一般	3113.33	6000.00	4198.35	1127.91

表 4-6 显示，随着质量水平的提高，幼儿园的生均成本也随之提高。三种不同质量水平幼儿园的生均成本形成了较为明显的梯度。一般质量水平的幼儿园的生均成本平均值要远远大于及格和不及格水平的幼儿园，且及格和不及格水平的幼儿园的生均成本均值低于全省的平均水平。一般水平幼儿园的生均成本与及格水平幼儿园的差距要远远大于及格水平幼儿园与不及格水平幼儿园之间的差距，说明幼儿园从及格水平上升到一般水平，更需要教育经费的支持。

进一步对不同质量水平幼儿园的生均成本进行单因素方差分析，结果发现，不同质量水平的幼儿园之间存在极其显著的差异（F=13.140，p=0.000），进一步采用 LSD 方法检验，一般质量水平的幼儿园的生均成本显著高于及格水平和不及格水平的幼儿园，但及格水平和不及格水平的幼儿园在生均成本上不存在显著差异（表 4-7）。

表 4-7 不同质量水平幼儿园生均成本均值差异检验

质量水平（I）	质量水平（J）	均值差（I-J）	标准误	p
及格	不及格	245.406 60	402.313 2	0.546
一般	不及格	2 470.432 98	532.210 4	0.000***
一般	及格	2 225.026 35	467.445 8	0.000***

从以上的分析可以看出，在及格和不及格水平上，生均成本不是影响幼儿园的教育质量的主要因素。那么，究竟是什么影响了幼儿园的教育质量？本研究将在下一部分继续进行较为深入的探讨。

（三）幼儿园生均成本结构的现状

成本结构是指各成本开支项目数值在总成本价值中所占的比例。本研究中，幼儿园生均成本结构主要包括人员经费比例以及公用经费比例。其中，人员经费主要指用于教师工资、福利、奖金发放等的费用。公用经费一般包括教育教学业务与管理、教师培训、小型教玩具添置、文体活动、水电、交通差旅、邮电、日常专用材料等购置的费用，以及房屋、建筑物及仪器设备的日常维修维护等的费用。

1. 人员经费比例现状

通过对 36 所样本幼儿园人员经费比例情况进行统计，结果发现，幼儿园人员经费比例并不高，人员经费比例在 50%以下的幼儿园占样本幼儿园总数的比例高达 63.9%（表 4-8）。

表 4-8　江西省幼儿园人员经费比例的总体状况　　单位：%

人员经费比例	累积百分比
17～30	25.0
31～50	63.9
51～70	77.8
71～89	100

我们分别对不同园所性质、不同质量水平、不同区域幼儿园的人员经费比例进行统计，结果发现，除小学附设幼儿园以外，其他幼儿园人员经费比例偏低，特别是处于一般质量水平的民办幼儿园，其人员经费比例仅为 18%。对该幼儿园进行进一步研究发现，该园共 18 名教职工，专业教师 16 名，教师的月平均工资为 1000 元，其保教费每月收 600 元。处于一般质量水平的民办幼儿园只有 1 所，因此其代表性值得商榷。如果不将处于一般质量水平的这所民办幼儿园考虑在内，研究发现，随着质量等级的提升，处于及格水平及以上的幼儿园的人员经费比例也随之升高。处于一般质量水平的公办幼儿园的人员经费比例为 57.71%。与中小学成本结构中 80%～90%的人员经费比例相比，幼儿园人员经费比例明显偏低。

2. 公用经费比例现状

在调研过程中，我们主要通过《幼儿园园长访谈记录表》以及对园长、教师、家长的非正式访谈获得相关数据，但是尽管如此，关于经费支出的数据仍然难以获得，在 36 所样本幼儿园中，仅获得了 14 所幼儿园的公用经费支出数据。

我们调研发现，一些幼儿园的生均公用经费比例竟高达 80%，很显然这是不合理的，有可能是园长并未理解公用经费的真正含义，在问卷调查和访谈中有“虚报”的情况。农村幼儿园的生均公用经费比例普遍偏低，特别是小学附设幼儿园。某小学附设幼儿园负责人告诉我们，其每年只需花400元左右添置基本的办公用品，生均公用经费比例仅为0.19%。城市幼儿园的生均公用经费比例相对较高，两所公办幼儿园的生均公用经费比例分别为38.47%和48.36%。研究发现，幼儿园生均经费支出比例普遍偏低，生均公用经费比例在10%以下的样本幼儿园比例为35.71%。特别是在农村幼儿园，教师基本没有外出培训的机会，同时，农村幼儿园在小型教玩具添置等费用上的支出更少。在访谈中，我们发现，大多数幼儿园公用经费支出项目主要集中在水电、教育教学业务与管理等方面。

（四）小结

本部分主要研究的是年生均运营成本，因此主要是根据经费投入情况来核算和分析当年的幼儿园教育成本，经费投入主要包括政府财政拨款、幼儿园自行投资以及家长缴纳费用。

不同质量水平、不同园所性质以及不同地理位置的幼儿园在生均成本上存在明显的梯度，且均存在显著的差异。总体而言，随着质量水平的提高，生均成本也随之增加。在不同园所性质上，公办幼儿园的生均成本远高于民办幼儿园和小学附设幼儿园，且随着质量水平的升高，生均成本随之增加。在不同地理位置，城市幼儿园和农村幼儿园的生均成本相差较大。

一般水平与及格和不及格水平的幼儿园在生均成本上存在极其显著的差异，但是及格水平和不及格水平的幼儿园的生均成本不存在显著的差异。因此，需进一步探讨影响幼儿园教育质量的因素。

第二节　幼儿园教育环境质量与生均成本关系探讨

前文探讨了幼儿园教育环境质量与幼儿语言、数学入学准备状况之间的关系，研究发现，两者之间存在显著的正相关。我们将幼儿的语言、数学入学准备状况作为考察幼儿园教育质量的效果变量，以进一步验证幼儿园的教育质量，因此，本节主要探讨幼儿园教育环境质量与生均成本之间的关系。

本节考察教育环境质量与生均成本的关系，主要从以下两方面进行：一是考察生均成本与教育环境质量的关系；二是考察生均成本结构中人员经费、公用经费与教育环境质量的关系。

一、幼儿园生均成本与教育环境质量的关系

由表 4-9 可以看出，生均成本与教育环境总体质量之间的相关系数为 0.632，相关性较高，它们之间的相关关系显著。此外，生均成本与物质环境创设质量、生活活动质量、课程质量以及一日生活质量之间也存在极其显著的正相关。比较它们之间的相关系数，可以发现，生均成本与物质环境创设质量的相关系数最高，其次为生活活动质量，再次为课程质量，最后是一日生活质量。

表 4-9　幼儿园生均成本与教育环境质量的相关分析

教育环境质量	物质环境创设质量	生活活动质量	课程质量	一日生活质量	总体质量
生均成本	0.657**	0.565**	0.562**	0.433**	0.632**

从教育环境总体质量与生均成本关系的散点图中可以看出，生均成本和教育环境质量之间存在较为明显的相关关系，随着生均成本的增加，教育环境质量也随之上升。因此，我们认为生均成本和教育环境质量之间存在较强的相关性（图 4-2）。

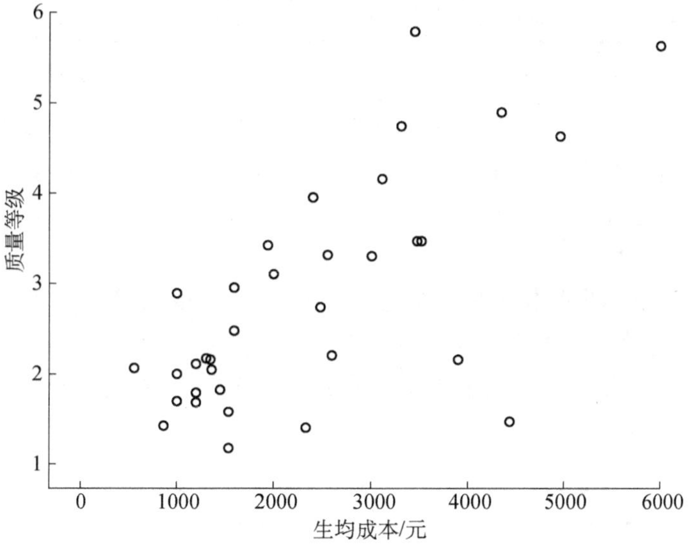

图 4-2　幼儿园生均成本与教育环境质量关系的散点图

二、幼儿园生均成本结构与教育环境质量的关系

（一）人员经费与教育环境质量

从表 4-10 可以看出，幼儿园人员经费与教育环境质量之间不存在显著的相关关系。

表 4-10　幼儿园人员经费与教育环境质量的相关分析

教育环境质量	物质环境创设质量	生活活动质量	课程质量	一日生活质量	总体质量
幼儿园人员经费	−0.11	−0.101	−0.06	−0.027	−0.128

为了进一步了解影响教育环境质量的因素，我们分析了幼儿园人员经费与教育环境质量之间的相关关系，结果发现，幼儿园人员经费与物质环境创设质量、生活活动质量、课程质量以及总体质量之间存在显著正相关，特别是和物质环境创设质量之间存在极其显著的相关，但是与一日生活质量不存在显著的相关（表 4-11）。

表 4-11　幼儿园人员经费与教育环境质量的相关分析

教育环境质量	物质环境创设质量	生活活动质量	课程质量	一日生活质量	总体质量
人员经费	0.443**	0.376*	0.393*	0.316	0.404*

从人员经费与教育环境质量的相关程度来看，人员经费的差异并不是决定教育环境质量的主要因素，为了能了解生均成本结构对教育环境质量的影响，本研究将进一步分析人员经费投入对象和教师用工制度、方式对教育环境质量的影响。

1. 人员经费投入对象与教育质量

在本部分，36 所样本幼儿园被分为 3 种不同质量水平，即不及格、及格与一般。对 596 名教师的调查结果表明，3 种不同质量水平的幼儿园人员经费投入对象——教师的学历、职称等存在较大的差异，这是造成教育质量差异的主要原因（表 4-12）。

表 4-12　不同质量水平幼儿园的教师基本素质比较　　单位：%

项目	学历					职称			
	初中及以下	高中	中师	大专	本科及以上	高级职称	中级职称	初级职称	未评级
不及格	20.00	17.78	46.67	11.11	4.44	8.89	31.11	15.56	44.44

续表

项目	学历					职称			
	初中及以下	高中	中师	大专	本科及以上	高级职称	中级职称	初级职称	未评级
及格	8.36	11.04	43.14	28.09	9.36	5.02	16.39	3.68	74.92
一般	0	1.98	7.94	53.97	36.11	18.25	39.68	23.41	18.65
合计	5.70	7.72	28.52	37.75	20.30	10.91	27.35	12.92	48.83

从教师的学历看，一般质量水平的幼儿园的教师学历最高，大专及以上学历的教师占 90.08%，比处于及格水平的幼儿园高出近 53 个百分点，比处于不及格水平的幼儿园高出近 75 个百分点。我们从图 4-3 也可以看出，处于及格水平的幼儿园教师的学历主要集中在高中和中师。

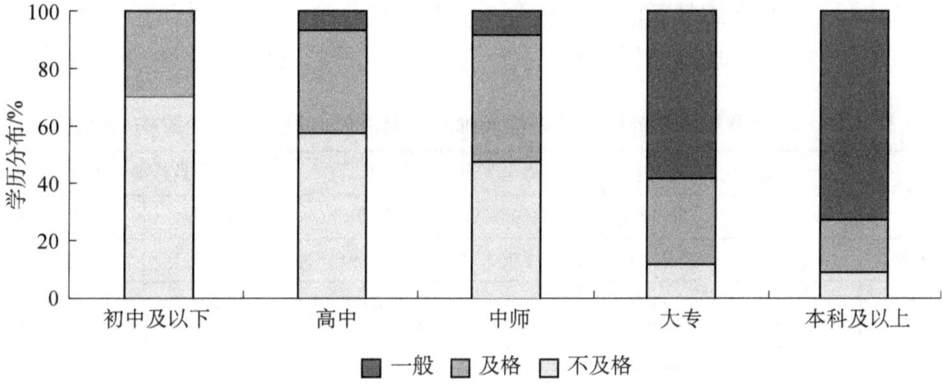

图 4-3　不同质量水平幼儿园教师学历分布柱状图

我们通过对教师学历与教育环境质量水平的相关分析发现，教师的本科学历比例和大专学历比例均与教育环境质量呈极其显著的正相关（r=0.604**，r=0.588**），中师学历比例、高中学历比例以及初中学历比例与教育环境质量不存在显著相关。这说明教师学历在大专及以上的与教育环境质量存在密切相关。

为进一步了解教师职称与教育环境质量的关系，我们对其进行了相关分析，结果发现，高级职称教师的比例与教育环境质量呈显著正相关（r=0.383*），中级职称、初级职称教师的比例以及未评级职称教师的比例与教育环境质量均无显著相关。

教育质量差异源于人员经费投入对象的素质差异，因此，建设具有较高学历、专业化的教师队伍是提高教育质量的关键。

2. 教师用工制度、用工方式与教育质量

我们还发现，教师用工制度与用工方式也是影响教育质量的重要因素之一。研究发现，在质量水平为及格以上的幼儿园，随着质量水平的提升，在编教师人员经费比例逐渐提高，教育质量达到及格、一般水平的幼儿园，在编教师人员经费比例分别是19.33%和39%；相反，自聘教师人员经费比例依次降低。但在教育质量不及格的幼儿园，在编教师的人员经费比例较高，达到71.33%，而自聘教师的人员经费比例较低，仅为18.83%（表4-13）。研究也发现，在质量水平不及格的幼儿园中，85.7%是小学附设学前班，学前班的教师绝大部分是小学转岗教师，或直接由小学教师担任学前班课程的教学，他们占据小学教师编制，享受政府财政支付薪水待遇，工资水平较高，因此在编教师人员经费比例较高，但由于教师缺乏专业性，难以达到基本教育质量标准。研究结果还表明，教育环境质量与聘任教师的月收入呈极其显著的相关（r=0.708**），但与在编教师收入的相关不显著。结论是：自聘教师的工资收入会影响教育质量。总之，幼儿园教师用工制度与用工方式是影响教育质量的重要因素。

表4-13 不同质量水平的幼儿园在编教师及自聘教师比例及人员经费构成比较

质量水平	教师比例/%		教师工资/（万元/年）		人员经费比例/%	
	在编教师	自聘教师	在编教师	自聘教师	在编教师	自聘教师
不及格	48.89	51.11	2.760	0.8040	71.33	18.83
及格	20.74	79.26	1.880	1.0771	19.33	29.00
一般	75.79	24.21	2.664	1.2800	39.00	8.60

教师用工制度与用工方式主要是通过工资来影响幼儿园生均教育成本，不同用工方式和用工制度下的工资成本不同。在我国，幼儿教师群体被划分为在编教师和自聘教师。在编教师工资较高且稳定，其工资由财政工资、园内津贴、社会保障费用和内部福利等组成，但自聘教师的工资主要由幼儿园自己负责，其并未纳入财政统发工资的范畴。我们从表4-13可以发现，自聘教师的年收入远低于在编教师，特别是在质量水平不及格的幼儿园中，在编教师工资是自聘教师工资的3.43倍。这种同工不同酬的用工制度与用工方式非常不利于教育质量的提高。

（二）公用经费与教育质量

通过对公用经费比例、公用经费数额与教育环境质量的4个子量表采用斯皮尔曼等级相关方法进行相关分析，结果发现，公用经费比例与教育环境质量的

4个子量表之间并不存在显著相关，但是公用经费数额与教育环境质量4个子量表中的总体质量、生活活动质量、课程质量存在显著相关，与一日生活质量不存在显著相关（表4-14）。

表4-14　幼儿园公用经费与教育质量等级的相关分析

项目			公用经费比例	公用经费数额	总体质量	物质环境创设质量	生活活动质量	课程质量	一日生活质量
斯皮尔曼相关	公用经费比例	相关系数	1	0.916**	0.273	0.271	0.291	0.347	0.014
		p（双侧）	0	0	0.345	0.348	0.313	0.223	0.963
	公用经费数额	相关系数	0.916**	1	0.535*	0.531	0.568*	0.539*	0.199
		p（双侧）	0	0	0.049	0.051	0.034	0.047	0.495

三、个案分析

我们从图4-2可以发现，生均成本处于4000～5000元的幼儿园共有2所，质量等级分别为不及格与一般水平。在生均成本类似的情况下，是什么原因造成了低质量与高质量的情况？本研究将生均成本极为接近但质量分别处于不及格和一般水平的幼儿园作为个案加以分析。

为便于陈述，我们将处于不及格水平的幼儿园称为C园，其年生均运营成本为4431.58元；将处于一般水平的幼儿园称为D园，其年生均运营成本为4350.42元。

C园是某农村小学的附设学前班，幼儿需要自带午饭。这个小学附设学前班只有1个班级，共38名幼儿，绝大多数孩子即将进入小学一年级，而一些年龄不到5岁的孩子将继续在学前班里学习。整个教室的面积大约有45平方米，孩子们使用的是被小学淘汰下来的课桌椅，有的椅子太高，幼儿坐在上面不得不把脚架起来。户外活动场地是与小学共用的，大约有1300平方米。在墙上贴的一张课程表上，能看到学前班的课程安排，上面写着语文、数学、体育、班会等课程。班级的教学由小学的5名教师负责，每人都要上一门课，这5名教师都是在编教师，平均月收入约为2300元，工资由国家财政统一拨款。5名教师中有4名是中师学历，1名是大专学历，所学专业为小学教育，平均年龄为53岁。幼儿每人每月需缴纳80元的保教费。在班级内没有任何可供幼儿操作的游戏材料，教室的墙上也没有任何墙面布置。厕所是与小学共用的，就在学前班的隔壁。

D园是地处某城市的机关及事业单位幼儿园，共23个班，其中7个大班、7

个中班、7 个小班以及 2 个托班，全园共 856 名幼儿。D 园的户外活动场地面积大约有 5800 平方米。在我们观察的班级里，有 39 名幼儿，室内面积大约为 260 平方米，活动室采用榻榻米的形式分为了两个部分，一个是教学区域，另一个是寝室，但是在非午睡时间，寝室就成了活动区域。班级内有 2 名教师和 1 名保育员负责一日的所有工作，2 名教师所学专业均是学前教育。班级内的墙壁上有与最近活动开展相关的主题墙以及其他一些墙饰，按照不同功能，活动室内可以划分为几个活动区域，在方便幼儿取放玩具的开放式柜架上有种类较丰富的玩具、教具。班级内有盥洗室以及必备的饮水设备。D 园共有 119 名教职工，园长与专任教师 65 人，其中在编 54 人，聘任 11 人；保育员 23 人，其中在编 8 人，聘任 15 人；其他行政后勤人员 31 人，其中在编 23 人，聘任 8 人。在这所机关及事业单位幼儿园里，在编教师月均收入为 2000 元左右，聘任教师月均收入为 1000 元左右，保育员的月均收入为 700 元左右。每年会有来自上级财政的拨款，主要有两个来源：一是教师工资，大约 20 万元；二是人头经费，大约 1.712 万元。幼儿每月需缴纳 84 元的保教费以及 280 元的伙食费，除此之外，部分幼儿需要缴纳赞助费，同时通过开展兴趣班，幼儿园每年大约有 38.4 万元的收入。

以上是对两所幼儿园基本情况的介绍，对两所幼儿园教师的学历与职称以及生均成本等情况进行比较，能更为直观地了解两所幼儿园的情况。

值得注意的是，在我们观察的班级里，C 园的所有教师均是小学教育专业，但是 D 园班级里的教师均是学前教育专业。对两所幼儿园的个案分析印证了本研究的结论，即人员经费投入的对象是影响教育质量的主要因素，幼儿园需要高学历、专业化的教师队伍。

四、结论

（一）幼儿园整体教育质量有待进一步提高，特别是农村幼儿园

衡量幼儿园教育质量的标准主要包括幼儿园教育环境质量和幼儿语言、数学入学准备状况两个方面。

研究发现，36 所样本幼儿园中有 21 所幼儿园的教育环境质量处于及格水平，9 所幼儿园处于不及格水平，占样本总量的 25%，仅 16.7%的幼儿园能达到一般水平，没有幼儿园能达到良好及优秀的水平。从物质环境创设、生活活动、课程、一日生活等 4 个子量表的得分情况来看，仅物质环境创设达到了一般水

平，其余3个子量表的得分均处于及格水平。幼儿园教育环境质量存在的问题主要表现在以下几个方面：首先，从物质环境创设来看，室内空间结构多为课桌椅秧田式排列，幼儿园内可供幼儿操作的材料过少，对教职工个人/工作需要的满足重视不够；其次，在生活活动方面，进餐环境及如厕、饮水等设备条件较差，教师利用生活活动开展教育的意识比较薄弱，容易忽视幼儿的特殊需求；再次，在课程方面，户内游戏严重缺乏，户外活动时间不足，教师经常忽略和忽视幼儿的情绪感受和体验，忽视“社会”领域课程的开展，忽视科学领域的环境创设与活动开展；最后，在一日生活方面，幼儿园班级规模过大，师幼比过低，一日活动安排不合理，过渡环节过多地让幼儿消极等待。研究发现，江西省幼儿园教育环境质量存在显著的城乡以及园所性质差异，表现为城市幼儿园在教育环境总体质量以及4个子量表上的得分均显著高于农村幼儿园；公办幼儿园的总体质量以及4个子量表的得分均显著高于民办幼儿园和小学附设幼儿园，民办幼儿园又显著高于小学附设幼儿园。

在幼儿入学语言准备上，江西省幼儿入学语言准备存在发展的不同步性，主要表现为字形结构的细微差异识别、听觉记忆和听力理解、听力理解和精细动作、前阅读技能等4个维度的发展水平优于其他3个维度（图形识记和再现、言语理解/听—动转换、阅读理解和口语表达能力），其中，阅读理解和口语表达能力的发展水平最差。研究发现，幼儿入学语言准备存在显著的城乡差异以及园所性质差异。城市幼儿园的幼儿在语言总分以及7个维度上的均值均显著高于农村幼儿园的幼儿。公办幼儿园的幼儿在语言总分以及7个维度上的均值显著高于民办幼儿园和小学附设幼儿园的幼儿，民办幼儿园的幼儿又显著高于小学附设幼儿园的幼儿。

在幼儿入学数学准备上，幼儿在传递性推理、数的守恒概念、递增模式的认知等方面的能力发展相对较晚，依据数量和大小进行双重排序、分类、加减运算等方面的能力发展较早。研究发现，在数学测查的各维度均值上，幼儿入学数学准备存在显著的城乡和园所性质差异。城市幼儿园的幼儿在数学测查的各维度的得分均值均显著高于农村幼儿。不同园所性质幼儿园的幼儿之间亦存在显著的差异，公办幼儿园的幼儿在多个方面的表现优于民办幼儿园和小学附设幼儿园的幼儿，民办幼儿园的幼儿的表现又优于小学附设幼儿园的幼儿。

进一步研究幼儿园教育环境质量与幼儿入学语言、数学准备之间的关系发现，幼儿园教育环境质量与幼儿入学语言、数学准备状况之间存在显著的正相关，幼儿园教育环境的总体质量以及各维度的质量是影响幼儿入学语言、数学准备的主要因素。

研究表明，幼儿园教育质量有待进一步提高，特别是农村小微型幼儿园。

（二）幼儿园生均成本整体偏低，农村幼儿园最低

幼儿园生均成本整体偏低，主要表现为生均成本与人员经费比例和公用经费比例整体偏低。

研究表明，幼儿园年生均运营成本整体偏低，年生均运营成本在 2000 元以下的幼儿园占到了 53%左右。此外，样本幼儿园生均成本也呈现出不均衡、差距较大的状态，生均成本最低的为 560 元，最高的则达到了 6000 元，平均生均成本为 2282.81 元。不同质量水平、不同园所性质以及不同地理位置的幼儿园的生均成本呈现出不同的特点。首先，在不同质量水平上，随着质量水平的提高，幼儿园的生均成本也随之提高，在不及格、及格、一般水平上，幼儿园的生均成本形成了较为明显的梯度。但是单因素方差分析表明，不及格与及格水平的幼儿园在生均成本上不存在显著差异。其次，在不同园所性质上，公办幼儿园和民办幼儿园的生均成本远远高于小学附设幼儿园。公办幼儿园和民办幼儿园的生均成本在不同质量水平上形成了一个明显的梯度，即随着投入的增加，质量水平也随之提升。但小学附设幼儿园的情况恰好相反，不及格水平的小学附设幼儿园的生均成本反而高于及格水平的幼儿园/学前班。单因素方差分析表明，民办幼儿园和小学附设幼儿园的生均成本不存在显著差异。最后，在不同地理位置上，城市幼儿园的生均成本是农村幼儿园的 2.17 倍，独立样本 t 检验结果表明，城市幼儿园的生均成本显著高于农村幼儿园。

在生均成本结构上，研究发现，幼儿园人员经费比例偏低。人员经费比例在 50%以下的幼儿园占样本幼儿园总数的比例高达 63.9%。随着质量等级的提升，处于及格水平以上的幼儿园的人员经费比例也随之升高。

（三）幼儿园教育质量与生均成本呈显著正相关

对幼儿园教育质量与生均成本、结构状况进行相关分析发现，江西省幼儿园教育质量与生均成本均呈显著正相关；但人员经费比例与幼儿园教育质量无显著相关。进一步研究发现，人员经费的投入对象的差异是影响教育质量的关键因素，本科和大专学历教师的比例以及中、高职称教师的比例与教育质量存在极其显著的正相关。

第五章 幼儿园保育员胜任力调查分析

胜任力是指能显著区分某一工作情境中优秀绩效者和普通绩效者的潜在的、深层次的、持久的个体特征。[①]胜任力的研究已经成为人力资源管理、心理学、教育学等领域的热点之一。将胜任力引入幼儿园对保育员的选聘、评价中，对幼儿园保育员的专业发展，提高幼儿园保育员的工作水平，以及提高幼儿园的保育质量，都具有一定意义。

第一节 研究背景与研究设计

一、研究背景

（一）国内研究综述

1. 关于保育员胜任力的研究

徐媛采用行为事件访谈法，确立了儿童福利院保育员胜任特征包括 4 个维度，共 11 项特征，即技术知识维度（生活护理知识、医疗护理知识）、能力维度（适应能力、观察力、沟通技能、统筹能力、危机处理）、性格维度（主动积极、责任心、反应速度）和动力维度（成就倾向）。[②]虽然幼儿园保育员与儿童福利院保育员岗位的具体职责不一样，胜任力存在区别，但是也有许多相同之

① Jr Spencer L M，Spencer S M. 1993. Competence at Work：Models for Superior Performance. New York：John Wiley & Sons Inc，222-226.

② 徐媛. 2008. 我国儿童福利院保育员胜任特征研究. 华东师范大学，37.

处。

丁玉的研究发现，沈阳市幼儿园保育员胜任力的总体水平较高；保育员的学历、不同工作年限、保育员的类型在胜任力总体水平上均存在显著的差异；从各维度上看，保育员的胜任力在学历、任教年龄、教师类型、幼儿园的性质上均存在不同程度的差异；各维度的不同胜任特征也存在显著的差异。①

2. 关于保育员角色定位的研究

随着幼儿教育事业的发展，人们对学前教育的重视，幼儿教育观念的逐渐转变，对保育员的角色定位发生了变化。对保育员的角色定位主要有以下几种。

第一，保育员是教育工作者，而且是教师的助手。《幼儿园工作规程》中也指出保育员的主要职责包括："在教师指导下，科学照料和管理幼儿生活，并配合本班教师组织教育活动。"从该文件中可以看出，在国家层面上，对保育员的角色定位为在教师的指导下，帮助教师实施保教的教育工作者。同样，也有研究者认为，保育员作为幼儿保育和教育的专业人员，不仅仅要做好"保"的工作，更要扮演好教育者的角色。②

第二，保育员就是教师。有研究表明，无论是保育员还是研究人员大多都倾向于把保育员的角色定位于教师。吴美珊指出，在现代教育观念的指导下，保育员的角色和工作内容已经发生了相当大的变化，提出了"每个接触孩子的人都是教育者"的观点。③任慧娟指出，保育员就是教师，保育员还是课程的实施者、审议者。④还有研究者提出应该撤销"保育员"这一称谓，对负责班级教育和保育的人员统称"教师"。⑤更有研究者提出，可以撤销保育员，增加教师数量。⑥我们还可以发现，有部分幼儿园实行"三教"制度，这是将保育员定位为教师的现实表现。

综合以上研究，笔者认为，将保育员定位为教师——协助幼儿教师进行保育的班级教师，有利于提高幼儿园保育员的职业认同，促进保育员的专业发展。

3. 关于保育员素质内涵的研究

王威、杨达认为，一名合格、优秀的保育工作者应具备幼儿教育的心理学、卫生学、教育学方面的知识和基本的医学知识、营养知识，以及婴幼儿护理、安

---

① 丁玉. 2013. 幼儿园保育员胜任力结构与水平研究. 沈阳师范大学，71.

② 钱星球. 2014. 保教一体化中保育员的角色定位. 好家长，(4)：32-33.

③ 吴美珊. 2000. 保育员就是老师. 学前教育，(3)：13.

④ 任慧娟. 2006. 由"保育员就是教师"想到的——幼儿园保育员角色探析. 教育导刊（幼儿教育），(1)：36-38.

⑤ 姜冬梅. 2003. 幼儿园可否撤消保育员称谓. 山东教育，(Z3)：104-105.

⑥ 李春苹，孙玲芝. 2013. 幼儿园撤销保育员探微. 辽宁教育，(20)：41-42.

全应急、环境创设、配班和自学研究能力。①

张加蓉在《保育员》一书中指出，对于幼儿园保育员的要求，包括热爱婴幼儿教育，爱护婴幼儿，不断努力学习，努力提高文化、专业水平，身体健康，具有初中文化程度，并受过幼儿保育职业培训；而且应该具备良好的语言表达能力，观察、了解婴幼儿的能力，简单的艺术表达能力，自制教具、玩具的能力，组织和管理婴幼儿的能力。②

线亚威在《幼儿园保育工作手册》中指出，保育员的工作素养主要包括保育员职业道德、保育员的礼仪、保育员的修养③，并对其做了详细阐述。

王林认为，保育员应具备相应的职业道德和素养，即国家劳动部门规定的保育员的职业守则——爱岗敬业，热爱幼儿；为人师表，遵纪守法；积极进取，开拓创新；尊重家长，热情服务；文明礼貌，团结协作。同时，其必须具备多方面的能力和素质，包括幼儿生活常识、卫生消毒知识、物品整理技巧、幼儿生理心理常识、常见病常识、安全常识、配合教育教学活动的技能技巧、心理学和社会常识、与人沟通的方式方法等。④

宋彩虹、张艳娟通过对 100 名上海市各级各类幼儿园的园长、保教主任及幼教专家进行问卷调查、访谈，发现幼儿园对保育员的职业道德很看重。保育员应具备的素质从重要程度来分依次是责任心、专业业务素质、吃苦精神、协作精神、爱心耐心；保育员应具备的关键职业技能包括清洁消毒、生活管理、常见疾病和传染病预防、特殊幼儿护理、保育员口语、观察行为并处理行为问题、意外伤害初步处理、制作工具和环境布置；专业知识方面则包括幼儿教育学、幼儿心理学、幼儿卫生学等方面的知识。⑤

杨文婧认为，幼儿园保育员的素质主要包括身心素质、职业道德、科学文化素质、保育观念、保育工作技能。⑥

杨彦涓将保育员的基本素质划分为身心素质（身体素质和心理素质）、事业心（职业意识与信念、责任心、敬业精神、职业道德、自我发展要求）、文化素质（学历水平、系统的学科专业知识、专业技能知识）、保教观念（儿童观、保育观、教育观）、能力素质（保育能力、教育能力、科研能力、自我监控能力）5 部分。⑦

---

① 王威，杨达. 2014. 四川省保育员职业认同度调查及分析. 湖北科技学院学报，(2)：181-182，186.

② 张加蓉. 2004. 保育员. 成都：电子科技大学出版社，11-13.

③ 线亚威. 2013. 幼儿园保育工作手册. 北京：高等教育出版社，4-8.

④ 王林. 2012. 保育员的职业道德与素养. 学前教育研究，10：57-59.

⑤ 宋彩虹，张艳娟. 2011. 中职学前教育专业幼儿保育人才培养的分析研究——以上海市学前教育现状为例. 新课程研究（中旬刊），3：14-17.

⑥ 杨文婧. 2008. 重庆市保育员素质状况研究与对策思考. 西南大学，44.

⑦ 杨彦涓. 2008. 幼儿园保育员基本素质存在的问题及对策的研究. 湖南师范大学，18.

林少玲在研究中提到，应开设保育员职业资格培训班，培训内容应包括职业道德、幼儿保育保健工作基本知识、技能要求、技能操练等。[①]

孔令梅认为，高素质的幼儿园保育员除了应具备幼儿教育学、心理学、卫生学知识和保育基本技能外，还应具备热爱幼儿的情感、先进的教育观念、科学的教育方法、健康的身体。[②]

秦旭芳、丁玉在研究中认为，保育员的专业素质是多元化的，在横向上可以分为外显的专业知识、专业技能等专业素质，内隐的价值观念、保育观念、职业道德等专业素质。[③]

从上述资料可以看到，对于幼儿园保育员的素质的内涵，大部分研究者都认为除了保育保教专业知识、保育工作技能外，还包括职业道德、保育观念、身心素质。

（二）国外研究综述

1. 关于保育员角色的研究

林秀锦在《美国的早期保育与教育》一书中提到，美国没有将幼儿教师和保育员进行区分，而是将两者合称为“幼儿保教人员”。[④]丹麦、瑞典等地的欧美早期教育专家认为，幼儿在生活中随时随地都在学习，不需要在称谓上将幼儿教师与保育员进行区分，主张将两者统称为保教人员，两者共同承担幼儿保教的任务，没有孰轻孰重之分。

2. 关于保育员素质的研究

英国的公立保育学校教师分为 3 种：主任教师、正式教师和保育员。保育员必须在保育学校经过两年的实际培训，接受儿童身体保育、社会教育、智力开发训练，参加教育实践活动的时间约占总学时的 40%，毕业后在学前教育机构工作。

Clark-Stewart、Allhusen 详细介绍了幼儿保育工作者的角色、工作经验、教育培训状况以及工作稳定性等，还对教育培训和保教质量的关系以及接受培训后的效果进行了相关研究。[⑤]

① 林少玲. 2007. 幼儿园保育员专业化成长的策略浅析. 学前教育研究，Z1：108-110.

② 孔令梅. 2002. 素质教育与保育员的素质. 山东教育，12：49-50.

③ 秦旭芳，丁玉. 2013. 幼儿园保育员专业素质评价现实中的冲突与支持策略. 教育导刊（下半月），9：16-19.

④ 林秀锦. 2006. 美国的早期保育与教育. 南京：江苏教育出版社，114.

⑤ Clarke-Stewart A，Allhusen V D. 2005. What We Know about Childcare. Cambridge，Mass：Harvard University Press，144.

Howes 认为，在幼儿园内，保育员和幼儿教师对幼儿的发展会产生同样重要的作用，保育员的行为具有较强的示范作用，是幼儿获得经验、得到发展的榜样。①

3. 关于保育员胜任力的研究

胜任力作为人力资源管理领域的一个概念，最早由哈佛大学的心理学家戴维·麦克莱兰于 1973 年提出。对于胜任力概念的界定，国外的研究比较早，且由于研究视角不同，关于胜任力的内涵也存在许多不同观点。Boyatzis 认为，胜任力是“一个人所具有的潜在特征，包括动机、技能、特质、自我形象、社会角色或者这个人所能运用的具体知识”②。Spencer 等认为，胜任力是“动机、特质、自我概念、态度或价值观、知识、技能等任何可以能够可靠测量并能区分高绩效员工与一般绩效员工的个人特征等的综合”③。这个定义是目前被研究者广泛接受的定义。

胜任力模型是指扮演某一特定的任务角色需要具备的胜任特征的总和，它是针对特定职位表现要求组合起来的一组胜任特征。国际上广泛认可和应用的胜任力通用模型是冰山模型、洋葱模型、梯形模型。

胜任力冰山模型由 Spencer 等提出，该模型把胜任力结构比作冰山，冰山之上为知识、技能，这部分是易被检测的，属于外显的胜任力；冰山之下是动机、态度、价值观、特质、自我概念，这部分是不易测查的，属于内隐的胜任力。

胜任力洋葱模型由 Boyatzis 提出，该模型把胜任力比作洋葱，认为胜任力特征有层次之分。该模型由外往内对胜任力各个构成要素进行了描述。知识、技能处于最外圈，态度、价值观、自我形象、社会角色处于中间层，个性、动机处于最核心的里层。越往内，胜任力越难观察、培养以及评价。但是，越是内层，越稳定、可靠，越能反映未来工作绩效的高低。

胜任力梯形模型由国际人力资源管理研究院提出。该模型自上而下将胜任力分为 6 个层面：知识、技能、社会角色、自我概念、特质、动机。其中，知识、技能是表面特征，其他则为中心特征。同样，表面特征易测量、培养，中心特征所包含的因素对人的成功起决定性作用。这两种特征共同决定了个体的工作绩效行为。

---

① Howes C. 1997. Children’s experiences in center based child care as a function of teacher background and adult：Child ratio. Mervill Palmer Quarterly，43（3）：404-425.

② Boyatzis R E. 1982. The Competent Manager：A Model for Effective Performance. New York：Wiley，123.

③ Jr Spencer L M，Spencer S M. 1993. Competence at Work：Models for Superior Performance. New York：John Wiley & Sons Inc，222-223.

在以上3种胜任力模型的启发与影响下，研究者针对不同的组织、岗位，开发了许多具体的胜任力模型。当前，对胜任力的研究越来越丰富，幼儿教育领域中的胜任力研究也有所增加，但对幼儿园保育员胜任力的研究仍然缺乏。国内外对于幼儿园保育员的素质、角色定位、胜任力等的研究，具有一定的借鉴价值，有利于保育员胜任力维度的构建。

（三）核心概念界定

1. 保育员

保育员的职业定义和保育员角色定位是研究保育员职业认同的逻辑起点。对于保育员这一概念，大多数研究主要是从其职业定义和角色定位来界定的。

国家职业标准中对保育员的定义是："在托幼园所、社会福利机构及其他保育机构中，辅助教师负责婴幼儿保健、养育和协助教师对婴幼儿进行教育的人员。"①

《幼儿园工作规程》中规定了保育员的主要职责："（一）负责本班房舍、设备、环境的清洁卫生和消毒工作；（二）在教师指导下，科学照料和管理幼儿生活，并配合本班教师组织教育活动；（三）在卫生保健人员和本班教师指导下，严格执行幼儿园安全、卫生保健制度；（四）妥善保管幼儿衣物和本班的设备、用具。"

《幼儿园教育指导纲要（试行）》明确要求："幼儿园必须把保护幼儿的生命和促进幼儿的健康放在工作的首位……既要高度重视和满足幼儿受保护、受照顾的需要，又要尊重和满足他们不断增长的独立要求。"这是所有保教人员（无论是幼儿教师还是保育员）的共同职责。

可见，幼儿园保育员是贯彻保教结合原则，辅助教师负责幼儿保健、养育和协助教师对幼儿实施体、智、德、美全面发展教育的人员。

2. 胜任力

关于胜任力的概念与内涵，目前国内外学术界尚无统一的界定。但是总结前人的研究，我们发现关于胜任力的概念，虽然定义不同，但都具有以下两个特性：①胜任力与绩效有关；②胜任力包含知识、技能、动机、价值观等。

本书主要采用岗位胜任力这一概念。岗位胜任力是指在一个特定的组织中，促使员工能够胜任本岗位工作并且在该岗位上产生优秀工作绩效的知识、技

① 转引自：周梅林. 2003. 保育员：基础知识. 北京：中国劳动保障出版社，3.

能、能力和偏好的总和。[①]岗位胜任力包括知识、技能、能力和偏好4个要素。其中，知识、技能属于表象的特质；能力、偏好属于潜在的特质。

3. 保育员胜任力

在已有研究的基础上，结合对管理人员和保育员的访谈，笔者认为，幼儿园保育员胜任力是一种岗位胜任力。根据这样的设想，本研究初步构建了幼儿园保育员胜任力的理论维度，包括专业知识、保育工作技能、心理特质、职业动机、职业态度。

（1）专业知识

专业知识是指保育员进行保育工作时，必须掌握的相对稳定的系统化的知识。专业知识包括教育学知识、心理学知识、卫生保健知识。

1）教育学知识是指幼儿教育学知识，主要是保育员对幼儿教育工作的认识和态度。对保育员来说，主要是指有正确的教育观、儿童观，能够认识到幼儿教育与其他教育的不同，保育员也可以对幼儿进行教育；能够认识到儿童是独立的，与成人享有同样的基本权利。

2）心理学知识是指幼儿心理学知识，对保育员来说，主要是要掌握幼儿心理发展的一般规律和特点，能掌握不同年龄阶段幼儿的心理特征，以便能够有针对性地对幼儿生活进行管理。

3）卫生保健知识是保育员进行卫生消毒、疾病预防、生活管理等各项工作的理论基础。幼儿时期，孩子精力旺盛、生长发育快，但是其身体各项机能和系统还未完全发育，且幼儿的自理能力比较弱，容易感染疾病，所以保育员需要掌握卫生、保健相关知识，以指导自己的日常工作。

（2）保育工作技能

保育工作技能是指幼儿园保育员作为辅助幼儿教师负责幼儿保健和协助幼儿教师对幼儿进行教育所应具备的工作能力。由于幼儿身体各项技能尚未完全发育成熟，自控水平比较低、自理能力弱，所以在幼儿园中保育员的工作技能主要包括安全卫生工作、生活管理、配合教育活动等方面的技能。

1）安全卫生工作能力主要包括清洁消毒和安全工作两个部分。清洁消毒主要涉及环境卫生以及消毒，安全工作则包括常规安全措施、防止意外伤害。

2）生活管理能力是指保育员对幼儿一日生活中的各个环节进行组织管理的能力。生活管理能力不仅是单纯地提供外在环境，还包括对幼儿的行为习惯的培养。

---

① 朱晓颖. 2007. 幼儿教师胜任力问卷的编制及初步运用. 江西师范大学，9.

3）配合教育活动能力是由幼儿园的任务、性质以及保育员的定位决定的。幼儿园是实施保育与教育的机构，遵循保教结合原则，保育员是辅助幼儿教师对幼儿进行保育、教育的人员，所以幼儿园保育员需要配合教师进行室内外的教育活动。

（3）心理特质

心理特质是一个人的各种心理素质与心理活动品质及由此形成的心理状态[①]，主要包括责任心、谨慎细致、人际交往。

1）责任心在本研究中主要是指幼儿园保育员要认识到自己对幼儿的健康安全以及行为习惯、教育负有一定的责任。在幼儿园中，保育员除了要认识到安全卫生工作等的重要性，还应意识到自己对幼儿的身心健康负有责任，意识到自己要协助幼儿教师对幼儿进行保育与教育。

2）谨慎细致是指观察敏锐、心思周密，主要是指保育员在工作中要注意观察，能够发现幼儿的异常，防止意外发生。

3）人际交往主要是指幼儿园保育员在与幼儿交往、与家长沟通、与教师合作的过程中表现出来的亲和力。幼儿园保育员要协助幼儿教师对幼儿进行保育与教育，则必须处理好与教师的关系，擅长与幼儿沟通。同时，为了更好地发挥家庭的作用，保育员应擅长与家长进行沟通。

（4）职业动机

动机是引发人的活动，引导、促使人朝着特定目标努力的内在原因。职业动机是指驱动保育员做好保育工作的内在动力，主要包括职业认同和成就动机。

职业认同是指保育员对保育员工作的肯定性评价，是保育员做好本职工作、达成工作目标的心理基础。职业认同影响着保育员的工作行为、人际交往，也影响着保育员的心理健康。

成就动机是指幼儿园保育员在工作中为实现自我而力图取得成功的动机。成就动机对保育员的发展具有重要作用，成就动机高的保育员，其在工作中更积极，能自动地监控、调整自己的行为。

（5）职业态度

态度是指个体对特定对象（人、事、物）所持有的稳定的心理倾向。在这里，职业态度则是指保育员对保育工作所持有的心理倾向。根据定义，我们将自我效能与职业道德这两个项目归为职业态度这一维度。

1）自我效能。在心理学上，自我效能是指个体对自己能否成功地完成某

① 朱晓颖. 2007. 幼儿教师胜任力问卷的编制及初步运用. 江西师范大学，26.

一操作行为的主观判断，在本书中主要指保育员对自己能否胜任这份工作的主观认识和判断。

2）职业道德。对幼儿园保育员来说，职业道德主要包括爱岗敬业，为人师表，热爱幼儿，平等对待幼儿，尊重幼儿，团结协作。

总之，近几年，针对教师胜任力的研究也日益增多，但比较遗憾的是，针对幼儿园保育员胜任力的研究还是很匮乏，大多数研究关注幼儿园专任教师和园长，缺乏对幼儿园保育员胜任力的研究。本研究以幼儿园保育员为对象，研究幼儿园保育员胜任力现状，有助于丰富教师领域的胜任力研究。随着《幼儿园教育指导纲要（试行）》《3—6 岁儿童学习与发展指南》《国家中长期教育改革和发展规划纲要（2010—2020 年）》的颁布，以及“学前教育三年行动计划”的实施，学前教育事业得到发展，保育员也是教育工作者，其行为同样对幼儿发展具有潜移默化的影响，因此研究幼儿园保育员胜任力现状有重要的理论意义。

本研究对幼儿园保育员、幼儿园、培训机构等都具有现实的指导意义。首先，对幼儿园保育员胜任力特征进行研究，有助于幼儿园保育员了解自己在工作职位上的不足，有利于促进其专业发展和进行职业生涯规划。其次，幼儿园可以将保育员胜任力特征作为保育员招聘、选拔、提升乃至解聘的参考依据。最后，它能帮助培训机构了解保育员胜任力现状，从而有针对性地对幼儿园保育员进行培训。

二、研究设计

（一）研究目标

（1）通过比较研究，了解幼儿园（特别是农村地区幼儿园）保育员胜任力的总体水平、特点及差异。

（2）分析环境和背景因素对幼儿园保育员胜任力的影响。

（3）分析幼儿园（特别是农村地区幼儿园）保育员胜任力现状、存在的问题以及成因，并提出建议，以促进幼儿园保育员胜任力水平的提高。

（二）研究内容

1. 编制幼儿园保育员胜任力问卷

根据初步建构的幼儿园保育员胜任力理论结构编制初始问卷，然后选取被试，对回收的问卷进行分析，删除不合适的题项，确定正式调查问卷。

2. 探讨幼儿园保育员胜任力现状

首先，发放问卷，对回收的问卷进行分析，了解现阶段江西省幼儿园保育员胜任力的总体水平，并对教龄、学历、幼儿园性质等变量进行分析，了解幼儿园保育员胜任力的特点和差异，并探讨这些因素对幼儿园保育员胜任力的影响。

其次，选取部分保育员进行访谈和观察，深入探讨保育员胜任力的实际情况。

（三）研究方法

1. 文献法

为了获得全面、真实、准确的资料，笔者利用网络、图书等信息资源，搜集和查阅国内外相关的各种文献资料，了解国内外关于胜任力与保育员胜任力的研究现状，对文献资料进行阅读、整理、分析和比较，充分利用有效信息，确立研究的线索和框架。

2. 访谈调查法

首先，通过对公办幼儿园、民办幼儿园的 8 名分管园长或后勤主任、保教主任进行访谈，了解目前幼儿园对保育员的聘用标准，对合格保育员的各方面要求，以及对保育员工作各方面的规定，为下一步确立幼儿园保育员胜任力的项目体系提供参照。

其次，通过对在一线工作的 20 名幼儿园保育员进行访谈，了解保育员在实际工作中表现出来的知识、技能、品质等个体特征，初步确立幼儿园保育员胜任力的结构和维度。

最后，通过对 6 名保育员及其主管人员的访谈，了解 6 名保育员的胜任力水平现状。

3. 观察法

首先，对访谈的部分保育员进行观察，目的是检验、核实保育员在访谈中表述的内容，进而再次确认保育员的胜任力结构及项目体系。其次，采用非参与性的观察方式进行观察，按照时间顺序对保育员在工作中的行为表现进行观察和记录。

4. 问卷调查法

问卷调查法具有速度快、成本低、信息量大、覆盖面广等优点。在参考文献资料、进行观察和访谈的基础上，笔者编制了《幼儿园保育员胜任力水平问卷》，以 3 个地市的保育员为研究对象，了解幼儿园保育员胜任力水平的现状。

（四）研究工具

首先，对幼儿园园长、保教主任、后勤主管、保健医生的访谈内容，主要按“幼儿园管理人员访谈提纲”进行，在访谈过程中根据幼儿园的实际情况对访谈提纲进行适当调整。

其次，对保育员的访谈内容，主要按“保育员访谈提纲”进行，在访谈过程中根据保育员及幼儿园的实际情况对访谈提纲进行适当调整。

最后，根据文献综述，以及幼儿园保育员胜任力的概念界定，笔者编制了包含 48 个题项的《幼儿园保育员胜任力水平问卷》的初始问卷，进行发放，并通过对问卷的区分度、信度、效度进行分析，最终得出一份信、效度较高的，包含 41 个题项的《幼儿园保育员胜任力水平问卷》。

1. 预测及项目分析

本研究采用临界比率法和题总相关法对问卷的鉴别力和区分度进行分析，剔除不符合的题项。

第一，采用临界比率法对幼儿园保育员胜任力进行总分统计，按分数高低分组，并进行独立样本 t 检验。如果 t 值显著（即 $p<0.05$），则表示该题具有区分度，能区分不同被试的反应程度，应保留；反之，则说明该题的区分度不好，不能区分不同被试的反应程度，应删除。统计结果表明，本问卷除了第 2、24、27、36 题，其他各个项目的鉴别力都达到显著水平。

第二，采用题总相关法将剩余的 44 个题项与问卷总分之间的相关系数的大小作为项目筛选的判断依据。一般认为，相关系数在 0.2 以下的项目较差，应删除；相关系数为 0.2～0.3 的项目一般；相关系数在 0.3 以上的项目较好，应保留。根据这个标准，在 44 个项目中，相关系数在 0.2～0.3 的项目有 3 个，分别是第 6、13、19 题，这 3 道题的相关系数小于 0.3，将予以删除。相关系数在 0.3 以上的项目有 41 个，且 $p<0.01$，达到显著水平，具有良好的鉴别力，予以保留。结果如表 5-1 所示。

表 5-1 《幼儿园保育员胜任力水平问卷》项目分析结果

题项		1	3	4	5	6	7	8	9	10	11	12
总分	皮尔逊相关性	0.464**	0.332**	0.595**	0.602**	0.264**	0.380**	0.562**	0.690**	0.639**	0.635**	0.536**
	显著性（双侧）	0.000	0.000	0.000	0.000	0.000	0.000	0.000	0.000	0.000	0.000	0.000
题项		13	14	15	16	17	18	19	20	21	22	23
总分	皮尔逊相关性	0.231**	0.677**	0.684**	0.689**	0.491**	0.381**	0.201**	0.573**	0.556**	0.631**	0.614**
	显著性（双侧）	0.000	0.000	0.000	0.000	0.000	0.000	0.001	0.000	0.000	0.000	0.000
题项		25	26	28	29	30	31	32	33	34	35	37
总分	皮尔逊相关性	0.678**	0.581**	0.544**	0.570**	0.540**	0.496**	0.597**	0.620**	0.642**	0.584**	0.629**
	显著性（双侧）	0.000	0.000	0.000	0.000	0.000	0.000	0.001	0.000	0.000	0.000	0.000
题项		38	39	40	41	42	43	44	45	46	47	48
总分	皮尔逊相关性	0.539**	0.370**	0.378**	0.519**	0.552**	0.726**	0.313**	0.550**	0.400**	0.520**	0.537**
	显著性（双侧）	0.000	0.000	0.000	0.000	0.000	0.000	0.000	0.000	0.000	0.000	0.000

经过分析后，我们删除了 7 个区分度、鉴别力差的项目，本问卷剩余的各题与总问卷的相关系数为 0.4～0.7，并且全部达到显著水平，说明该问卷剩余的 41 个题项的区分度较好。

因子分析的可靠性不仅依赖于数据的准确性，还与样本容量有关。变量数与样本容量的比例最好为 1∶5，笔者预测只有 96 个样本，样本容量小，所以在这里不进行探索性因素分析。

2. 问卷信、效度检验

（1）验证性因素分析

为检验所编制的《幼儿园保育员胜任力水平问卷》是否符合理论构想，我们利用 Amos17.0 来验证问卷理论结构与实测数据的拟合程度，从而进一步验证问卷理论结构的正确性。本研究以 41 道题为观测变量，以专业知识、保育工作技能、心理特质、职业态度、职业动机 5 个维度为潜在变量，建立验证性结构方程理论模型，并验证、分析输出结果，如图 5-1 所示。应用极大似然法估计模型参数，得到理论模型与原始数据拟合程度指标，结果显示：$\chi^2/df<2$，CFI>0.80，RMSEA=0.043，GFI=0.833，AGFI=0.812，具体如表 5-2 所示。

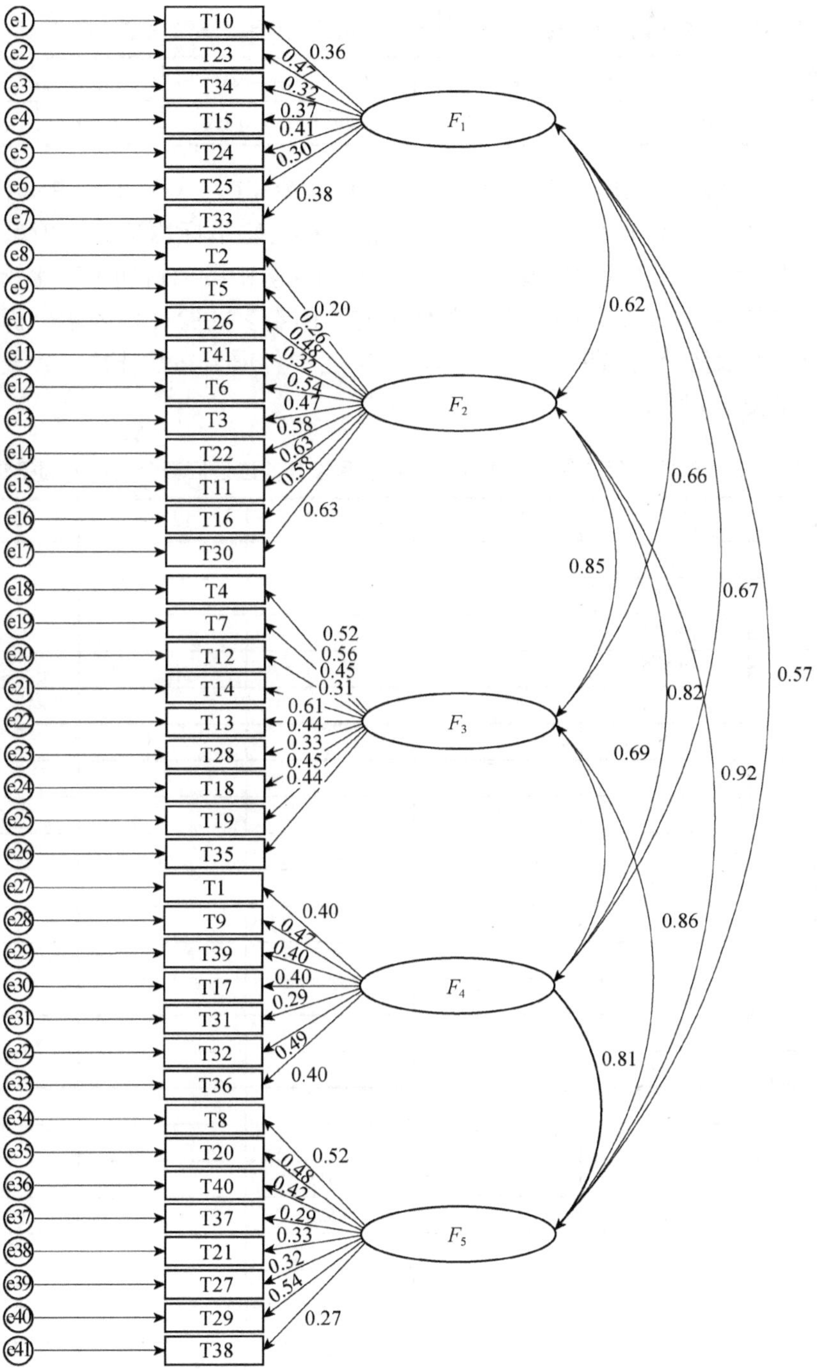

图 5-1　《幼儿园保育员胜任力水平问卷》验证性因素分析的路径图与标准化参数估计的结果

F_1=专业知识；F_2=保育工作技能；F_3=心理特质；F_4=职业动机；F_5=职业态度。T1～T41 是问卷中的题号

表 5-2 《幼儿园保育员胜任力水平问卷》验证性因素分析的主要拟合指标

拟合指数	χ^2/df	RMSEA	GFI	CFI	AGFI	PGFI	PNFI
数值	1.515	0.043	0.833	0.808	0.812	0.740	0.557

从表 5-2 中可以看出，$\chi^2/df<2$，GFI、CFI、AGFI 均大于 0.8，PNFI、PGFI 均大于 0.5，RMSEA 小于 0.05，总体来看，所有这些指标均达到了模型可以接受的临界值，说明《幼儿园保育员胜任力水平问卷》中各项目和维度比较合理，模型建构比较合理。《幼儿园保育员胜任力水平问卷》的验证性因素分析的路径图与标准化参数估计的结果如图 5-1 所示。问卷中各项目在验证性因素分析中的因子负荷如表 5-3 所示。

表 5-3 《幼儿园保育员胜任力水平问卷》各项目在各验证性因素分析中的因子负荷

项目	因子 1	因子 2	因子 3	因子 4	因子 5
T10	0.368				
T23	0.467				
T34	0.322				
T15	0.369				
T24	0.405				
T25	0.302				
T33	0.387				
T2		0.205			
T5		0.260			
T26		0.476			
T41		0.316			
T6		0.541			
T3		0.472			
T22		0.575			
T11		0.629			
T16		0.577			
T30		0.629			
T4			0.515		
T7			0.559		
T12			0.452		
T14			0.354		
T13			0.614		
T28			0.441		
T18			0.334		
T19			0.447		

续表

项目	因子 1	因子 2	因子 3	因子 4	因子 5
T35			0.443		
T1				0.403	
T9				0.467	
T39				0.400	
T17				0.401	
T31				0.290	
T32				0.486	
T36				0.396	
T8					0.517
T20					0.479
T40					0.421
T37					0.294
T21					0.332
T27					0.375
T29					0.541
T38					0.269

注：因子 1=专业知识；因子 2=保育工作技能；因子 3=心理特质；因子 4=职业动机；因子 5=职业态度。T1～T41 是问卷中的题号

（2）信度分析

本研究采取克隆巴赫系数（Cronbach's α）检验法对《幼儿园保育员胜任力水平问卷》进行了信度检验。吴明隆在综合各学者的观点后提出，一份信度好的量表或问卷，其总量表的 α 系数最好在 0.8 以上，0.7～0.8 还算是可以接受的范围；如果是分量表，其信度最好在 0.7 以上，0.6～0.7 还可以接受使用。[①]经 SPSS16.0 统计，结果表明，问卷总量表的 α 系数为 0.875，各分问卷的 α 系数整体上都大于 0.6，说明问卷在信度上还是可以接受的。具体分析结果如表 5-4 所示。

表 5-4　信度分析

因素	α 系数
专业知识	0.639
保育工作技能	0.831
心理特质	0.789
职业动机	0.745
职业态度	0.709
总问卷	0.933

① 吴明隆. 2003. SPSS 统计应用实物——问卷分析与应用统计. 北京：科学出版社，107.

由上述结论可知，《幼儿园保育员胜任力水平问卷》具有良好的信、效度，可以作为测量和评定幼儿园保育员胜任力水平的工具。

第二节　幼儿园保育员胜任力水平现状

一、幼儿园保育员胜任力的总体情况分析

我们从表 5-5 中可以看到，在幼儿园保育员胜任力中，专业知识、心理特质、职业动机这 3 个维度的均值以及总均分在 3～4，按照问卷的等级水平，处于“一般”到“比较符合”之间，而保育工作技能与职业态度的均值在 4～5，按照问卷的等级水平，处于“比较符合”到“非常符合”之间。各维度得分从低到高排列的次序为：职业动机、专业知识、心理特质、职业态度、保育工作技能。其中，保育工作技能处于最高水平（题均得分为 4.0616），职业态度这一因素次之（题均得分为 4.0377），职业动机（题均得分为 3.6433）这一因素得分最低，远低于其他因素。所以，我们从统计数据中可以看到，幼儿园保育员胜任力的总体的题均得分为 3.9061，这说明从所选样本来看，幼儿园保育员的胜任力总体水平尚可。

表 5-5　幼儿园保育员胜任力水平总体情况及各维度的描述性统计结果

变量	极小值	极大值	均值	方差
专业知识	2.00	4.50	3.733 7	0.487 30
保育工作技能	2.60	5.00	4.061 6	0.463 48
心理特质	2.44	4.70	3.964 7	0.462 03
职业动机	2.00	4.50	3.643 3	0.549 65
职业态度	2.75	5.00	4.037 7	0.447 44
总均分	2.68	4.63	3.906 1	0.418 38

保育工作技能维度的得分高，与保育员的工作性质、任务有关。保育员作为辅助幼儿教师负责幼儿保健和教育的工作人员，在工作中协助幼儿教师对幼儿进行保育，必须具备相应的工作技能。幼儿正处于身心发展的重要阶段，由于幼儿的身心特点，每所幼儿园都应该把维护幼儿安全、促进幼儿健康成长放在首位。所以，对环境进行消毒、消除安全隐患、对幼儿进行生活管理、配合教育活动，是保育员的主要工作职责，也是大部分幼儿园招聘保育员的要求。另外，幼儿园

一般都制定了详细、完善的保育员工作内容和规范，所以保育员在保育工作技能维度的得分最高。

职业动机维度的得分低，可能与她们对职业的认识以及其社会地位有关。虽然我们一直强调“保教并重”“保教结合”，但是在现实中却仍然存在“重教轻保”的问题。长期以来，作为一线工作的保育员，其社会地位低于幼儿教师，甚至部分家长称其为“阿姨”。由于绝大部分幼儿园尤其是民办幼儿园保育员的学历水平都不高，没有接受过系统的专业知识培训，其对保育员这份工作的认识更多地局限于清洁、生活管理。所以，在内部和外部因素的影响下，其职业动机水平比较低。

二、幼儿园保育员胜任力各维度现状

（一）专业知识维度现状

专业知识是指保育员进行保育工作时，必须掌握的相对稳定的系统化的知识。对于幼儿园保育员来说，其需要掌握一定的教育学、心理学、卫生保健知识，才能更好地指导日常工作。幼儿园保育员的专业知识包括教育学知识、心理学知识和卫生保健知识 3 个项目。

问卷调查结果表明，3 个项目的均值在 3～4，处于“一般”与“比较符合”之间，具体如表 5-6 所示。

表 5-6 幼儿园保育员胜任力专业知识各维度得分的比较

项目	极小值	极大值	均值	标准差
教育学知识	1.67	4.50	3.670 2	0.614 63
心理学知识	1.50	5.00	3.615 9	0.674 62
卫生保健知识	2.00	5.00	3.951 1	0.626 07

我们从统计结果（表 5-6）中可以看到，幼儿园保育员在卫生保健知识维度的得分最高，在心理学知识与教育学知识维度上的得分差距比较小。具备专业知识是提高保教工作技能的基本保障，掌握一定的专业知识是一名合格保育员必须具备的条件。从统计结果来看，幼儿园保育员在卫生保健知识维度的得分比较高，这是由于幼儿园保育员的主要工作是负责孩子的卫生保健、安全等。教育学知识维度的得分第二，说明随着学前教育事业的发展，家长对幼儿的教育更加重视，幼儿教师包括保育员也都更新了教育观、儿童观。同时，这也说明当前幼儿

园保育员已经由管理室内卫生、单纯照顾幼儿生活逐步过渡到参与教师工作，在生活中对幼儿进行随机教育，体现了当前幼儿园保育员对儿童及幼儿教育的认识还是比较好的，在一定程度上认识到了幼儿园的教育应渗透在一日生活之中。在访谈中，幼儿园园长、后勤主任以及保育员都提到，要成为一名合格的保育员，必须掌握一定的专业知识。因此，在保育员岗前培训中，各幼儿园应对保育员进行专业知识培训，除了提高其在卫生保健方面的认识外，还应促进其对教育学、心理学知识的掌握。

专业知识不容易被测量和观察，且大部分保育员在从事这份职业前并不一定从事过幼儿教育事业，其专业知识很大程度上是在选择这份职业后经过培训而获得的，所以笔者将更多地从管理人员的访谈中侧面了解其对专业知识的掌握情况。当笔者在访谈中问到幼儿园有没有定期对保育员进行培训及培训内容包括哪些时，几位管理人员的回答如下。

我们幼儿园目前实行三教轮保制度，只有6个班的保育员是单纯的保育员。我们在招聘保育员时，会优先选择在其他公办幼儿园工作过、口碑好的人员。一般来说，我们会对新来的保育员进行规范培训，将理论和实践相结合。而且，我们要求保育员持证上岗。我们每周都会对保育员进行培训，主要内容包括工作细则、学习计划、突发问题的解决等。（A1保教主任）

招聘保育员的时候，主要看其是否有丰富的生活经验，知不知道如何带小孩。我们会对其进行岗前培训，主要培训一日流程和各个环节的操作要求，主要由园长或中层管理人员来培训。平时遇到事情的时候，就会开会进行培训。（B1园长）

我们招聘保育员，主要是招聘年纪稍微大一点，30岁以上的，因为年纪大的人工作细致。对于新招聘的保育员，我们会对其进行岗前培训，主要是让新保育员跟着已经工作了一段时间的保育员学习，以老带新。同时，每半个月，所有教师都要进行政治方面的学习，然后，保育员和后勤人员为一组进行业务学习。一般来说，学习内容就是如何解决平时发现的问题及当前需要注意的问题。比如，这个季节，应该注意哪些问题，还有就是巩固一下一日流程的操作。这一部分，主要是由我来讲。（C1保健医生）

我们在招保育员的时候，主要招聘35岁以上的、有经验的（这里的经验指的是生活经验）。不管是新招聘的保育员还是原有的保育员，我们都会在暑期对其进行相关培训。培训内容主要是保育相关知识，比如，传染疾病预防、工作流程以及应急事故处理。平时，我们会根据季节变化，确定不同

的主题，对保育员进行培训，时间不固定。有时候，我们也会请医生（幼儿家长）来给保育员讲卫生保健知识。（D1 园长）

对于新保育员，我们幼儿园会进行岗前培训，主要包括工作职责、一日生活这类的。一般来说，就是开学前会给保育员开会，强调工作职责和任务。平时没有固定培训，就是遇到了问题，才会开会，主要就是为了解决问题，避免此类问题再次出现。（E1 副园长）

我们幼儿园招聘生活老师，都是招聘年龄比较大、有生活经验的。至于培训，也不能算培训，就是对于新来的生活老师，我们会告诉她每天要干什么。一般来说，平时遇到了事情，我们会开会。（F1 园长）

同时，通过对保育员进行访谈发现，C 保育员、D 保育员与 E 保育员所认为的专业知识等同于卫生保健知识。例如，C 保育员说道：

我觉得我们还是得懂一些专业知识，像孩子生病了怎么办，如何知道孩子需不需要增加衣服。虽然有些孩子的手是凉的，但是其实他不需要加衣服，碰一下他的鼻子，就可以知道。

B 保育员和 F 保育员则认为，保育员不需要有专业知识，只要会做事，照顾好孩子不出事就可以。然而，A 保育员则说道：

作为保育员，也要学会相关的教育学、心理学、卫生学知识，只有掌握一定的知识，才能真正做好这份工作。我们幼儿园这两年实行三教轮保，所以保育员的专业知识还是比较扎实的。

通过对管理人员和保育员的访谈，我们发现，在 6 名保育员中，除了 A 保育员和 E 保育员是由幼儿教师转岗为保育员，专业知识水平相对较高外，其他保育员的专业知识水平一般，整体上而言，保育员对专业知识的掌握程度不高。对幼儿园管理人员进行访谈，我们也发现，大多数幼儿园在招聘保育员时，不注重专业知识，其认为年龄较大、当过妈妈的、有经验、能够胜任工作就可以。所以，保育员的专业知识很多是在幼儿园组织的培训中获得的，这就使保育员在专业知识获得方面受幼儿园的影响很大。公办幼儿园的保育员胜任力水平高于民办幼儿园，与其所在幼儿园的管理体制有很大关系，因为公办幼儿园对保育员的培训次数多、培训内容丰富。许多民办幼儿园对保育员几乎没有培训，而有些公办幼儿园会每周定期组织保育员进行学习。在专业知识方面，所有的幼儿园在培训时都侧重于与安全卫生相关的知识，缺乏系统的专业培训。

（二）保育技能维度现状

在幼儿园中，保育员的工作技能主要包括配合教育活动、安全卫生工作、生活管理。

问卷调查结果显示，在幼儿园保育员的保育工作技能中，生活管理维度的得分最高，均值为 4.1037；得分最低的为安全卫生工作维度，均值为 4.0161；生活管理与配合教育活动两个维度得分比较高，差距不大，这说明当前幼儿园的保育员已经由单纯的管理室内卫生逐步过渡到协助教师对幼儿进行保育和教育。保育工作技能各维度的得分从低到高依次是：安全卫生工作、配合教育活动、生活管理，具体如表 5-7 所示。

表 5-7　幼儿园保育员工作技能各维度水平的比较

项目	极小值	极大值	均值	标准差
配合教育活动	2.33	5.00	4.080 9	0.533 90
安全卫生工作	2.50	5.00	4.016 1	0.534 64
生活管理	2.00	5.00	4.103 7	0.552 61

生活管理维度得分最高，是因为 3～6 岁的幼儿年龄小，生活自理能力差，加之这个年龄段是幼儿行为习惯养成的重要时期，且幼儿园的教育是渗透在幼儿的一日生活中的，保育员同样肩负着照顾幼儿生活起居、培养幼儿养成良好的行为习惯的任务，所以需要保育员在一日生活中对幼儿进行管理和教育。调查结果显示，保育员在生活管理上都比较谨慎细致、周到，而且对于孩子，其不仅仅是照顾，还会在一日生活的各个环节对幼儿进行潜移默化的教育，使幼儿养成良好的行为习惯。其在幼儿生活管理方面的能力还是比较强的。部分观察、访谈记录如下。

中午午睡的时候，A 保育员会到每个床位，将孩子们的衣物翻折到正面，并叠放整齐，放在孩子的脚下。当笔者问到原因时，A 保育员说："衣服翻折过来，孩子起床后就可以较快地穿好衣服，现在天冷，穿得慢了容易着凉。"在午睡期间，A 保育员多次到未入睡的幼儿旁边，坐在床边，轻声安抚幼儿入睡。尤其是在一点半左右，她抱着一个男孩如厕，因为该男孩有中午遗尿的习惯。（A 保育员）

下午孩子起床后，B 保育员帮带汗巾的幼儿更换汗巾。在孩子喝稀饭的时候，会喂那些吃饭较慢的孩子。在孩子们离园前，会让幼儿喝水，并统一如厕，帮助幼儿穿好衣服。对 B 保育员进行访谈时，B 保育员说道："一般

来说，孩子的外套让他们自己穿。现在天冷，得尽量让他们穿好里面的衣服，外套慢慢穿没关系。”（B保育员）

对C保育员进行访谈时，笔者问：“工作中有没有感觉自己很自豪、很成功的事？”C保育员说道：“我觉得最自豪的是我们班的常规工作很好，我管小孩子管得很好，尤其是生活习惯。对于孩子，我不允许他们剩饭，孩子吃多少，孩子家长都会和我沟通。一般来说，经过一段时间，谁吃得快、吃得多，我心里都有数，除了特殊情况。”当笔者问“有没有小孩中午尿床的，怎么处理这类情况”时，C保育员说道：“有啊。遇到会尿床的，一般都是中途把他们叫醒。这些孩子都是自己从小班带过来的，都了解他们，所以现在尿床的也少了。”（C保育员）

吃早餐的时候，D保育员给小朋友分发完早餐后，会喂吃得慢的小朋友，边喂边鼓励小孩多吃点、自己吃、吃快点。当孩子们吃完饭后，她会用语言引导幼儿将碗筷放入盆里，并提醒吃完的小朋友洗手，然后用毛巾擦嘴巴。（D保育员）

下午，给孩子们分发点心的时候，E保育员会提醒部分幼儿多吃点、吃快点。孩子吃完点心后，她会提醒所有幼儿用毛巾擦嘴巴。在离园前，她发现有个孩子的裤子尿湿了，立马给孩子换裤子。在换裤子时，她发现裤子只是后面湿了一点，是幼儿上厕所的姿势不对导致的，就通过言语教给幼儿正确的姿势。（E保育员）

中午孩子吃饭的时候，F保育员会协助老师喂那些吃得慢的小朋友，并与幼儿交流，吃得快了，就会夸奖幼儿；吃得慢了，就会鼓励幼儿吃快点。中午幼儿午睡时，F保育员会帮助幼儿将被子盖好，并仔细折叠。（F保育员）

问卷分析结果显示，保育员配合教师开展教育活动的能力较强。笔者从对6名保育员的访谈中也发现，保育员帮助教师开展教育活动的意愿、态度是积极的，她们都表示愿意帮助教师。但是，在实际情况中，她们都说到一个前提——有时间。保育员尤其是部分民办幼儿园的保育员还兼负厨师职责，她们都比较忙；而公办幼儿园人员配备足，两教一保，有专门的炊事人员。就像C保育员所说的，“以前，我们哪里有啥时间，上午得打扫整个幼儿园的卫生。现在有点时间，是因为另外请了一个人专门打扫幼儿园的卫生”。所以，在配合教育活动这方面，公办幼儿园的保育员比民办幼儿园的保育员做得好。对6名保育员进行访谈时，当笔者问及“在工作中，会配合教师开展教育活动吗？一般做些什么？”时，6名保育员的回答如下。

有时间我就会帮助老师。一般来说，帮老师管管纪律、准备活动器材。

不过上午我们下班早，所以一般都是忙完了手中的活，就快要下班了，没啥时间。下午也要等忙完了所有的事，才有空闲。而且，大多数时候，老师都可以管好孩子，不需要我们帮忙。（A保育员）

我们要准备孩子的午餐和点心，所以一般都没什么时间帮老师。而且，班里有两个老师，她们忙得过来。我就是有时候忙完了，帮老师看一下那些去上厕所的小朋友。总的来说，都是自己做好自己的事，我就负责把卫生这块搞好。（B保育员）

会帮老师啊。比如，上午，我们就要和老师一起带孩子去做早操。不过，由于我们下午5点就下班，冬天的话，根本就没时间，忙完自己手上的事，就差不多该下班了，夏天还稍微有点时间。有空，我会帮老师照看一下纪律，孩子们都有点怕我。（C保育员）

我们当然会帮老师了，主要是照看纪律、拿些材料。你看，他们现在去音体室，本来一般情况下我也会跟过去。但是，今天一个孩子吐了，我得打扫教室。反正我们做完了事，就会坐在教室里。如果老师有需要，喊我们一声，我们就会帮忙啦。（D保育员）

当然会帮老师，具体帮啥，就看老师的需要了。像今天早上有个小朋友就一直哭闹，我就带他在幼儿园走走。要是让他一直在教室，老师就不能上课了。（E保育员）

说实话，我们根本就没时间去帮老师开展教育活动。除了打扫卫生，我们还得做饭，一般来说，没什么时间。况且，班上老师能够应付得过来。不过，如果老师有需要，而且我们又有时间，我们都会帮忙的，做事没必要分得那么清。（F保育员）

良好的环境卫生是幼儿健康成长的基础，所以，清洁消毒、安全工作是保育员每日工作的重要组成部分，她们每天都要在安全卫生工作上花费大量时间。观察结果表明，保育员在安全卫生工作方面整体都做得不错，保育员对孩子的安全都比较重视，例如，C、D、E保育员为了防止孩子摔跤，尽量通过各种方法使地面保持干爽。但是，同样我们也发现，保育员在卫生工作方面存在一些不足，园所间的差异明显。一般来说，公办幼儿园的保育员的保育水平要高于民办幼儿园的保育员。下面是笔者对6名保育员的安全卫生工作情况的部分观察记录。

中午，孩子们吃完午饭，由老师带着到外面散步。这时候，A保育员就对教室进行打扫。首先是配84消毒水，将桌子擦干净。A保育员擦桌子时十分认真，不放过任何一个细节。擦完桌子后，她开始拿扫把扫地，大致清扫后，则用专门的拖把，置于84消毒水浸泡后，对教室进行清理。笔者帮忙拖地时，A 保育员说道：“拖地要用力，要不然地上就会留有污渍。”然后，她将笔者拖过的地方重新拖了一遍。拖地的时候，教室的每个角落都要拖，而不是局限于孩子吃饭的那些地方。（A 保育员）

下午，孩子们的点心是红薯粥。B 保育员分发粥时，由于教室面积不够大，保育员直接将小朋友吃饭的勺子（虽然用不锈钢碗装着）放到地上，杯子未经清洗就放入消毒柜。（B 保育员）

下午，孩子们吃点心，有稀饭、灯笼糕、切片的哈密瓜。C 保育员用清水洗手后，直接用手给孩子们分发灯笼糕与哈密瓜。发完小朋友的下午点心，C 保育员对卧室进行紫外线消毒，然后将餐具洗好放入消毒柜。她对卫生间进行了多次清洗，使卫生间保持干净、无异味，并将地板上的水渍拖干，以免地滑使孩子发生意外。（C 保育员）

早上，D 保育员戴着口罩给孩子们分早餐。当孩子们吃完早餐随着教师去音体活动室的时候，D 保育员用清水对教室进行清洗。D 保育员将教室拖完后，打开电风扇。当笔者问到为什么开电风扇时，D 保育员回复：“等一下孩子就回来了，如果地板上有水，孩子们容易摔跤。”但是，当天有个小朋友呕吐，该保育员清理完之后，直接将 84 消毒水倒在地上，问她原因，她就说倒在上面可以减少呕吐后的那种味道。（D 保育员）

下午，起床后，E 保育员协助老师帮孩子穿好衣服，准备好下午的点心后，就对寝室进行打扫。由于天气原因，地面潮湿，E 保育员将拖把拧干后再拖。尤其是卫生间，E 保育员清洁后，用较干的拖把又拖了一遍。（E 保育员）

在孩子们吃午饭前，F 保育员用干抹布将桌子擦一遍，清洁桌上的细小垃圾。孩子们吃完午饭后，F 保育员用抹布将桌子擦干净，然后用扫把打扫教室的卫生，再用清水拖地。大致清洁干净后，则将孩子们的餐具清洗干净放在盆里。一个小朋友尿在裤子上，她就用吹风机吹干，因为园内没有消毒液。（F 保育员）

笔者通过对保育员的观察、访谈发现，保育员在生活管理方面的胜任水平比较高，但在安全卫生工作与配合教育活动方面的胜任水平略低。在对所有保育员进行访谈时，她们都说到愿意帮助老师开展教育活动，但是有时候没时间，这与幼儿园保育员的工作时间、任务等有关。同时，笔者通过观察也发现，公办幼儿园及好的民办幼儿园（A、C、D、E 幼儿园）人员配备充足，这些幼儿园的保育员有较多的时间去做好保育工作，所以她们的保育工作水平也较高。然而，在安全卫生工作方面，园所之间的差异明显，公办幼儿园与示范幼儿园对安全卫生工作的要求高，相关配置齐全，而民办幼儿园尤其是普通民办幼儿园在这方面的工作还不够到位。

（三）心理特质维度现状

心理特质是一个人的各种心理素质与心理活动品质及由此形成的心理状态。它是保育员做好本项工作的重要心理条件，包括人际交往、谨慎细致、责任感。问卷调查结果显示，人际交往得分最高，均值为4.0045；最低的为责任感，均值为3.9264；心理特质3个维度得分的差距不大，比较均衡。心理特质维度各特征水平从低到高依次是责任感、谨慎细致、人际交往。具体如表5-8所示。

表5-8　幼儿园保育员胜任力心理特质维度各特征水平的比较

项目	极小值	极大值	均值	标准差
人际交往	2.00	4.50	4.004 5	0.550 45
谨慎细致	2.00	4.67	3.980 8	0.559 18
责任感	2.00	4.50	3.926 4	0.544 30

我们从问卷调查结果可以看到，保育员的人际交往水平最高。人际交往主要是指保育员在与幼儿交往、与家长沟通、与教师合作的过程中表现出的亲和力等。幼儿园保育员要协助幼儿教师对幼儿进行保育与教育，必须处理好与教师的关系，擅长与幼儿沟通。同时，为了更好地发挥家庭的作用，保育员应擅长与家长进行沟通。为了取得良好的教育效果，保育员应与家长进行有效沟通，促进家园合作，促使幼儿向良好的方向发展。笔者通过对保育员的观察、访谈及主管人员的访谈发现，保育员与教师之间的关系较好，她们愿意帮助教师，当孩子出现情况时，也会与教师交流。观察发现，6名保育员在与孩子交往的时候，都会将语速放慢。在与家长沟通方面，受幼儿园的管理体制以及保育员工作时间、任务的影响，在B、F幼儿园，保育员与家长接触的机会少；在A、D幼儿园，幼儿园管理人员鼓励保育员和家长沟通，且她们的工作任务与B、F幼儿园相比较少，有时间、有机会和家长沟通。整体上来说，保育员的人际交往水平较高，受幼儿园管理制度和保育员工作时间的影响较大。下面是笔者对6名保育员的人际交往状况的部分观察记录。

上午，我为每个送孩子来的家长发放接送卡。当一个奶奶带着孙女过来时，我主动地与这位奶奶进行交流。询问该女孩在家睡觉的情况，因为我发现这个小女孩最近中午睡觉的时候总是动来动去，拱被子。现在天冷，那样容易着凉，所以和家长进行沟通，了解情况并协商如何处理。（A 保育员）

我们一般没啥机会和家长交流。上午家长送孩子来的时候，大多是老师接待。下午，你也可以看到，我们幼儿园是不允许家长进来接孩子的，都是家长来了，通过广播告知，然后由老师把孩子送过去。不过，如果我们发现孩子有什么情况，都会和老师说。我们班的小孩子都比较喜欢我，有的孩子叫我奶奶。（B 保育员）

下午家长来接孩子的时候，我一般都下班了，所以都是上午和家长的沟通比较多。主要和家长沟通孩子生活方面的情况，像孩子感冒生病了，家长让我们多注意，还有的家长会询问我们孩子中午吃饭的情况。如果孩子发生了什么，我们也会和老师沟通，在家长来接的时候，让老师与家长说明。（C 保育员）

我们幼儿园鼓励保育员与家长沟通。除了平时与家长沟通外，我们每个月会让保育员通过电话与家长沟通。而且，我们中午就只有保育员看班，有些事就保育员知道得多，尤其是生活这方面。（D1 园长）

我会和家长进行沟通，主要是孩子生活方面的，孩子学习方面的情况就由老师和家长说。我们一般是在家长送孩子和接孩子的时候与家长进行沟通。与老师的沟通，一般都是配合老师的工作。（E 保育员）

一般来说，我们与家长没什么沟通，有什么情况，都是老师和家长说。如果我们发现什么情况，也都是告诉老师。每天那么多事，我们与孩子相处的时间也不多。（F 保育员）

笔者在问卷调查中发现，保育员在谨慎细致方面做得还是比较好的，均值为 3.9808，非常接近 4。这主要是因为保育员主要的服务对象是幼儿，由于幼儿的年龄特点，工作中要保证幼儿的安全，所以需要时刻关注幼儿的变化。但是，由于个人精力、观念及其他原因的影响，保育员在谨慎细致方面的水平还有待于提高。为了了解幼儿园保育员在这方面的具体情况，笔者对 6 名保育员进行了观察和访谈，从对 6 名保育员的观察可以发现，保育员在一日生活的各个环节都会注意孩子的状况。在访谈中，保育员都提到，一般来说，孩子要是不舒服了或者尿裤子了，其表现就会和往常不一样，她们一般都能察觉出来。她们在日常工作中都会关注孩子，即使在做事的时候，也会注意孩子的变化。下面是笔者对 6 名保育员的谨慎细致方面的情况的观察、访谈记录。

笔者利用中午时间对A保育员进行访谈，在访谈一开始，A保育员就有意压低自己的声音。在访谈过程中，A保育员的眼睛还是关注着孩子的，当发现孩子动来动去时，就会去孩子床边。尤其是到了一点半的时候，她抱着一个会遗尿的小孩上厕所，孩子哭了，她就立马轻声哄。在午睡过程中，她会时不时地帮孩子把被子盖好。在午睡这一环节，A保育员一直关注着孩子。（A保育员）

B幼儿园教室门口有一张表格，上面记录了孩子每日排便情况。B保育员看到表格上有个小朋友今日有排便但没记录，立马提醒老师。但是，该保育员大部分时间忙于清洁，对孩子的照顾比较少，做完事后主要是休息，孩子主要由老师负责。（B保育员）

C保育员说："孩子有异常，我一般都能发现，像有些孩子生病了，吃饭就少，和平常不一样。另外，你会发现，大部分孩子周一中午容易入睡，估计是周末玩得太累了。"在分发下午点心时，C保育员会提醒孩子们先去洗手，再拿水果。C保育员会关注那些端着稀饭的孩子，当发现哪个小朋友走路不稳时，就会进行言语提醒。在中途，她发现有个小朋友的凳子坐得太开，影响其他小朋友，就立马去把那个小朋友的凳子摆好，并提醒小朋友注意。（C保育员）

早上，有个小朋友吐了，D保育员立马拿拖把过来打扫，以防孩子踩到。本来并不需要对教室地面进行整体打扫，为了孩子的安全，D保育员还是全部打扫了。但是，当部分孩子上厕所的时候，D保育员没有跟着。当孩子饭前洗手时，D保育员会将幼儿的袖口挽起，以免弄湿了衣服。（D保育员）

下午在拖厕所的地面时，有孩子过来上厕所，当孩子一进来的时候，E保育员就立马提醒孩子注意安全、小心摔跤。在离园前，E保育员会和老师一起帮孩子整理衣物，对于每个孩子，都会摸一下他们的裤子。当天，有个孩子不小心尿湿了裤子，E保育员立马帮孩子换裤子。（E保育员）

上午清洁完教室后不久，F保育员就要进厨房准备幼儿的午餐，所以F保育员在教室的时间不多。但是，在观察中，笔者也发现，F保育员只要在教室，就会注意孩子的动态。当有孩子上厕所时，都会跟过去看着。中午午睡的时候，她会帮孩子将被子、衣服整理好。（F保育员）

责任感水平略低，是由于保育员对自身工作的重要性认识不足。在访谈中，某园的制度是每日用84消毒水对班级进行消毒，但该园一名保育员说道："我不会每天用84消毒水对寝室进行消毒，我觉得一个星期两三次就可以，除非特别脏。每天消毒，太干净了也不好。"通过访谈，笔者也发现，受教育观念的影响，尤其是民办幼儿园的保育员更多地认为教育是老师的事，她们只要搞好卫生、管好小孩就可以。所以，要提高保育员的责任感水平，主要在于要提高其对保育工作的认识。

笔者在对幼儿园管理人员的访谈中发现，幼儿园招聘保育员时都喜欢有经验的，认为当过妈妈的人对孩子比较有爱心、耐心。所以我们调查的6名保育员，年龄都偏大，在观察和访谈中也发现，她们在工作中对孩子的照顾都比较谨慎细致，与孩子、同事、家长的关系都不错。她们对孩子有责任感，但是部分保育员受教育观念、职业理解的影响，认为对孩子的教育属于教师的工作，保育员只要照顾好孩子不出意外就行。总体来说，保育员的心理特质水平较高，均值为3.9647，十分接近4。

（四）职业动机维度现状

动机是引发人的活动，引导、促使人朝着特定目标努力的内在原因。职业动机是促使保育员做好保育工作的内在动力。保育员的职业动机包括职业认同与成就动机，在职业认同这一特征上，保育员的得分比较低，均值只有3.3940，从问卷的等级水平来看，在"一般"到"比较符合"之间，远低于其他各维度的水平。具体如表5-9所示。

表5-9　幼儿园保育员胜任力职业动机维度各特征水平的比较

项目	极小值	极大值	均值	标准差
职业认同	1.33	4.33	3.394 0	0.771 18
成就动机	2.25	4.50	3.830 6	0.513 52

从统计结果中可以看到，在职业动机维度上，幼儿园保育员的成就动机较高，其愿意付出努力做好这份工作，以获得别人的认同、赞许。同时，我们也可以看到，保育员的职业认同比较低，尤其是在对"保育员也是教师"这一题上得分很低。其中的主要原因可能是保育员的社会地位比较低，在幼儿园中保育员的社会地位低于教师，园里领导对保育员的重视度低于教师，家长对保育员的认同度也低于教师。整体上而言，我们可以看出，从所选样本来看，目前保育员的职业动机水平不高，尤其是职业认同度低。笔者通过访谈发现，6名保育员从事这

份工作主要有两个原因：一是工作转岗（保育员 A、C、E）；二是寻求个人价值的实现（保育员 B、D、F）。在不同程度上，她们认为保育员这份工作与教师并不一致，但是总体上而言，保育员 A、C、D、E 还是比较认同这份工作的。除了 F 保育员，其他 5 位保育员在工作中还是追求他人的认可、赞赏，如幼儿园领导、幼儿、家长的认可。在访谈中，当笔者问“你们选择这份职业是因为什么？你们觉得你们和老师一样吗？工作中有没有觉得自豪的事？”时，保育员的回答分别如下。

我是自己主动选择当保育员的。现在很多老师都是轮岗，我这两年一直在带小班，可能是园里觉得我工作得还不错。选择转岗当保育员，主要是我不太会电脑，现在老师要写教案，还要将幼儿的照片放到网上，这些我都不太会。另外，每次做操的时候，其他的老师都是年轻姑娘，就我站在那里，不像样子。在幼儿园，我觉得自己就是老师，不过说实话，还是比老师差一点。我觉得工作中比较自豪的事，就是孩子的常规都还不错，孩子们都比较听话。（A 保育员）

我之所以做这份工作，主要就是在家里没事干，也喜欢小孩子，现在的小孩子都很可爱。我觉得我们和老师做的事又不一样，所以也不完全就是老师。我觉得比较自豪的事，就是有些孩子喜欢我，喊我奶奶。幼儿园园长也会接纳我们的建议，园长对我们很好。（B 保育员）

我以前在工厂上班，后来分到幼儿园工作。刚开始的时候，觉得比较累，后来慢慢地觉得这份工作还不错。以前，家长喊我们阿姨，现在慢慢地喊我们生活老师、老师。我觉得保育员在幼儿园的地位慢慢提高了，家长也重视我们，当然不可能完全和老师一样。我最自豪的事，就是我带过的班级的常规比较好。有时候，老师都管不住，就我能管得住。我觉得不太好的是什么工作都是让我们保育员来做，就像上次市里有个活动，去街上清洁广告纸，园里就让我们去，老师不用去。（C 保育员）

之所以做这份工作，主要是喜欢孩子，还有就是这所幼儿园不错。在幼儿园，我觉得自己和老师差不多，反正就是大家一起照顾好孩子。我觉得比较自豪的事，当然有，就像有一次在路上，就有小朋友喊我老师，感觉很温馨，还有就是看着这些孩子健康成长，也感觉很好。（D 保育员）

我以前就是这所幼儿园的老师，主要是年纪大了，幼儿园安排我做了保育员。我觉得还行吧，总比在家待着好。在这里，我们虽然是生活老师，但是与老师比还是差点。不过，我个人觉得还好，有时候园里进了年轻老师，还需要我们去帮忙指导。要说做保育员比较自豪的事，就是我们班没有出过

什么大事故，孩子都比较健康。（E 保育员）

我做这份工作，主要是以前我孙子在这所幼儿园，在家里待着也无聊，就过来了。我觉得自己和老师还是有区别的。老师要教孩子认字、读书，我们就负责卫生、生活。要说自豪的事，感觉也就那样，没什么很自豪的事。（F 保育员）

在访谈中，笔者也发现，保育员的工作比较琐碎，她们只是做好本职工作，没有想提升自己的专业知识、保育技能的想法，尤其是那些年龄较大的保育员，她们更没有提升自我水平的动力。

（五）职业态度维度现状

职业态度是指保育员对保育工作所持有的心理倾向。保育员的职业态度维度包括自我效能和职业道德两个项目，它们的均值差距不大，而职业道德的得分高于自我效能的得分。具体如表 5-10 所示。

表 5-10　幼儿园保育员胜任力职业态度维度各特征水平的比较

项目	极小值	极大值	均值	标准差
自我效能	2.25	4.75	3.960 9	0.538 41
职业道德	2.75	4.75	4.110 3	0.485 12

从表 5-10 中可以看到，职业态度维度各特征的得分都比较高，尤其是职业道德维度的均值为 4.1103。职业道德是对保育员工作的基本要求。幼儿的是非分辨能力和自我保护能力差，要求保育员要具备较高的职业道德修养，在工作中按照职业道德规范，顺利地完成保教任务。保育员的事业也可以说是一份良心的事业，所以幼儿园在组织培训和招聘时，对保育员的师德师风、职业操守都十分重视，这也是保育员职业道德水平较高的原因。笔者通过对管理人员的访谈发现，管理人员对 6 名保育员的职业道德评价都比较高。就像管理人员在访谈中说到的，她们比较重视应聘者对职业的认识，以及对孩子要有爱心、耐心，关心孩子。整体上来看，幼儿园保育员的职业道德水平较高，具体访谈记录如下。

A 老师是我们幼儿园最优秀的保育员，保育工作做得很好，师德师风也很好。我们会让新进的保育员跟着她学习一段时间，对于这些新老师，她除了手把手指导，还会发现问题，帮助新老师纠正问题。她吃得了苦，心态好，对孩子从来不大声训斥。（A1 保教主任）

B 保育员做事认真，比较敬业，对孩子也尽心，能够关注到孩子的异

常。她们班老师分工清晰，工作做得都很好，老师对她的评价也都很好。（B1 园长）

C 保育员在幼儿园处于中上水平，工作认真细致，与家长沟通得比较好。而且，她们班的孩子都比较乖。虽然她说话声音比较大，但是对孩子还是很好的，家长的反映都不错。（C1 保健医生）

D 老师是一位资深的幼儿园保育员，也是我们幼儿园优秀的保育员。她对孩子有爱心、耐心，也谨慎细致。她的工作时间较长，对这份工作比较热爱，工作态度好，可以说是我们幼儿园的典范。她的学历比较高，所以专业知识掌握得也比较好。（D1 园长）

E 老师在幼儿园工作的时间很久。她对孩子很好，做事也认真、负责。她所在的班级，孩子的纪律、常规都不错。有时候，她的班上新来的老师是年轻姑娘，没啥经验，就主要靠她去指导。她在我们幼儿园工作这么久，家长对她的评价还是比较高的，她们班的孩子也很喜欢她。（E1 副园长）

F 生活老师做事还是很认真的。说实话，我们幼儿园，生活老师的任务比较多。她们除了打扫教室卫生，还得去厨房帮忙。不过，E 生活老师做事勤快，做完了事情后都会去教室里帮老师看一下孩子，她对孩子都比较好。（F 园长）

在心理学上，自我效能是指个体对自己能否成功地完成某一操作行为的主观判断，在本书中主要指保育员对自己能否胜任这份工作的主观认识和判断。笔者对保育员进行访谈发现，保育员对自己能否胜任这份工作都持肯定态度，她们都认为自己能够做好这份工作。笔者通过对管理人员的访谈发现，她们对这些保育员的评价都比较高。这可能是因为这 6 名保育员都是由管理人员推荐的，都是幼儿园中整体表现较好的保育员。

三、因工作年限不同而导致的胜任力差异

学前教师的发展可分为 4 个阶段，即生存、巩固、更新、成熟。生存阶段有可能持续到第一、二年；巩固阶段会持续到第三年；更新阶段可能会持续到第三年或第四年；四五年及以上达到成熟阶段。考虑到幼儿园保育员的职业特点，我们将其工作年限划分为 0～2 年、3～5 年、6～10 年、11～15 年、16 年及以上 5 个阶段。被测幼儿园保育员工作年限构成的基本情况如表 5-11 所示。

表 5-11 所选样本工作年限基本情况

项目	人数/人	百分比/%
0～2 年	90	32.6
3～5 年	91	33.0
6～10 年	61	22.1
11～15 年	21	7.6
16 年及以上	13	4.7

从表 5-11 可以发现，在幼儿园，工作 11～15 年和 16 年及以上的保育员比较少，所以为了方便统计，我们将这两组数据合并，将被评价幼儿园的保育员按工作年限分为 4 组，分别为 0～2 年、3～5 年、6～10 年、11 年及以上。最后，工作满 11 年及以上的共有 34 人，占调查总人数的 12.3%。

本研究采用 SPSS16.0 中的单因素 ANOVA，以保育员工作年限为自变量，以胜任力各维度的得分为因变量进行分析，结果如表 5-12 所示。因工作年限的差异，被评价保育员在生活管理能力、职业认同两个维度上在 0.05 的水平上存在显著差异。

表 5-12 幼儿园保育员胜任力在工作年限上的差异分析

项目	F	p
教育学知识	2.214	0.087
心理学知识	0.901	0.441
卫生保健知识	2.545	0.056
配合教育活动能力	1.117	0.342
安全卫生工作技能	1.180	0.318
生活管理能力	2.841	0.038*
人际交往	1.942	0.123
谨慎细致	1.964	0.120
责任感	1.765	0.154
职业认同	4.650	0.003*
成就动机	1.257	0.289
自我效能	0.698	0.554
职业道德	1.445	0.230

为了进一步了解保育员生活管理能力与职业认同两个维度在工作年限上的具体差异，笔者进行了多重比较分析，结果如表 5-13 所示。

表 5-13　保育员的生活管理能力与职业认同在工作年限上的多重比较

因变量	（I）	（J）	均值差（I-J）	p
生活管理能力	0～2 年	3～5 年	−0.047 86	0.557
		11 年及以上	−0.228 10	0.039*
	3～5 年	11 年及以上	−0.180 24	0.102
	6～10 年	0～2 年	0.218 94	0.016*
		3～5 年	0.171 08	0.060
		11 年及以上	−0.009 16	0.938
职业认同	0～2 年	3～5 年	−0.282 09	0.013*
		6～10 年	−0.364 36	0.004**
		11 年及以上	−0.464 49	0.003**
	3～5 年	11 年及以上	−0.182 40	0.231
	6～10 年	3～5 年	0.082 27	0.511
		11 年及以上	−0.100 13	0.537

从表 5-13、图 5-2 和图 5-3 中可以看出：①生活管理能力的得分随着工作年限的增加而有所增大，这说明生活管理能力的增强与实践经验的积累有关。但是，同时，我们也可以看到，生活管理能力的得分不是直线上升的，工作 0～2 年的保育员的生活管理能力和工作 3～5 年的保育员差距不大，工作 6～10 年的保育员的生活管理能力与工作 11 年及以上的保育员差距不大。所以，我们可以知道，工作 6 年以上的保育员在生活管理能力上与工作 5 年及以下的保育员存在显著差异。②职业认同的得分总体随着工作年限的增加而呈现出升高趋势。尤其是工作 0～2 年的保育员与工作 3～5 年、6～10 年、11 年以上的保育员存在显著差异。这说明工作 3 年以上的保育员对本职业的认同度比较高，适应了这份工作，不会轻易放弃这份工作。

综上所述，因工作年限不同，幼儿园保育员的胜任力水平在总分上前期呈现出逐步上升趋势，工作 6～10 年的保育员的胜任力总分达到最高；后期呈下降趋势，工作 11 年及以上的保育员的胜任力总分低于工作 6～10 年的保育员。笔者进行单因素 ANOVA 分析后发现，保育员在生活管理能力与职业认同两个维度上存在显著差异。生活管理能力的得分随着工作年限的增加而有所升高，工作 6 年以上的保育员在生活管理能力上与工作 5 年及以下的保育员存在显著差异。总体而言，职业认同的得分随着工作年限的增加而呈现出升高趋势。

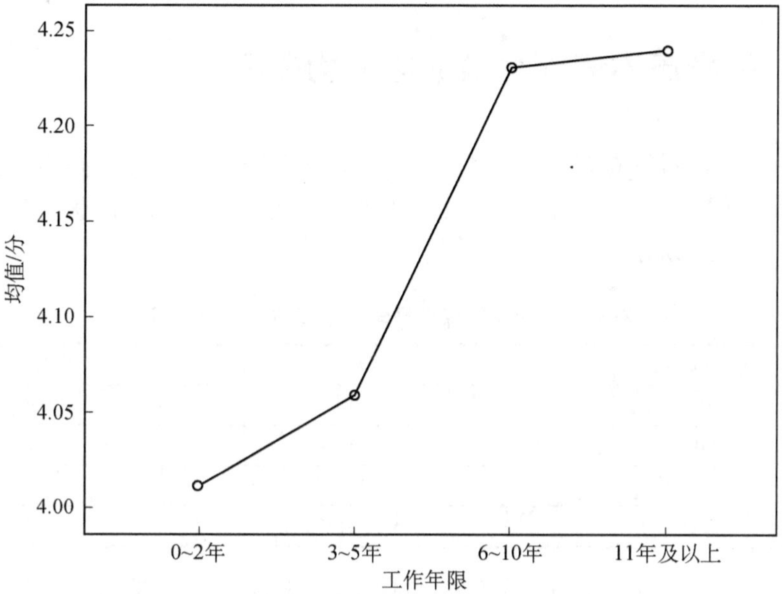

图 5-2　不同工作年限保育员的生活管理能力均值图

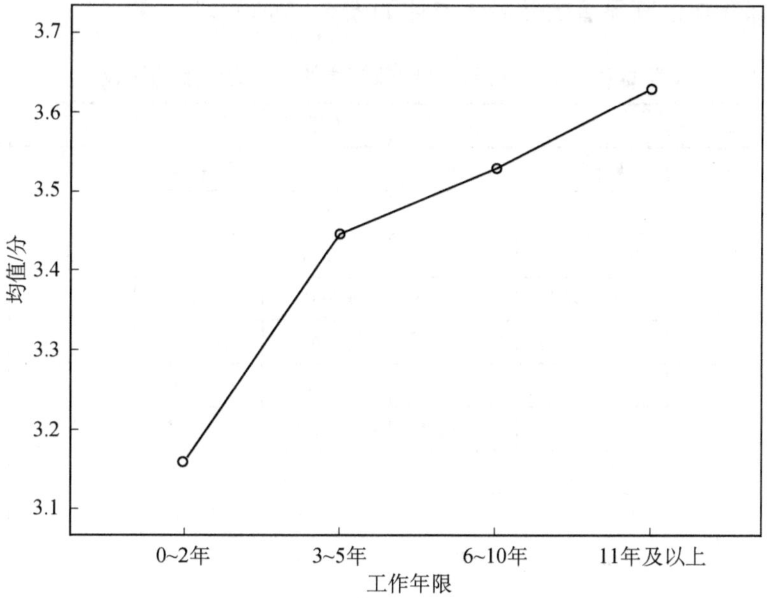

图 5-3　不同工作年限保育员的职业认同均值图

四、因学历不同而导致的胜任力差异

考虑到幼儿园保育员的实际情况，本研究将幼儿园的保育员按学历分为 4 组，即初中以下、初中、高中或中专、大专及以上。被测幼儿园保育员学历的基本情况如表 5-14 所示。

表 5-14 幼儿园保育员学历的基本情况统计表

项目	人数/人	比例/%
初中以下	30	10.9
初中	83	30.1
高中或中专	112	40.6
大专及以上	51	18.5

本研究采用 SPSS16.0 的单因素 ANOVA，以保育员的学历为自变量，以胜任力各维度的得分为因变量进行差异分析。统计结果表明，所有胜任力维度在学历水平上都存在极其显著的差异，具体如表 5-15 所示。

表 5-15 不同学历幼儿园保育员的胜任力维度的比较

胜任力维度	学历	n	均值	标准差	F	p
教育学知识	初中以下	30	3.066 0	0.748 96	15.552	0.000***
	初中	83	3.556 3	0.499 08		
	高中或中专	112	3.764 6	0.570 23		
	大专及以上	51	4.003 9	0.501 17		
	总数	276	3.670 2	0.615 11		
心理学知识	初中以下	30	3.116 7	0.703 24	9.993	0.000***
	初中	83	3.542 2	0.658 92		
	高中或中专	112	3.669 6	0.645 68		
	大专及以上	51	3.911 8	0.589 12		
	总数	276	3.615 9	0.677 67		
卫生保健知识	初中以下	30	3.316 7	0.688 37	19.861	0.000***
	初中	83	3.789 2	0.595 31		
	高中或中专	112	4.107 1	0.521 73		
	大专及以上	51	4.245 1	0.532 66		
	总数	276	3.951 1	0.628 39		

续表

胜任力特征	学历	n	均值	标准差	F	p
配合教育活动能力	初中以下	30	3.578 3	0.669 66	19.338	0.000***
	初中	83	3.960 8	0.505 07		
	高中或中专	112	4.176 9	0.433 32		
	大专及以上	51	4.361 2	0.444 54		
	总数	276	4.080 9	0.534 13		
安全卫生工作技能	初中以下	30	3.608 3	0.471 07	8.796	0.000***
	初中	83	3.962 0	0.493 72		
	高中或中专	112	4.115 2	0.507 33		
	大专及以上	51	4.126 5	0.577 27		
	总数	276	4.016 1	0.534 64		
生活管理能力	初中以下	30	3.499 3	0.719 76	18.748	0.000***
	初中	83	4.053 7	0.524 44		
	高中或中专	112	4.215 4	0.431 88		
	大专及以上	51	4.295 3	0.477 55		
	总数	276	4.103 7	0.553 07		
人际交往	初中以下	30	3.489 0	0.557 02	19.155	0.000***
	初中	83	3.868 6	0.550 37		
	高中或中专	112	4.125 9	0.445 99		
	大专及以上	51	4.262 5	0.509 70		
	总数	276	4.004 5	0.550 89		
谨慎细致	初中以下	30	3.383 3	0.636 31	18.631	0.000***
	初中	83	3.910 8	0.475 76		
	高中或中专	112	4.110 7	0.489 60		
	大专及以上	51	4.160 8	0.537 06		
	总数	276	3.980 8	0.559 18		
责任感	初中以下	30	3.425 0	0.630 92	15.048	0.000***
	初中	83	3.835 5	0.494 33		
	高中或中专	112	4.039 3	0.479 13		
	大专及以上	51	4.121 6	0.506 19		
	总数	276	3.926 4	0.544 30		

续表

胜任力特征	学历	n	均值	标准差	F	p
职业认同	初中以下	30	2.756 3	0.815 23	15.969	0.000***
	初中	83	3.202 8	0.775 81		
	高中或中专	112	3.539 4	0.631 41		
	大专及以上	51	3.761 2	0.725 40		
	总数	276	3.394 0	0.771 47		
成就动机	初中以下	30	3.258 3	0.592 64	19.274	0.000***
	初中	83	3.801 2	0.493 49		
	高中或中专	112	3.915 2	0.418 54		
	大专及以上	51	4.029 4	0.451 79		
	总数	276	3.8306	0.513 52		
自我效能	初中以下	30	3.5000	0.488 66	12.488	0.000***
	初中	83	3.8807	0.506 53		
	高中或中专	112	4.1085	0.447 71		
	大专及以上	51	4.0382	0.630 13		
	总数	276	3.9609	0.538 41		
职业道德	初中以下	30	3.7000	0.568 57	14.963	0.000***
	初中	83	4.0012	0.407 17		
	高中或中专	112	4.2112	0.448 21		
	大专及以上	51	4.3078	0.453 47		
	总数	276	4.1103	0.485 12		

通过表 5-15 中的数据，我们可以得出如下结论。

（1）总体上而言，各胜任力维度的得分随学历的升高而增高。初中以下学历的保育员在胜任力各维度上的得分为 3～4 分；而初中学历的保育员除了生活管理能力和职业道德两项均分在 4 分以上，其他胜任力各维度的得分为 3～4 分，说明初中及以下学历保育员的胜任力整体水平较低。

（2）在专业知识这一维度的三个方面，如教育学知识、心理学知识、卫生保健知识上，大专及以上学历的保育员胜任力的得分都是最高的，说明学历越高，保育员对专业知识的掌握程度也高。为了清晰地说明幼儿园保育员胜任力在专业知识这一维度的差异，笔者运用均值折线图来说明，具体如图 5-4 所示。

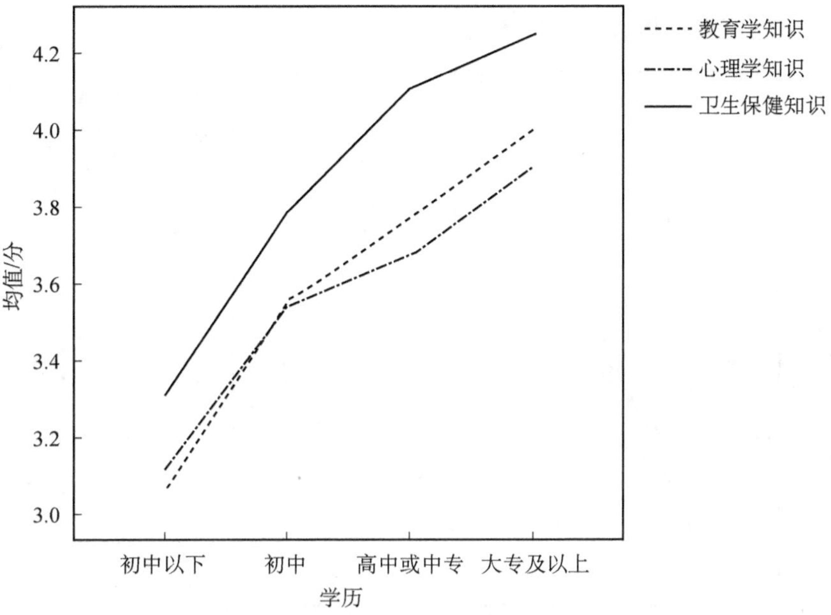

图 5-4　不同学历水平的保育员在专业知识维度的胜任力均值图

对专业知识 3 个维度进行多重差异比较发现，在教育学知识上，高中或中专学历的保育员与大专及以上学历的保育员的差异不显著。在心理学知识上，初中学历的保育员与高中或中专学历的保育员的差异不显著，其他学历的保育员之间均存在显著差异。在卫生保健知识上，初中以下学历的保育员与高中或中专以上学历的保育员之间的差异显著。

（3）保育工作技能包括配合教育活动能力、安全卫生工作技能和生活管理能力三个方面。总体上而言，随着学历的升高，得分也越高。为了清晰地展示幼儿园保育员胜任力在保育专业技能这一维度的差异，笔者运用均值折线图进行说明，具体如图 5-5 所示。

配合教育活动能力与学历存在显著的相关关系，保育员的学历越高，配合教育活动能力的得分也越高，不同学历的保育员的配合教育活动能力得分的差异显著，除高中或中专学历的保育员与大专及以上学历的保育员的配合教育能力在 0.05 水平上的差异显著外，其他学历的保育员的配合教育活动能力在 0.01 水平上的差异显著。

安全卫生工作技能的得分总体上随学历的升高而升高，但不是呈直线上升的趋势，而是在高中或中专以上学历呈平衡趋势。高中或中专学历的保育员与大专及以上学历的保育员得分的差异不大。

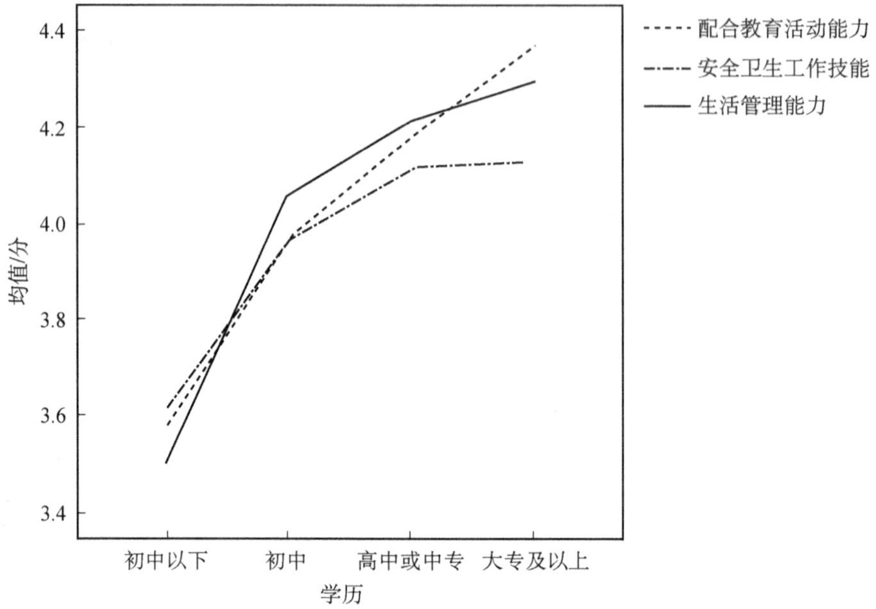

图 5-5　不同学历水平的保育员在保育工作技能维度的胜任力均值图

生活管理能力的得分呈先快后慢的上升趋势。初中以下学历的保育员与其他学历的保育员在 0.001 水平上差异显著。初中学历的保育员与高中或中专学历的保育员在 0.05 水平上差异显著，高中或中专学历的保育员与大专及以上学历的保育员之间不存在显著差异。

心理特质这一维度包括人际交往、谨慎细致、责任感三个方面。为了清晰地看到幼儿园保育员胜任力在心理特质这一维度的差异，笔者运用均值折线图说明，具体如图 5-6 所示。

人际交往的得分随学历的升高而直线上升。这说明随着学历的升高，幼儿园保育员与幼儿、家长、教师等的交往方法和意愿都有显著改善。在人际交往胜任力特征维度，除了高中或中专学历的保育员与大专及以上学历的保育员不存在显著差异外，其他学历的保育员之间在 0.001 水平上的差异显著。

在谨慎细致方面，幼儿园保育员得分的趋势是先快后慢，从初中以下学历的保育员到初中学历的保育员得分快速提高，从初中学历的保育员到大专及以上学历的保育员得分呈缓慢升高。除了高中或中专学历的保育员与大专及以上学历的保育员不存在显著差异外，其他学历的保育员之间在 0.01 水平上的差异显著。

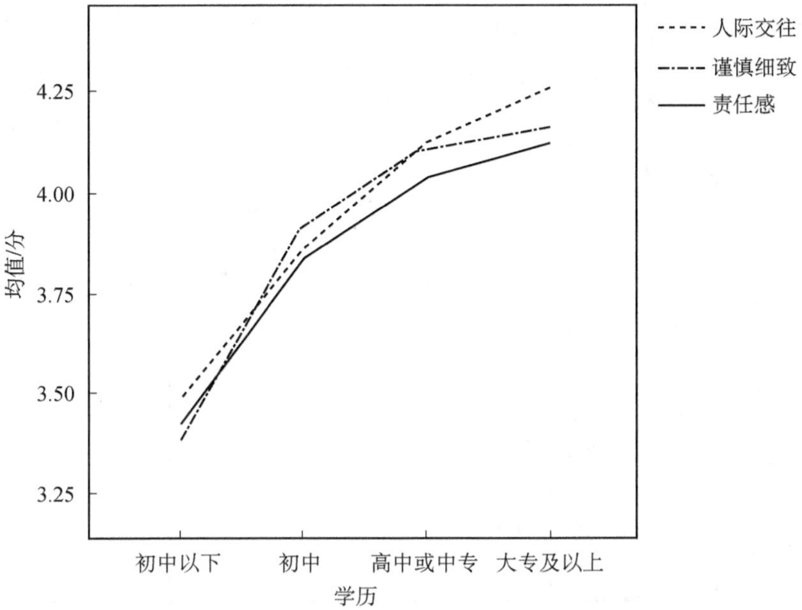

图 5-6　不同学历水平的保育员在心理特质维度的胜任力均值图

在责任感方面，与谨慎细致一样，保育员的得分呈现先快后慢的增长趋势，大专及以上学历的保育员的得分最高。除了高中或中专学历的保育员与大专及以上学历的保育员不存在显著差异外，其他学历的保育员在 0.01 水平上的差异显著。

职业动机这一维度包括职业认同与成就动机两个方面。初中以下学历的保育员在职业认同与成就动机上得分最低，大专及以上学历的保育员得分最高。为了清晰地看到幼儿园保育员胜任力在职业动机这一维度的差异，笔者运用均值折线图进行说明，具体如图 5-7 所示。

在职业认同方面，学历水平与保育员的得分成正比；除了高中或中专学历的保育员与大专及以上学历的保育员不存在显著差异外，其他学历的保育员在 0.01 水平上的差异显著。

在成就动机方面，初中以下学历的保育员与其他学历的保育员的得分在 0.001 水平上的差异显著，初中学历的保育员与大专及以上学历的保育员的得分在 0.01 水平上的差异显著，高中或中专学历的保育员与初中、大专及以上学历的保育员在得分上不存在显著差异。

职业态度这一维度包括自我效能与职业道德两个方面。为了清晰地看到幼儿园保育员胜任力在职业态度这一维度的差异，笔者运用均值折线图进行说明，具体如图 5-8 所示。

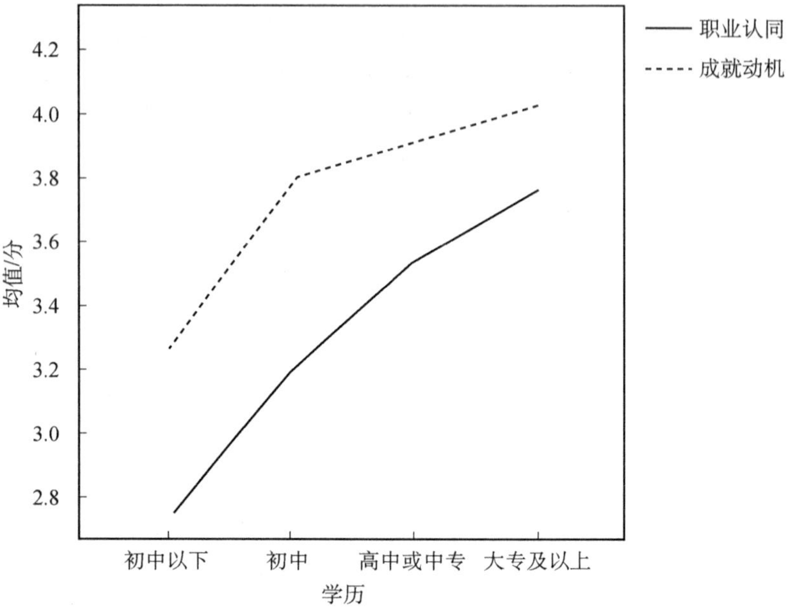

图 5-7　不同学历水平的保育员在职业动机维度的胜任力均值图

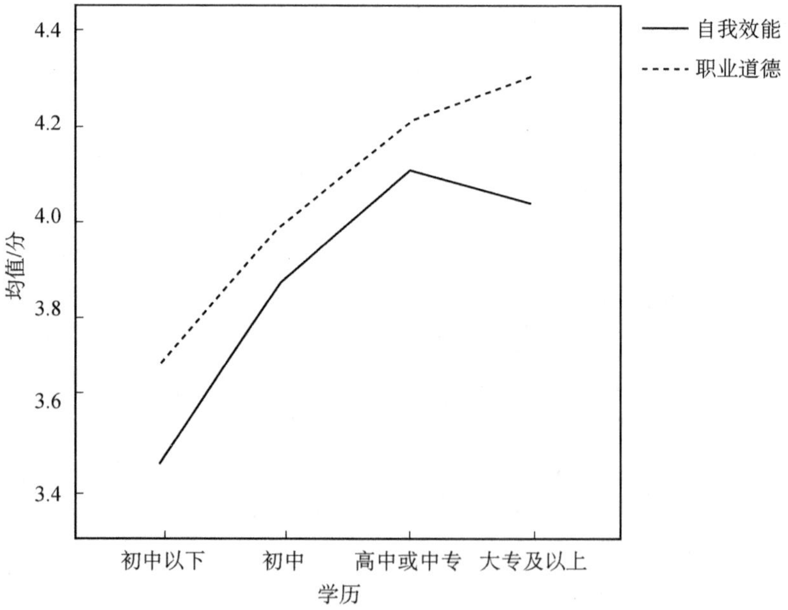

图 5-8　不同学历水平的保育员在职业态度维度的胜任力均值图

在自我效能方面，高中或中专学历的保育员得分最高，大专及以上学历的保育员得分略低于高中或中专学历的保育员。初中以下学历的保育员与其他学历保育员的得分在 0.001 水平上的差异显著，而初中学历的保育员与高中或中专学历的保育员的得分在 0.01 水平上的差异显著。

在职业道德方面，大专及以上学历的保育员得分最高，均值达到 4.1 以上；除了高中或中专学历的保育员与大专及以上学历的保育员不存在显著差异外，其他学历的保育员在 0.01 水平上的差异显著。

综上所述，不同学历的幼儿园保育员在胜任力总分及各个维度上都存在显著差异。总体来说，学历越高，保育员的胜任力得分越高。同时，对胜任力进行多重比较分析发现，除了配合教育活动能力这一特征，高中或中专学历的保育员与大专及以上学历的保育员在胜任力各方面不存在显著差异；除了成就动机这一特征，初中及以下学历的保育员与高中或中专以上学历的保育员在胜任力各方面存在显著差异。整体来说，具有高中或中专及以上学历的保育员，其胜任力水平较高。因此，幼儿园招聘保育员时，可以挑选学历在高中或中专及以上水平的人员，以促进幼儿园保育质量的提高。

五、因园所性质不同而导致的胜任力差异

被测幼儿园保育员学历的基本情况如表 5-16 所示。

表 5-16　不同园所性质的幼儿园保育员基本情况统计表

项目	具体情况	人数/人	比例/%
幼儿园园所性质	教育部门办园	77	27.9
	部队、机关、事业单位等部门办园	64	23.2
	民办幼儿园	135	48.9

本研究采用 SPSS16.0 的单因素 ANOVA，以幼儿园园所性质为自变量，以胜任力各维度的得分为因变量进行差异分析。统计结果表明，所有胜任力维度在幼儿园园所性质上都存在显著的差异，具体如表 5-17 所示。

表 5-17　幼儿园保育员胜任力在幼儿园园所性质上的差异分析

胜任力特征	幼儿园性质	n	均值	标准差	F	p
教育学知识	教育部门办园	77	3.760 0	0.553 27	15.552	0.000***
	部队、机关、事业单位等部门办园	64	3.817 5	0.621 63		

续表

胜任力特征	幼儿园性质	n	均值	标准差	F	p
教育学知识	民办幼儿园	135	3.549 2	0.625 66	15.552	0.000***
	总数	276	3.670 2	0.615 11		
心理学知识	教育部门办园	77	3.681 8	0.673 31	4.199	0.016*
	部队、机关、事业单位等部门办园	64	3.781 3	0.647 80		
	民办幼儿园	135	3.500 0	0.677 46		
	总数	276	3.615 9	0.677 67		
卫生保健知识	教育部门办园	77	4.097 4	0.480 12	5.439	0.005**
	部队、机关、事业单位等部门办园	64	4.203 1	0.589 05		
	民办幼儿园	135	3.748 1	0.657 55		
	总数	276	3.951 1	0.628 39		
配合教育活动能力	教育部门办园	77	4.176 4	0.444 41	12.652	0.000***
	部队、机关、事业单位等部门办园	64	4.289 5	0.513 31		
	民办幼儿园	135	3.927 6	0.547 63		
	总数	276	4.080 9	0.534 13		
安全卫生工作技能	教育部门办园	77	4.196 8	0.433 95	28.642	0.000***
	部队、机关、事业单位等部门办园	64	4.274 2	0.462 22		
	民办幼儿园	135	3.790 7	0.526 90		
	总数	276	4.016 1	0.534 64		
生活管理能力	教育部门办园	77	4.207 4	0.563 36	16.255	0.000***
	部队、机关、事业单位等部门办园	64	4.351 9	0.400 57		
	民办幼儿园	135	3.927 0	0.552 49		
	总数	276	4.103 7	0.553 07		
人际交往	教育部门办园	77	4.020 8	0.594 39	8.578	0.000***
	部队、机关、事业单位等部门办园	64	4.226 9	0.546 93		
	民办幼儿园	135	3.889 9	0.494 76		
	总数	276	4.004 5	0.550 89		
谨慎细致	教育部门办园	77	4.037 7	0.515 81	8.689	0.000***
	部队、机关、事业单位等部门办园	64	4.184 4	0.570 22		
	民办幼儿园	135	3.851 9	0.547 29		
	总数	276	3.980 8	0.559 18		

续表

胜任力特征	幼儿园性质	n	均值	标准差	F	p
责任感	教育部门办园	77	4.083 1	0.463 44	18.633	0.000***
	部队、机关、事业单位等部门办园	64	4.141 4	0.447 09		
	民办幼儿园	135	3.735 2	0.564 96		
	总数	276	3.926 4	0.544 30		
职业认同	教育部门办园	77	3.600 3	0.667 13	27.561	0.000***
	部队、机关、事业单位等部门办园	64	3.807 2	0.620 82		
	民办幼儿园	135	3.080 5	0.763 41		
	总数	276	3.394 0	0.771 47		
成就动机	教育部门办园	77	3.983 8	0.404 21	19.513	0.000***
	部队、机关、事业单位等部门办园	64	4.035 2	0.493 74		
	民办幼儿园	135	3.646 3	0.515 96		
	总数	276	3.830 6	0.513 52		
自我效能	教育部门办园	77	4.034 4	0.513 97	7.686	0.001**
	部队、机关、事业单位等部门办园	64	4.129 7	0.564 26		
	民办幼儿园	135	3.838 9	0.513 50		
	总数	276	3.960 9	0.538 41		
职业道德	教育部门办园	77	4.066 9	0.496 01	6.220	0.002**
	部队、机关、事业单位等部门办园	64	4.293 7	0.480 78		
	民办幼儿园	135	4.048 1	0.462 29		
	总数	276	4.110 3	0.485 12		

从表 5-17 的数据，我们可以得出如下结论。

（1）总体上而言，胜任力各维度得分与幼儿园园所性质存在显著差异，部队、机关、事业单位等部门办园的幼儿园保育员胜任力水平在各维度上的得分都是最高的，其次是教育部门办园的幼儿园保育员，民办幼儿园保育员胜任力水平在各维度上得分最低。尤其是在职业认同这一特征上，民办幼儿园保育员的得分为 3.0805 分，只略高于问卷“一般”等级水平，说明民办幼儿园保育员的职业认同度低。

（2）专业知识这一维度包括 3 个胜任力特征，即教育学知识、心理学知识、卫生保健知识，在这几个方面，部队、机关、事业单位等部门办园的幼儿园保育员得分最高，民办幼儿园的保育员得分最低，部队、机关、事业单位等部门办园与民办幼儿园存在显著差异。为了清晰地看到幼儿园保育员胜任力在专业知识这一维度的差异，笔者运用均值折线图进行说明，具体如图 5-9 所示。

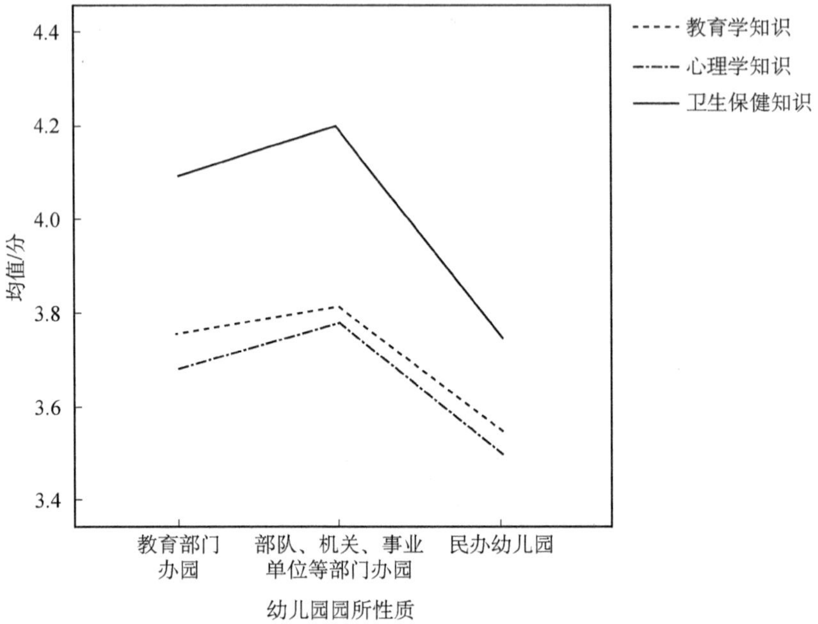

图 5-9　不同园所性质的幼儿园保育员的专业知识维度胜任力均值图

为了清楚地了解保育员专业知识维度的胜任力在园所性质方面的具体差异，笔者进行了多重比较分析。具体如表 5-18 所示。

表 5-18　保育员的专业知识维度胜任力在园所性质上的多重比较分析

因变量	（I）园所性质	（J）园所性质	均值差（I-J）	p
教育学知识	民办幼儿园	教育部门办园	−0.349 25	0.000***
		部队、机关、事业单位等部门办园	−0.447 16	0.000***
心理学知识	民办幼儿园	部队、机关、事业单位等部门办园	−0.273 44	0.007**
卫生保健知识	民办幼儿园	教育部门办园	−0.210 36	0.016*
		部队、机关、事业单位等部门办园	−0.268 33	0.004**

（3）保育工作技能包括配合教育活动能力、安全卫生工作技能、生活管理能力三个方面，部队、机关、事业单位等部门办园的保育员得分最高，尤其是在生活管理能力上得分最高，说明部队、机关、事业单位等部门办园的幼儿园保育员更多地在日常生活的各个环节对幼儿进行教育。教育部门办园的幼儿园保育员在保育工作

技能三个方面的得分都比较接近，差距不大。民办幼儿园的保育员得分最低，尤其是在安全卫生工作技能上得分最低，这在很大程度上与幼儿园的卫生工作制度有关。笔者在观察和访谈中发现，部分民办幼儿园虽然要求保育员保持环境卫生的整洁，但未给予卫生消毒足够重视。例如，在某事业单位开办的幼儿园，在幼儿餐前需要先用配好的 84 消毒水擦一遍桌子，然后再用清水擦拭两遍；但在许多民办幼儿园，餐前只是用清水擦拭桌子。为了清晰地分析幼儿园保育员胜任力在保育专业技能这一维度的差异，笔者运用均值折线图进行说明，具体如图 5-10 所示。

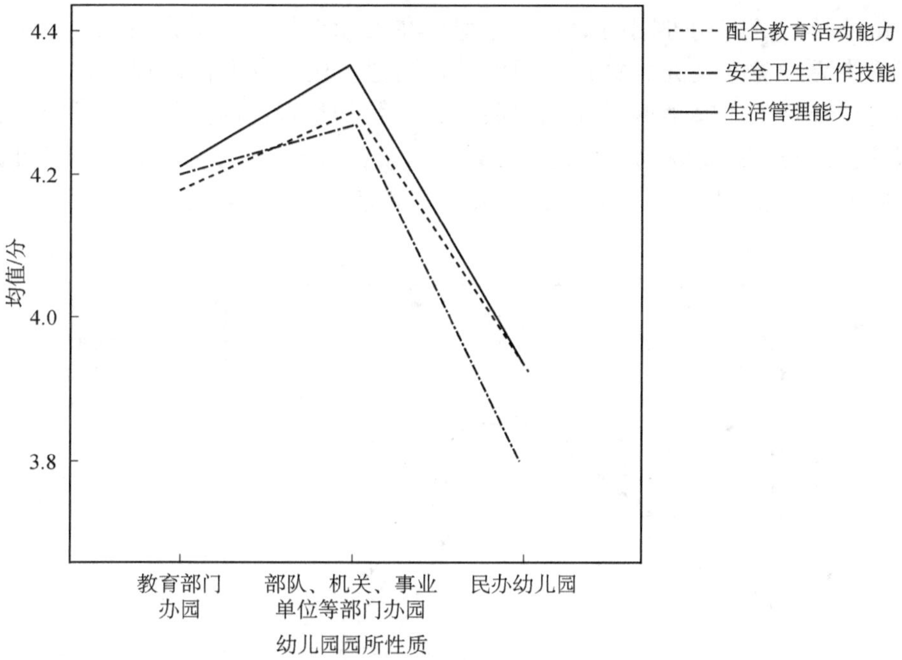

图 5-10　不同幼儿园性质上保育员的保育工作技能维度胜任力均值图

为了清楚地了解幼儿园保育员的胜任力在园所性质方面的具体差异，我们进行了多重比较分析。具体如表 5-19 所示。

表 5-19　保育员的保育工作技能维度胜任力在园所性质上的多重比较分析

因变量	（I）园所性质	（J）园所性质	均值差（I-J）	*p*
配合教育活动能力	民办幼儿园	教育部门办园	−0.249 03	0.001**
		部队、机关、事业单位等部门办园	−0.361 38	0.000***
安全卫生工作技能	民办幼儿园	教育部门办园	−0.406 01	0.000***
		部队、机关、事业单位等部门办园	−0.483 48	0.000***

续表

因变量	（I）园所性质	（J）园所性质	均值差（I-J）	*p*
生活管理能力	民办幼儿园	教育部门办园	−0.279 33	0.000***
		部队、机关、事业单位等部门办园	−0.423 88	0.000***

（4）心理特质这一维度包括人际交往、谨慎细致、责任感三个方面。教育部门办园的保育员在责任感上的得分高于谨慎细致和人际交往方面的得分，说明她们认为对于孩子，自己有责任去教育，从而让孩子健康发展。部队、机关、事业单位等部门办园的幼儿园保育员在人际交往上的得分最高，说明她们在工作中更愿意与幼儿、家长、同事进行沟通。民办幼儿园的保育员在三个方面的得分都远低于其他两类幼儿园保育员，尤其是责任感这一项，说明民办幼儿园的保育员更多地认为教育是幼儿教师和家长的事。为了清晰地看到幼儿园保育员胜任力在心理特质这一维度的差异，笔者运用均值折线图进行说明，具体如图 5-11 所示。

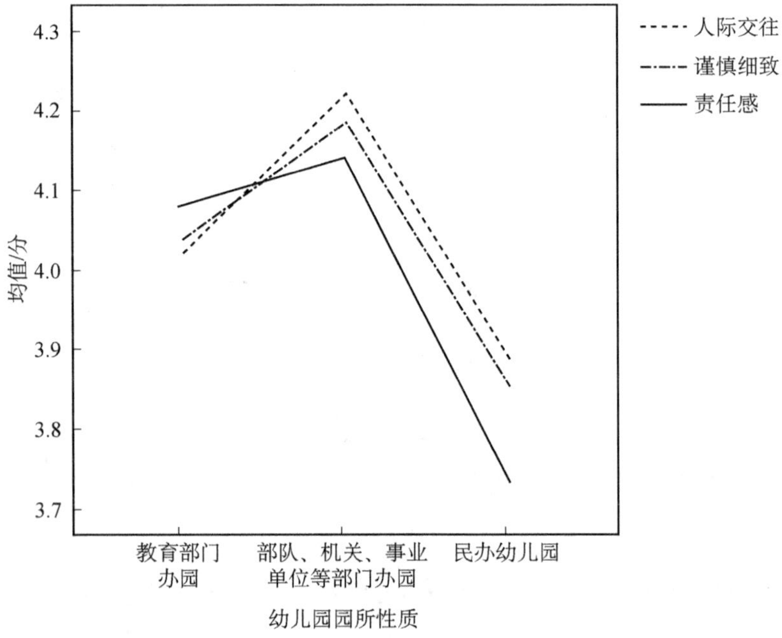

图 5-11　不同园所性质的幼儿园保育员的心理特质维度胜任力均值图

为了清楚地了解幼儿园保育员心理特征维度的胜任力在园所性质方面的具体差异，笔者进行了多重比较分析。具体如表 5-20 所示。

表 5-20　保育员的心理特质维度胜任力在园所性质上的多重比较分析

因变量	（I）园所性质	（J）园所性质	均值差（I-J）	p
人际交往	教育部门办园	部队、机关、事业单位等部门办园	−0.205 70	0.024*
	民办幼儿园	教育部门办园	−0.130 22	0.090
		部队、机关、事业单位等部门办园	−0.335 92	0.000***
谨慎细致	教育部门办园	部队、机关、事业单位等部门办园	−0.146 71	0.112
	民办幼儿园	教育部门办园	−0.185 81	0.017*
		部队、机关、事业单位等部门办园	−0.332 52	0.000***
责任感	教育部门办园	部队、机关、事业单位等部门办园	−0.058 29	0.502
	民办幼儿园	教育部门办园	−0.347 93	0.000***
		部队、机关、事业单位等部门办园	−0.406 22	0.000***

（5）职业动机这一维度包括职业认同与成就动机两个方面。三类性质的幼儿园保育员在成就动机上的得分都高于职业认同，说明当前幼儿园保育员对保育员这份职业的认同度不高，她们把“保育员”当作谋生的工作。保育员对这份职业的认同度不高，主要是受外界环境、社会观念的影响。在访谈中，也有许多保育员提到，家长对待保育员和幼儿教师的态度不一样，这种情况在民办幼儿园尤其突出。为了清晰地看到幼儿园保育员胜任力在职业动机这一维度的差异，笔者运用均值柱形图进行说明，具体如图 5-12 所示。

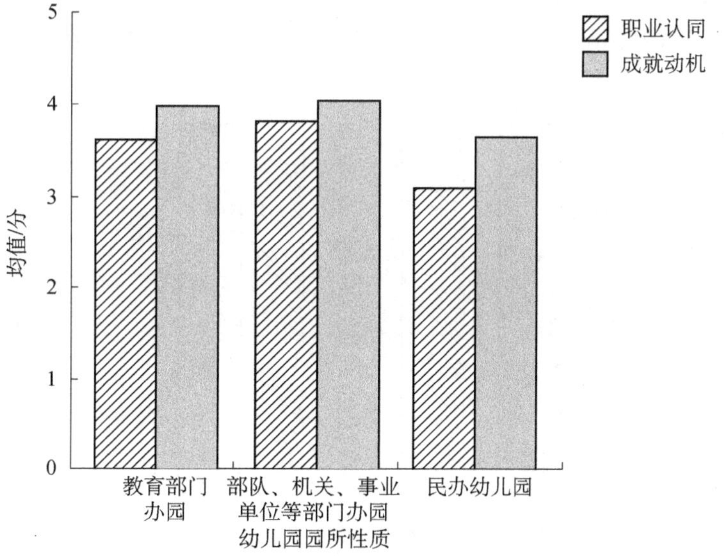

图 5-12　不同园所性质的幼儿园保育员的职业动机维度胜任力均值图

为了清楚地了解保育员职业动机维度的胜任力在园所性质方面的具体差

异，笔者进行了多重比较分析。具体如表 5-21 所示。

表 5-21 保育员的职业动机维度胜任力在园所性质上的多重比较分析

因变量	（I）园所性质	（J）园所性质	均值差（I-J）	*p*
职业认同	教育部门办园	部队、机关、事业单位等部门办园	−0.207 72	0.083
	民办幼儿园	教育部门办园	−0.519 32	0.000***
		部队、机关、事业单位等部门办园	−0.727 04	0.000***
成就动机	教育部门办园	部队、机关、事业单位等部门办园	−0.051 39	0.529
	民办幼儿园	教育部门办园	−0.337 47	0.000***
		部队、机关、事业单位等部门办园	−0.388 86	0.000***

（6）职业态度这一维度包括自我效能与职业道德两个方面。3 类性质幼儿园的保育员在职业道德上的得分都高于自我效能，且得分都在 4 分以上。这说明当前幼儿园保育员对幼儿、工作的态度都是比较积极的。职业道德是对保育员工作的基本要求，也是前提条件。所以，在访谈幼儿园园长或后勤主任，说到保育员招聘条件时，其都十分重视保育员的职业道德，尤其是在保育员续聘、解聘方面，更是关注保育员的职业道德水平。同时，我们也可以看出，部队、机关、事业单位等部门办园的幼儿园保育员胜任水平高于其他两类性质的幼儿园保育员。为了清晰地看到幼儿园保育员胜任力在职业态度这一维度的差异，笔者运用均值柱形图进行说明，具体如图 5-13 所示。

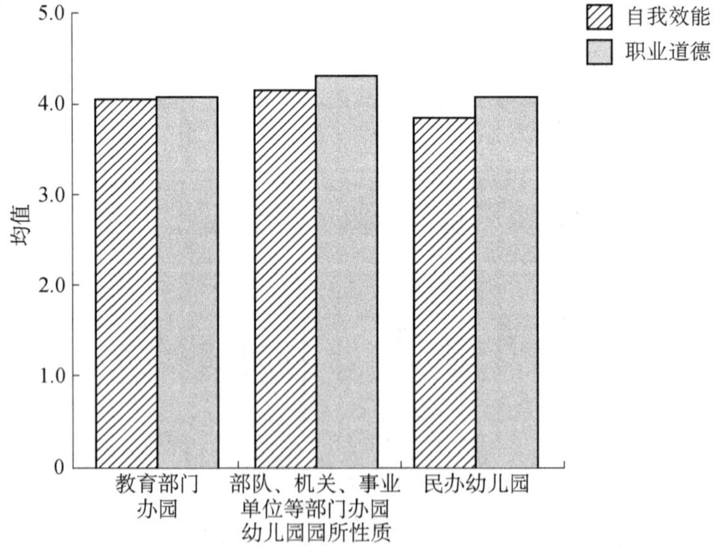

图 5-13 不同园所性质的保育员在职业态度维度胜任力均值图

为了清楚地了解幼儿园保育员职业态度维度胜任力在园所性质方面的具体差异，笔者进行了多重比较分析。具体如表 5-22 所示。

表 5-22　保育员的职业态度维度胜任力在园所性质上的多重比较分析

因变量	（I）园所性质	（J）园所性质	均值差（I-J）	p
自我效能	教育部门办园	部队、机关、事业单位等部门办园	−0.095 27	0.285
	民办幼儿园	教育部门办园	−0.195 53	0.010*
		部队、机关、事业单位等部门办园	−0.290 80	0.000***
职业道德	教育部门办园	部队、机关、事业单位等部门办园	−0.226 87	0.005**
	民办幼儿园	教育部门办园	−0.018 73	0.783
		部队、机关、事业单位等部门办园	−0.245 60	0.001**

上述统计结果表明，各胜任力维度的得分与幼儿园园所性质存在显著差异，部队、机关、事业单位等部门办园的幼儿园保育员胜任力水平在各维度的得分都是最高的，其次是教育部门办园的幼儿园保育员，民办幼儿园的保育员胜任力水平在各维度上的得分最低。民办幼儿园的保育员与教育部门办园的幼儿园保育员在心理学知识、人际交往、职业道德三个方面不存在显著差异，在其他胜任力方面存在显著差异。民办幼儿园的保育员与部队、机关、事业单位等部门办园的幼儿园保育员在所有胜任力方面都存在显著差异。部队、机关、事业单位等部门办园的幼儿园保育员与教育部门办园的幼儿园保育员除了在人际交往和职业道德两个方面存在显著差异，在其他各方面不存在显著差异。从分析结果来看，教育部门办园和部队、机关、事业单位等部门办园的幼儿园保育员胜任力水平均高于民办幼儿园的保育员。

笔者认为，主要原因如下：一是公办性质的幼儿园拥有更多的社会资源，尤其是有教育财政拨款，所以公办幼儿园的保育员培训、学习的机会多于民办幼儿园的保育员。二是公办幼儿园招聘保育员的条件比民办幼儿园高，如在南昌市，公办性质的幼儿园在招聘保育员时，要求有保育员证，民办幼儿园则大多没有该要求。三是公办幼儿园管理体制比民办幼儿园更完善。四是公办幼儿园保育员的工资待遇、工作稳定性比民办幼儿园高，保育员队伍较民办幼儿园更稳定。

第三节 幼儿园保育员胜任力存在的问题及影响因素分析

一、幼儿园保育员胜任力存在的问题

(一)专业知识薄弱，缺乏系统性

笔者在观察和访谈中发现，大多数幼儿园在招聘保育员时，不注重专业知识。其认为年龄较大且当过妈妈的人会有经验，能够胜任工作。所以，从招聘开始，其就对保育员的专业知识缺乏重视，保育员的学历不高，专业不对口，对专业知识缺乏系统学习，专业知识薄弱。在大部分幼儿园尤其是民办幼儿园，园里对保育员的培训少，即使有培训，培训内容也多以技能为主。当笔者对保育员进行访谈，问及合格的保育员需要具备哪些素养时，她们虽然会说要有一定的专业知识，但也更多指的是与卫生保健工作相关的卫生保健知识。笔者通过访谈得知，保育员的专业知识大多来自经验的积累，培训的主题大多与季节或突发事件有关，缺乏系统性。

(二)安全卫生工作不到位

安全卫生工作作为幼儿园保育员的主要任务之一，保育员在整体上做得不错，但还是存在一些问题，工作做得不到位，园所间的差异明显。在阎岩的《幼儿园保育》中，作者认为保育员应在开饭前半个小时左右用干净的抹布和消毒水擦桌子；接触幼儿食物和餐前必须戴好口罩，用肥皂和流动水洗手；毛巾每次使用后洗干净，并通过蒸汽或煮沸的方式消毒。①笔者在观察和访谈中发现，绝大部分幼儿园的保育员在给孩子分发食物时，并未佩戴口罩，有些是幼儿园没有为保育员配备口罩，还有些是配备了，但是保育员在实际工作中忘了佩戴或者嫌麻烦没有佩戴。关于餐前对桌子进行清洁，大部分幼儿园保育员都能做到，但是一般只是用湿抹布清洁，没有用消毒水。在笔者观察的 6 所幼儿园，园里给每个小朋友都配备了毛巾，但是笔者在观察中发现，只有 A、C 园对毛巾进行高温消毒，D、E 园对幼儿使用的毛巾用 84 消毒水浸泡消毒，B、F 园只是清洗

① 阎岩. 2001. 幼儿园保育. 北京：北京师范大学出版社，205.

消毒。同时，笔者也发现，毛巾的实际使用率并不高，像B园，孩子吃完稀饭后，多个幼儿使用一条毛巾擦嘴。所以，虽然保育员知道安全卫生工作如何开展，但在实际工作中，因为多种原因而没有做到位。

（三）总体上配合教师工作的频次少

笔者在访谈中发现，保育员帮助教师开展教育活动的意愿、态度是积极的，她们都表示愿意帮助教师。但是，在实际情况中，她们都说到一个前提——有时间。在A、C园，因为保育员的工作时间比较短（A保育员上午有2个小时的休息时间，C保育员每日工作8小时，下午4点就下班），所以她们大部分的时间用来忙卫生工作、生活管理工作，只有空闲时间才能配合教师的工作。C保育员说道："以前，我们哪有时间，上午得打扫整个幼儿园的卫生。现在有点时间，是因为另外请了一个人专门打扫幼儿园的环境。因为下午下班早，几乎都是做到下班，也就夏天会有一点时间。"而B、F幼儿园的保育员还兼负厨师职责，也缺乏时间配合教师工作。笔者在观察、访谈中也发现，在实际中，由于工作时间、任务等的影响，总体上而言保育员在配合教师工作方面的频次较少。

（四）责任感水平有待提高

在"对于幼儿的不良习惯（如一直穿尿不湿），即使家长一开始不理解，我也会坚持帮助幼儿改正"这一题中，选择完全符合的只占25.6%，比较符合的占27.8%，一般的占31.2%，比较不符合的占10.8%，完全不符合的占4.6%。所以，我们可以看出，仍有相当一部分保育员认为教育是教师的事，在幼儿良好行为养成方面的责任感一般。同时，笔者在访谈中也发现部分保育员在工作中的责任意识有待提高。

（五）职业动机水平低

保育员的职业认同维度的得分比较低，尤其是在"我认同保育员工作，保育员也是教师"这一题上，仅有15.3%的人选择完全符合，23.6%的人选择比较符合，35.1%的人选择一般，17%的人选择比较不符合，还有9%的人选择完全不符合。这说明保育员对这份职业的认同度不高。笔者在观察和访谈中发现，虽然公办幼儿园的保育员对保育员这份职业的认同度高于民办幼儿园的保育员，但是还有待提高。A保育员说道："在幼儿园，我觉得自己就是老师，不过说实话，还是比老师差点。"C保育员说道："我觉得不太好的是，什么工作都是让我们保育员来做，就像上次市里有个活动，去街上清洁广告纸，园里就让我们去，老师不用去。”在访谈中，民办幼儿园的 B、D、F 保育员则认为保育员还是比不上教师。所以，我们可以知道，保育员对工作的认同度普遍不高。

在成就动机上，笔者通过观察和访谈发现，在幼儿园中，幼儿教师有晋升的空间，如从配班教师到主班教师，再到主任或副园长乃至园长。但保育员并不像幼儿教师那样有进一步晋升的空间，再加上保育员年龄偏大，她们在工作中只是尽量做好这份工作，在自我提升、寻求专业发展方面的职业动机水平较低。

（六）民办幼儿园的保育员胜任力水平远低于公办幼儿园的保育员

从表 5-17 中我们可以看到，民办幼儿园的保育员胜任力水平在各维度上都低于公办性质的教育部门办园及部队、机关、事业单位等部门办园的保育员。同时，在胜任力总分均值上，公办性质的教育部门办园及部队、机关、事业单位等部门办园的保育员胜任力总分均值在 4 以上，在问卷水平中处于“比较符合”到“完全符合”之间，说明公办幼儿园的保育员胜任力水平整体较好，但民办幼儿园的保育员胜任力水平总分均值只有 3.744，说明民办幼儿园的保育员胜任力水平一般，有待提高，具体如图 5-14 所示。

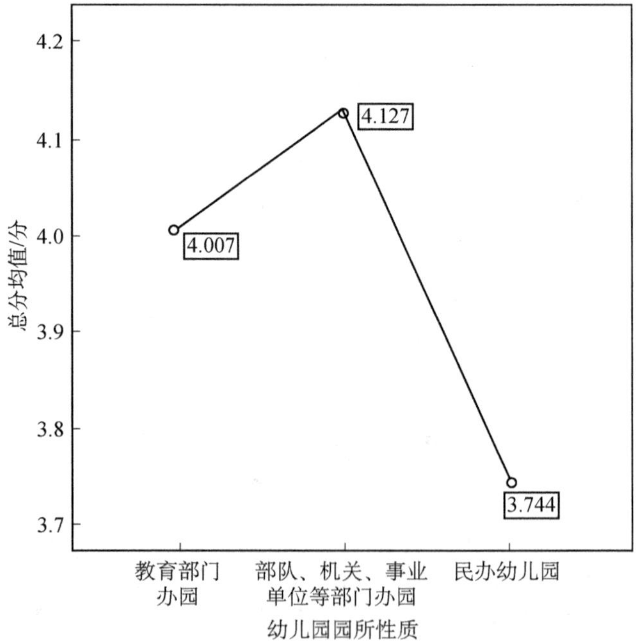

图 5-14　不同园所性质的幼儿园保育员胜任力总分均值图

二、幼儿园保育员胜任力水平影响因素分析

（一）保育员培训机会少，园内培训内容单一

培训是提高保育员胜任力水平的一个重要且主要的途径。在访谈中，笔者发现，保育员的来源多样，很多人之前从事其他工作或者根本没有从事过相关工作。所以，她们在工作中所依赖的，除了生活经验，更多地需要通过培训获得。其培训主要有两个途径：一是园外培训；二是园内培训。

（1）园外培训，主要就是为了获取保育员资格证而组织、参加的培训。但是，笔者在调查中发现，除了南昌的部分幼儿园（公办和示范幼儿园为多）会要求保育员取得保育员资格证或组织新聘保育员参加保育员资格证培训外，其他地市的幼儿园及南昌的普通民办幼儿园对此大多不做要求。

（2）园内培训，主要是幼儿园自己组织的对保育员进行职前、职中培训，是保育员培训的重要途径。笔者在访谈中发现，大部分示范园及公办幼儿园会对新进保育员进行较为系统的培训，也会组织保育员每周或每月进行学习；而民办幼儿园尤其是普通民办幼儿园对新进保育员只是做工作任务的培训，缺乏专业培训，也很少组织保育员进行职中培训。从对管理人员的访谈中，笔者也发现，大部分幼儿园即使有培训，更多的也是关于卫生保健知识的培训，培训内容较为单一。

（二）保育员职业认识存在偏差

保育员的胜任力水平不高与保育员自身的观念、认识、态度有很大的关系。随着学前教育事业的蓬勃发展，幼儿园保育员的工作职责和内涵也发生了巨大变化，从过去侧重安全卫生到现在保教并重。保育员除了要做好安全卫生工作、生活管理工作外，还要配合、协助教师对幼儿进行教育，要承担教育幼儿的任务与责任。但是，从调查结果来看，仍有相当一部分保育员认为，保育员工作就是做好清洁卫生工作，看护幼儿不出现安全事故，教育幼儿是教师的事，与自己的关系不大。尤其是在普通民办幼儿园，保育员配给少，有些是两个班一名保育员，有些保育员还得兼顾厨房内的杂事等，她们对职业的认识更多地还停留在过去。

（三）保育员学历水平低，来源多样

在2016年颁布的《幼儿园工作规程》中，对保育员的学历要求是高中及以上。另外，通过对保育员胜任力的分析，我们也发现，初中及以下学历的保育员

的胜任力水平与高中及以上学历的保育员的胜任力水平存在显著差异。在对幼儿园管理人员进行的访谈中，当问及招聘保育员的要求、标准时，除了部分公办幼儿园对保育员的年龄、学历做了要求外，大多数幼儿园的做法是只看重其是否愿意从事这份工作。而且，当笔者问及“从事这份工作的原因是什么？以前有没有从事其他工作？”时，保育员的回答如下：退休后找份工作，工人转岗，教师转岗，孩子大了没事做等。由此我们可以知道，保育员的来源多种多样，大多没有接受过系统、专业的培训。

（四）民办幼儿园的保育员年龄偏大

民办幼儿园的保育员尤其是普通民办幼儿园的保育员胜任力水平低，除了保育员学历低、人员配备不齐、幼儿园管理体制不完善、培训机会少以外，还有一个重要原因，就是民办幼儿园的保育员年龄偏大。对保育员胜任力总分进行差异分析发现，随着年龄的增长，保育员的胜任力水平总体呈现出下降趋势；在 55 岁之前，呈缓慢下降趋势，保育员胜任力总分在年龄上差异不大；但 56 岁及以上保育员的胜任力总分急剧下降，与其他 4 个年龄段的保育员胜任力总分存在显著差异，如图 5-15 所示。

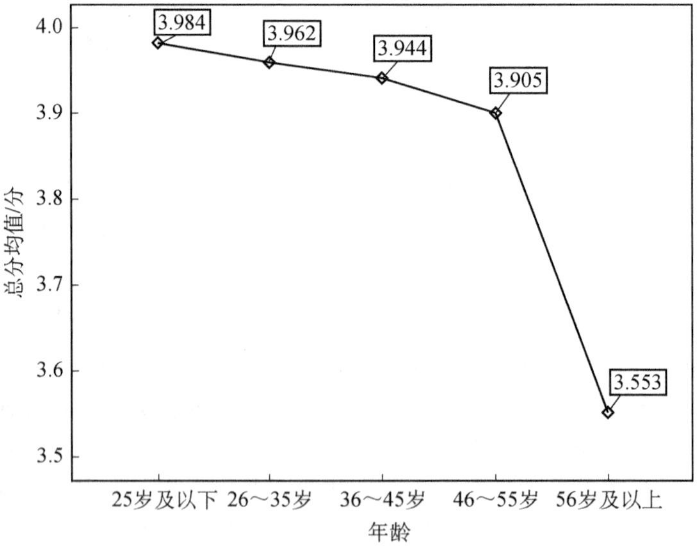

图 5-15　不同年龄的保育员胜任力总分均值图

我们知道，保育员的年龄对保育员的胜任力水平有一定影响，尤其是 56 岁以上的保育员的胜任力水平远低于其他年龄阶段的保育员的胜任力水平。笔者在观察和访谈中发现，公办幼儿园对保育员的年龄限制一般为55岁，部分幼儿园限制为50岁以下。对保育员的年龄结构进行统计分析发现，77.3%的56岁以上的保育员在民办幼儿园，46岁以上的保育员占民办幼儿园保育员人数的46.7%；而在公办幼儿园，46岁以上的保育员只占32.6%。

年轻化保证了保育员的精力较充沛、整体素质较高。研究发现，民办幼儿园保育员的年龄偏大，46岁以上保育员占比较高。这是因为在民办幼儿园，由于自负盈亏，政府投入少，所有职工工资都从幼儿保教费用中出，以致民办幼儿园保育员工资水平不高，福利待遇比较低。再加上民办幼儿园有时为了节约开支，人员配置不齐全，保育员有时身兼其他职务，工作量大，所以民办幼儿园招聘年轻、学历高的保育员比较困难，招聘时往往放宽要求，没有年龄、学历的限制，甚至有一大部分保育员是56岁以上的退休人员。这些保育员由于年龄大，保育观念传统，精力不充沛，工作动机水平低，以致胜任力水平（不管是各个维度还是总分）都远低于其他年龄段的保育员。

第四节　提高幼儿园保育员胜任力水平的建议

保育工作质量会直接影响幼儿园的教育质量、幼儿的身心发展。保育员作为保育工作的主要实施人员之一，对保育工作质量有重要影响。提高保育员的胜任力水平，有利于幼儿园教育质量的提高。笔者认为，可以从以下三个方面来提高保育员的胜任力水平。

一、完善培训体系，提高专业水平

保育员要胜任保育工作，除了具有爱心、耐心、细心等职业道德外，还应具备一定的专业知识、保育工作技能。培训是丰富保育员专业知识、提高保育工作技能的一个重要且主要的途径。《幼儿园工作规程》中也要求保育员受过幼儿保育职业培训。完善保育员培训体系，使园外培训与园内培训相结合，有利于提升保育员的专业知识水平与增强保教技能，在很大程度上可以提高保育员的胜任力水平。

（一）政府加大投入，健全保育员培训体系

园外培训，即保育员资格证培训，培训内容多样、比较系统，是保育员获得

专业知识、专业技能的有效途径之一。笔者在调查中发现，在南昌、抚州、上饶三个地区中，只有南昌地区的部分公办幼儿园与民办幼儿园要求保育员持证上岗，或入职后组织保育员参加资格证培训。就像C幼儿园的保健医生提出的问题："还有保育员证？这是什么机构颁发的？正规吗？"C幼儿园属于抚州地区唯一一所市直属公办幼儿园，是江西省省级示范幼儿园，C保健医生在该幼儿园从事卫生保健工作23年。C保健医生提出的问题，折射出在抚州地区缺乏专门的保育员资格证培训机构。笔者在调查中发现，持有保育员资格证的保育员比例比较低，尤其是抚州与P地区，这与这两个地区的保育员培训机构缺乏有相当大的关系，保育员没有条件接受专门的职业培训。同时，笔者也发现，由于保育员资格证培训费用多是幼儿园或保育员自己承担，民办幼儿园保育员持证上岗率远远低于公办幼儿园。

因此，政府应加大对保育员培训的投入，健全保育员培训体系，形成完整系统的培训网络，使保育员能系统、科学地掌握专业知识与保育技能。首先，完善硬件设施，增加专门的保育员培训机构，做到至少在每个市级城市都有专门的保育员培训机构。其次，发挥优秀幼儿园的引领作用，选取优秀的幼儿园，尤其是在保育员培训等方面做得好的幼儿园，合作组织保育员培训，尽量使每个地区的保育员都能接受专业的培训。最后，加大扶持力度，对于保育员培训机构，增加财政投入，以确保保育员培训时间达到标准；降低保育员资格证培训费用，使更多的保育员或幼儿园主动参加保育员资格证培训，持证上岗。

（二）加强园内培训，提供在职学习机会

园内培训主要是幼儿园自己组织的对保育员进行的职前、职中培训。加强园内培训，是提升保育员胜任力水平的重要且有效的方式。幼儿园对保育员队伍开展业务培训，要注意结合本园保育工作和保育员的实际情况，因园制宜，提高培训实效。园内培训方式主要有以下几种。

第一，对于新进幼儿园保育员，应采取以老带新的方式。保育员的工作需要一定的实践与经验积累，加上不同幼儿园保育工作并不完全相似，所以对于新进的保育员，即使以前从事过保育工作，也要让其熟悉本园的保育员工作流程、操作要求，提高其实践操作能力和保育工作技能水平。以老带新，即在有丰富经验的保育员的言传身教下，可以促使新进保育员较快地熟悉本园的保育工作，了解保育工作常规要求，缩短摸索过程，尽快适应工作。幼儿园可以根据实际情况，设立保育组，让优秀的保育员担任保育组长。

第二，幼儿园应定期组织保育员参与教研活动，开展专题讲课。教研活动对于

提高保教质量是一种有效且便利的方式，也是教师进修的重要手段。[①]幼儿园应鼓励保育员对工作中遇到的困惑进行探讨和交流，寻求解决问题的有效措施和方法，以及对本周或本月工作重点进行探讨，相互交流经验。除了教研活动，幼儿园可以针对本园的实际情况，邀请幼教专家、优秀幼儿教师、优秀保育员等到幼儿园进行讲座，介绍先进的教育理念、科学的保教方法，提高保育员的胜任力水平。同时，幼儿园还可以利用家长资源，邀请具有相关专业知识的家长为保育员进行讲座、培训。例如，邀请具有医学背景的家长（医生）进行卫生保健相关知识讲座。同时，幼儿园还应根据本园保育员的实际情况，有计划、系统地对保育员进行专业知识，尤其是教育学、心理学知识的培训。另外，应注重通过组织保育员参加教研活动、专题讲课，转变保育员的保教观念和工作态度，促进保育员胜任力水平的提高。

第三，组织保育员参与观摩活动，鼓励保育员自学并有计划地进行脱产或者半脱产培训。优秀的保育员观摩活动可以起到一定的示范作用。幼儿园可以组织本园保育员相互观摩，还可以组织本园保育员去其他幼儿园观摩、学习。在访谈中，某幼儿园保育员说道："我们很少有机会出去培训，大多是幼儿园老师出去，她们出去得比较多，几乎每年都会组织老师培训。"所以，有条件的幼儿园应该重视保育员的培训，提供更多的机会让保育员参与在职学习。同时，幼儿园应鼓励保育员自学进修，不断更新保教观念，充实保教知识，掌握科学的保教工作技能，以适应保育发展的需要。对此，幼儿园可以为保育员提供资料信息与学习计划制订等方面的帮助，有条件的幼儿园可以购买相关书籍、杂志。幼儿园应根据实际情况，组织没有获取保育员资格证的保育员进行脱产或者半脱产培训，使她们能够比较系统、全面地学习相关教育理念、专业知识、保教工作技能、职业道德。

第四，开展竞赛评比。竞赛评比活动不仅有利于促进保育员之间的相互交流与学习，还有利于激发保育员进取向上。竞赛评比可以与观摩活动相结合，也可以组织教育计划、笔记、工作总结方面的评比。

（三）主动学习，树立终身学习的观念

从调查结果来看，大部分保育员还是处于被动学习的状态，她们寻求自我发展的动机水平还是比较低的，很少主动学习，自我提升的意识不强。研究中发现，保育员对专业知识的掌握程度普遍不高，保育工作还存在不到位的现象，严重影响了保育员的发展。同时，笔者在调查中发现，幼儿园保育员年龄偏大，年龄较大的保育员主动学习的意愿更低，很大程度上她们对保育员工作的认识存在

① 张燕. 1997. 幼儿园管理. 北京：北京师范大学出版社，231.

偏差，认为保育员工作没有专业性可言，也不需要学习专业知识。所以，保育员要有终身学习、主动学习的态度，在工作中发现自身的不足，学会反思，针对工作中出现的问题，积极寻求科学、合理的解决方法。虽然整体上而言幼儿园在在职学习、培训方面为保育员提供的机会比较少，但是保育员可以通过其他途径去学习，提升自我，如书籍、网络、与同事交流等。只有掌握专业知识，掌握科学保教的方法与要求，才能正确引导、促进幼儿身心健康发展。这不仅有利于自身胜任力水平的提高，还有利于促进保育员的职业化发展，有利于改变人们尤其是家长对保育员的偏见。

二、重视保育员工作，提高保育员职业认同感

（一）重视保育员工作，营造平等氛围

3～6 岁的幼儿身心处于发展的重要时期，需要保教人员的全身心的保护与照顾。与幼儿教师一样，保育员的言行举止对幼儿也有着重要的影响。保育工作是幼儿园工作中的重要组成部分，而保育员是实施保育工作的主体，保育员能否胜任其职是决定幼儿园保育质量的关键，是影响保教水平的重要因素。所以，幼儿教师、保育员及家长都应认识到保育员工作的重要性，认识到保育员的工作不是单纯地擦桌子等，认识到保育员在幼儿园保教结合工作中具有十分重要的地位，是幼儿园保育质量提高的重要影响因素。幼儿园尤其是政府相关部门应通过多种方式来提高人们对保育员工作的重要性的认识，营造保育员和教师同样重要的平等氛围，改变人们的保育员即保姆的观念，提高保育员的社会地位。同时，我们要改变对保育员的称呼，保育员不再是“阿姨”，而是“老师”。幼儿园管理人员应以教师的身份向幼儿教师、家长、幼儿介绍保育员，这有利于营造平等的氛围，有利于提高社会对保育员的认同度，从而有利于增强保育员的职业认同、自信心。

（二）配足配齐教职工，减少保育员工作任务

按照标准，每个班级应配备 2 名教师、1 名保育员，幼儿园还应配备相应数量的保健医生和炊事员及其他工作人员。笔者在访谈中发现，部分幼儿园尤其是普通民办幼儿园，教育工作人员配备不足，有些保育员需要负责两个班级，有些保育员身兼炊事员，还有相当一部分保育员要负责包干区卫生。保育员任务重，就缺少时间和精力与幼儿、家长沟通，也会减少配合教师工作的频次，对保育员

胜任力水平会产生直接影响。另外，工作时间长，不利于提高保育员对保育工作的认同感。加上每个人的时间和精力是有限的，人员配备少、工作任务多，难免会服务不周。所以，幼儿园应配足配齐教职工，使保育员能够做好本职工作，也有时间配合教师对幼儿进行保教工作。同时，应缩短保育员工作时间，根据幼儿园的实际情况安排保育员的工作时间。例如，早上准备好点心后到准备午餐前这段时间，保育员可以自由活动；或者下午保育员做完安全卫生工作后，可以离岗自由活动。幼儿园则应鼓励保育员利用这段时间进行自我学习，或者开展保育教研活动，从而使保育员在专业知识、保育工作技能、职业态度等方面获得提高。

（三）保育员准确定位自身角色

影响保育员胜任力水平的一个重要因素，就是保育员对自身角色的定位不清晰。有一些保育员认为，自己的工作就是打扫卫生，照顾幼儿的吃喝拉撒睡，教育幼儿是幼儿教师的事。这就导致保育员对自身职业的认同度不高，也使保育员缺乏学习、进修的动力。所以，除了通过培训、思想教育等方面深化保育员对职业的认识外，保育员也应该清楚明确地了解自己的责任和义务，准确定位自身角色。首先，保育员要转变观念，明确自己也是教师，是幼儿园保教工作的重要组成部分，自己的言行举止对幼儿同样会产生重要影响。其次，保育员要具有责任意识，应认识到自己对幼儿的教育同样负有责任，对于幼儿的教育，不仅仅是幼儿教师的事，也是保育员自己的事。对于家庭教育的不合理之处，保育员也有责任对家长进行提醒，万万不可以认为教育是幼儿教师的事。最后，保育员要有主人翁意识，对幼儿园要有归属感、认同感。另外，保育员要学会正确地处理与家长、幼儿、幼儿教师的关系。

三、提高入职门槛，完善管理体制

（一）提高保育员入职门槛，严把准入关

保育员作为教师群体的一员，是幼儿园保育工作的主要力量之一。因此，提高保育员的入职门槛，不仅有利于幼儿园保育水平的提高，也有利于幼儿园的发展。

在《幼儿园工作规程》中，对保育员的要求是：高中以上学历，受过幼儿保育职业培训。而且，笔者通过对问卷进行分析也发现，高中或中专以上学历的保育员胜任力水平与初中及以下学历的保育员胜任力水平存在显著差异，高中或中

专学历以上的保育员胜任力水平高于初中及以下的保育员胜任力水平。但是，在实际中，保育员学历水平达标率较低，持有保育员上岗证的人数总体偏少。所以，首先，政府部门应加强监督、引导；其次，幼儿园管理人员在招聘时，应严把准入关，尤其是民办幼儿园，对于幼儿园保育员的招聘，不能只是为了找一个愿意干这份工作的人；最后，有志于从事保育员职业，但学历不达标的，可以通过职业教育等方式来提高自身的学历。另外，对于保育员招聘，笔者认为，还应有以下几个方面的要求：第一，在年龄上，对于新应聘的保育员，最好不要超过55岁，因为年龄越大，保育员的精力越受影响，最终会影响其工作水平；第二，要求持保育员资格证上岗或者要求入职后尽快取得保育员资格证，同时必须具备健康证才能上岗；第三，对保育员的个人背景、性格、职业认识进行调查，确保保育员对孩子负责；第四，对保育员进行实习期考核，对不合格的保育员进行教育或者解聘。

（二）完善岗位责任制

完善保育员岗位责任制，则应使保育员的工作职责明晰，使保育员清楚地知道保育员工作的具体内容。幼儿园应根据相关法律法规，如《幼儿园工作规程》等，参照本园工作实际，制定保育员岗位责任制。因此，完善保育员岗位责任制，明确保育员的工作职责，使保育员工作程序化，有利于保育员在实际工作中将各项保育工作切实做好。保教工作人员一日工作程序化、规范化，不仅可以确保幼儿生活制度与常规得到贯彻实施，也有利于建立良好的保教工作秩序。[①]虽然大部分幼儿园对保育员的一日工作流程都有规定，但是缺乏具体的规定，尤其是普通民办幼儿园，只是对每个时间段做什么有大概的要求，并无具体明确的要求。这就导致保育员在实际工作中随意性大，许多工作做得不到位。例如，同样是84消毒水，有些幼儿园对配比进行严格要求，保育员每次都按标准配置，甚至在盆和桶上面标有水位线，以方便保育员准确配比；而有些幼儿园只是要求用84消毒水，并未对其比例有严格要求，导致该园保育员在84消毒水配比方面的随意性大，卫生消毒工作做得不到位。所以，幼儿园首先应对保育员一日工作流程、工作要求做出具体、科学的规定，使幼儿园保育员能够清楚、明确地完成保育工作。

（三）提高保育员待遇，完善考核与激励机制

人们的社会地位与其经济收入存在一定的关系，提高保育员待遇在一定程度

① 张燕. 1997. 幼儿园管理. 北京：北京师范大学出版社，132.

上有利于保育员社会地位的提高。在访谈中，有幼儿园园长说道：“我认为，保育员的工作非常辛苦。所以，我们幼儿园的保育员的工资，不说是全市最高，但是绝对比大部分幼儿园保育员工资都要高。所以，我们幼儿园的保育员都觉得这份工作比较好。我也会经常和保育员聊天，了解她们的想法。”提高保育员的工资待遇，有利于吸引更多优秀的人从事保育员工作，也有利于激发保育员的工作积极性。除了提高保育员的工资水平外，幼儿园管理人员还应给予保育员更多的人文关怀，了解保育员在生活和工作中遇到的问题，尽力帮助保育员解决困难。同时，应给予保育员更多的尊重与信任，注意维护保育员的自尊心，努力在幼儿园形成相互信任、尊重的风气。

另外，规章制度要有一定的约束力和强制性，这就要求幼儿园管理人员要对保育员工作进行实际考察，加强对保育工作的监督，了解、检查制度执行情况，以便及时发现问题、解决问题。

幼儿园应对保育员工作进行考核评价，除了他人评价外，还应鼓励幼儿园保育员进行自评。幼儿园管理人员需要纠正偏差，对保育工作的检查、考核不能仅仅局限于安全卫生的检查，还应对保育员的专业素养进行评价。

同时，幼儿园应制定合理的激励机制，对绩效考核合格者或优秀者分别采取不同的奖励制度，这样能激发保育员的工作热情，提高其工作能力，从而使保育工作质量向健康态势发展。幼儿园管理者要重视对保育员的思想政治教育，使保育员认识到从事保育工作不仅仅是为了谋生。

第六章

N 县农村小微型幼儿园办园现状的个案研究

第一节 N 县农村小微型幼儿园办园现状调查

本次调查中的农村小微型幼儿园，是指幼儿园班级在 6 个班及以下，在园幼儿总数少于 200 人的农村地区的幼儿教育机构。其中，包括附设在乡村小学的学前班、混合班，以及民办幼儿园开设的学前班。本研究通过《上饶市统计年鉴》和 N 县政府信息网络公开平台，以及实地调查等途径，收集了 N 县农村地区小微型幼儿园的基本情况数据，并对数据进行整理分析，从发展规模、办园体制、幼儿园布局、园舍建设、师资队伍等方面展开描述，从宏观上把握 N 县农村小微型幼儿园办园的总体情况。

一、发展规模和办园体制

（一）发展规模

截至 2014 年秋，N 县农村小微型幼儿园共 209 所，在园幼儿共有 10 099 人，占全县在园幼儿总数的 61.84%，其中 8786 人为留守儿童，占总人数的 87%；共开设 196 个班级，占全县班级总数的 69.26%，由此可知，N 县农村小微型幼儿园的发展影响了全县学前教育的发展（图 6-1）。

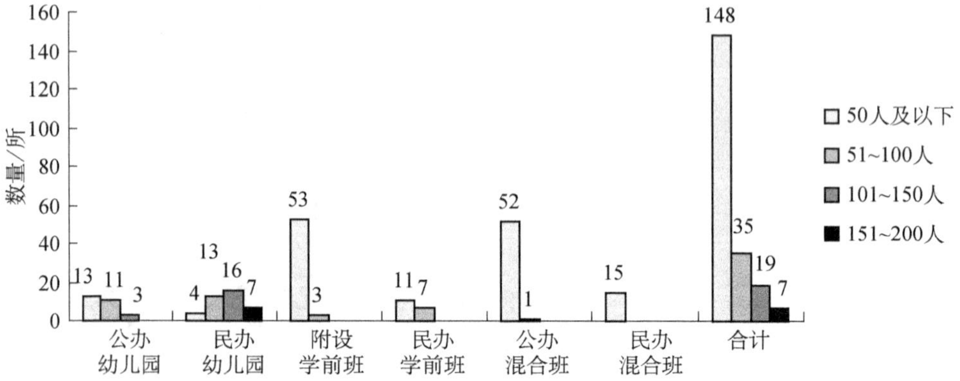

图 6-1　2014 年秋 N 县农村小微型幼儿园数量图

由图 6-1 可知，N 县 13 个乡镇的小微型幼儿园中，办园规模集中在 50 人及以下的幼儿园达 148 所，占农村小微型幼儿园总数的 70.8%。51～150 人的幼儿园共 54 所，占 25.8%，其中民办幼儿园和民办学前班共有 37 所（个）。150 人以上的幼儿园全部是民办幼儿园，占总数的 3.5%。笔者在调查中还发现，209 所小微型幼儿园中有 26 所是未经审核或审核未通过仍在运营的“非法”幼儿园，这些幼儿园多是经营者抱着试一试的心态开办的，为了降低风险，运营方式多采用家庭作坊。

（二）办园体制

20 世纪 90 年代之前，由于教育观念淡薄，学前教育发展落后，N 县接受学前教育的幼儿数量有限，镇上的多数幼儿在小学附设的学前班接受教育，为就读小学做准备，乡镇以下村落中的多数幼儿等到 7 岁直接进入小学接受义务教育，所以 N 县的幼儿园数量非常少，以附设小学校内的学前班为主。随着 N 县经济实力的增强，教育意识的强化，这种情况在 20 世纪 90 年代之后得到极大的改善，幼儿园数量逐年增加。在国家政策的引导和县政府的努力，以及社会办园主体的积极参与下，从市教育局以及《N 县统计年鉴》的统计数据来看，N 县 2014 年注册幼儿园数为 194 所，N 县注册在案的幼儿园中民办幼儿园的数量为 56 所。N 县幼儿园的办园体制也逐渐呈现出多元化趋势，同时农村小微型幼儿园的办园体制也发生了变化，一改 20 世纪 90 年代小学附设学前班独大的局面（表 6-1）。

表 6-1　N 县 2014 秋农村小微型幼儿园办园体制情况表

农村小微型幼儿园数量	纯公办		公办民助（股份制）	纯民办（私人）
	教育部门办	政府办		
总计/所	128	9	1	56
比例/%	65.98	4.64	0.52	28.87

二、服务半径

参照《江西省农村幼儿园基本办园条件标准》中第二章第五条提出，幼儿园规划布局应符合当地城市总体规划，结合人口密度、生源发展趋势、地形地貌、交通、环境、服务半径等因素综合考虑。2019 年,《托儿所、幼儿园建筑设计规范》中提出以 300～500 米服务半径对托儿所和幼儿园进行设点为宜。①本研究按照行政区域的划分，将 13 个乡镇的幼儿园按照在园幼儿数 500 人及以下、501～750 人、751～1000 人、1001 人及以上进行分类，计算出服务半径的平均数，以了解农村小微型幼儿园实际的服务半径。

由图 6-2 可知，苏桥和青云 2 个乡小微型幼儿园的在园人数为 500 人以下，占 15.38%；在园幼儿数在 501～750 人的乡镇有齐埠、大源、珠田、裴梅和湖云 5 个乡镇，占 38.46%；南溪、上坊、陈营和梓埠 4 个乡镇的在园幼儿数为 751～1000 人，占 30.77%；人数在 1001 人及以上的乡镇是汪家和石镇，占 15.38%。按照在园人数规模分类，选取青云、珠田、上坊和汪家 4 个乡镇的幼儿园作为代表进行分析。

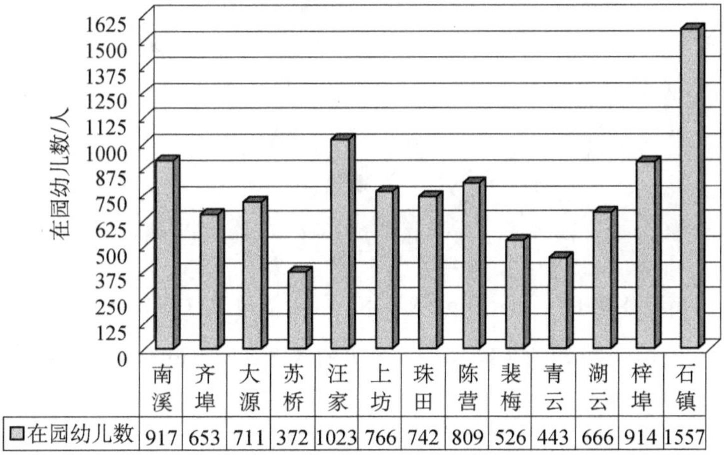

图 6-2　2014 年秋 N 县农村小微型幼儿园在园幼儿人数

① 中华人民共和国住房和城乡建设部. 托儿所、幼儿园建筑设计规范. http://www.mohurd.gov.cn/wjfb/201909/t20190906_241708.html[2019-8-12].

由图 6-3 可知，青云镇农村小微型幼儿园的入园距离集中在 0.5～1.5 千米，最远的幼儿入园距离在 3.5 千米以内，服务半径不超过 3.5 千米。

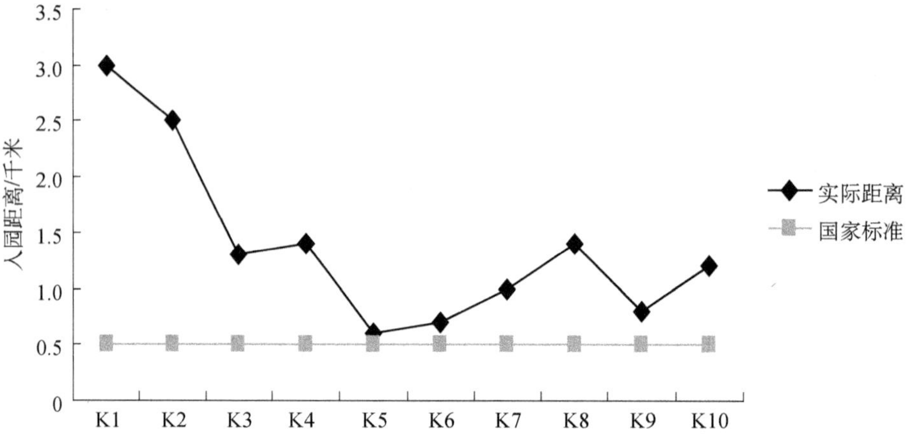

图 6-3　在园幼儿为 500 人以下的青云镇入园距离实际情况

K 代表幼儿园，余同

图 6-4 将珠田乡幼儿园的入园距离直观地展现了出来，珠田乡在园幼儿的入园距离大部分在 0.5～3 千米。

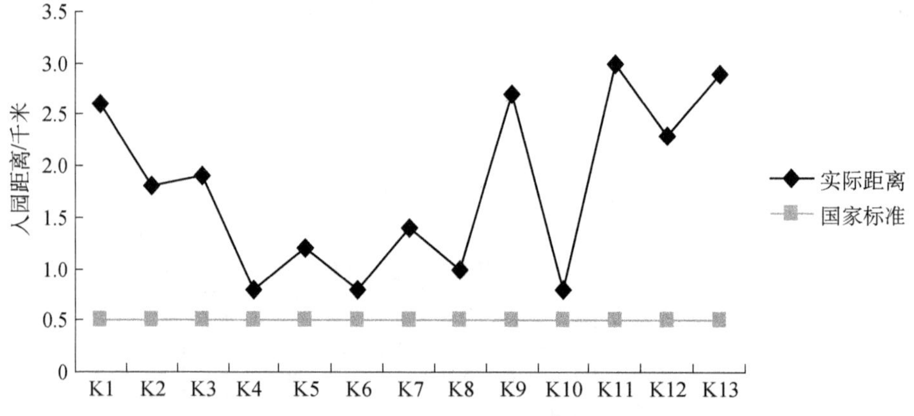

图 6-4　在园幼儿为 501～750 人的珠田乡入园距离实际情况

由图 6-5 可知，上坊乡小微型幼儿园的幼儿入园距离最远达到 5 千米，大部分距离在 0.5～5 千米，相比以上两个乡镇的幼儿园，跨度要大。上坊乡入园距离在 2 千米以上的小微型幼儿园占多数，共有 9 所，2 千米以内的幼儿园有 5 所，服务半径跨度变大。

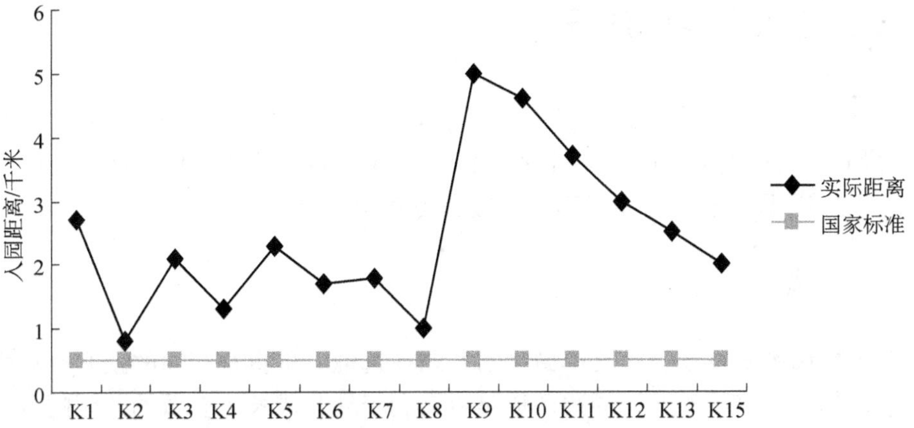

图 6-5　在园幼儿为 751～1000 人的上坊乡入园距离实际情况

图 6-6 描述的是汪家乡小微型幼儿园的幼儿入园距离，可以看到入园距离差异较大。汪家乡幼儿入园距离在 2 千米以上的小微型幼儿园有 10 所，服务半径超过 5 千米的幼儿园有 2 所，大部分入园距离在 2～6 千米。

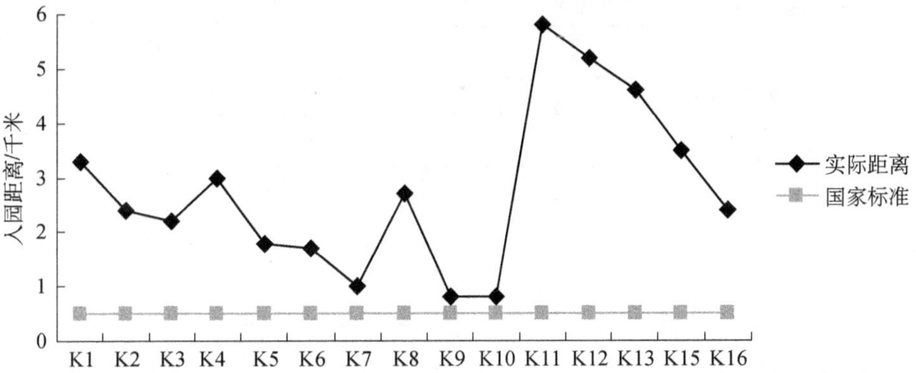

图 6-6　在园幼儿 1001 人以上的汪家乡入园距离实际情况

在幼儿园布点上，虽然国家提出坚持“就近办学，方便入学”的原则，颁布政策明确规定幼儿园服务半径以 500 米为宜，但如果幼儿园拥有优良的师资、完善的教育设施、便利的交通等，就能够吸引距离较远的家长。例如，上坊乡的 K1 幼儿园不仅有上坊乡优良的教育资源，而且配备 5 辆校车专门用于接送远距离就读的幼儿。访谈中，多数家长都表示，“如果幼儿园承担接送，远一点也没什么关系，能在条件更好的幼儿园接受教育，距离不是问题”。

三、选址和园舍建设

园舍建设是衡量幼儿园质量的重要指标之一。调查数据主要来源于N县教育体育局（简称教体局），笔者主要从办学选址、园内外活动场所面积、园舍建筑等方面来说明N县农村小微型幼儿园园舍建设状况。

（一）选址

笔者在调查中发现，N县小微型幼儿园在选址时更重视交通的便利性和生源地辐射范围，忽略了幼儿园周边环境是否有利于幼儿成长，多数幼儿园的设点存在一定问题。调查中，有78所幼儿园在乡镇的主街道旁，幼儿园门口人来车往，而且临近乡镇的集市，周边叫卖声、车子的喇叭声不断，即使有围墙隔离且大门紧闭，噪声依然穿墙而入，如图6-7所示。在这种嘈杂的环境下学习和生活，对幼儿健康成长造成了影响。

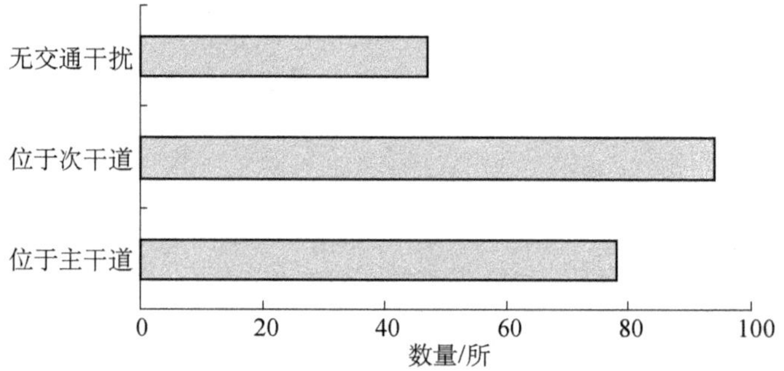

图6-7 N县农村小微型幼儿园选址情况

据笔者调查，珠田乡K11幼儿园的幼儿家长对于幼儿园设在主干道边有许多不满："每次接送的时候，路就非常堵，过往的货车又多，非常不安全。灰尘特别多，大型卡车经过的时候，眼睛都睁不开。"上坊乡K9幼儿园的幼儿家长也抱怨："每次送宝宝上学还好，大家的时间是错开的，不怎么挤，接孩子的时候真是烦，所有的电动车都堵在幼儿园门口。加上周边的摊贩，有时候下大雨，找人都要找好久。"幼儿园设置在交通干道，不仅给家长接送幼儿造成很大困扰，而且不利于保障幼儿安全、创造安静的教育环境。

（二）建筑用地

参照《江西省农村幼儿园基本办园条件标准》的要求，笔者收集了部分N

县农村小微型幼儿园建筑数据，分析结果如图6-8所示。

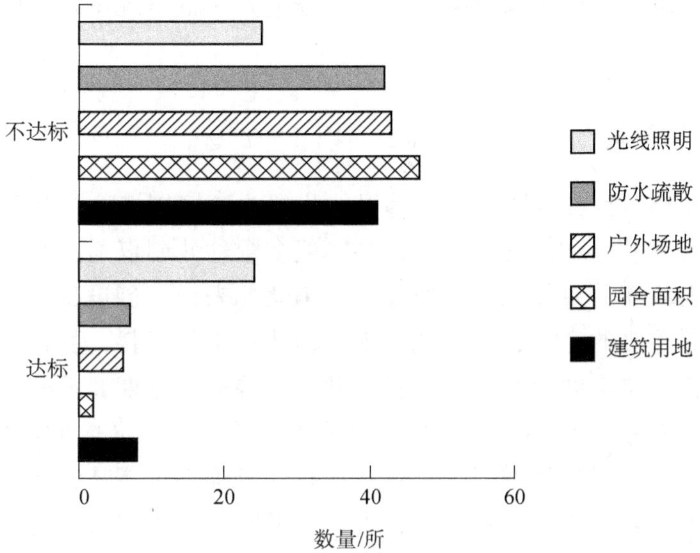

图6-8　N县部分农村小微型幼儿园建筑达标情况

在收集到的49所幼儿园园舍数据中，仅有上坊乡K9幼儿园五项指标都合格，调查的幼儿园中，多数基础设施简陋，教室和寝室的面积都非常有限，通常都是30多名幼儿挤在一个小房间里。大多数幼儿园并没有专门的幼儿活动场地，即使有，安全保障、玩具设施等方面也不符合国家标准，无法满足孩子的需要。在安全方面，多数建筑并没有定期检查，消防方面也不合格，存在一定的安全隐患，而且数据显示所有小微型幼儿园都没有绿化用地。《江西省农村幼儿园基本办园条件标准》中明确规定农村幼儿园建设用地中的绿地比例不低于30%，绿化用地面积不小于2平方米/生。在光线照明方面，即使在天晴、室外阳光很好的情况下，很多幼儿园室内也需要开灯照明，无法达到建设标准中“幼儿园活动室应保证冬至日底层满窗日照的有效时间不少于3小时”的要求。

调查中，幼儿教师对于教室建设也有许多抱怨：“天晴的时候还好，下雨的时候，整个教室都潮乎乎的；由于不通风，夏天的时候，孩子们和我们这些老师挤在这么小的一个空间里，说得不好听，教室里都有一股难闻的人味儿。”一些家长也反映：“孩子的教室太小了，所有小朋友都窝在那么小的空间，根本就没有可以活动的空间。”幼儿园园长对于目前幼儿园的建设情况也表示无可奈何，青云镇K2幼儿园的邓园长说：“当初开办幼儿园单独建房200

平方米，自己规划的时候，以为只需要教室和卫生间，加上也没想到会有这么多孩子。现在没有可以转移师生的地方，资金方面也出现短缺，所以只能暂时这么将就着。”

（三）环境创设

调查中，85%的农村幼儿园不重视幼儿园的环境创设。少数条件较好的幼儿园室内会布置教师和幼儿的手工作品，但多数幼儿园仅通过张贴一些识字图画来布置室内墙面，室外无任何布置。对于幼儿来说，创设良好的生活和学习环境有着十分重要的意义，不仅能够丰富幼儿的学习材料，而且能够间接地对他们产生教育影响。幼儿期是幼儿身心健康发展的关键期，适时开展丰富多彩的户外活动，对幼儿身心发展能起到重要的作用。某幼儿园的杨老师说：“幼儿园里用于教室布置的经费就那么点儿，我们老师不可能从自己那么低的工资里拿钱出来，而且每天工作量都那么大，也没心思和时间去做这些事情。教室能够有些画就行了，反正小朋友来幼儿园最主要的还是学习，教室好不好看也没什么关系。”

从表 6-2 可以看到，超过半数的幼儿园没有图书、音像制品和 DVD，在拥有大型户外玩具的幼儿园，玩具数量非常有限，并不能满足所有在园幼儿的活动需求，幼儿园教具、玩具设施严重不足。对于这些小微型幼儿园来说，琴类设施属于高档奢侈品，一些条件较好的幼儿园整个园也只有一件琴类设备，而且使用率不高，放在教室，沦为一种摆设。在 N 县农村小微型幼儿园中，虽然或多或少地购置了一些供幼儿使用的玩具，但总体而言数量少，不足以实现人手一份；有些规模较小的幼儿园只提供 1～2 种玩具，班上的幼儿只能轮流使用，而且幼儿使用玩具的频率也较低。小部分幼儿园会购买图书、音像制品摆在教室的角落，但是多数已经损坏，常年得不到更换。

表 6-2　N 县农村幼儿园玩教具情况统计表

设备	电视机		DVD		琴类		户外玩具		图书、音像制品	
情况	有	无	有	无	有	无	有	无	有	无
幼儿园数量/所	187	32	93	126	72	147	122	97	61	158
比例/%	85.4	14.6	42.5	57.5	32.9	67.1	55.7	44.3	27.9	72.1

四、收费情况和管理督导

(一) 收费情况

幼儿园的收费问题一直以来都是大众关注的重点。通过整理 N 县教体局提供的数据，可知 N 县农村小微型幼儿园收费情况，如表 6-3 所示。

表 6-3　N 县农村小微型幼儿园收费情况表

项目	保育教育费/（元/月）		课本费/（元/学期）		
	101～120 元	121 元及以上	15 元及以下	16～21 元	22 元及以上
幼儿园数量/所	171	48	115	95	9
比例/%	78.1	21.9	52.5	43.4	4.1
项目	用餐费（元/天）		接送车费/（元/学期）		
	午餐（含午点）5 元	仅午点 1 元	60 元	61～80 元	81～100 元
幼儿园数量/所	74	145	29	42	3
比例/%	33.8	66.2	39.2	56.8	4.1

N 县 219 所农村小微型幼儿园中，128 个附设学前班和 14 所公办幼儿园不为幼儿提供午餐和校车接送服务，所以不收取相关费用；民办小微型幼儿园都提供午餐以及校车接送服务。根据 N 县下发的相关文件，农村普通幼儿园收费标准每生每学期按 4.5 个月计算，乡镇中心幼儿园保育教育费每月 120 元，计 540 元；乡镇以下幼儿园保育教育费每月 100 元，计 450 元。从调查中可知，虽然相关单位对幼儿园的收费制定了一定的标准，但实际上为了保证幼儿园的正常运行，依据办园规模、师资力量、基础设施等条件的不同，以及所在乡镇生活水平的高低，幼儿园的收费标准不一。经济发展较好的乡镇的一些办园条件较好、师资力量较雄厚的幼儿园，收费标准每人每学期在 1000 元以上。绝大部分幼儿园的收费定在每人每学期 600～800 元，纵观这些幼儿园都存在教育教学设施不足、玩具和教具数量短缺、师资力量薄弱、办园条件远在国家规定之下等问题。但对于经济水平相对落后的农村地区家庭来说，这类幼儿园已经能够满足其子女的基本教育需求。笔者在调查中发现，每人每学期收费低于 600 元的幼儿园也占有一定的比例，多数是未登记或审核未通过的幼儿园。这些幼儿园费用低、办园条件差、教师队伍不稳定、教育教学质量无法保证，在幼儿安全卫生保障方面也存在很多隐患。笔者在采访“非法园”K4 幼儿园的一位幼儿家长时，家长解释：“离家近，收费低，小孩放在家里太野，我也没

时间管，还不如花点钱放到这里交给老师管；而且能学点东西，将来也好上小学。”

（二）管理督导

是否拥有优质高效的管理监督队伍，关系到幼儿园能否健康长远发展。幼儿教育管理对幼儿园办园方向和幼儿园的发展具有重要意义。笔者走访N县教体局了解到，目前N县的幼儿教育归教体局社管股统一管理，由社管股主任具体负责全县日常的幼儿教育事务。各乡镇幼儿园所有的相关事务都必须上报，包括幼儿园幼儿和教师相关情况、幼儿园收费、校车使用以及路线等。这种直接管理的模式虽然方便教体局掌握每所幼儿园的动态，但是事务烦琐、工作量大。N县教体局社管股的余主任说：“开学和学期末每个工作人员整天忙得焦头烂额，一直在同各幼儿园联系，收集整理各幼儿园的资料。”

建立行之有效的制度，对于幼儿园的有效管理意义重大。制度是组织的基本活动准则，是组织正常运转的保证。一定的规章制度是幼儿园管理的具体化。据调查，在制度化管理上，N县农村小微型幼儿园存在许多漏洞。大部分幼儿园没有意识到规章制度的重要性，都是按照约定俗成的习惯来进行日常的工作。在一些经济发展较好的镇，一些幼儿园对幼儿的入园、安全等制定了一些规则，但是制度建设并不完善，如缺少门卫制度、教工考勤制度等，而且许多制度在日常生活中并未得到贯彻落实，形同虚设。

五、师资配备和教育教学

（一）师资配备

为了进一步推动N县农村幼儿园迅速发展，建设一支稳定、高素质的农村幼儿园师资队伍显得尤为重要。笔者通过走访N县教体局、发放调查问卷，收集了N县农村小微型幼儿园的教师学历、专业、教师资格证、工资待遇、社保购买、培训等方面的数据。

表6-4为N县农村小微型幼儿园2014年秋季的师幼基本情况。观察表中的数据可知，各乡镇幼儿园的发展规模参差不齐，石镇和汪家乡是N县小微型幼儿园发展较快的乡镇，在园幼儿人数在1000人以上，同时石镇小微型幼儿园的师幼比在全县最高。参照教育部2013年印发的《幼儿园教职工配备标准（暂行）》，为保证全日制幼儿园保教工作正常进行，保教人员与幼儿比应

达到 1∶9～1∶7，可以发现各乡镇教师人数严重不足。

表 6-4　2014 年秋季 N 县农村小微型幼儿园师幼情况表

乡镇	在园幼儿数/人	在园教师数/人	师幼比	乡镇	在园幼儿数/人	在园教师数/人	师幼比
南溪	917	39	1∶23.5	陈营	809	45	1∶18.0
齐埠	653	35	1∶18.7	裴梅	526	25	1∶21.0
大源	711	36	1∶19.8	青云	443	16	1∶27.7
苏桥	372	18	1∶20.7	湖云	666	37	1∶18.0
汪家	1 023	41	1∶25.0	梓埠	914	40	1∶22.9
上坊	766	46	1∶16.7	石镇	1 557	156	1∶10.0
珠田	742	27	1∶27.5	合计	10 099	561	1∶18.0

调研发现，高中（高中、中专）及以下学历的幼儿教师占 N 县农村小微型幼儿园教师总数的 70%，大专学历以上的教师占 29%，学历层次普遍偏低；多数教师都没有接受过幼儿专业知识的系统学习，对相关专业技能也非常生疏；对于幼儿教育目标和内容的认识模糊，无法很好地掌握幼儿的身心发展规律。这些幼儿教师大多没有职称，仅有少部分在乡镇中心幼儿园任教的教师获得了幼（小）教二级职称。大部分教师都只是同幼儿园签订了短期合约，流动性大，不利于农村幼儿教育的长期稳定发展。

如图 6-9 所示，幼儿教师的年龄分布相对分散，40 岁以上的教师人数最多，从教时间 3 年以下的教师超过一半。分析幼儿教师的年龄结构可以看出，教师队伍呈老龄化。虽然相对于年轻教师而言，年纪较长的教师的教育技能水平更高、经验更丰富，对教育内容的把握也更娴熟，但是年轻教师能够为幼儿教育注入新鲜血液，能在教育教学上推陈出新，带给幼儿不同的感受。

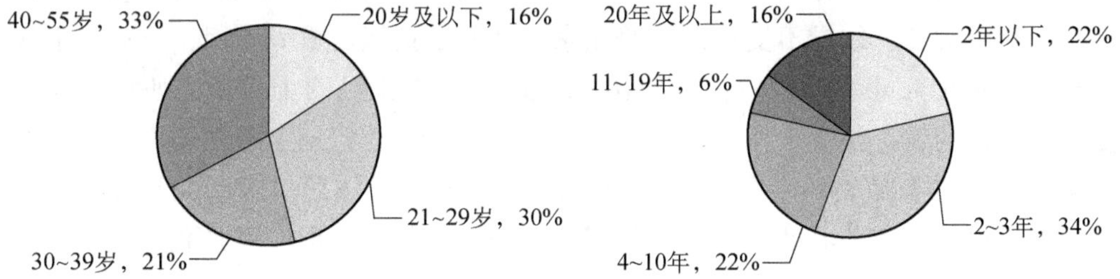

（a）年龄　　（b）教龄

图 6-9　农村幼儿园教师年龄和教龄情况统计图

表 6-5 显示，这些农村小微型幼儿园的教师月工资普遍在 1600 元以下，

43%的教师工资为1200元/月。N县农村小微型幼儿园的561名教师中，在公办幼儿园及附设学前班任教的教师有304人，其中在编教师占46.2%。在编的公办幼儿园都为教师购买了社会保险，而民办幼儿园大多都没有为教师购买基本的社会保险。民办幼儿园中86%的教师与幼儿园签订了劳动合约，但是合约期限多为一年，由于工资待遇太低，教师流动性较大，教师队伍的稳定性差。苏桥K3幼儿园的陶老师是幼儿园中唯一的教师，一个人管理幼儿园中18名幼儿，对于现在的收入情况，她说："说实在的，我的工资收入在村里算少的，之前来这里的年轻老师没做多久都走了，跟我们四五十岁的人不同，年轻人花费总是要多些。好在农村花销少，维持日常生活倒是没有多大问题。"

表6-5　N县农村小微型幼儿园教师工资待遇、社保购买情况统计表

项目	工资待遇/（元/月）			入编		合同		购买社保	
类别	1200元	1201～1600元	1601～1800元	是	否	是	否	是	否
人数/人	241	266	54	259	302	217	87	259	302
比例/%	43.0	47.4	9.6	46.2	53.8	38.7	15.5	46.2	53.8

如表6-6所示，62%的教师从未参加培训，这些教师多数在民办幼儿园任教，19%的教师偶尔参加教师培训。对214名参加过培训的教师的问卷进行统计可知，在职培训是幼儿教师培训的主要途径，通过自修和其他方式进行培训的占21%；多数教师对于观看视频进行培训的方式表示赞同，他们认为远程教育是非常好的培训形式，不仅可以了解最新的教育信息，经济又省时，而且可以实时运用所学知识。84%的教师认为教师培训比较重要或非常重要，91%的教师出于教学需要和自我提高的原因参加培训，其中青年教师占据很大比例。中年教师考虑到培训费用过高、领导不支持以及兼顾家庭和教学负担过重等原因，只有在上级规定必须参加时才去培训。梓埠K10幼儿园的吴老师是两个孩子的妈妈，每天要完成大量的教育教学工作，还要抽空照顾两个孩子，打理家庭琐事。对于幼儿教师培训，吴老师表示左右为难："现在上面（N县教体局）对幼儿教师的要求越来越严格，乡镇公办幼儿园的老师都要被安排去县城培训。可是我这里工作和家里的事情那么多，真是没有多余的精力往县城来回跑，虽然自己也想趁年轻多学点东西。唉，真是心有余而力不足，所以我们这些已婚的老师也只好把培训机会让给那些未婚的年轻老师。"

表 6-6　N 县农村小微型幼儿园教师培训情况统计表

类别	培训机会				培训重要性				培训形式				培训原因			
项目	经常参加	定期参加	偶尔参加	从未参加	非常重要	比较重要	不太重要	完全不重要	半脱产	在职培训	自修	其他	上级规定	教学需要	自我提高	其他
人数/人	17	90	107	347	287	186	62	26	8	160	19	27	185	102	93	51
比例/%	3	16	19	62	51	33	11	5	4	75	9	12	86	48	43	24

（二）教育教学

教师主要通过教育教学活动影响幼儿的发展，所以教育教学是决定幼儿园教育质量的关键因素。笔者通过调查了解 N 县农村小微型幼儿园的教育教学情况，以期为提高 N 县农村小微型幼儿园教育教学水平提供参考。

由表 6-7 可以看到，N 县农村小微型幼儿园目前所使用的教材主要由教体局统一购买，我们从 N 县教体局了解到，学期末都会对下学期需要教材的幼儿园进行统计，以便购买教材。有些幼儿园由教师依据自己的教学经验参考一些小学教育教学内容自行选择教材。

表 6-7　N 县农村小微型幼儿园教材使用情况

分类	教体局统一购买	幼儿园自行购买	幼儿园教师选择
幼儿园数量/所	109	67	43
比例/%	49.8	30.6	19.6

在教学内容上，N 县农村小微型幼儿园都将教育教学重心放在识字和算术上。拼音识字、算术教育教学活动是幼儿园日常教育活动的主要组成部分，尤其是大班，孩子们除了要学习上述内容，还要做一些作业，为上小学做准备。图 6-10 展示的是裴梅乡 K1 和 K5 幼儿园大班语言活动的教学内容。从黑板的板书可以看到，老师正在教授拼音和识字。笔者在调查中发现，对于幼儿良好学习、生活习惯的养成以及兴趣的培养，在幼儿园开展活动的过程中根本不受重视。笔者通过对一些家长进行访谈了解到，大多数家长都有“孩子进入幼儿园就该学习书本知识，为将来小学学习进行知识储备”这种思想观念，对于培养良好的学习、生活习惯没有予以太多重视。虽然部分教师会依据自己的经验对教学内容进行调整，但在教学内容的选择上仍局限于课本知识，忽视了幼儿的发展需求。当笔者在调查中问起南溪镇 K4 幼儿园的小朋友是否喜欢幼儿园时，孩子们

说："不喜欢，来幼儿园要上课，还要写作业，作业写得不好，妈妈还会骂人，要不是可以和其他小朋友一起玩，我才不要来幼儿园。"

图 6-10　N 县裴梅乡 K1 和 K5 幼儿园的教学内容

第二节　大源镇小微型幼儿园发展情况调查

大源镇位于 N 县东部，北部与乐平相邻，东部与弋阳相连，四面环山，属于丘陵山区。笔者通过对大源镇 18 所幼儿园进行调查，收集数据，从办园规模、办学条件、师资配备、教育教学、家园合作和卫生健康等方面分析当前大源镇农村小微型幼儿园的生存现状。

一、办园规模

（一）幼儿园数量及在园幼儿情况

截至 2014 年秋，大源镇共有幼儿园和附设在小学的幼儿园、混合班 18 所/（个），全部为小微型幼儿园：民办小微型幼儿园 3 所，其中正规合格的 2 所，另外 1 所为非正规办园；附设在中心小学的幼儿园 1 所，附设在村小的混合班 14 个。大源镇小微型幼儿园在园总人数为 711 人，其中 554 人为留守儿童，占总人数的 77.9%。民办幼儿园在园幼儿 387 人，占总人数的 54.4%。其中，K1 幼儿园学前班有幼儿 58 人，占全园幼儿的 24%；K2 幼儿园学前班有幼儿 28 人，占全园幼儿的 21%。公办幼儿园及混合班有幼儿 324 人，占总人数的 45.6%。笔者通过所得数据发现，附设在村小的混合班人数都在 35 人以下，人数在 25 人以下的有 12 所，15 人以下的有 4 所，5 人以下的有 2 所。就读于混合班的幼儿年龄在 4 岁的居多，有 143 人，5 岁的幼儿有 51 人。

（二）服务半径

幼儿园布局应坚持“就近入园”的原则进行合理设置，满足周边适龄儿童入园的需求。2016 年的《托儿所、幼儿园建筑设计规范》中提出以 300～500 米服务半径对托儿所和幼儿园进行设点为宜。笔者通过对家长进行访谈以及幼儿园园长提供的数据了解到了大源镇 18 所小微型幼儿园的实际服务半径。

如图 6-11 所示，在这 18 所小微型幼儿园中，K1、K2 和 K4 这 3 所幼儿园都在大源镇上，其他幼儿园距大源镇路程为 1～4 千米。K4 幼儿园虽然在镇上，但是由于不提供午餐以及接送服务，所以就读的多是镇上附近 2.5 千米内的幼儿。K1 幼儿园有 165 名幼儿，K2 幼儿园有 86 名幼儿，居住地在 2 千米以外；由于远距离入学的幼儿较多，K1 幼儿园配备 3 辆校车，K2 幼儿园配备 2 辆校车，方便幼儿就学。由此可以看到，有 15 所小微型幼儿园入园距离都在 2 千米内，所以这些幼儿园并没有配备校车。

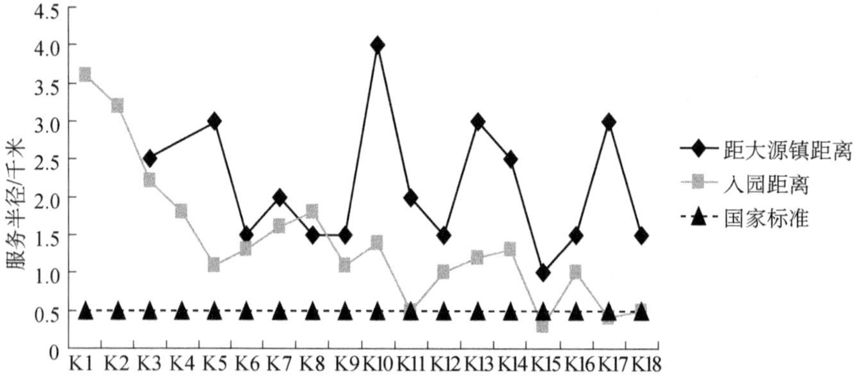

图 6-11　大源镇小微型幼儿园服务半径情况

二、办学条件

办学条件的优劣会直接影响幼儿的生活和学习环境的质量。笔者对大源镇 18 所幼儿园办学条件的调查，从设点选址、园舍建设、环境创设和收费情况四个方面展开。

（一）设点选址

如图 6-12 所示，大源镇 18 所小微型幼儿园不受交通干扰的幼儿园有 11 所，占幼儿园总数的 61%。主要原因是附设在村小的混合班居多，而这些村小多在村里比较僻静处，很少受交通干扰。但很多混合班幼儿的家长反映，交通不便利，不方便接送孩子，农务较忙的时候，家长就把孩子直接放到村口，让孩子自己穿过马路去幼儿园，极其不安全。

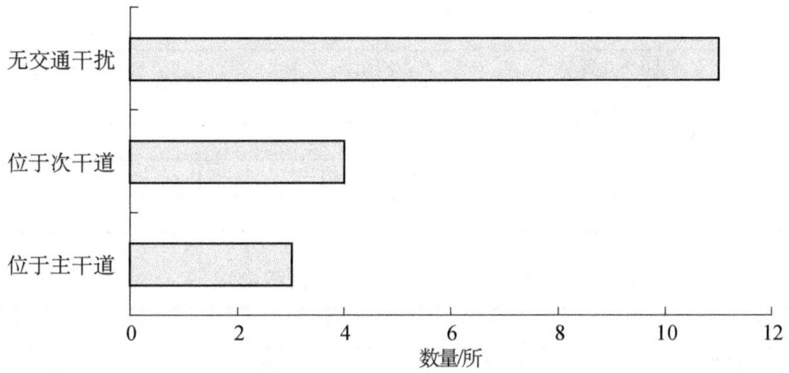

图 6-12　大源镇小微型幼儿园选址情况图

（二）园舍建设

园舍条件是保障幼儿全面发展的物质基础，是创办优质幼儿教育的重要标志之一。根据《江西省农村幼儿园基本办园条件标准》，农村幼儿园的园舍建设应遵循安全、适用、经济、美观的原则。

通过对比表 6-8 和表 6-9 可知，大源镇小微型幼儿园的园舍建筑面积与文件要求存在较大差距。数据显示，大源镇小微型幼儿园中生均面积达到 10 平方米及以上的幼儿园只有 3 所，仅占全镇幼儿园数量的 16.7%。

表 6-8　2014 年大源镇幼儿园办园条件情况表

幼儿园	在园幼儿数/人	占地面积/平方米	生均占地面积/平方米
K1	242	1200	4.96
K2	131	1000	7.63
K3	14	100	7.14
K4	95	300	3.16
K5	17	47	2.76
K6	20	45	2.25
K7	30	60	2.00
K8	32	45	1.41
K9	18	45	2.50
K10	24	48	2.00
K11	6	40	6.67
K12	15	40	2.67
K13	21	45	2.14
K14	18	40	2.22
K15	3	40	13.33

续表

幼儿园	在园幼儿数/人	占地面积/平方米	生均占地面积/平方米
K16	16	200	12.50
K17	6	40	6.67
K18	3	40	13.33
合计	711	3375	4.75

表 6-9　江西省农村幼儿园建设用地面积指标　　单位：平方米

项目	3 班（90 人）	6 班（180 人）	9 班（270 人）
占地面积	1260	2340	3240
生均占地面积	14	13	12

笔者在实际调查中发现，除 K1、K2 和 K4 幼儿园外，其他幼儿园由于园舍面积有限或者分区不明显，整个幼儿园除室内活动室，其他空间没有进行功能分区，因此只对上述 3 所幼儿园用房进行了详细的描述，如表 6-10 所示。对照《江西省农村幼儿园基本办园条件标准》，可以发现 3 所幼儿园都未建设保健室。K1、K2、K4 幼儿园户外场地面积分别为 170 平方米、104 平方米和 90 平方米，幼儿户外活动空间狭窄。笔者在调查中还发现，提供午餐的 K1、K2 幼儿园并没有为幼儿提供午休的寝室，为节省空间，幼儿园购置了上下铺的木质床，靠墙放在开展教育活动的教室内。

表 6-10　大源镇幼儿园各类用房使用面积　　单位：平方米

用房类别	K4		K2		K1	
	每间面积	面积	每间面积	面积	每间面积	面积
一、活动室及辅助用房						
活动室	80	160	130	260	120	240
寝室			40	120	60	180
卫生间	3	6	3	9	4	12
衣帽及教具储藏室	12	12	18	18	16	16
多功能活动室			120	240	140	280
小计		178		647		728
二、办公及辅助用房						
办公室			60	60	115	115
图书资料室	20	20	30	30	25	25
会议室兼接待室			30	30	25	25
门卫室	12	12	10	10	18	18

续表

用房类别	K4		K2		K1	
	每间面积	面积	每间面积	面积	每间面积	面积
二、办公及辅助用房						
教职工卫生间			12	24	10	20
小计		32		154		203
三、生活用房						
厨房			29	29	43	43
其他生活用房			66	66	56	56
小计				95		99
总面积		210		896		1030

（三）环境创设

教育不只是教师的言传身教、家长的榜样示范，幼儿身处的环境也在孩子成长的过程中悄悄地影响着他们，所以幼儿园的环境创设具有重要价值。

笔者在调查中发现，大源镇小微型幼儿园室内的墙面布置多以教师和幼儿简单的手工做装饰，另外就是张贴拼音和数字图，没有区角的设置，也没有主题墙。附设在小学内的幼儿园会根据时节变化更新黑板报，营造一种节日氛围。这些环境创设只是简单地起到美化教室的作用，缺少与幼儿活动的互动。18 所幼儿园中，7 所幼儿园有电视机，4 所幼儿园有 DVD；18 所幼儿园中，无一所幼儿园购置幼儿图书、电脑和琴类，也没有为幼儿提供进行区角活动的教具和玩具。大源镇 K18 幼儿园的一位教师在访谈中表示："我们班就 3 个孩子，有一间教室就很不错了，不用麻烦把教室搞得那么花花绿绿，清理打扫的时候又耗时间。"

大源镇小微型幼儿园园内户外活动材料极少，除一两件大型的玩具设备外，户外没有任何其他体育设施，而且孩子只能在入园或者下午离园时使用这些大型玩具，并不能满足幼儿的活动需求，另外，幼儿户外活动时间远达不到一天 2 小时。大源镇 K5 幼儿园的几个小朋友说："为了玩这些玩具，我们都要很早就来，不然就被别人给占了，晚上放学的时候，也要赶快冲出来。"一位家长则表示："幼儿园有那么一两件大型玩具就行，弄那么多玩具，孩子上课容易分心，无法好好学习。"

（四）收费情况

按照 N 县教体局有关文件的规定，幼儿园收费标准每生每学期按 4.5 个月计算，大源镇农村小微型幼儿园具体收费情况如表 6-11 所示。

表 6-11 大源镇农村小微型幼儿园收费情况 单位：元

项目	K1	K2	K3	K4	其他幼儿园
午餐费/天	4	4	4		
午点费/天	1	1	1	1	1
保育费/月	200	178	120	120	100
保险/学期	30	30	30	30	30
接送费/学期	150	150			
合计/学期	1530	1430	1245	705	615

注：每个月按 20 天计算

在 18 所幼儿园中，收费在 800 元以下的有 15 所，K1、K2 和 K3 幼儿园由于为就读幼儿提供午饭，收费相对较高。当问及幼儿家长对幼儿园收费的看法时，多数家长表示，虽然有些幼儿园收费相对较高，但教育质量以及服务较好，而且就自己目前的家庭收入来说，在可承受的范围内，大家都愿意多花一些钱让孩子接受更好的教育。但是访谈中 K1 幼儿园的幼儿家长对于一学期 1530 元的收费表示不满："一个学期交那么多钱，也不知道用到哪里去了，也没见孩子比其他幼儿园的孩子多学到什么东西，觉得有些不值。"K1 幼儿园园长的解释如下："这些钱除了要发教职工工资，还要支付水电、设备维修、买菜等这些日常开销，上面又没有补贴，所剩没多少。现在给老师工资太少，根本就留不住，更别说那些比较优秀的老师了。工资低，老师抱怨，留不住人；收费太高，家长抱怨，生源流失，我们这些园长也不容易。"

三、师资配备

教师质量的高低会直接影响幼儿的健康成长，建设一支高质量的幼儿教师队伍至关重要。

大源镇小微型幼儿园教师共 36 人，在园幼儿 711 人，全镇师幼比为 1∶19.8。如图 6-13 所示，参照国家幼儿园教职工配备标准设定的 1∶9～1∶7 的师幼比，可以发现达到国家标准的幼儿园仅有 4 所。大源镇幼儿园教师大多数都为女性。K1 幼儿园 10 位专职幼儿教师中，8 人为大专学历，获得教师资格证，有 2 人被评为幼教二级教师；K2 幼儿园 6 位专职幼儿教师中，均为中专学历，有教师资格证的有 4 人；K3 幼儿园只有 1 位初中毕业的专职教师，没有获得教师资格证；K4 幼儿园有 4 位专职幼儿教师，2 人为大专学历，均有小学教师资格证。其他幼儿园的 15 名教师均为所附设小学中的任课教师，其中仅有 3 位教师获得了教师资格证。

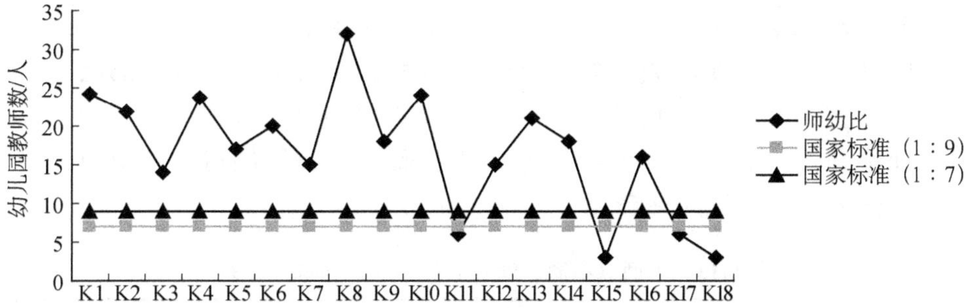

图 6-13　大源镇小微型幼儿园师幼比情况

表 6-12 显示，农村幼儿园中工资在 1600 元/月及以下的教师占总人数的 83.3%。大源镇小微型幼儿园 36 名教师中，在公办幼儿园及附设学前班任教的教师有 19 人，其中在编教师占 36.8%。教师中购买社会保险的有 10 人，占教师人数的 52.6%；而民办幼儿园大多都没有为教师购买基本的社会保险。民办幼儿园中 58.8%的教师与幼儿园签订了劳动合约，但合约期限较短，还有一些教师只是通过同园长口头协议定下劳动契约。大源镇 K2 幼儿园刚来不久的董老师说："这家幼儿园的工资相比其他几家算不错的，但是同我那些在县城工作的同学相比，我的收入实在是不值一提。我现在还年轻，不想在这里待那么久，考虑着先在这里积累点经验，等县城里的机会，所以只和园长签了一年。反正这里没有什么老师来，如果机会没那么快来，明年继续签约就是了。"

表 6-12　大源镇幼儿园教师工资待遇、社会保险购买情况统计表

项目	工资待遇/（元/月）			入编		合同*		购买社会保险	
类别	1200	1201～1600	1601～1800	是	否	是	否	是	否
人数/人	13	17	6	7	29	10	9	10	26
比例/%	36.1	47.2	16.7	19.4	80.6	27.8	25.0	27.8	72.2

*其中部分教师有编制，不签合同

由表 6-13 可知，大源镇多数幼儿教师都参加过培训，从未参加过幼儿教师培训的教师多数在附设的混合班任教。对 23 名参加过培训的教师的问卷进行统计可知，在职培训是幼儿教师培训的主要途径。中年教师对于教师培训采取一种"不得不去"的消极态度。大源镇 K5 幼儿园是镇上唯一一所中心幼儿园，幼儿园中的陶老师和柳老师经常被安排去县城参加培训。说起幼儿教师培训，陶老师表示失望："之前我一直都很期待有培训的机会，可以学习新东西，解决自己工作中的困惑。但是参加过几次培训之后，觉得很失望，每天跑来跑去，花时间不说，关键是学不到东西。每天都是讲那些枯燥难懂的理论知识，听了半天，脑子里什么都没有，对于有些专家提出的一些观点，虽然当时有很多感触，但是到实际教育教学过程中不知道怎么运用。每天那么辛苦，却没什么收获，对这样的培训还是挺失望的。”柳老师表示赞同：“相比那些深奥的理论知识，我们更需要的是能为实践操作过程提供指导的知识，向上面反映过很多次，也没人理会。”

表 6-13　大源镇小微型幼儿园教师培训情况统计表

类别	培训机会				培训重要性			
项目	经常参加	定期参加	偶尔参加	从未参加	非常重要	比较重要	不太重要	完全不重要
人数/人	8	4	11	13	19	12	3	2
比例/%	22.2	11.1	30.6	36.1	52.8	33.3	8.3	5.6
类别	培训形式				培训原因			
项目	半脱产	在职培训	自修	其他	上级规定	教学需要	自我提高	其他
人数/人	0	18	2	3	15	6	7	2
比例/%	—	50	5.6	8.3	42	17	19	5.6

四、教育教学

在调查过程中，笔者发现大源镇的幼儿园在教育教学内容的选择上惊人地相似与统一。所有幼儿园的授课模式都为集体教师授课，教学内容为拼音识字与算术。K4 幼儿园虽然在课程设置上明确显示有健康、音乐等活动，但是我们在实际调研中发现，这些活动的开展与小学教授的课程没有明显差别。在教育教学内容的选择上，K4 幼儿园的一名幼儿家长表示：“我觉得自己还是蛮重视孩子的教育的，小孩每天回到家，我都会询问今天所学的知识，检查他的作业。把他送到幼儿园尽早地学习这些知识，不然到了一年级跟不上学习进度；而且老师也会教唱歌、跳舞，算是培养了兴趣爱好。”

五、家园合作

家园合作是幼儿园同家长互通消息、形成教育合力的重要途径。笔者经调查发现，大源镇 18 所小微型幼儿园对于家园合作并不重视。家长会是开展家园合作的主要形式，K1、K2、K4 这 3 所幼儿园一个学期会定期召集家长就幼儿的近况开家长会，家长会的内容主要是教师汇报幼儿的学习情况，叮嘱家长配合幼儿园的学习活动，对幼儿进行监督与教育。K3 幼儿园一个学期内举办过两次家长会，学期初向幼儿家长汇报幼儿园新学期教育活动的安排，学期末总结这一学期幼儿在园的表现，向家长交代假期相关事宜。其他幼儿园一般只在学期末召开一次家长会，对幼儿的相关情况进行汇报。对于家长会，家长有不同的看法，K1幼儿园的一名幼儿家长说："我平时工作很忙，根本抽不出时间来开家长会，我花钱把孩子送到幼儿园就是为了省心，现在把自己搞得更忙，真是烦。"K4幼儿园的一名幼儿家长说："我觉得定期开家长会还挺好，我可以把握自己孩子的动态，也说明老师尽心负责。"K13幼儿园混合班的一名幼儿家长说："每次送孩子来上学，我都会和老师聊几句，问问宝宝的情况，这里的老师和我们都很熟，所以家长会开不开也没什么关系。"

六、卫生健康

由于远距离入学的幼儿人数较多，大源镇K1、K2、K3幼儿园为幼儿提供午餐。K2幼儿园没有公开幼儿的食谱，也没有制定相应的食物管理制度；对厨房没有进行严格的清洁，餐具就随意摆放在地上进行清洗。K2幼儿园的园长说："有一年夏天，一个小孩吃坏肚子，虽然不是在幼儿园吃饭导致的，但是我也马上购置了一台消毒碗柜，保证幼儿的用餐安全。这些饭菜是没有问题的，因为我们老师和我们家里人也都吃这个。"

调查发现，大源镇所有的小微型幼儿园都没有保健室，入园时也没有对幼儿进行晨检，孩子生病吃药，家长会直接叮嘱班上老师，多数时候幼儿教师会通知家长把幼儿带回家休养。另外，与县城里的幼儿园一人一位的卫生间不同，大源镇小微型幼儿园的卫生间是按照家庭使用的样式建设的，而且师生共用，空间小、环境差。K5幼儿园园长说："我们幼儿园条件算好的，村里那些幼儿园的孩子都是和附设小学的师生一起共用学校的厕所。"

第三节　N县农村小微型幼儿园办学成效与问题归因

一、农村小微型幼儿园发展的意义与价值

小微型幼儿园是N县农村地区发展学前教育的重要组织形式，它在为幼儿提供学前教育机会、扩大教育公平方面的作用是不容小觑的。总体来说，农村小微型幼儿园具有社会、教育、经济和文化四个方面的价值。

（一）提高社会公平

N 县农村小微型幼儿园的在园幼儿多数为处于相对弱势地位的留守儿童，小微型幼儿园的存在与发展为经济落后地区的幼儿提供了接受学前教育的机会。这对于改变贫困地区幼儿的社会地位，促进社会阶层流动，推动农村社会变革，有着深远的影响。同时，农村小微型幼儿园在促进农村女童入学方面，有不可忽视的作用。另外，农村小微型幼儿园由于班级规模较小，师生互动频率相对更高，有利于教师关注幼儿，缩小幼儿之间的发展差距，能够有效帮助能力相对较弱的幼儿参与到教育活动中，提高他们的积极性，增强他们的自信心。

（二）拓展教育功能

农村小微型幼儿园能够对幼儿实施更好的教育。首先，农村小微型幼儿园位于幼儿居住点附近，方便幼儿就近入园，易于使幼儿形成较强的归属感和安全感。其次，家园互动便利，幼儿园同所在农村社区的联系密切，幼儿园同家长、所在社区的良好互动能够形成强大的教育合力。在实施学前教育的过程中，农村社区的加入加大了对农村小微型幼儿园教育活动的支持。加上农村小微型幼儿园同农村社区的天然联系，使得挖掘当地富有特色的教育资源成为可能，也更加便利。再次，由于在园幼儿多数为就近入园，幼儿之间的亲密感很强，减少了初次入园的恐惧和不安。混龄编班的混合班有利于幼儿之间的交流，能使幼儿的社会交往能力得以提高。最后，由于班级规模较小，便于管理，教育教学活动设置也较为灵活，有利于个性化教学的实施。

（三）降低经济成本

农村小微型幼儿园在方便幼儿就近入学的同时，也降低了幼儿教育成本，减少了父母接送的花费，降低了时间成本。小微型幼儿园的发展，节约了昂贵的校车费用，减轻了政府的财政压力，也减少了幼儿接送途中的不安全因素。小微型幼儿园在一定程度上提供了一些就业机会，而且幼儿园周边容易形成与幼儿相关的商品销售圈，对推动农村地区经济的持续发展起到了重要作用。

（四）发展乡村文化

小微型幼儿园是偏远落后农村地区文化发展的标志之一。农村小微型幼儿园是农村地区开展文化活动的中心之一，同村小一起肩负着传播文化的重要职责，在潜移默化中提高了当地居民的文化素养，更新了他们的思想观念。在小微型幼儿园中开展的运动会、文艺会演等活动，对于当地村民来说，不仅在视听上获得了美的享受，而且使身心释放，受到一种精神上的洗礼。从某种意义来说，扎根于农村的小微型幼儿园是保障农村幼儿健康成长的文化之魂。

二、农村小微型幼儿园发展中的不足

（一）教育经费匮乏

教育经费是学前教育得以长足发展的关键。就调研结果来看，N 县农村小微型幼儿园获得的教育经费投入总量不足，教育经费管理不规范，不能够为 N 县农村地区小微型幼儿园的健康发展提供保障。

1. 经费数量不足

农村小微型幼儿园因为生源数量少，分配所得的资源量也相应地较少，民办幼儿园除了收取保教费用以维持日常开支，没有其他渠道的经费支持。尽管现在国家和 N 县政府开始大力扶持小微型幼儿园的发展，对在园幼儿实行补助，但是总体而言农村小微型幼儿园尤其是小微型幼儿园中的民办幼儿园所得经费支持总量相对较少，很多村里的民办小微型幼儿园纷纷停办。经费匮乏导致幼儿园无法配备教育教学所需的设备，也不具备完善幼儿园基础设施的能力。同时，经费不足致使教师工资水平低、社会待遇差，教师流动性大，教学质量无法得到保证。另外，村内幼儿园的停办也使得周边的幼儿接受学前教育的机会减少。对小微型幼儿园的财政投入不足，使幼儿园公用资金支出占学校年度总支出的比例较低，小微型幼儿园在日常必要支出外的可用经费数量极为有限，投入到教育教学支出中的比例过低，表现出经费“非必要不支出”和“非紧急不支出”的保底运转特征。

在学前教育经费的具体分配中，近年来，N 县改用“捆绑使用”的方式对教育经费进行分配。所谓“捆绑使用”，即将全县或全乡镇的校舍改造等项目经费集中使用，着重用于一所或几所学校的园舍改建和设施配备。虽然这种“捆绑使用”的经费分配方法扭转了以前“一把抓”的方法涉及面广、收效甚微的局面，使得短时期内就能看到经费使用效益，但是这种方法过于偏重大规模学校，忽视了在这个过程中小微型幼儿园教育经费的流失。尤其是地处偏僻的村小附设学前班和混合班，与附设在镇上中心小学的幼儿园相比，在教学设备、园舍建设等各方面的配置水平上呈现出一定的差距，出现由中心向边缘、由大规模向小规模学校办学设施水平逐级降低的趋势。

2. 经费管理不规范

除了经费不足，笔者在调查中还发现，N 县农村地区学前教育经费管理不规范，挪用附设在小学的学前班教育经费的现象时有发生。访谈中，笔者从一些附设幼儿园幼儿教师口中得知，由于缺乏独立体系，所有的经费都由所在小学一起管理和分配，除自己所在的小学使用一部分幼儿园的教育经费支付教师工资外，余下部分主要用于补充小学教育经费的空缺。这使得幼儿园的环境在很长一个时期内得不到改善，教师说：“自己有工资就行，但是觉得这样不利于幼儿园的长期发展，对来这里上学的孩子也不公平。”

（二）办园条件简陋

N 县农村小微型幼儿园由于处于经济水平落后、文化相对闭塞的地区，无法吸引优秀的管理者，且上级管理部门的监管和扶持力度不够，教育经费不足，办学条件自然无法得以改善。

1. 园舍面积不足

将 N 县农村小微型幼儿园的园舍面积同江西省针对农村幼儿园提出的建设用地标准进行对比可以发现，2005 年全县 219 所农村小微型幼儿园中仅有 27 所幼儿园符合该标准中 90 名幼儿生均建设面积为 14 平方米的标准，但是有 89.7%的幼儿园园舍中活动空间不够，无法提供足够的活动空间满足幼儿最基本的活动需求。另外，笔者在调查中发现，没有一所幼儿园能够完全符合标准中对于园舍建设的要求，仅有 33.8%的农村小微型幼儿园在园舍建设中对房间进行了功能分区，其余 145 所幼儿园都没有明确每间房子的准确功用；园舍面积不足，幼儿多挤在狭窄的空间里，室内没有多余的活动空间。同时，保健室、多功能活动室这两类用房在所有农村小微型幼儿园的园舍中都没有，园舍建筑功能不全。甚至一些幼儿园园舍建筑存在严重的安全隐患，缺乏对消防、水电等安全问题的排查。

2. 教育环境不佳

对于幼儿而言，除了成人对其的教育，周边环境潜移默化的影响也尤为重要，因此，创设优质的教育环境，更好地促进幼儿健康快乐成长，是幼儿园的工作之一。笔者在调查中发现，很多小微型幼儿园室内外环境不佳，不仅不能为幼儿的成长提供有益帮助，甚至影响了幼儿的发展。

首先，多数农村小微型幼儿园选址不理想。这些幼儿园位于交通干道，人来车往的噪声严重干扰了园内正常的教育教学；而且家长接送幼儿时需要同干道上的大型车辆争抢车道，影响了街道的交通秩序，也增加了不安全的因素。其次，幼儿园教师的室外环境创设意识淡薄，室内环境创设单调。仅有少数幼儿园关注到室外的环境优化，这些幼儿园通过张贴一些安全守则和教师的手工作品来装饰室外墙面。室内的环境布置多以纸质手工和拼音、数字画作为素材。调查中，所有幼儿园都没有布置区角，多数教师对于区角的作用认识不够。N 县教体局提供的数据显示，这些小微型幼儿园的绿地面积严重不足。

3. 教育设备不全

幼儿园中的教具和玩具是教师开展教育教学活动的工具，也是幼儿认识世界、社会的桥梁之一。然而，笔者在调查中发现，N 县农村小微型幼儿园中用于教学的设施设备仅限于黑板和电视，由于器材不足，这些幼儿园的教育活动多数通过教师口头教授来完成，教育活动中幼儿的参与度低。有图书等读物的幼儿园向幼儿开放这些资源的频率低，而且大多数图书都已经非常陈旧。教育教学设施的不足，势必会影响教学活动的开展，从而影响幼儿的成长。

4. 卫生保健不良

保证幼儿的健康和安全是幼儿园保教工作的基础和重心之一。但笔者在调查中发现，N 县所有的农村小微型幼儿园都没有建设保健室，没有购置相关的保健设施，没有配备相关的工作人员，更没有制定相应的幼儿保健制度。每天的晨间检查都没有条件实现，更别说幼儿身体体检、疫苗接种这些幼儿保健工作的落实了。笔者在调查中还发现，所有幼儿园都没有进行相关幼儿疾病防治宣传，湖云乡的 K2 幼儿园园长说："我们现在还没有能力去落实这些保健工作，平日里的教学工作人手都不够，加上这种专业性的人才也很少愿意来农村幼儿园上班。"另外，供应午餐的幼儿园多数没有营养观念，厨师更加注重饭菜的口味而不是营养。可以说，N 县地区农村小微型幼儿园的卫生保健工作仍存在较多不足。

（三）师资结构不良

1. 师资数量短缺

N 县农村小微型幼儿园的总体师幼比为 1∶19.2，民办小微型幼儿园的师幼比为 1∶24.96，公办小微型幼儿园的师幼比为 1∶14.99。与国家要求的 1∶9～1∶7 的师幼比相比，N 县农村小微型幼儿园幼儿师资缺口很大，过低的师幼比严重影响了学前教育的质量。虽然农村小微型幼儿园班级规模较小，但并不意味着可以降低幼儿教师的配备标准、减少幼儿教师的人数。对比以上数据可以看到，民办小微型幼儿园中幼儿教师数量缺口也较大。笔者在调查中也发现，很多民办小微型幼儿园园长为了自己的经济效益，缩减任教教师人数。在一所幼儿园中，即使班级规模已超过国家规定的幼儿数，幼儿园也只配备一名教师。如此幼儿教师就必须身兼数职，既要承担幼儿园的教育教学工作，还要肩负幼儿保育的重任，教师工作繁杂、工作量大。在完成教学工作的同时，幼儿教师还要料理家庭事务，这样分配给备课和制作玩具和教具的时间也就很少，自然教学质量就低。

2. 专业化水平低

近年来，大批师范生进入 N 县学前教育教师队伍，高学历、年轻化的幼儿教师在幼儿教师中的比例有一定的提升，师资质量得一定程度的提高。但由于农村地区资源不足，对师资的吸引力不够，这些优质的幼师资源无法有效覆盖农村小微型幼儿园，导致农村小微型幼儿园与县城幼儿园之间在师资质量方面的差距越来越大。

幼儿教师的学历低、专业化水平低，是目前 N 县农村地区小微型幼儿园幼儿教师队伍存在的主要问题，师资不良严重影响了教育教学质量。即使是在学历达到一定标准的幼儿教师中，仍有一些教师的教育教学水平、自身素质还不能满足当前学前教育教学的需要。

3. 师资稳定性差

民办幼儿园幼儿教师无法享受医疗、养老等社会保障，收入水平、福利待遇等方面同 N 县公办幼儿园的教师相差甚远。这些社会待遇的差距，必将导致农村地区幼儿教师的大量流失。另外，由于民办幼儿园的不稳定，考虑到经济收益和对工作生活稳定性的追求，在这些民办幼儿园任教的多数教师都流向县城。

农村小微型幼儿园教师是一个处于社会边缘的群体，他们当中多数人都无法获得职称评定、工资晋级等方面的机会。调查显示，N 县幼儿教师职称评定仅限于系统内，这也就意味着非编制内的其他类型幼儿园中的教师没有被纳入职称评定范围。这些幼儿教师的工作努力程度以及教育教学能力都无法得到体制的认可，在很大程度上打击了这些幼儿教师工作的积极性和主动性。调查中，一些民办幼儿园的青年教师就表示："工作努力与否没有多大差别，那为什么要把自己搞得那么累呢？园长又不会因为工作积极认真给我多发工资，把小孩管好就行了。"农村小微型幼儿园的教师处境的艰难，对幼儿教师尤其是青年幼儿教师的职业热情产生了极大的损伤，他们无法安心在某一幼儿园长期工作。对此，K3 幼儿园园长表示很苦恼："经费不够，老师的待遇上不去，也就没法留住老师，每次想到要去招老师就很头痛。好不容易找到一个合适的老师，她也只是愿意待在这里试一试，最多签一两年合同就走了。"农村优秀的幼儿教师资源因此而大量流失，严重影响了农村幼儿园教师队伍的稳定性。

4. 工作负担过重

N 县农村小微型幼儿园总体的师幼比为 1∶19.2，民办小微型幼儿园的师幼比为 1∶24.96，公办小微型幼儿园的师幼比为 1∶14.99。许多幼儿园都没有达到国家规定的师幼比，幼儿教师承担着保教双重职责，工作强度大。N 县农村小微型幼儿园 526 名教师中，女性教师有 515 人，她们在工作之余还要处理家庭日常事务，常常分身乏术。生活和工作负担过重，导致教师没有更多的精力去打磨自己的教育教学技能，不利于幼儿园教育质量的提高。

担任大源镇 K1 幼儿园大班教学工作的杨老师说："我非常喜欢孩子，也特别热爱这份工作，但不得不说工作非常辛苦。白天，我和另外一个老师两个人要同时看护班上 80 多个孩子，还要上课，晚上要批改作业，还要处理好和家长的关系，工作的繁重让我觉得很累；加上自己还要处理家里的日常事务，我还要教自己的孩子，实在是分身乏术。别说花精力去提高教学质量了，更别提花时间提高并充实自己了，能够好好休息一下都不可能。"超负荷的工作让幼儿教师身心疲惫，无心进行教研工作。

5. 师资队伍呈老龄化

与教师队伍实力下降相伴而生的是师资老龄化。农村小微型幼儿园老年教师比例大，N 县农村小微型幼儿园 40 岁以上的教师人数最多，占总人数的 33%。这意味着教师对普通话的运用能力以及计算机教学的操作能力整体较差，对外部信息的感知、接受与传播能力也较弱。在学前教育不断发展的今天，这些能力已逐渐成为教师专业资格的重要组成要素，以此为标准，农村小微型幼儿园师资

"不合格"的比例将有所上升。随着教育教学改革的不断推进，对教师的要求也越来越高，教师不仅要完成传统的课堂教学，还要承担本土课程资源开发、教育科研等诸多新任务。但是年龄偏大的教师学习和创新能力相对较弱，面对挑战越来越大的教育教学任务，其对自身的发展信心不足，实际执行能力也相对下降。K5 幼儿园的毛老师说："现在真是年轻人的天下，自己不行了，上次去培训，看上面的年轻人搞个 PPT 什么的，回家让女儿教了我好久还是不懂，真是烦，后来想想我们乡下幼儿园也用不上这些高级东西，索性也就放弃了。"

（四）教育教学质量低

1. 教学内容单一

据了解，N 县自 2002 年起学期末都会下发通知，建议各幼儿园统一订购教材，但在实际的教育过程中，这项规定并没有得到真正的落实。数据显示，49.8%的农村小微型幼儿园会报名参加教体局组织的统一订购教材，但这些幼儿园只是象征性地订购几本或十几本教材用来应付上级的检查。K2 幼儿园 2014 年在园幼儿（包括学前班幼儿）共 282 名，教体局收集的信息显示，该园上报的数据是 20 本。调查发现，目前农村小微型幼儿园所用教材并不统一，大部分教材是在市场上选购的识字、算数课本。因保教费用相对较低，幼儿园仅发放识字和算术两本教材；学前班多选用一年级的教材，另外加一本儿歌，没有其他图书可以供幼儿阅读和使用。在课程内容的安排和设置上，N 县农村小微型幼儿园教学内容的重心在拼音识字、算数加减上，幼儿教师主要依据知识目标和家长的期望来选择教学内容，例如，K2 幼儿园在 2014 年秋季的教学安排中，明确规定要教会幼儿记忆并熟读哪些古诗，以及掌握多少位数以内的加减法。在实际教学中，仅有少数幼儿教师会利用农村社区丰富的教育资源组织教学，大多数幼儿教师只是惯性地教授幼儿园安排的课程，忽视了对生活中课程资源的开发和利用。

2. 教学方法落后

笔者在调查中发现，N 县农村小微型幼儿园的幼儿教师主要以集体教学的形式来组织教学，每天的大部分时间，幼儿都端坐在黑板前听、读和看、写。为了满足幼儿家长的需求，绝大多数幼儿园在教育教学过程中都采用"小学化"讲授的教学模式，向幼儿传授拼音识字和算术知识，对幼儿生活习惯的养成、社会交往能力的培养和兴趣爱好的陶冶等方面几乎没有涉猎。这种"小学化"的教学方法虽然满足了部分家长的需求，却是以忽略幼儿自身的兴趣与需求，忽略幼儿身心健康发展为代价的，显然违背了学前教育的科学性和规律性。过早实行“小学化”教育，不仅为幼儿的心理施加了过多压力和负担，限制了孩子的独立个性和想象力，也容易使幼儿在进入小学之后对学习产生厌恶情绪。同时，超前进行识字、算数的数学，对孩子生理发育也会造成不良影响。

3. 家园互动贫乏

家庭和幼儿园是幼儿生长的主要基地，双方信息的畅达、频繁互动是形成幼儿教育合力的重要途径。N 县农村小微型幼儿园的家园合作以小学式家长会为主，家长和幼儿教师交流的主要内容是幼儿在园学习状况，沟通形式单一、信息内容单调。虽然每天家长会利用接送幼儿的时间同教师进行交谈，从而获得幼儿的相关信息，但是这远没有体现家园合作的真正作用。K5 幼儿园的一名幼儿家长说：“孩子就那么大，能有多少事，每天都生活在一起，她的事我都清楚。老师只要跟我说她在幼儿园吃饭和学习的情况就可以了。”

三、存在问题的原因分析

（一）经费筹措渠道单一

1. 财政扶持力度不足

N 县整个学前教育体系中除了 3 所县城保育院外，其他幼儿园包括公办幼儿园在内只享受国家有限的教育经费，农村地区小微型幼儿园的经费支出并未纳入各乡镇的财政预算中。N 县教体局有关工作人员说：“目前，我们县里义务教育的经费落实还是相对比较到位的，但是农村的幼儿园建设因为不在义务教育范围之内，各乡镇认为既然不属于义务教育，自己就没有义务去承担这个费用。加上发展农村学前教育需要的经费不是一笔小数目，各乡镇领导更不愿意在这个看不到政绩的项目上耗钱、耗力了。我们县政府没有设立专门的学前教育发展经费，只有少量的拨款，还有一些国家对于贫困家庭幼儿的补贴。仅有极少数经济发展较好的乡镇会支出一些经费给幼儿园，但是也极不稳定。现在的农村幼儿园的运营主要依靠个体的力量，他们自筹资金、自负盈亏。”

2. 教育经费分配不公

N 县经济发展以农业为主，经济基础差，发展起步晚，虽然近几年沿海工业入驻在很大程度上调整了当地的经济发展格局，但整个县仍以农村劳力的对外输出为主要经济拉力。财政创收不够导致县政府对于学前教育经费投入不足，加上地域位置的影响，县城地区的学前教育更容易获得较多的关注和支持。县城地区的幼儿园由于能获得较多经费，从而整体办学条件有很大改善，对农村地区的生源产生了较大吸引力，其甚至会抢夺农村地区小微型幼儿园为数不多的优质教师，导致农村与城镇幼儿园无论是在环境设施还是师资队伍质量上的差距都越来越大，农村地区小微型幼儿园失去坚实的经济支持。附设在小学的幼儿园虽然能分配到的经费非常少，但仍有一定的保障，而自负盈亏的民办小微型幼儿园缺乏有力的保障，教育教学环境差，在园幼儿缺乏接受良好教育的机会。经费不足致使农村地区学前教育的发展举步维艰，经费分配不公致使农村地区学前教育的发展雪上加霜。从某种意义上来看，农村小微型幼儿园环境质量与县城地区幼儿园的差距也是导致城乡幼儿教育发展不平衡的原因之一，农村地区幼儿园数量的减少，也剥夺了农村相对贫困家庭的幼儿接受学前教育的机会。

3. 民间资本投入不够

民办小微型幼儿园是N县小微型幼儿园的重要组成部分，但是由于资金不足、生源流失，很多开设在村庄里的民办小微型幼儿园已经面临关闭的困境。近年来，在政府的大力宣传，以及家长思想观念的更新和转变下，N县对学前教育的需求不断上升，很多民办幼儿园也应运而生。但是，这些民办幼儿园以家庭作坊式的运营模式为主，经济实力不足以提供良好的教育教学条件，也难以抵御因生源流失带来的经济损失。企事业单位和上规模的企业在N县农村学前教育上的投入几乎为空白，民办幼儿园无法得到强有力的资金保障。

（二）学前教育发展意识淡薄

1. 政府给予的关注过少

由于农村学前教育不在义务教育范围之内，缺乏独立专属的学前教育经费保障机制，经费分配及使用监管体制不健全，整个农村学前教育发展体系仍在建立和完善的过程中，因此，政府对农村地区学前教育的态度很大程度上决定了其发展的好坏。虽然N县教体局统管整个区域内的学前教育，但是受其直接管辖的幼儿园仅有县城的3所保育院，对农村小微型幼儿园的管理仅局限于相关信息的收集和整理，附设在小学的农村小微型幼儿园受所在小学直接管辖，民办小微型幼儿园由教体局监控。教体局不对农村小微型幼儿园进行具体的监管，只是进行政策上的指导。N 县主管幼儿教育的领导说："农村地区幼儿园都由所在乡镇小学进行管理，县教体局只负责政策和信息的上传下达，保证信息的畅通。"

实际上，各乡镇小学附设幼儿园的所有事务都由园长处理，有些乡镇会让乡镇办事人员兼职管理乡镇的学前教育事务。这些管理人员没有管理学前教育事业的相应知识，对学前教育的发展没有长远的规划。同时，相应的幼儿园监管体系并没有形成，同幼儿园发展相关的政策、文件难以在各乡镇落实。政府对学前教育缺乏足够的认识，没有意识到农村学前教育发展的重要性和农村学前教育发展中问题的严重性，使农村学前教育长期处于被忽略的状态。某中心小学的一位教师指出，虽然县教体局委托他们监管整个乡镇的学前教育，但是实际上他们的权责有限，只要保证幼儿在园期间的安全就行。他认为要想发展好乡村内的幼儿园，要把实权下放到每所幼儿园手中，让幼儿园拥有更多的自主权。县教体局表面上将幼儿园的管理权交付给中心小学，但是并未制定相应的学前教育评估制度，所以实际上等于放弃了对乡村小微型幼儿园的管理，使得农村小微型幼儿园的管理特别松散。一直以来，义务教育发展的好坏都被认为是评判当地教育发展情况的重要指标，也是评价政府工作是否有力的标准之一，所以政府将更多的资源投入到义务教育的发展中。对于农村学前教育，由于地方政府的认识不足，缺乏相应的关注，国家出台的许多相关政策无法得到真正的贯彻落实。

2. 家长的学前教育观念陈旧

笔者就"让孩子上幼儿园或学前班的目的"这一问题进行了问卷调查及访谈，调查结果显示，13.06%的家长是出于一种攀比的、跟风的心理，认为送孩子上幼儿园或学前班，是因为别的孩子都上了，自己的孩子不能不上；11.02%的家长认为上幼儿园或学前班，是为了培养孩子各方面的能力；53.92%的家长认为送孩子上幼儿园或学前班，是为孩子入小学做准备。由此可见，家长对于学前教育的目的要求、内容方面还存在着认识上的偏差。一些经济发展水平较低的乡村地区的幼儿家长对于学前教育的认识仍停留在"教师是保姆""幼儿园是小学预备期"上，造成这种现象的原因如下：一是功利心理。N 县农村贫困地区的家长对教育寄予了特别大的期望，希望自己的孩子能通过教育改变命运，改变自己的社会阶层。二是观念陈旧。农村地区的多数家长文化程度不高，学前教育意识薄弱，他们认为自己交钱让孩子进幼儿园，就是为了方便自己更好地工作，幼儿教师只要保证孩子在园期间的安全就够了。这些错误的教育观念在很大程度上影响了幼儿园课程的设置以及活动的开展。

笔者在访谈中发现，一些年轻的农村幼儿家长对于幼儿园教育抱有特别大的期望，他们从自己务工的沿海城市看到了发达地区学前教育带给孩子的转变，对自己子女接受的学前教育产生反对情绪，但又无力改变农村幼儿园教育教学的现状。K1 幼儿园的一位幼儿家长就提到："我在上海看到那些孩子都参加各种活动，幼儿园里的生活丰富多彩，现在已经不是死读书就能出人头地，要发展孩子多方面的能力。家里的幼儿园每天就教那些拼音、数数，和大城市的孩子的差距越来越大，自己没有条件让孩子进上海的幼儿园。家里的老人也不懂这些，我又没有时间和精力，也没有正确的教育方法，想想真有点对不起孩子。"

（三）幼儿教师身份模糊

1. 教师福利待遇不高

N 县农村小微型幼儿园幼儿教师的职称评定仅限于在编教师，民办幼儿园的教师并未被列入评定队伍。N 县农村小微型幼儿园中有 56%的幼儿教师身份不明、地位尴尬，他们不在公办教师之列、不在民办教师队伍中，也不属于真正意义上的代课教师。他们中的大多数是中年教师，属于农业户口，自己的教师身份不被认可，工作收入低且无法同其他教师一样享受国家提供的福利待遇，退休时也得不到任何补助。他们在工作岗位所做的工作与其所得的福利无法对等，所以多数幼儿教师在幼儿园任教时间短，尤其是年轻的幼儿教师多以民办小微型幼儿园作为跳板，等待更好的机会。身份的不明确以及地位的不稳定，使这些基层的幼儿教师特别无奈，不仅严重挫伤了他们工作的积极性，也打击了他们对学前教育事业发展的坚定信念与期待。农村小微型幼儿园中幼儿教师的福利待遇条件难以吸引优秀的师资，也留不住年轻的教师，这是 N 县农村小微型幼儿园幼儿教师队伍不稳定和师资老龄化的主要原因。

2. 教师培训体制不健全

笔者在调查中得知，N 县以及 P 市每年都会安排幼儿教师进行培训，培训形式主要是在职培训，一些规模较大、办学条件较好的民办小微型幼儿园的幼儿教师也有一些培训机会，但培训对象以县城公办幼儿园以及乡镇中心幼儿园的幼儿教师为主，培训内容主要是理论知识的学习。培训体制的不健全和培训经费短缺是导致农村地区小微型幼儿园的幼儿教师无法得到培训机会的原因之一。

笔者在调查中也发现，农村地区小微型幼儿园的幼儿教师对于培训特别矛盾：一方面，他们深知教师培训的重要性；另一方面，他们又不愿意参与培训。K4幼儿园的张老师就说："我们这些老师都知道通过培训可以学到新东西，可是这些知识在我们的工作中可以发挥作用的能有多少？我们都四十多岁了，也不指望能在这个岗位上获得多少成就，做一天算一天。"造成这种现象的原因有二：第一，N县农村小微型幼儿园的幼儿教师以中老年为主，自我提升意识不强，教师大多以完成任务的心态对待教育教学工作；第二，培训内容的理论性过强，对幼儿园日常教育教学活动的指导性不明显。

（四）学前教育监管不力

学前教育的监管是协调学前教育资源的关键。调查显示，对N县农村小微型幼儿园的监管体制不健全，各部门的责权不清。县教体局以及乡镇小学对学前教育工作的管理仅限于表层信息的传达，科学细致的调查工作和直接有效的监管工作严重不足，农村地区小微型幼儿园发展中所遇到的问题无法得到及时、有效的解决。对于农村地区小微型幼儿园的监管，监管部门关注的重点多停留在硬件设施配备、园舍建设和安全等方面，对于幼儿园教育教学质量、教师专业化发展这些发展指标的关注甚少。县教体局将附属幼儿园的发展托付给乡镇小学管理，但乡村小学自身事务繁重且缺乏实权，对于附属幼儿园的事务也是有心无力。

农村小微型幼儿园各项相关规章制度不健全，实施过程中无规范可循，多数农村小微型幼儿园并没有制定相关的制度。虽然所有的幼儿园都有门卫，但是并没有制度约束，只要同门卫交谈几句表明身份，无须证件就能轻易进入幼儿园。同时，其对于幼儿接送和卫生健康也没有相关的制度安排。调查发现，对于多数幼儿园的管理制度，上级既没有进行严格督导，缺乏相关的考核，也没有相关的宣传，导致幼儿园忽视了制度建设的重要性。N县农村小微型幼儿园中所有的民办幼儿园都由园长即幼儿园的创建者统一管理和支配，这将会导致出现集权的倾向。另外，教育部门监管力度不够，缺乏规范化管理，没有制定清晰、明确的办园标准，对非法办园的查处力度小。

四、促进农村小微型幼儿园发展的建议

在保证农村小微型幼儿园数量稳步上升的情况下，提高幼儿园教育教学质量，促进幼儿的健康成长，也十分必要。

（一）重视农村学前教育发展

1. 增强科学认识

农村小微型幼儿园是农村地区一种重要的幼儿园类型，它的存在为农村幼儿提供了更多的入学机会，提高了幼儿入园率，有利于扩大教育公平。如今，随着我国对学前教育的日益重视，农村地区经济水平的逐步提高，农村学前教育供求关系中教育机构无法满足农村人口的需求，教育质量也无法满足农村对优质教育资源的需求。部分乡村人口选择舍近求远，去更远的城镇追求优质的学前资源，但其在获得优质资源的同时，花费的额外成本也相应地增加。对农村的多数家庭来说，最重要的仍是满足基本的教育需求，就近低消耗地接受教育。小微型幼儿园满足了农村贫困地区幼儿就近入园的需要，这些弱势家庭对于小微型幼儿园的依赖程度也最大。调查发现，80%以上的家长希望孩子能够就近接受教育，那些将幼儿送往离家更远的幼儿园的家长也表示，如果附近的幼儿园教育质量有所提高，自己更愿意让孩子就近入园。由此可知，对于农村家庭而言，农村地区小微型幼儿园是非常重要的存在。从文化方面来看，农村小微型幼儿园是农村社区生态体系中不可或缺的一部分，对于社区的文化、经济等方面的积极影响是不可替代的，农村小微型幼儿园的存在有助于农村社区的稳定和完整。农村小微型幼儿园自身的教育功能可以为农村的孩子提供打开世界窗户的钥匙，帮助他们更好地融入社会，更加深刻地认识自己生活的乡土，加强他们对生活共同体的认同。

农村小微型幼儿园自身具有结构简单、人员联系密切、自由度高等小型组织的普遍特征，这些特征使得其更具灵活性。同县城大规模的幼儿园相比，农村小微型幼儿园中的师幼关系更加亲密、融洽，幼儿的个体差异和需求也更容易得到教师的关注。脱离了基层之间严密的管理关系，教师同园长之间、教师之间的沟通也更加频繁和密切，每个人都能参与到对幼儿园的监管过程中。在教育教学中，教师可以自由掌控教育教学进度，不被既定的教学任务束缚。但农村小微型幼儿园能否发挥自身所具有的优势，常常受到教师的专业素质、所在社区以及物质资源保障程度的影响。

2. 明确政府职责

当地政府是该地区学前教育发展的重要决策者和规划者，政府在发展学前教育中所承担的职责将会影响整个地区学前教育发展的走向，因此，N县政府以及各级乡镇政府应进一步明确自身在发展学前教育事业中的职责和地位。在组织上，应完善发展学前教育的机构设置，逐级形成县政府统一领导，各乡镇专项管理的局面；在制度上，应建立符合农村实情的农村学前教育发展保障机制，健全并完善学前教育经费监管制度，充分发挥 N 县政府在发展农村学前教育中的统筹作用，强化政府的社会职能。

因此，相关部门只有加强对 N 县农村地区学前教育发展情况的调研，充分了解农村学前教育发展的实际情况，才能从全局对农村学前教育的发展进行规划，有针对性地对发展中遇到的问题提出相应的解决对策，扫清学前教育发展道路上的障碍。N 县教体局对农村地区学前教育的认识只限于表层办园信息的收集和整理，应加强对 N 县农村学前教育发展情况多视角的科学调查，立足于 N 县农村学前教育发展的现实情况，在国家政策方针的指导下，制定出具体可行的统筹规划。具体实施方法如下：首先，掌握实际情况。与省高校进行合作，或者聘请专业团队开展对农村学前教育发展情况的调研，收集并整理 N 县农村学前教育的具体实际情况数据，并在专家的指导下对其进行分析。其次，建立统筹体制。建立以县政府为核心、县教体局为纽带、各乡镇专项监管的全方位管理体制。县、乡两级政府要承担其在建设乡（镇）中心幼儿园、发展农村学前教育方面的主要责任，推动普惠性农村幼儿园的发展。县政府要将农村学前教育纳入县社会经济发展规划，负责统筹全县学前教育发展的规划、教育经费的投入与分配、幼儿园布局以及公办幼儿园筹建等工作；乡政府要设置专门的机构管理整个乡的学前教育，并提供一定的经费支持，配合县政府推动乡镇中心幼儿园的建设，在改善农村幼儿园办园条件的同时，关注乡镇中心幼儿园的教育教学质量，在乡镇形成以中心幼儿园为核心、以点带面辐射带动整个乡镇幼儿园发展的格局；县政府要加大对学前教育的宣传力度，乡政府下达各行政村，提高农村家长对学前教育的认识。在这个过程中，作为纽带，教体局为县政府提供基础信息与意见。再次，营造良好的办园氛围，充分调动民间资本办园的积极性。在县政府财政力量有限的情况下，要充分利用社会力量办园，要为民办小微型幼儿园的开办保驾护航。在规范民办幼儿园的前提下，为民办小微型幼儿园提供财政上的支持，为它们创造良好的生长发展空间。此外，要不断完善对民办小微型幼儿园的监管制度，取缔非法办园，保障幼儿入园的安全。最后，为农村学前教育事业的发展提供相应的法律保障，依据县农村学前教育的发展需求，制定切实可行、行之有效的制度。强化幼儿园卫生保健、教育教学等方面的评估与管理制度，使农村小微型幼儿园走上制度化、规范化的办学轨道，实现教学管理规范化、教育公益化的目标。在制度的保障下，农村小微型幼儿园的发展才能真正走上健康发展的道路，才能在不断满足农村幼儿入园需求的同时，满足家长对优质学前教育资源的渴求。

3. 创新发展模式

幼儿园发展规划要以高标准地发展学前教育为目标，实现农村小微型幼儿园布点的合理规划。参考其他地区农村学前教育发展模式，立足N县农村学前教育发展的实际情况，形成“小村联办，大村独办，乡乡有中心幼儿园”的办园布局，基本建立起“三段”（有三个年龄段，分大班、中班、小班）、“两基”（有基本办园条件、有基本卫生保健设施）、“五独立”（法人独立、园舍独立、人员独立、财务独立、管理独立）的学前教育体系，形成以广大乡（镇）、街道中心幼儿园为龙头，合格幼儿园为主体，有一定数量不同等级的优质幼儿教育资源的格局。

4. 增加经费投入

N县政府应为农村学前教育提供独立预算的经费投入，并能依据学前教育发展的实际情况提供其所需的教育经费，帮助农村幼儿园改善办园条件，完善基础设施设备的配备。同时，在增加农村地区公办幼儿园数量的同时，应动员民间力量投入学前教育事业中，调动企事业单位和社会个体的积极性，丰富学前教育经费来源，实现学前教育经费筹措渠道的多样化。另外，要坚持“公民互助”的方针，在掌握监管权的同时，可对公办幼儿园下放一定的经费管理权，允许企事业单位、社会个体经费流入，分享一定的管理权；以保证办园标准为前提，为民办资金营造良好的准入环境，简化办园手续，减免相关费用，采取教育教学设施租用等办法，为民办幼儿园分担部分成本。

5. 更新教育理念

据调查，N县农村地区幼儿家长的文化水平普遍较低，思想观念较为落后。多数幼儿为留守儿童且由爷爷奶奶照料，其对孩子成长的关注仅停留在生活方面，对于幼儿能力的培养、习惯的养成等方面重视不够，也难以洞悉到孩子内在的需求。很多农村家长缺乏对学前教育的科学认识，偏重于孩子对功用性知识的习得，忽视了幼儿身心发展规律，农村地区家长这种重教育而教育不得法的现象非常普遍。因此，更新家长的学前教育理念非常必要，同时还要加强家园互动交流，使二者形成教育合力。

（二）改善办学条件

1. 规范办园标准

笔者在调查中发现，N县农村小微型幼儿园办园条件简陋，大量幼儿园的建设不达标。县政府应参照省级相关标准，结合各乡镇的经济发展水平，综合考量多方面的因素，提出适合 N 县农村小微型幼儿园的建设标准，在实际经费的基础上，逐步提高 N 县农村小微型幼儿园建设质量。首先，应加大对各乡镇中心幼儿园的财政投入，使之成为辐射乡镇的示范性农村小微型幼儿园。乡镇中心幼儿园是一个乡镇学前教育资源的集合和中心，具有核心辐射作用，对本乡镇的学前教育起着示范、引导的重要作用。经济发展较好的乡镇地区，可以依靠乡镇政府的财政投入，结合社会资本单独建立一所乡镇中心幼儿园，由乡政府直接管理，保证中心幼儿园的办园条件以及教育教学质量，吸收乡镇大部分生源。经济发展一般的乡镇，可以将中心幼儿园附设于本乡镇中心小学，由中心小学设专职人员管理。各乡镇中心幼儿园应有一定的独立管理权，中心园园长或负责人参与到本乡镇学前教育规划工作中，并同县教体局保持密切联系。同时，扶持乡镇中心幼儿园的发展，使之成为本乡镇幼儿园的资源基地。对于发展较好的民办小微型幼儿园，可以将其纳入乡镇中心幼儿园的审核范围内，不仅可以规范民办幼儿园建设，还能提高社会办园力量的积极性。其次，应制定合理的幼儿园办园标准，以幼儿园规模、投入资金以及农村地区经济发展情况为参照建立符合农村地区情况的办园标准，定期监察园舍、设备等硬件条件，评估其教育教学质量。

2. 加强资格审核

在这方面，要建立办园信息登记管理系统。县政府、教体局、乡镇政府主管部门应联合财政、工商等部门逐层对幼儿园进行排查，坚决取缔未登记注册而擅自开办的非法农村幼儿园，对已经登记注册的幼儿园颁发许可证，在系统内录入信息，并进行统一管理；对于通过整改能基本达标的幼儿园，先行录入系统，但暂缓注册，对于新开办的幼儿园，要严格审批；严格执行办园标准，对于那些不符合办园条件的幼儿园，坚决不予通过。县教体局等主管部门要保证农村幼儿园贯彻落实办园规范，为幼儿安全构筑坚实有力的防护网，使每所幼儿园都树立“安全第一”的意识，以保障幼儿安全为第一要务，从环境布置、活动设置、卫生保健等多方面来为幼儿的安全健康保驾护航。同时，要结合政策方针，规范农村幼儿园校车管理，加大对驾驶员的安全接送培训和考核力度，坚决取缔三轮车、农用车接送学生的行为。对幼儿园的安全管理工作集中检查，有效地保障幼儿的安全。

（三）优化师资队伍

1. 明确幼师身份

在这方面，应切实确保农村幼儿教师的社会地位，保障幼儿教师的社会福利待遇，明确农村幼儿教师的身份。首先，应建立专门的幼儿教师管理制度。县政府和乡镇政府应在掌握县教体局提供的农村幼儿教师基本情况的前提下，分析农村学前教育师资结构情况，对公办幼儿园以及民办幼儿园分情况建立相应的管理制度，形成县乡两级管理机制。公办幼儿园教师接受教体局的统一调动，并接受乡镇负责学前教育事务的机构的管理；民办幼儿园教师在一定的考核评定制度中，接受教体局和乡镇政府的监管，在保障应有的福利待遇的前提下，同所在幼儿园签订劳动合同，获得法律与制度的双重保护。其次，应积极开展无体制束缚的先进教师评选，对所有幼儿教师进行公平的评价，肯定他们在工作中的付出。

2. 稳定师资队伍

农村经济贫困地区工资水平低、社会资源贫瘠，难以吸引优秀、年轻的幼儿师资，福利待遇差也是导致N县农村地区幼儿教师流动性大的主要原因，所以提高幼儿教师工资待遇、稳定农村幼儿师资队伍迫在眉睫。首先，应保证财政投入，提高幼儿教师的工资基数。公办幼儿园中的幼儿教师在享受国家教育经费保证的同时，可以加大县乡财政的投入，进一步保障幼儿教师的收入以及社会福利。对于民办幼儿园教师，在保证其获得相应的劳动报酬的同时，县乡财政可以预留部分财政经费对其每月的收入进行补助，且将其纳入统一考核和教师培训体系内，优秀的民办幼儿园教师可同等享有职称评定等权利，为农村幼儿教师提供安心工作的环境。在国家推行免费师范生教育政策的大背景下，N县可同江西省、P市、N县及周边地区的师范类院校制订专项师资培养计划，为N县输送学前教育方面的专业人才。建立这样的定向培养项目，可以在增加师资的同时，提高师资队伍的专业素养。县政府可以为这类教师提供更高的福利待遇，在一定服务期限内确保其转为国家编制，同时根据其所在乡镇的经济状况及其教学能力给予相应的生活补助。因此，应引入一批年轻的新教师，改善N县幼儿教师队伍老龄化严重的情况。

3. 建立培训制度

N县农村小微型幼儿园幼儿教师的专业化水平低，除去师资来源这种根本性的原因外，另外一个重要原因就是幼儿教师培训制度的不完善，导致教师培训无法发挥其应有的作用。因此，县教体局应加强同P市、江西省的联系，积极参与到各级各类幼儿教师培训活动中，为N县农村幼儿教师搭建宽广的培训平台。县政府应提供足够的幼儿教师培训经费，用于与当地师范类院校合作建立幼儿教师培训项目，形成N县农村幼儿教师培训基地。在培训对象方面，除幼儿园在职教师外，还应包括专门负责学前教育事务的人员；在培训时间安排方面，对于在职教师实行寒暑假集中培训，对于部门相关管理人员实行定期培训；在培训内容方面，在向幼儿教师传授学前教育有关理论知识的同时，应注重教学活动设计指导，达到理论与实践双管齐下，帮助幼儿教师解决实践中的困难与问题，传递学前教育领域的新知识和新方法；对于管理人员，增加对学前教育组织管理知识的宣传，加深他们对学前教育的认识，更新管理理念。民办幼儿园的教师也应被纳入幼儿教师培训队伍中，以提高他们的教育教学技能。在幼儿教师培训方式上，可以定期请高校的专家学者、教育团队深入幼儿园进行现场指导和培训，在乡镇中心幼儿园建立本地的培训基地。

（四）保证教育质量

1. 规范课程设置

幼儿园一日活动的开展是保证幼儿在幼儿园掌握与其身心协调统一的知识和观念的主要途径。纵观N县农村小微型幼儿园的活动安排，各园活动设置良莠不齐，很少有幼儿园能够开设五大领域的所有活动，多数幼儿园的活动时间被语文、数学课程占据，幼儿错失了多元智能开发的机会。因此必须规范农村小微型幼儿园的一日活动安排，落实五大领域的活动安排。同时，要规范幼儿园教材的使用，公办小微型幼儿园的教材由教体局统一购置，民办幼儿园根据自己的经济实力和在园幼儿的实际需求，购置相应数量的教材。针对目前N县小微型幼儿园的活动设置现状，在幼儿教师培训中应加强对幼儿教师活动设计能力的专项训练，提高农村幼儿教师对学前教育活动的认识。

2. 开发农村教育资源

农村地区的社会经济条件同城市地区有着极大的区别，农村幼儿生活在农村这样广阔的自然天地中，农村幼儿教师应该尽力开发生活中唾手可得的教育资源。N县农村小微型幼儿园多数都建设在农村社区中，同周边农村社区有着天然、紧密的联系，可以根据这种联系同家庭一起形成合力对幼儿进行教育。农事讲究四时变化，幼儿教师可以根据四季农耕活动的不同，在保证幼儿安全的情况下，带领幼儿进入田野开展认识活动，也可以邀请农村社区各行各业的劳动者来幼儿园为幼儿进行农事知识的普及。春天万物复苏，农村幼儿教师可以向幼儿展示自己家乡秀丽的风景，为幼儿发放一些蔬菜、花卉的种子，让孩子参与到种植活动中，从而体验劳动的成就感，培养他们的观察能力；夏季，可以带领年纪稍大一些的孩子参与到为劳动者送茶水、表演的活动中，让他们感受劳动的辛苦与不易；秋季，可以带领幼儿参加果实的采摘，分享收获的喜悦；冬季，则可以请当地的手工艺者来幼儿园为孩子们教授当地特色小吃的制作方法，在活动过程中使幼儿进一步了解家乡的传统文化。各农村小微型幼儿园可以结合当地的农村发展特色以及本社区内的环境，适时开展形式多样的教育教学活动，让农村教育资源发挥其独有的魅力和教育功能。这样不仅可以丰富农村幼儿园内的活动设置，还有助于园本课程的开发，而且能增强幼儿对家乡的归属感。

3. 改善教学方法

除了教育内容单一外，N 县农村小微型幼儿园的教育教学方法缺乏一定的科学性，教师应深度挖掘农村地区的课程资源，丰富教育教学内容，转变幼儿教师和家长的教育观念，改变目前“小学化”的教育教学方法，提高教师的教学技能。同时，应以规范幼儿园的教学内容为前提，由各乡镇统一管理和开展教研活动：组织全县的幼儿教师教学技能大赛，组织形式多样的幼儿教师培训，提高幼儿教师的专业水平；指导园长掌握科学组织管理幼儿园的知识，提升他们的实践操作能力；转变教师和家长对于幼儿园课程活动的认识，由之前的语文、数学学科知识转变为健康、社会、语言、科学和艺术五大领域的活动技能，丰富活动组织形式，打破教师进行集体教学的惯性，依据本班幼儿能力的实际情况，采取小组、个别活动等多种形式；鼓励并指导幼儿园教师进行园本教研活动，让他们通过实践提高自身的学科素养、掌握专业技能；发挥乡镇中心幼儿园的模范作用，组织观摩公开课等活动，增加幼儿教师之间的交流与学习。

（五）落实监管措施

在 N 县农村小微型幼儿园体制机制不健全的情况下，各方责权不清、监管不明，许多监管措施得不到有力的落实，导致出现了农村小微型幼儿园办园条件差、师资力量薄弱等问题。为保障农村小微型幼儿园这一生态体系的运转，相关部门必须建立健全相关的监管体制来保证各项政策方针得以落实。首先，应在国家法规的引导下，建立 N 县农村学前教育相关制度。近年来，将学前教育纳入义务教育的呼声很高，国家也逐渐意识到学前教育问题的重要性和紧迫性，学前教育相关法律法规也在逐步完善之中。N 县教育行政部门可以依据国家学前教育相关法律法规，结合本县实际情况，制定相应的制度。其次，完善农村小微型幼儿园县、乡、村三级监管制度，实现每层农村学前教育有专人负责、有专门经费、有专门的人事考核监管制度。再次，定期邀请高校专家学者对 N 县农村小微型幼儿园的办学情况进行专业的评估和审核，调整幼儿园地理布局以及农村幼儿园办园标准，以合理规划农村学前教育的发展。最后，动员社会多方力量监管农村地区小微型幼儿园的办园情况。

第七章

中部农村地区构建学前教育公共服务体系的个案研究

学前教育是公益事业，是一种公共服务。“基本公共服务，指建立在一定社会共识基础上，由政府主导提供的，与经济社会发展水平和阶段相适应，旨在保障全体公民生存和发展基本需求的公共服务。享有基本公共服务属于公民的权利，提供基本公共服务是政府的职责。”①发展学前教育公共服务，必须建立学前教育公共服务体系。“基本公共服务体系，指由基本公共服务范围和标准、资源配置、管理运行、供给方式以及绩效评价等所构成的系统性、整体性的制度安排。”②据此，笔者将学前教育公共服务体系界定为：由学前教育公共服务的范围和标准、资源配置、供给方式和效果评估等所构成的整体性的制度安排。

本研究根据上述核心概念，设计研究内容：在公共服务范围和标准方面，重点关注农村学前教育，以《国家中长期教育改革和发展规划纲要（2010—2020年）》等重要法规对发展学前教育的要求为参照；在资源配置上，重点调研学前教育的经费、办园设施和师资配备等；在供给方式上，关注经费的投入和分担、提供服务形式的多样性；在效果评估上，重点考察家长对学前教育的满意度。

---

① 国务院．国务院关于印发国家基本公共服务体系“十二五”规划的通知．http://www.gov.cn/zwgk/2012-07/20/content_2187242.htm[2012-07-11].

② 国务院．国务院关于印发国家基本公共服务体系“十二五”规划的通知．http://www.gov.cn/zwgk/2012-07/20/content_2187242.htm[2012-07-11]

第一节 M市农村地区构建学前教育公共服务体系的调研

一、研究方法

（一）问卷法

本次调研选取了M市18所幼儿园作为研究对象，发放小班幼儿家长问卷540份，旨在了解家长对学前教育公共服务体系构建的满意度，最终回收问卷518份，回收率为95.93%。其次，向18所幼儿园园长发放问卷，了解2009—2014年幼儿园师资、投入等方面的发展状况，问卷最终回收率为100%。

（二）观察法

选取新建幼儿园、改扩建幼儿园、受扶持的企事业单位幼儿园、民办普惠性幼儿园、乡镇中心幼儿园各1所进行观察，观察项目为幼儿园的户外设施、活动场地和室内活动区等。

（三）访谈法

（1）通过对M市教育行政部门人员进行访谈，了解政府2009—2014年在扩大本县学前教育资源、经费投入、教师队伍建设和教育质量保障方面所采取的措施和取得的成效。

（2）对6所幼儿园的园长进行访谈，了解政府在学前教育资源、经费投入、教师队伍建设和教育质量保障方面所采取的措施的落实情况，并让其对政府提出一些期待和建议。

（四）文本分析法

收集M市5年来促进学前教育事业改革和发展的文本政策，如表7-1所示，根据落实情况，检验政策的全面性和合理性。

表 7-1　M 市政策文本清单

内容	时间	政策文本
组织领导	2011 年 10 月	M 市中长期教育改革和发展规划纲要（2010—2020 年）
	2012 年 1 月	M 市第一期学前教育三年行动计划（2011—2013 年）
	2012 年 11 月	关于成立 M 市学前教育管理信息系统建设工作领导小组的通知
	2015 年 1 月	M 市第二期学前教育三年行动计划（2014—2016 年）
扩大学前教育资源	2011 年 10 月	M 市乡镇（街道）公办中心幼儿园建设实施意见
	2013 年 4 月	M 市人民政府办公室关于印发《M 市民办幼儿园管理办法（试行）》的通知
	2014 年 12 月	关于转发《宜春市城镇住宅小区配套幼儿园建设管理办法》的通知
基本有质量的学前教育	2012 年 9 月	关于印发《M 市中小学专业技术职务聘任考评细则》的通知
	2013 年 11 月	关于举行全市幼儿园保教工作研讨会的通知
	2013 年 12 月	关于切实做好降雨天气期间全市中小学、幼儿园安全防范工作的通知
	2014 年 1 月	关于印发《规范办园行为　优化保教质量工作方案》的通知
	2014 年 4 月	关于举办全市幼儿园教师技能技巧比赛的通知
	2014 年 4 月	关于转发《关于开展 2014 年全市幼儿“健康、快乐、发展”主题活动》的通知
	2014 年 5 月	M 市 2014 年学前教育宣传月活动实施方案
	2014 年 7 月	关于做好 2013/2014 年学年度 M 市优秀教师评选表彰和上级优秀教师、优秀教育工作者推荐工作的通知
	2014 年 8 月	关于表彰 2013—2014 学年度学校工作先进单位的决定
	2015 年 1 月	关于举行全市幼儿园保教工作研讨会的通知
	2015 年 4 月	关于举办全市幼儿园“教学能手”的通知
	2015 年 5 月	关于 2015 年 M 市示范幼儿园送教下乡活动的通知
经费保障	2015 年 4 月	学前教育经费使用和管理监督办法
	2015 年 4 月	幼儿园经费及收费管理办法
	2015 年 4 月	M 市学前教育资助实施细则
规范管理	2014 年 3 月	M 市乡镇（街道）公办中心幼儿园评估标准（试行）
	2014 年 5 月	M 市乡镇（街道）公办中心幼儿园督查安排（附整改意见函）
	2015 年 1 月	关于印发《M 市示范幼儿园评估办法（试行）》的通知
	2015 年 1 月	M 市示范幼儿园评估（复评）标准（试行）
	2015 年 1 月	关于对全市民办幼儿园举行 2014 年度年检评估的通知
教师队伍建设	2011 年 2 月	M 市中小幼教师专业发展五年规划指导意见（2011—2015 年）
	2008 年 11 月	M 市教师培训五年规划（2008 年 9 月—2013 年 8 月）
	2014 年 2 月	M 市 2014—2019 年中小学、幼儿园教师培训五年规划
	2011 年 2 月	关于印发《M 市 2011 年教师培训工作计划》的通知
	2012 年 2 月	关于印发《M 市 2012 年教师培训工作计划》的通知
	2013 年 1 月	关于印发《M 市 2013 年教师培训工作计划》的通知
	2013 年 9 月	M 市 2013—2014 学年教师培训工作计划

二、构建学前教育公共服务体系取得的成绩

在《国家中长期教育改革和发展规划纲要（2010—2020年）》等确定的理念和发展目标的指导下，M市积极启动并落实学前三年行动计划，同时采取各种措施，大力发展学前教育事业，致力于构建能满足人们需求的学前教育公共服务体系，着力解决影响民生工程的“入园难、入园贵”问题。经过几年的建设，M市的学前教育事业发展取得了较大的成绩，学前教育公共服务体系日益完善，其取得的成绩主要体现在以下几方面。

（一）大力普及学前教育

1. 学前三年毛入园率不断上升

如图7-1所示，截止到2014年，M市学前三年毛入园率达到63.3%，2011年的学前三年入园率为56.4%。农村学前三年毛入园率从2011年的50.6%增长到2014年的61.2%，增长了10.6个百分点。从图7-1可以看出，M市的学前三年毛入园率和农村学前三年毛入园率一直呈现出不断上升的趋势，其中农村学前三年毛入园率虽然总体上低于M市学前三年毛入园率，但增长幅度却明显高于M市，可见农村学前教育得到了快速发展。

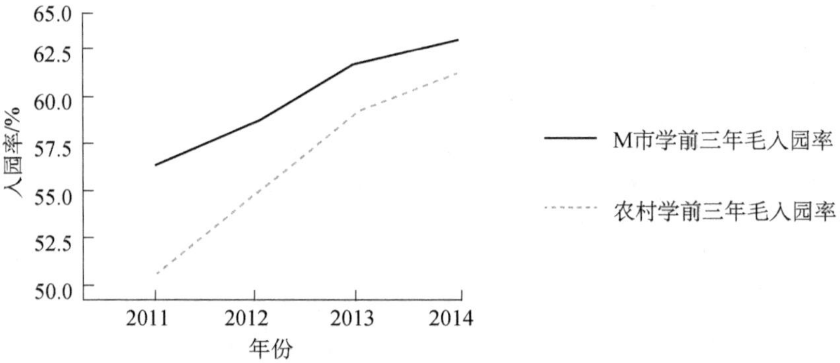

图7-1　M市学前三年毛入园率

2. 在园幼儿人数逐年增长

从图7-2可以看出，M市在园幼儿总数和农村在园幼儿数逐年增加。2011—2014年，M市在园幼儿人数增加了5838人，增长了19.4%。其中，农村在园幼

儿人数从 2011 年的 21 116 人增加到 2014 年的 25 202 人，三年增加了 4086 人，增长幅度为 19.35%。我们从这些数据中不难发现，三年间农村在园幼儿增长人数最多，可见自 2010 年以后，农村成为 M 市发展学前教育事业、构建学前教育公共服务体系的主战场。在各种政策的刺激和扶持之下，农村幼儿的入园问题得到很大的改善。

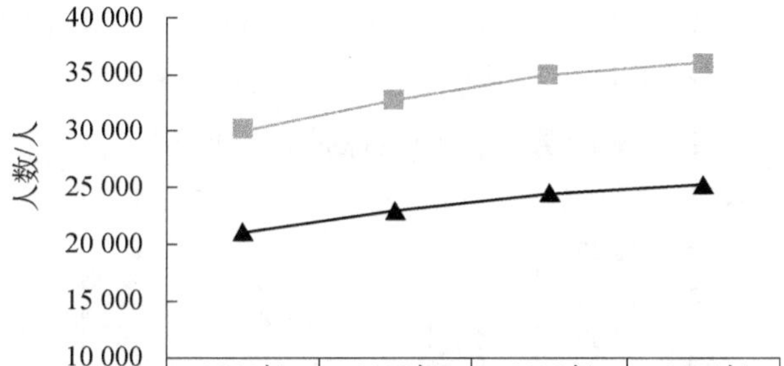

	2011年	2012年	2013年	2014年
M市在园幼儿总数	30 165	32 755	34 996	36 003
农村在园幼儿数	21 116	22 929	24 497	25 202

图 7-2　M 市在园幼儿数和农村在园幼儿数统计情况

3. 处境不利儿童的入园机会增加

处境不利儿童是儿童中的一个特殊群体，相对于一般儿童来说，他们在享受入园机会和学前教育资源方面处在劣势地位。改善处境不利儿童的入园状况是构建学前教育公共服务体系的重点和难点工作。本研究中的处境不利儿童主要包括流动儿童、留守儿童、贫困儿童和残疾儿童。在调研中，相关部门提供的 2009 年和 2010 年的数据不完整，所以本研究讨论的数据为 2011—2014 年。从表 7-2 可以看出，流动儿童数、贫困儿童数、留守儿童数每年都在不断增加，其中流动儿童数增加了 742 人，增幅达 6.9%；贫困儿童数增加了 516 人，增幅达 28.8%；留守儿童数增加了 1113 人，增幅达 6.94%。残疾儿童数 2011—2014 年都保持一致，皆为 11 人，有将近一半的残疾儿童入园，2011 年为 6 人，2012—2014 年都为 7 人。

表 7-2　M 市处境不利儿童人数统计情况　　单位：人

项目	2009 年	2010 年	2011 年	2012 年	2013 年	2014 年
3～6 岁流动儿童数	—	—	10 691	11 176	11 330	11 433
3～6 岁残疾儿童数	—	—	11	11	11	11
3～6 岁贫困儿童数	2 821	1 740	1 789	2 391	2 601	2 305
3～6 岁留守儿童数	—	—	16 036	16 765	16 995	17 149

M 市虽然面对处境不利儿童人数不断增长的现状，但是经过几年的建设，处境不利儿童的入园机会得到增加。从图 7-3 可以看出，处境不利儿童在园数整体上逐年增加，其中最显著的是在园流动儿童数三年增加了 1168 人，在园留守儿童数增加了 1460 人。除了处境不利儿童的在园人数有所增加之外，处境不利儿童的入园率基本上也呈现上升趋势（图 7-3，图 7-4）。流动儿童和留守儿童入园率不断上升，2011 年流动儿童入园率为 56.4%，2014 年为 62.98%，增长了 6.58 个百分点；贫困儿童入园率 2012 年达到一个峰值，为 72.56%，2013 年和 2014 年入园率处于下降趋势，但仍然保持在 50%以上。

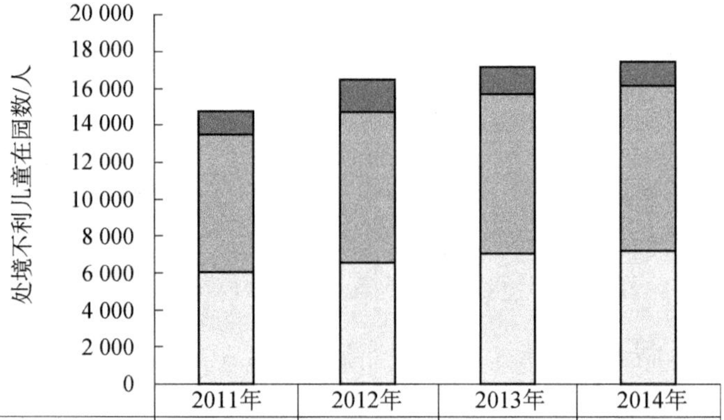

	2011年	2012年	2013年	2014年
在园流动儿童数	6 033	6 551	6 999	7 201
在园留守儿童数	7 541	8 189	8 749	9 001
在园贫困儿童数	1 181	1 735	1 479	1 251

图 7-3　M 市处境不利儿童在园数统计情况

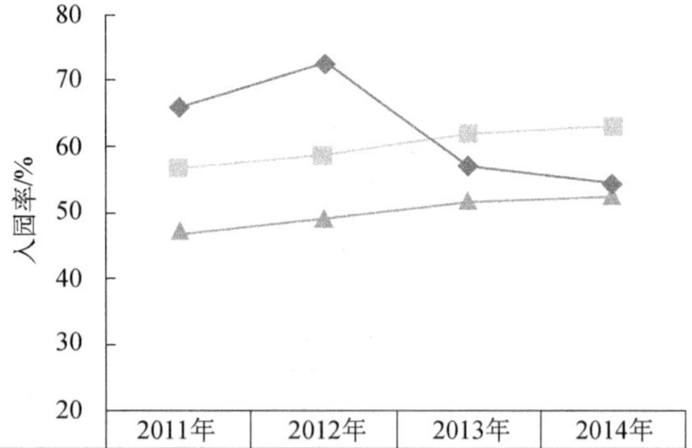

	2011年	2012年	2013年	2014年
流动儿童入园率	56.40	58.62	61.77	62.98
留守儿童入园率	47.03	48.85	51.48	52.49
贫困儿童入园率	66.01	72.56	56.86	54.27

图 7-4　M 市处境不利儿童入园率统计情况

（二）学前教育服务体系的公益性、普惠性得以体现

目前，M 市构建的学前教育服务体系呈现出公益性、普惠性和网络化的特征。经过第一期三年行动计划（2010—2013 年），M 市构建的公益性、普惠性的学前教育服务体系取得的进步，表现在以下几方面。

1. 公办幼儿园是构建公益性、普惠性学前教育服务体系的主导力量

（1）公办幼儿园的数量迅猛增长

从收集的数据来看，2009 年和 2010 年 M 市的公办幼儿园仅有 1 所，但 2011 年建设使用的公办幼儿园达到 91 所，这无疑是一个巨大的飞跃。2012 年，公办幼儿园数量在 2011 年的基础上增加了 102 所，增长了将近 112%。M 市的公办幼儿园数量在 2012 年达到顶峰，2013 年和 2014 年公办幼儿园数量有小幅度的下降，但仍然保持在 100 所以上，如图 7-5 所示。

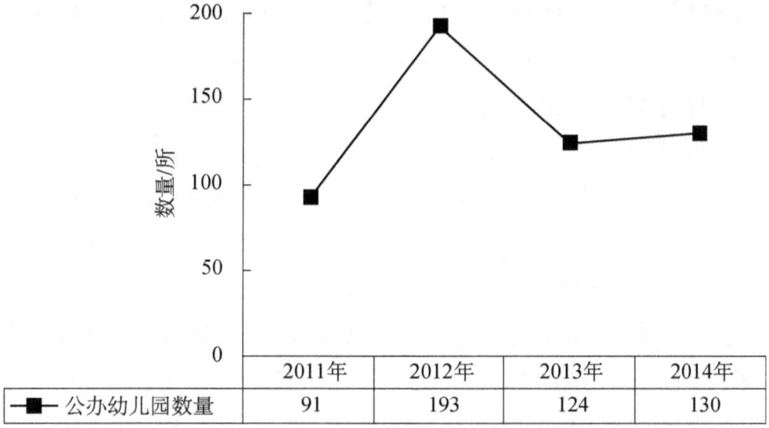

图 7-5　M 市公办幼儿园数量变化图

（2）公办幼儿园占比实现大飞跃

从图 7-6 可以看出，M 市公办幼儿园占比实现了巨大的飞跃。2009 年，公办幼儿园占比仅为 4.7%，2010 年为 2.4%，从这些数据可以看出当时公办教育资源的极度匮乏。但是，自从 2011 年开始，公办幼儿园占比实现了巨大的飞跃：2011 年，公办幼儿园占比达到 63.2%，比 2010 年增长了 60.8 个百分点；2012 年，公办幼儿园占比达到最高值，为 72.6%。公办幼儿园占比并不是越高越好，2012 年以后，公办幼儿园占比呈现出下降趋势，但是仍然占据着幼儿园总数的

半壁江山，占比始终保持在一半以上。由此可见，M 市政府将公办幼儿园的发展目标定位于：由追求量的增长转向质的提升。

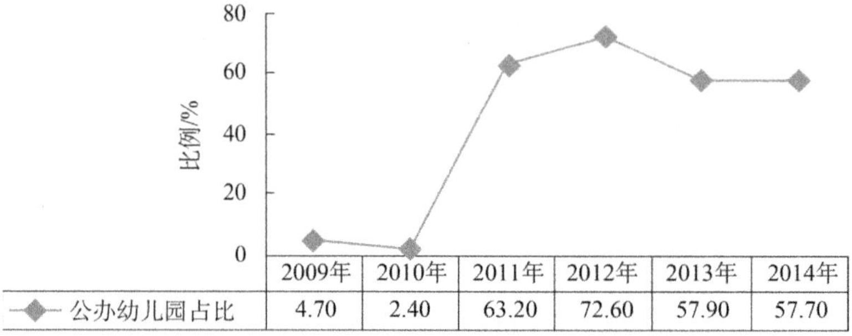

图 7-6　公办幼儿园数量占比变化图

（3）加大财政投入，积极扶持公办性质幼儿园[①]的发展

公办幼儿园一般包括教育部门办园和公办性质幼儿园。幼儿园的经费来源渠道主要有三种：政府投入、收取托管费和社会筹集资金。教育部门办园经费主要来自政府投入，公办性质幼儿园办园经费主要来自收取托管费和社会筹集资金。公办性质幼儿园按照教育部办园的标准进行收费，本身自负盈亏，教育成本本来就比教育部门办园要高，而又得不到政府的财政投入支持，其生存必然会受到一定的影响。

公办性质幼儿园是建设公益性、普惠性的学前教育体系的“领头羊”，M 市政府正是意识到它们的地位的重要性和目前面临的生存困境，从 2012 年开始对公办性质幼儿园加大财政投入力度，积极扶持公办性质幼儿园的发展。2012 年，M 市政府为 6 所公办性质幼儿园投入 634 万元，2014 年，M 市政府投入的总金额为 1690 万元，是 2012 年的 2.67 倍，扶持的园所数为 25 所，比 2012 年增加了 19 所，增幅达到 316.7%（表 7-3）。从投入经费的比例来看，扶持公办性质幼儿园的投入占 M 市学前财政教育经费的比例从 2012 年的 5.33%上升至 2014 年的 24.07%（图 7-7），增长了 18.74 个百分点。

表 7-3　扶持公办性质幼儿园投入表

项目	2009 年	2010 年	2011 年	2012 年	2013 年	2014 年
园所数/所	0	0	0	6	54	25
投入总额/（万元/年）	0	0	0	634	540	1 690

① 公办性质幼儿园指非教育财政性经费办园，如机关、企事业单位办园及街道集体办园等。

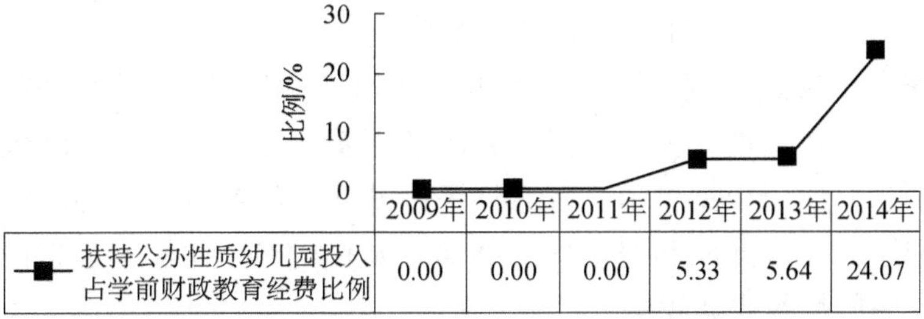

图 7-7　扶持公办性质幼儿园投入占学前财政教育经费比例变化图

M 市政府加大对公办性质幼儿园的财政扶持力度，缓解了由于家长缴费不足给幼儿园发展带来的困难，缩小了教育部门办园和公办性质幼儿园的办园差距，有利于实现公办幼儿园之间学前教育资源分配的公平性，推动公益性、普惠性的学前教育服务体系的良好构建。

2. 普惠民办幼儿园[①]成为构建公益性、普惠性学前教育服务体系的重要支柱

M 市政府在构建公益性、普惠性的学前教育服务体系时，不仅仅发挥公办幼儿园的主导作用，还积极鼓励普惠性民办幼儿园的发展，使其成为学前教育公共服务体系的支柱。

从表 7-4 可以看出，普惠性民办幼儿园数量在不断增长，2014 年，普惠性民办幼儿园数量达到 84 所，是 2009 年的 4.7 倍，相比之下，非普惠性民办幼儿园 5 年间仅增加了 9 所。可见，M 市政府在大力扶持普惠性民办幼儿园的发展方面的力度不断加大。

表 7-4　M 市民办幼儿园类型和数量一览表　　　　单位：所

项目	2009 年	2010 年	2011 年	2012 年	2013 年	2014 年
普惠性民办幼儿园数量	18	35	46	65	79	84
非普惠性民办幼儿园数量	2	5	7	8	10	11

图 7-8、图 7-9 表明，2009—2014 年，普惠性民办幼儿园在 M 市民办幼儿园中的占比平均达到 80%左右，它已经成为民办幼儿园的主力军。80%以上的普惠性民办幼儿园大约覆盖了 60%的民办入园幼儿数、20%的总入园幼儿数。2009 年和 2010 年，普惠性民办幼儿园数量在总幼儿园数量中的占比分别是

① 民办幼儿园是指取得办园许可证的民办幼儿园。

85.7%和 85.3%，但是 2011 年的占比突然降到 31.9%，2012—2014 年的占比又大幅度下降，出现这种现象的原因可能是政府从 2011 年以后大力发展公办幼儿园，幼儿园总数骤增，占比的降低并不意味着普惠性民办幼儿园数量的减少和地位的下降。调研数据显示，普惠性民办幼儿园的数量仍在逐年增长，这种变化更体现了公办幼儿园和普惠性民办幼儿园在构建公益性、普惠性的学前教育服务体系中的均衡协调发展。

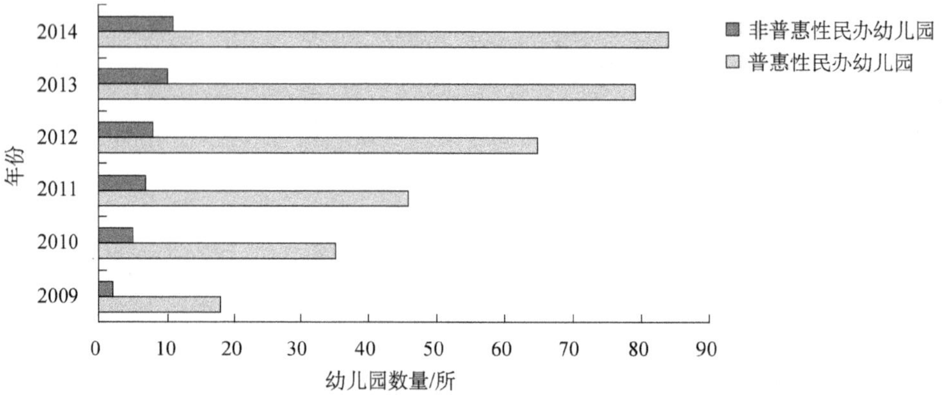

图 7-8　M 市普惠性民办幼儿园和非普惠性民办幼儿园数量增长图

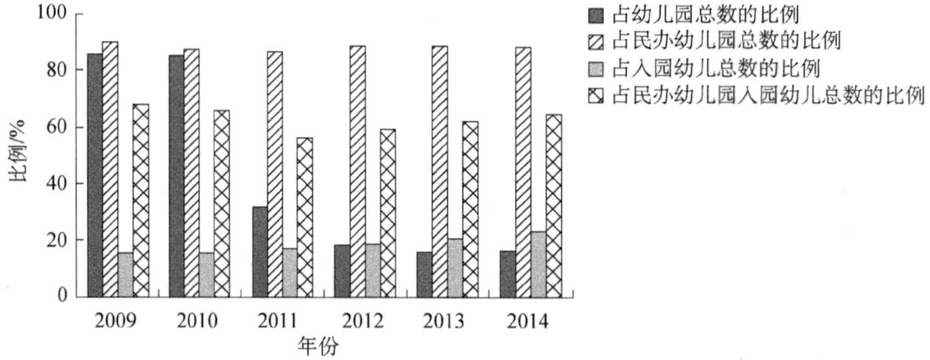

图 7-9　M 市普惠性民办幼儿园数量和入园幼儿数占比图

（三）加大学前教育经费投入

1. 财政性学前教育经费投入增加，占比[①]升高

M 市是全国县域经济百强县市。《M 市 2015 年政府工作报告》指出，2014

① 指财政性学前教育经费投入占同级财政性教育经费投入总额的比例。

年，该县投资2亿元的30所乡镇（街道）公办中心幼儿园建成并投入使用，在全省率先基本实现乡镇（街道）公办中心幼儿园全覆盖。我们从表7-5和图7-10不难发现，2009年，M市财政性学前教育经费仅为521.57万元，2011—2014年的投入经费分别是2009年的13.64倍、22.82倍、18.35倍、13.46倍。2009—2012年，财政性学前教育经费占比也在不断攀升，以2012年为例，达到了9.33%，在2009年的基础上增长了近10倍。这些数据表明M市政府加大了对学前教育事业的经费投入，以促进学前教育公共服务体系的建构。

表7-5　M市学前教育财政投入状况及在同级教育经费中占比

项目		2009年	2010年	2011年	2012年	2013年	2014年
财政性学前教育经费	总额/（万元/年）	521.57	870.57	7 113.38	11 903.64	9 570.47	7 020.12
	占比/%	0.85	1.09	6.71	9.33	6.88	4.63

注："占比"指财政性学前教育经费在同级财政性教育经费中所占比例

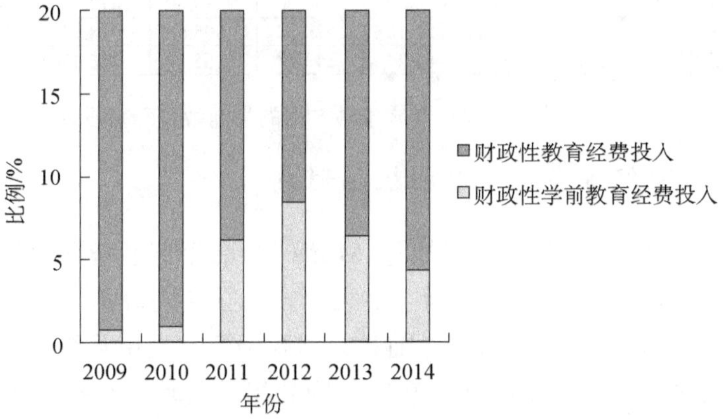

图7-10　M市财政性学前教育经费占比图

2. 加大投入力度，极力改善办园条件

为改善办园条件、构建有质量的学前教育公共服务体系，M市政府不断增加政府投入，充分合理地利用这些资金，极力改善办园条件。从图7-11可以看出，M市政府在园舍基建方面的投入力度最大，2009—2012年，一直保持高调的上升趋势，2012年的投入是2009年的38.1倍。在设备设施和图书玩具方面的投入力度虽不及园舍基建方面的投入，但是总体保持着上升趋势（2013—2014年略有下降）。以2014年为例，在设备设施和图书玩具方面的投入分别比2009

年增长了 350%和 379%。M 市政府在这些方面的财政投入对于扩大学前教育资源、提高学前教育普及率具有重要作用。

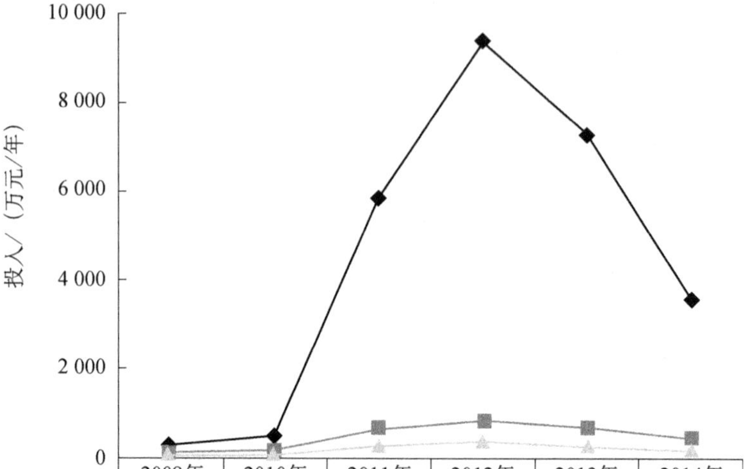

	2009年	2010年	2011年	2012年	2013年	2014年
园舍基建投入	246.70	460.20	5866.90	9399.80	7292.21	3565.57
设备设施投入	106.30	156.10	679.32	805.56	678.17	478.64
图书玩具投入	42.03	61.24	242.48	365.14	276.43	201.19

图 7-11　M 市政府在改善办园条件方面的学前教育经费投入状况

3. 学前教育经费多元化分担机制形成

从分担格局来看，短短 5 年时间，M 市的学前教育经费财政投入分担机制就实现了由“县政府独自分担”到“中央、省、县共同分担”的巨大转变。图 7-12 表明，2010 年以前，M 市的学前教育财政经费完全由县级政府承担，2011 年形成县级为主、中央为辅的两级政府共同分担学前教育经费的格局，从 2012 年开始，中央、省、县三级政府共同分担学前教育财政经费。在这种格局中，县级政府的财政投入始终占据主导地位，投入的资金每年都在不断增加，资金来源比较稳定。

调研发现，从分担比例来看，各级政府的学前教育经费分担比例不同。以 2011 年和 2014 年为例，2011 年，县级政府分担学前教育经费的比例为 77%，中央政府分担的比例为 23%，2014 年，县级政府分担的比例稍微有所下降，为 74%，而中央政府分担的比例比 2011 年上升了 2 个百分点，余下的 1%由省级政府承担。从这些数据来看，县级政府是分担学前教育财政经费的主体。

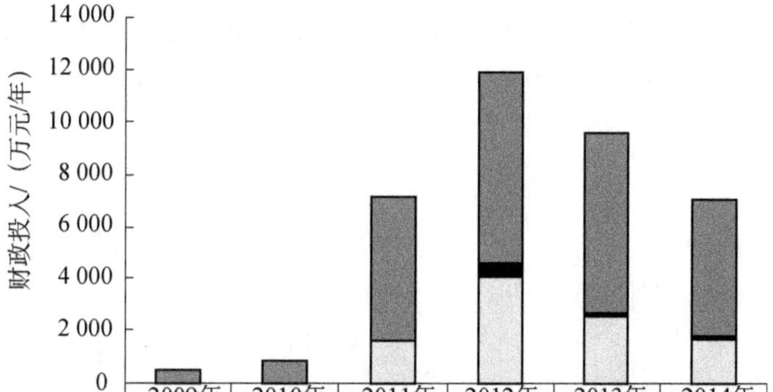

	2009年	2010年	2011年	2012年	2013年	2014年
□中央	0	0	1649.14	4118.02	2611.37	1714.4
■省	0	0	0	464	98.08	86.20
□市	0	0	0	0	0	0
■县	521.57	870.57	5464.24	7321.62	6861.02	5219.52

图 7-12 M 市学前教育经费各级政府分担状况

4. 对家庭经济困难儿童进行资助

2012 年，为切实解决家庭经济困难儿童入园问题，促进学前教育发展，由中央出资设立学前教育资助金，对经县级以上教育行政部门审批设立的普惠性幼儿园中的家庭经济困难儿童、孤儿和残疾儿童进行专项资助。M 市政府从 2012 年开始每年对家庭经济困难儿童进行资助，资助额度为 800 元/年，三年的资助总额达到 223.28 万元，资助人数达到 2791 人。2012 年，受资助贫困儿童数占所有在园贫困儿童数的 60.5%，2013 年的资助力度大大增加，达到了 82.8%（表 7-6）。M 市政府对家庭经济困难儿童的资助保证了处境不利儿童的受教育权，维护了教育公平，真正达到了学前教育公共服务体系构建的“保基本”这一目标。

表 7-6 M 市对家庭经济困难儿童资助情况

项目		2012 年	2013 年	2014 年
家庭经济困难儿童	资助标准/（元/年）	800	800	800
	人数/人	1 050	1 226	515
	总额/万元	84	98.08	41.2
	占在园贫困儿童比例/%	60.5	82.8	41.6

（四）加强师资队伍建设

1. 教师人数增加，师幼比得到一定改善

从图 7-13 和表 7-7 来看，M 市的教师人数在不断增加，教师队伍明显壮大。其中，专任教师 2009 年为 603 人，2014 年为 1085 人，增加了 482 人，增

长幅度达80%。卫生保健人员由2009年的36人增加到2014年的83人，增长幅度达131%。

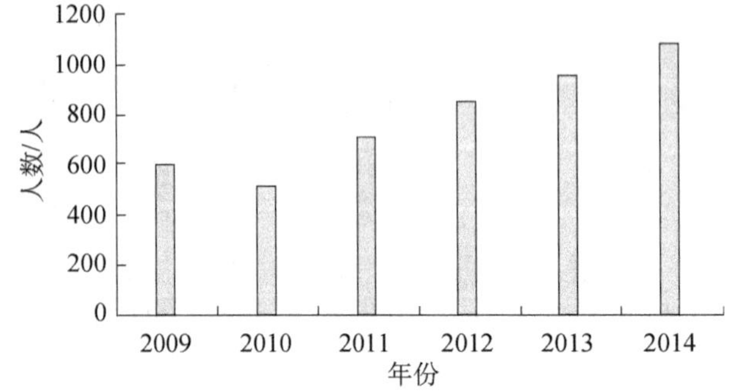

图7-13　M市专任教师数量分布图

表7-7　M市专任教师及卫生保健人员数量　　单位：人

项目	2009年	2010年	2011年	2012年	2013年	2014年
专任教师	603	515	711	854	956	1085
卫生保健人员	36	39	43	48	64	83

教师人数的不断增加，有利于改善师幼比。如表7-8所示，2011年，M市幼儿园的师幼比为1∶42，2014年师幼比为1∶33，师幼比得到提高。教师队伍的壮大和师幼比的改善在一定程度上有利于提升学前教育质量。

表7-8　M市幼儿园师幼比一览表

年份	师幼比
2011	1∶42
2012	1∶38
2013	1∶36
2014	1∶33

2. 专任教师和卫生保健人员持证比例占一半以上

如表7-9和图7-14所示，M市专任教师中持幼教资格证的人数持续增加，2014年为721人，是2009年的2.17倍。持卫生合格证的保健人员数由2009年的25人增加至2014年的49人，增幅达到96%。从持证比例来看，专任教师持幼教资格证的比例每年都达到55%以上，其中2010年持证比例最高，达到75.53%。卫生保健人员的持证比例也保持在55%以上，2011年持证比例达到最高值，为74.41%。

表 7-9 M 市持幼教资格证教师及持卫生合格证保健人员数量 单位：人

持证情况	2009 年	2010 年	2011 年	2012 年	2013 年	2014 年
持幼教资格证	332	389	435	504	553	721
持卫生合格证	25	27	32	33	43	49

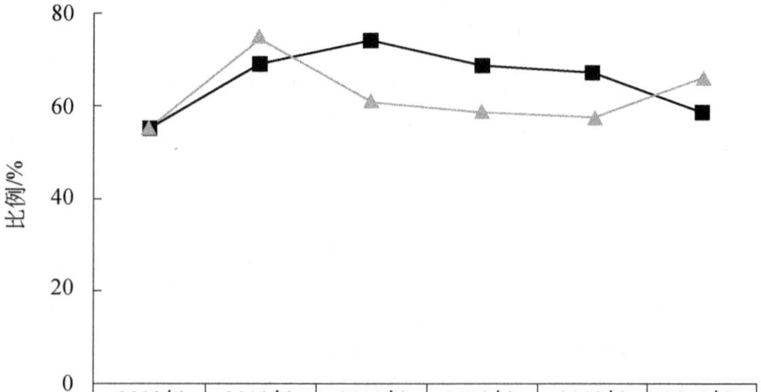

	2009年	2010年	2011年	2012年	2013年	2014年
持幼教资格证	55.05	75.53	61.18	59.01	57.85	66.45
持卫生保健合格证	55.55	69.23	74.41	68.75	67.18	59.03

图 7-14 M 市专任教师持证比和卫生保健人员持证比情况

3. 幼儿教师收入有所增长，公办幼儿园幼儿教师年平均收入基本与小学教师持平

图 7-15 显示，公办在编幼儿教师的年平均收入基本上与小学教师持平，2014 年，公办幼儿园在编幼儿教师年平均收入为 3.75 万元，比 2009 年增加了 7500 元，民办幼儿园幼儿教师的收入 2014 年比 2009 年增长了 15%。

4. 大专以上学历教师占比不断提高

从表 7-10 和图 7-16 可以看出，目前 M 市拥有高中及以下学历的幼儿教师的人数在不断增长，比例最高，但是个别年份的占比却有所降低，总体而言，拥有大专及以上学历的教师人数不断增加，占比在不断上升。2009 年，大专及以上学历（包括大专和本科及以上学历）的教师人数为 65 人，2014 年的人数是 2009 年的 4.37 倍，达到 284 人。2009 年，大专学历教师占总教师人数的 9.6%，2014 年占比达到 21.8%，增加了 12.2 个百分点，是所有学历中增幅最大的。本科及以上教师的占比从 2009 年的 1.1%跨越到 2014 年的 4.3%，增长了 3.2 个百分点。高学历幼儿教师人数的增加和占比的提高，说明 M 市幼儿教师水平得到了不断提高。

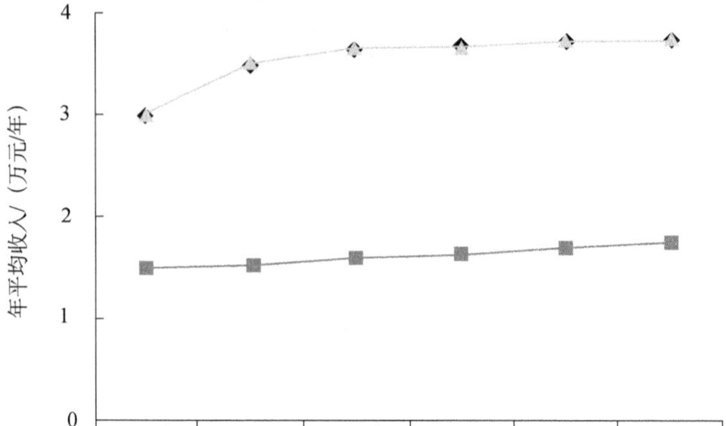

	2009年	2010年	2011年	2012年	2013年	2014年
公办幼儿园在编幼儿教师收入	3	3.5	3.65	3.66	3.7	3.75
民办幼儿园幼儿教师收入	1.5	1.52	1.6	1.62	1.71	1.73
小学教师收入	3.01	3.52	3.65	3.67	3.73	3.72

图 7-15　M 市教师年平均收入情况

表 7-10　M 市不同学历幼儿教师数量　　单位：人

学历	2009 年	2010 年	2011 年	2012 年	2013 年	2014 年
高中及以下	538	431	621	709	766	801
大专	58	74	82	131	162	237
本科及以上	7	10	8	14	28	47

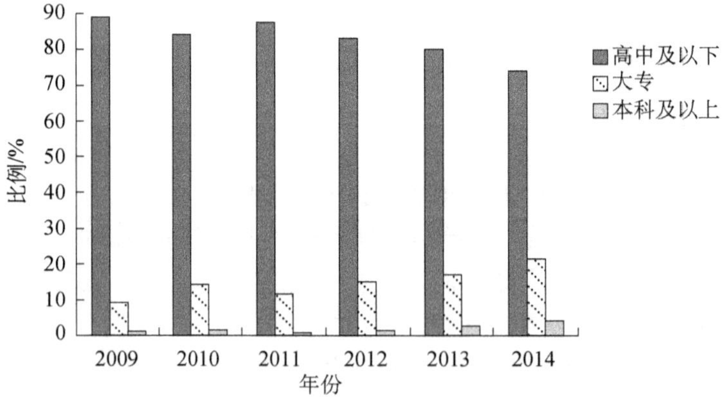

图 7-16　M 市幼儿教师学历占比图

5. 教师职称评定人数不断增加

图 7-17 表明，M 市教师职称评定人数逐年递增。除了拥有高级教师职称的

人数基本保持不变之外，其他职称评定人数都有大幅度增长。2009—2014 年，幼（小）二级教师人数增加了 39 人；幼（小）一级教师人数增加了 36 人；幼（小）高级教师人数增加了 27 人；评级总人数增加了 103 人。评级人数的不断增加，从某种程度上反映了 M 市幼儿教师队伍的专业化水平在不断提升。

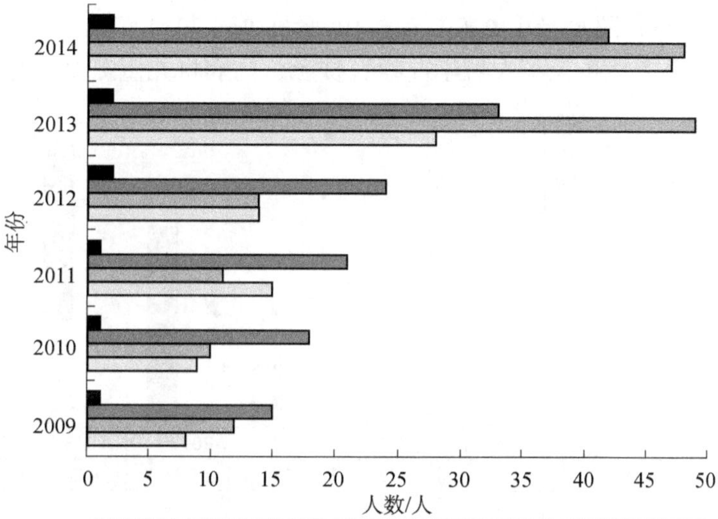

	2009年	2010年	2011年	2012年	2013年	2014年
□ 幼（小）二级	8	9	15	14	28	47
■ 幼（小）一级	12	10	11	14	49	48
■ 幼（小）高级	15	18	21	24	33	42
■ 中学高级	1	1	1	2	2	2

图 7-17　M 市教师职称评定人数分布图

6. 参加培训的教师人数增加

为进一步完善幼儿教师专业培训体系，加快建设一支高素质的学前教育师资队伍，M 市政府积极组织幼儿骨干教师参加省级和县级培训。表 7-11 显示，M 市政府每年都会组织一部分幼儿教师参加县级培训，2014 年，参加培训的人数达到 124 人，比 2009 年增长了 80%。

表 7-11　幼儿园教师参加培训的人数　　单位：人

项目	2009 年	2010 年	2011 年	2012 年	2013 年	2014 年
省级	—	110	118	120	130	256
县级	69	56	121	116	61	124
总计	69	166	239	236	191	380

7. 大力发展农村学前教育

（1）农村幼儿园数量增长迅速，学前教育资源显著增加

M 市幼儿园数量在不断增加，尤其是以农村幼儿园数量的迅猛增长为显著特征。图 7-18 表明，县城的幼儿园数量 5 年间（2009—2014 年）仅增加了 26 所，农村幼儿园数量由 2009 年的 10 所增加到 2014 年的 477 所，5 年间增加了 467 所，极大地扩大了农村学前教育资源，为农村儿童提供了充足的入园机会。

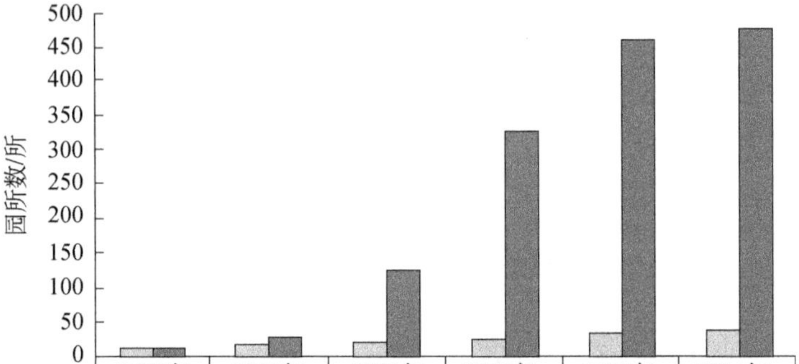

	2009年	2010年	2011年	2012年	2013年	2014年
县城	11	15	19	25	32	37
农村	10	26	125	330	461	477

图 7-18　M 市县城和农村幼儿园数量分布图

为了推动城乡一体化进程，以及解决农村留守儿童的教育问题，M 市近年来实施了农村公办中心幼儿园全覆盖工程。据统计，2014 年，M 市拥有 10 所新建中心幼儿园、3 所改扩建乡镇中心幼儿园，幼儿园设施配备齐全。总体来说，M 市的公办乡镇中心幼儿园全覆盖工程落实到位，目标基本达成。另外，M 市政府还因地制宜，整合利用上级项目资金，改建农村闲置校舍 93 所，增设小学附属幼儿园 184 所，解决了 2 万多名农村幼儿的入园问题。

（2）加大对农村学前教育的财政投入

M 市政府在《M 市第一期学前教育三年行动计划（2011—2013 年）》中将“安排专项资金，重点支持发展农村学前教育资源”作为工作任务之一。为缩小城乡差距，满足农村儿童的入园需求，M 市不断加大对农村学前教育的财政投入。2009 年，农村学前教育经费投入为 274.62 万元，2014 年为 6696.38 万元，是 2009 年的 24 倍。从 2010 年开始，农村学前教育经费投入占比[①]不断提高，2012—2014 年占比均保持在 90%以上（表 7-12，图 7-19）。

① 指 M 市农村学前教育经费投入占财政性教育经费总投入的比例。

表 7-12　M 市农村学前教育的财政投入总额及占总投入之比

项目	2009 年	2010 年	2011 年	2012 年	2013 年	2014 年
农村财政性教育经费投入总额/（万元/年）	274.62	418.76	6 720	1 1110.2	9 251.9	6 696.38
农村学前教育经费投入占比/%	52	48	94	93	97	95

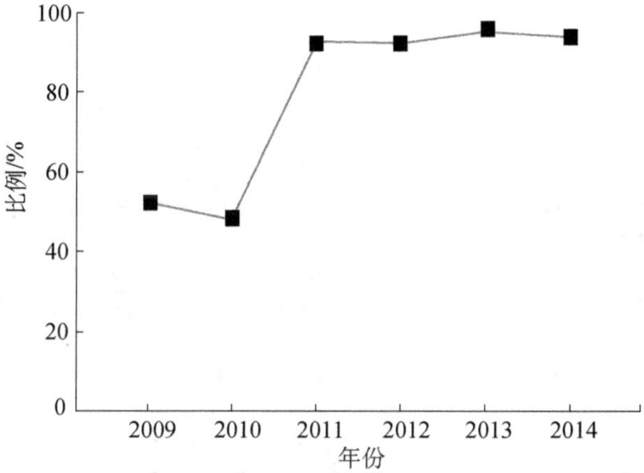

图 7-19　M 市农村学前教育经费投入占学前教育经费比例

（3）中央、省、县共同分担农村学前教育成本

目前，M 市形成了“县级为主，中央、省共同分担”的农村学前教育经费分担机制。从图 7-20 可以看出，从 2011 年开始，中央逐渐加大对 M 市农村学前教育方面的投入力度，每年的投入基本上保持在 1500 万元以上，2012 年投入最多，达到 3709.02 万元。县级政府的财政投入是农村学前教育事业发展的主要资金来源。2011 年，县级政府的投入为 5070.86 万元，是 2010 年的 12 倍，以此为转折点，县级政府每年的投入基本维持在 5000 万元左右。中央、省、县共同分担农村学前教育成本，一方面缓解了县级政府的财政压力，另一方面极大地扩大了农村学前教育的资源总量，促进了农村学前教育公共服务体系的日益完善。

（4）农村普惠性民办幼儿园占比[①]达 90%以上

M 市政府优化学前教育结构，积极扶持农村民办幼儿园特别是普惠性农村民办幼儿园的发展，通过一系列措施提高普惠性民办幼儿园的覆盖率。表 7-13 显示，2014 年的普惠性民办幼儿园数量为 58 所，比 2009 年增加了 48 所。图 7-21 的数据表明，2009—2014 年，农村民办普惠性幼儿园占农村所有民办幼儿园总数的 90%以上。由此可见，M 市政府在构建学前教育公共服务体系时始终坚持公益性、普惠性的原则。

① 指普惠性民办幼儿园占民办幼儿园总数的比例。

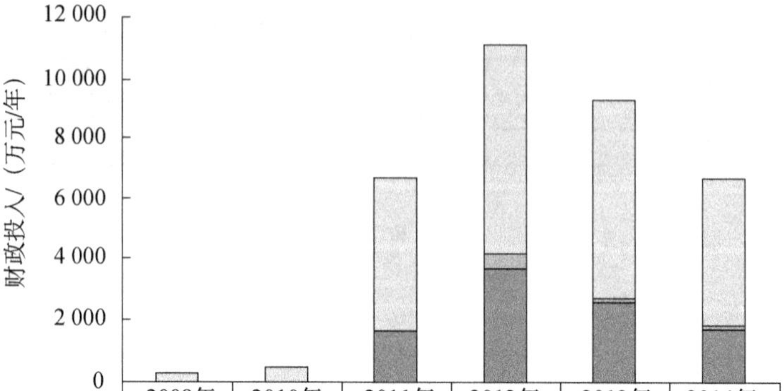

	2009年	2010年	2011年	2012年	2013年	2014年
中央	0	0	1 649.14	3 709.02	2 611.37	1 714.4
省	0	0	0	464	98.08	86.2
县	274.62	418.76	5 070.86	6 937.18	6 542.45	4 896.38

图 7-20　农村学前教育经费各级政府分担状况

表 7-13　M 市农村民办幼儿园分布状况　　单位：所

项目	2009 年	2010 年	2011 年	2012 年	2013 年	2014 年
普惠性民办幼儿园数量	10	25	34	47	55	58
非普惠性民办幼儿园数量	0	1	2	3	4	4
总计	10	26	36	50	59	62

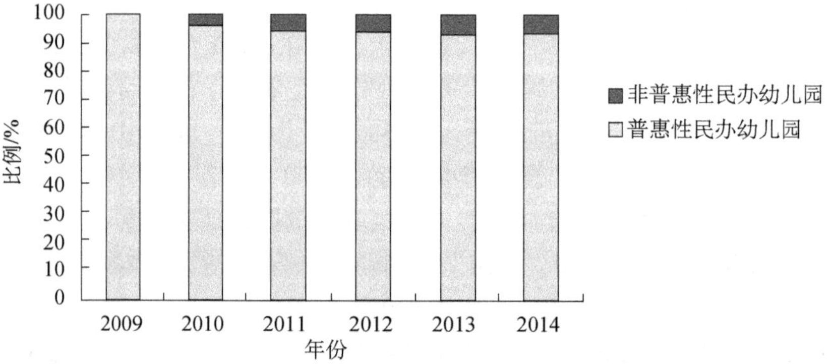

图 7-21　M 市农村普惠性民办幼儿园占比图

（5）农村民办幼儿园专任教师数增加，师幼比在县城居领先水平

如图 7-22 和表 7-14 所示，M 市农村民办幼儿园专任教师人数 2009 年为 46 人，2014 年为 342 人，增长了 643%。师幼比是衡量教育质量的重要指标，专任教师人数的增加有利于改善师幼比，提高教育质量。2010—2014 年，M 市农村民办幼儿园的师幼比基本在 1∶20 ～ 1∶19，接近全国师幼比，远高出全国农村

地区的师幼比水平，师幼比在全县处于领先水平。

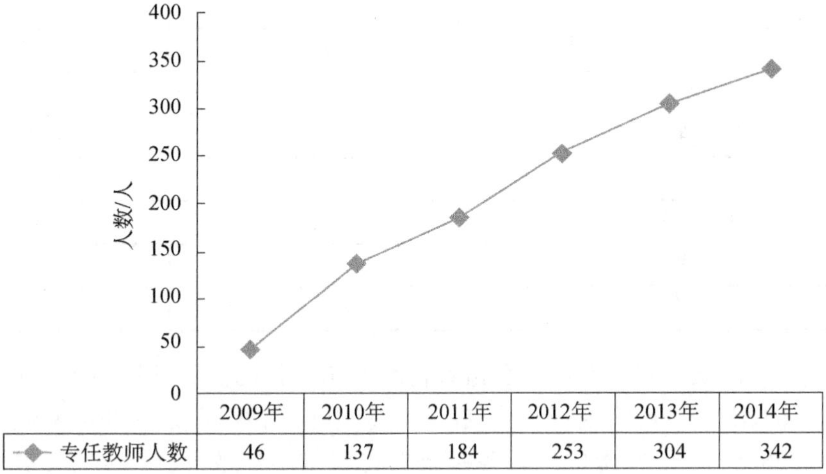

图 7-22　M 市农村民办幼儿园专任教师人数

表 7-14　M 市农村民办幼儿园师幼比情况

年份	师幼比
2009	1∶17
2010	1∶20
2011	1∶19
2012	1∶19
2013	1∶20
2014	1∶20

（五）家长对学前教育公共服务体系的满意度较高

M 市家长对学前教育公共服务体系的满意度较高（*M*=4.17，*SD*=0.53），介于比较满意和非常满意之间。具体来说，在 6 个调查子维度中，满意度由高到低依次是师资（*M*=4.33，*SD*=0.56）、环境（*M*=4.25，*SD*=0.67）、课程与教育质量（*M*=4.18，*SD*=0.60）、服务距离及方式（*M*=4.18，*SD*=0.73）、入园机会（*M*=4.03，*SD*= 0.60）、收费（*M*=4.08，*SD*=0.74）。不同子维度的平均满意度存在一定的差异，家长对师资、环境、课程与教育质量、服务距离及方式四个方面的满意度相对较高，对入园机会、收费两方面的满意度相对较低（表 7-15）。

表 7-15 家长满意度问卷调查结果

评价项目	*M*	*SD*
总体	4.17	0.53
课程与教育质量	4.18	0.60
环境	4.25	0.67
师资	4.33	0.56
服务距离及方式	4.18	0.73
入园机会	4.03	0.60
收费	4.08	0.74

另外，分析家长问卷发现，乡镇农村幼儿园家长的满意度在各个方面都高于M市城区的家长。其原因主要是自《国家中长期教育改革和发展规划纲要（2010—2020年）》等实施以来，各级政府将农村学前教育发展当作工作重点，在经费投入、政策保障等方面向农村倾斜，农村"入园难、入园贵"的问题在一定程度上得到缓解，农村家长对学前教育表现出更高的满意度。

三、构建农村学前教育公共服务体系的经验

（一）组织管理方面

1. 政府高度重视，加强组织领导

随着《国家中长期教育改革和发展规划纲要（2010—2020年）》等的颁布，M市的学前教育事业在此期间取得了巨大成绩，这无不与县政府高度重视学前教育事业发展，以及积极发挥其在构建学前教育公共服务体系中的组织和领导作用息息相关。

在对M市政府的行政人员进行访谈的过程中，笔者了解到，M市教育局的历届领导都非常重视文教工作，特别重视学前教育事业的发展。M市还把学前教育的发展与领导干部的考核结合起来，将乡镇调动起来，乡镇学前教育形成了一种"比、赶、超"的局面。同时，M市拖船镇的万校长在访谈中说道："除了政府给乡镇中心拨款的200万元建设经费外，更大的支持来源于镇政府。拖船中心幼儿园占地面积27亩[①]，这些地全是镇政府无偿给予，这些地现在最少值3000万元。甚至在最开始动工时，其实并没有获得土地审批，但是政府知道是

① 1亩≈666.7平方米。

盖镇中心幼儿园后，马上就批准了。”M 市政府在建设幼儿园方面给予的极大的政策支持促进了当地学前教育事业的健康发展。M 市政府还积极明确各部门的责任分工，要求各部门各司其职、通力合作，加强对学前教育事业发展的指导、服务和管理。为此，2012 年 11 月，M 市成立了学前教育管理信息系统建设工作领导小组，负责统筹全县的学前教育管理信息系统工作；监测重大学前教育项目实施情况；制定有关支持政策；等等。为向幼儿园、社会和家长传播正确的保教理念和科学的育儿方法，2014 年，M 市文化教育局开展了以“《3—6 岁儿童学习与发展指南》——让科学育儿知识进入千家万户”为主题的学前教育宣传月活动。

M 市学前教育公共服务体系的完善是该县政府不断强化自身在学前教育方面的职责的结果。

2. 完善法律法规，规划发展蓝图

M 市政府在加强组织和领导的同时，不断出台和完善学前教育领域的相关法律法规，为学前教育事业的发展和公共服务体系的构建规划蓝图。据不完全统计，2010—2015 年，M 市出台的相关学前教育法规文件总计 36 个，其中涉及“基本有质量的学前教育”方面的文件多达 12 个，占到了总数的 33%。可见 M 市政府始终将构建“保基本、广覆盖”的有质量的学前教育公共服务体系作为工作的重点来抓。

在组织领导方面，M 市政府颁布了《M 市中长期教育改革和规划发展纲要（2010—2020 年）》，将提高学前教育普及水平、强化学前教育政府职责、提升学前教育保教质量作为 10 年间学前教育的工作任务。继而颁布的《M 市第一期学前教育三年行动计划（2011—2013 年）》《M 市第二期学前教育三年行动计划（2014—2016 年）》从发展现状、工作目标和工作任务三个方面对 M 市学前教育公共服务体系的构建做了细致的规划。

除此之外，M 市还形成了较为严密的幼儿园评估监管和保教质量监督的法律体系。为规范幼儿园的办园行为，保障幼儿园的办园质量，该市颁布了《规范办园行为　优化保教质量工作方案》《关于印发〈M 市民办幼儿园管理办法（试行）〉的通知》《M 市乡镇（街道）公办中心幼儿园督查安排（附整改意见函）》等文件，相关政策分类情况如表 7-16 所示。这些法规政策为提升幼儿园的办园质量和保教质量提供了法律和政策支持。

表 7-16　M 市出台的法规文件数目统计表　　单位：个

政策分类	数目
组织领导	4
扩大学前教育资源	3
基本有质量的学前教育	12
经费保障	3
规范管理	7
教师队伍建设	7

（二）扩大学前教育资源方面

1. 大力发展公办幼儿园，实现乡镇中心幼儿园全覆盖

《M 市第一期学前教育三年行动计划（2011—2013 年）》中提及，截止到 2011 年底，全县共有公办幼儿园 4 所，民办幼儿园 353 所，公办和民办幼儿园的数量比为 1∶88.25，公办学前教育资源十分稀缺。经过学前教育三年行动计划，M 市大力发展公办幼儿园，特别是乡镇中心幼儿园，努力扩大公办学前教育资源，建立政府主导、社会参与、公办与民办并举的办园体制，缩小公办与民办幼儿园之间资源分配不合理的差距。截止到 2013 年底，M 市的公办幼儿园数量为 307 所，民办幼儿园数量为 265 所，公办幼儿园的数量超过民办幼儿园的数量。M 市花费 3 年的时间新建了 303 所公办幼儿园，其建设速度是惊人的。

M 市公办幼儿园数量的巨大增长主要是由于 M 市乡两级政府共投资 2 亿元，通过新建、政府购买以及改建小学富余闲置校舍等形式大力扶持公办幼儿园的发展。到 2013 年底，M 市共建设了 32 所乡镇公办中心幼儿园，基本上实现了乡镇中心幼儿园的全县覆盖，做到每一个乡镇都有一所公办中心幼儿园。仅仅在 2014 年，M 市就投资了 8014.1 万元，新建、改扩建公办幼儿园 16 所。M 市政府大力发展公办幼儿园，实现了县城、乡镇、村级公办幼儿园由点到面的覆盖，这种做法是值得借鉴的。

2. 优化学前教育发展结构，积极扶持普惠性民办幼儿园

M 市通过以奖代补、项目支持、委派园长、派驻公办教师、政府购买服务、培训教师等方式，支持办园规范、质量合格的各类民办幼儿园提供普惠性服务。同时，其认定了一批普惠性民办幼儿园，逐年提高普惠性民办幼儿园在民办幼儿园中的比例。此外，M 市还对民办幼儿园给予政策上的扶持。M 市对新

建、改建民办幼儿园依法给予用地支持；对民办幼儿园的教学、水电、用气按照居民使用价格执行；依法保障民办幼儿园在审批登记、检查考核、教研指导、教师培训、职称评定和表彰奖励等方面与公办幼儿园享有同等地位。这些政策旨在鼓励民办幼儿园向公益性、普惠性方向发展。

（三）提升学前教育质量方面

1. 以办园标准为依托，严把办园质量关

学前教育不仅是一项教育事业，更是一项公益性事业，幼儿园质量的好坏深刻影响着幼儿的发展。M 市针对各类幼儿园的办园条件出台了相关的办园标准，从源头上严把办园质量关。

在建设公办中心幼儿园时，2011 年 10 月，M 市颁布了《M 市乡镇（街道）公办中心幼儿园建设实施意见》，对公办中心幼儿园的办园规模、建设用地等方面做了细致的安排。2013 年 4 月，M 市人民政府办公室印发了《M 市民办幼儿园管理办法（试行）》，对民办幼儿园的办园和管理标准做出了限定。在城镇住宅小区配套幼儿园建设方面，M 市秉承《宜春市城镇住宅小区配套幼儿园建设管理办法》所做出的规定。

2. 强化督查检查力度，保障办园质量

M 市新建公办中心幼儿园投入使用后，政府就不断加强对乡镇（街道）公办中心幼儿园的督查工作，对其保教质量进行严格监督。2014 年 5 月、2014 年 9 月、2015 年 1 月，M 市政府三次对乡镇（街道）公办中心幼儿园进行检查并即时发出整改意见函，督促其改变不良现象。2015 年 1 月，M 市对全市民办幼儿园进行了年检评估，规范民办幼儿园的办园行为和保教工作。在访谈中，该县的副局长谈道："教育局会对幼儿园进行保教质量的评估，保教质量半年评估一次，评估的方面很多，包括教学计划、安全卫生等。"除了教育局会对幼儿园的保教质量进行评估之外，M 市有些附属小学的校长也会对小学附属幼儿园的保教质量进行评估。泊濂小学附设幼儿园的宋校长表示，小学附属幼儿园的保教质量评估大约是一学期一次，主要评估安全、环境、食品（留样）等方面。该县对于示范幼儿园的评估标准非常严格，评估内容涉及办园条件（100 分）、园务管理（70 分）、保教队伍建设（80 分）、安全卫生保健（100 分）、教育与教学工作（150 分）。每年只有 2～3 所幼儿园能够参与最终的遴选，并且对已经被评估为示范幼儿园且 3 年以上通过评估的幼儿园抽取 1～2 所进行复评。2014 年，M 市

有2%以上省、市级示范幼儿园。M市政府通过高强度的督查和检查，使幼儿园从外及内提升了保教质量。

3. 健全学前教育教研网络，扩大示范园的辐射圈

为提升幼儿园的保教质量，M市教育局努力建立覆盖辖区的学前教育机构的片区教育网络，专门配备了教研员对幼儿园进行业务指导。在访谈中，吴园长说道："县里和区里每个学期都会派专家下园2～3次，对我园教研工作提出针对性的建议，及时帮助教师解决教研上的困难。"上级部门的指导为幼儿园保教质量的提升指明了方向。该县积极发挥优质幼儿园和乡镇（街道）中心幼儿园特别是示范园的辐射和指导作用，开展区域教育和园本教研，对薄弱园所进行引领和指导，增强教师的业务水平和教研技能，促进共同发展和提高。以M市示范幼儿园为代表，它是一所省级示范幼儿园，多年来一直坚持发挥示范和辐射作用，坚持"送教下乡"，为基层幼儿园服务。2014年4月16日、22日，该园教师分别前往上塘公办中心幼儿园和尚庄公办中心幼儿园送教。2015年4月28日、29日，在涂京玲副园长的带领下，该园两名优秀青年教师赴曲江中心幼儿园和筱塘中心幼儿园送教。M市示范幼儿园在送教下乡活动中充分发挥了优秀教师的优质资源共享的效应，给薄弱幼儿园的教师带来了新的教育理念和教学方法，对提升教师的教学水平有重要作用。

（四）经费保障方面

1. 落实政府责任，加大对学前教育的财政投入

M市政府切实将普惠性学前教育纳入基本公共服务，拓宽财政性学前教育经费来源渠道，积极争取中央和省政府对该县学前教育的资金支持，同时设置学前教育专项经费，逐步提高财政性学前教育经费占同级财政性教育经费的比例，不断加大资金投入，支持学前教育事业的发展。2014年，M市政府的学前教育专项投入经费达到7020.12万元，是2009年的13倍多。2014年，财政性学前教育经费占同级财政性学前教育经费的4.63%，比2009年增长了3.78个百分点。2011—2014年，M市共争取中央投入10 092.93万元、省级投入648.28万元。中央、省的投入在一定程度上缓解了市级政府的财政压力。

2. 实施"以奖代补"机制，坚持公益性、普惠性

为鼓励幼儿园提供公益性、普惠性的学前教育资源，M市通过实施"以奖

代补”机制，对公办、市级示范幼儿园及普惠性幼儿园实施一定的奖补措施。2012 年，M 市对 6 所幼儿园投入资金 634 万元，2013 年对 54 所幼儿园投入资金 540 万元，2014 年对 25 所幼儿园投入资金 1690 万元。2012 年，3 所普惠性幼儿园获得 M 市奖补资金 155 万元，2014 年又有 6 所普惠性幼儿园获得 24 万元的奖补。“以奖代补”的机制在一定程度上激励着公办幼儿园和民办幼儿园提升自己的办园质量和保教质量，始终坚持公益性、普惠性原则，为学龄前儿童提供优质的学前教育服务。

3. 投入有倾斜，重点发展农村学前教育

M 市农村的幼儿入园率由 2011 年的 50.6%上升到 2014 年的 61.2%，3 年时间入园率增长了 10.6 个百分点，农村幼儿“入园难”的问题得到明显的缓解。农村学前教育的蓬勃发展取决于 M 市政府的巨大的财政投入。M 市认识到农村学前教育是学前教育公共服务体系的薄弱环节，举全力加大对农村学前教育的投入力度，提高经费占比，将财政投入向农村倾斜，极力扩大农村学前教育资源。2009 年，M 市政府对农村学前教育事业发展的投入仅为 418.76 万元，2014 年的投入却在原来的基础上增长了 15 倍，达到 6700.16 万元，农村学前教育经费的投入占教育经费财政投入总额的比例由 2009 年的 48%上升到 2014 年的 95%。通过利用这些经费，M 市农村改建农村闲置校舍 93 所，增设小学附属幼儿园 184 所，解决了 2 万多名农村幼儿的入园问题，从 2011 年起，市、乡两级投资 2 亿元在各乡镇（街道）分别建设一所公办中心幼儿园，规划建筑面积 12.9 万平方米，可容纳幼儿 12 000 名，这项工程有力地缓解了农村留守儿童的入园问题。M 市高度重视农村学前教育发展，将财政投入向农村倾斜，缩小了城乡学前教育的差距。

（五）师资队伍建设

1. 壮大教师队伍，缓解师资短缺问题

M 市的在园幼儿数由 2010 年的 30 245 人增加到 2014 年的 36 003 人，增加了 5758 人。入园幼儿人数的不断增加导致对幼儿教师的需求日益迫切。为缓解师资日益短缺的现状，M 市政府依照《幼儿园教职工配备标准》，合理核定幼儿园教职工编制，通过每年面向社会公开招聘一定数量的新教师、引进一定数量的优秀教师，并有计划地将其纳入财政收入保障计划，使公办幼儿园教师数量逐年增长。据统计，2013 年底，M 市的公办幼儿园教师数达到 798 人。通过公开教

师招聘，M 市在编教师人数有了极大的增长。2014 年，在编教师人数达到 328 人，比 2010 年的 49 人增加了 279 人。教师队伍的壮大使得师幼比得到了极大的改善，2011 年 M 市幼儿园的师幼比为 1∶42，2014 年师幼比为 1∶33。

M 市还积极联合宜春幼儿职业技术学院和南昌师范学院，每年安排适量的学前教育毕业生到各地幼儿园进行顶岗实习，这不仅为毕业生提供了实习机会，为幼儿园储备了优秀的后备人才，更缓解了该县幼儿教师短缺的问题。

2. 多渠道联合，提升教师的专业素养

在提升教师的专业素养、加强幼儿教师的师资队伍建设方面，M 市秉承《国务院关于加强教师队伍建设的意见》《江西省人民政府关于加强教师队伍建设的意见》的精神，制定了《M 市中小幼教师专业发展五年规划指导意见（2011—2015 年）简称〈M 市意见〉》，为幼儿教师的专业发展指明了方向。该意见指明了教师队伍建设的具体目标及组织、制度和经费保障。M 市政府每年拿出至少公用经费的 2%用于教师专业发展。在该意见的指导下，M 市政府不断为教师的专业发展提供各种机会，不断提升教师的专业素养，实现教师在数与量方面的双重提升。

在教师的学历方面，M 市鼓励教师通过自学、进修等方式提升学历水平，丰富自己的专业知识，激励高水平人才从事学前教育事业。2008 年，M 市印发了《M 市教师培训五年规划（2008—2013 年》)，要求达到专科学历的幼儿园教师通过脱产进修、函授、电大、自考等方式参加教师学历培训。经过第一期三年行动计划，M 市的大专学历幼儿教师由 2009 年的 58 人增加到 2014 年的 237 人，本科学历幼儿教师也由原来的 7 人增加到 47 人，大专以上学历教师人数占比达到 27%。虽然 M 市幼儿教师的学历水平有了极大的提升，但是 M 市政府仍然再接再厉，继续规划了未来五年幼儿教师的学历提升计划。M 市通过减免学费和毕业奖励的办法，鼓励教师参加学历提升培训。

在非学历提升培训方面，M 市根据不同阶层教师的需求制订了详细、具体的教师培训计划。依据教育部、省教育厅的部署和安排，M 市积极组织“国培计划”培训项目，选拔 M 市优秀骨干幼儿教师、园长参加网络远程培训、短期集中培训、顶岗置换等。同时，按照政府的要求，M 市在职幼儿教师每年必须参加全员远程培训，每人每学年累计培训时间不得少于 72 学时，新入职教师的培训时间不得少于 122 学时。在园长培训方面，M 市每年组织公办幼儿园园长和一些优秀民办幼儿园园长进行不少于 8 天的集体轮训。在对新教师培训方面，M 市每年组织教师参加 6 天左右的岗前培训，以引导新教师适应新工作。为提高教师的教学技能，M 市每学年举办两次为期 6 天的教学技能培训。该培

训旨在帮助教师学会熟练地使用电子白板和多媒体投影仪等先进的教学设备。种类繁多的培训满足了不同教师的专业发展需求，促进了不同层次教师的专业素养的提升。

从培训人次来看，M 市 2009 年参与培训 69 人次，2014 年达到 380 人次，增长了 451%。从培训层次来看，参加省级培训的人次明显多于参加县级培训的人次，2014 年，参加省级培训 256 人次，参加县级培训 124 人次，省级培训的力度在不断加大。密集、高质量的教师培训为 M 市打造了一支高素质的幼儿教师队伍。

四、构建农村学前教育公共服务体系存在的问题

（一）普及率有待提升

通过第一期学前教育三年行动计划，M 市的学前教育普及率虽然得到了一定程度的提升，但是总体上看，M 市学前三年毛入园率仅仅上升了 6.6%，农村学前三年毛入园率上升了 10.6%，上升速度缓慢。M 市的学前三年毛入园率与江西省其他地区相比，仍然存在差距。2014 年，M 市流动儿童入园率为 62.98%，留守儿童入园率为 52.49%，贫困儿童入园率仅为 52.47%，接近 5 成的处境不利儿童的入园机会没有得到保证。M 市幼儿的"入园难"问题仍然十分明显，学前教育普及率有待提升。M 市的学前教育事业历史上底子薄、问题多，学前教育仍然是处在教育系统的薄弱环节，要改变现状、提高入园率，并不是一朝一夕就能实现的，需要进行长久、有效的改革。2014 年，M 市第一期学前三年行动计划刚刚结束，政府继而推进第二期学前三年行动计划的进行，试图在 3 年的时间内，通过新建乡镇（街道）公办中心幼儿园、扶持民办幼儿园，使得城市公办幼儿园和普惠性民办幼儿园覆盖率达到 100%，农村学前三年毛入园率达到 75%以上。

（二）经费投入有待增加

1. 投入比例偏低

表 7-17 显示，虽然 M 市财政性教育经费投入总额每年都在不断增长，但是 2009—2014 年财政性教育经费占同级财政经费支出的比例基本在 22%左右浮动，变化不大。财政性学前教育经费投入的占比 2009 年仅达到 0.85%，2014 年这一比例虽然有所提高，占到 4.63%，但仍然偏低。学前教育是 M 市教育事业中的薄弱环节，更是教育的基础，雄厚的财政支持是其发展的血液。目前，偏低

的财政性教育经费投入比例和财政性学前教育经费占比偏低成为M市学前教育事业发展的瓶颈。

表7-17　M市财政性教育经费和财政性学前教育经费的总额与占比

项目		2009年	2010年	2011年	2012年	2013年	2014年
财政性教育经费	总额/（万元/年）	61 478	80 023	105 999	127 636	139 042	151 656
	占比[a]/%	22.78	23.89	25.60	24.88	23.06	22.86
财政性学前教育经费	总额/（万元/年）	521.57	870.57	7 113.38	11 903.64	9 570.47	7 020.12
	占比[b]/%	0.85	1.09	6.71	9.33	6.88	4.63

a指财政性教育经费在同级财政性经费中所占比例；b指财政性学前教育经费在同级财政性教育经费中所占比例

2. 设备设施、教具和玩具投入不足

目前，M市的财政性学前教育经费投入比例分配不合理。M市对园舍基建的投入比例偏高，对园舍的设备设施和玩具、图书的投入明显不足。由表7-18可知，M市对园舍基建的投入力度逐年递增。园舍基建投入、设备设施和玩具、图书的投入之间的差距也在不断拉大。2013年，园舍基建投入是设备设施投入的10.7倍，是玩具、图书投入的26倍。笔者在访谈和实地观察中发现，小学附属幼儿园和民办幼儿园的设备设施和玩具、图书极度匮乏。例如，M市S民办幼儿园是由超市改造而成，没有户外活动场地，唯一的玩具就是一个滑梯和几个挂在天花板上用麻绳编制的简易的秋千，教室内部只有一些为数不多的教学用书。很多园长都希望政府能够加大投入，加大对玩具、教具、图书和设备设施的投入，改善幼儿的学习条件。M市F幼儿园何园长表示："教室里的教学硬件条件不行，区域活动的资金投入很缺乏，教室里很空。"某附设幼儿园的宋校长表示，希望上级政府能配备玩具和图书，幼儿园对设备设施和玩具、图书的需求日益强烈。

表7-18　园舍基建投入是设备设施和玩具、图书投入倍数的变化

项目	2009年	2010年	2011年	2012年	2013年	2014年
设备设施	2.3	3	8.6	11	10.7	7.44
玩具、图书	5.8	7.5	24	25	26	17

3. 学前教育资助体系不完善

M市出台了《M市学前教育自主实施细则》，旨在对处境不利儿童进行相关

资助，保障其入园机会。但是，M 市资助的人员仅仅集中在家庭经济困难儿童，对孤儿和残疾儿童的资助仍然没有启动。相比于家庭经济困难儿童，孤儿和残疾儿童处在更加不利的地位，而 M 市的学前教育资助体系并不完善，忽视了对这两类儿童的扶持。

（三）公益性、普惠性资源的数量和质量需要提升

1. 民办幼儿园发展陷入困境

从 2011 年以来，M 市实施了“乡镇（街道）公办中心幼儿园全覆盖工程”，公办幼儿园的数量急剧增加。第一期学前教育三年行动计划结束后，M 市的公办幼儿园数量达到 307 所，民办幼儿园数量达到 265 所，公办幼儿园数量超过民办幼儿园数量。M 市计划通过第二期学前教育三年行动计划，将公办幼儿园的数量调整为 448 所，将民办幼儿园的数量调整为 100 所。公办幼儿园的大规模扩张给民办幼儿园的生存和发展带来了困境。另外，民办幼儿园的生源和规模迅速缩小，政府对民办幼儿园的财政投入较少，民办幼儿园的资金来源不足，办园条件和保教质量令人担忧。M 市拖船镇万校长提到，“像镇中心幼儿园附近的民办幼儿园，在镇中心幼儿园建园之前，可以招收 300 多人，现在只能招收到 30 多人，而且有一部分还是不满 3 岁的镇中心幼儿园不招的学生”。这正是对民办幼儿园生源萎缩的写照。因此，应保持公办幼儿园与民办幼儿园的数量比例，合理布局办园格局，谋求公办幼儿园与民办幼儿园的共同发展。

2. 新增小区配套幼儿园配备不足

2014 年 12 月，M 市转发了《宜春市城镇住宅小区配套幼儿园建设管理办法》。该办法明确规定，市、县城镇规划区范围内进行旧城改造和新建的住宅区必须配套建设幼儿园。配套幼儿园设置的标准为：住宅小区人口数按每户 3～4 人，幼儿数按 56 人/千人进行测算；班额按省定大班 35 人、中班 30 人、小班 25 人、托班 20 人进行配备；生均用地面积按 15 平方米，生均建筑面积按 9.9 平方米进行规划。住宅小区人口数达到 6500 人以上的，原则上至少要建两所幼儿园。配套幼儿园建成后须无偿移交给辖区教育行政部门管理和使用，可办成公办幼儿园，也可以在辖区教育行政部门的监督下办成普惠性民办幼儿园，并与新建住宅小区同步规划、同步建设和同步交付使用。2009—2014 年，M 市小区住

宅配备的幼儿园仅仅有 4 所，且性质皆为非普惠性民办幼儿园，这与该办法的预期目标和要求都不相符。

3. 普惠性与非普惠性的概念界定不清

笔者在对 M 市学前教育行政人员和幼儿园园长进行访谈的过程中，很多人表示对民办幼儿园的普惠性和非普惠性概念界定不清。甚至有一名工作人员直接表示：民办幼儿园的目的就是盈利，如果都低价收费，民办幼儿园将无法生存。政府对普惠性民办幼儿园缺乏认定标准，这是导致上到政府工作人员、下到幼儿园园长对普惠性民办幼儿园的概念认识模糊不清的重要原因。

（四）应进一步保障收入，稳定师资队伍

1. 公办幼儿园与民办幼儿园教师的收入差距大

M 市公办幼儿园教师的年平均收入基本与当地小学教师的年平均收入持平，但公办幼儿园和民办幼儿园教师的收入差距悬殊。2009 年，公办幼儿园在编教师的年平均收入为 3 万元，而民办幼儿园教师的年平均收入为 1.5 万元，是公办幼儿园教师收入的 1/2。2014 年，公办幼儿园教师的年平均收入为 3.75 万元，民办幼儿园教师的年平均收入为 1.73 万元，两者差 2 万元左右。经过 5 年的发展，公办幼儿园与民办幼儿园教师的收入差距并没有明显的改变，而且差距在不断拉大。很多民办幼儿园教师因为工资收入低，从业一两年后毅然选择了改行。

2. 专任教师缺乏，教师队伍不稳定

随着入园人数的逐年增加，幼儿园对教师的需求量日益增大，但同时对专业性的要求也越来越高。M 市预计通过实施第二期学前教育三年行动计划，使 M 市的幼儿专任教师（含园长）具有教师资格证的达 95%，公办幼儿园教师所占比例达 70%。2014 年，大专及以上学历教师占教师总数的 48%，持教师资格证的教师比例为 66.45%，专任教师的比例仍有待提高。2014 年，高中及以下学历教师为 801 人，是整个教师队伍的主力军。教师学历水平的提升是提高教师专业化的一种有效手段。

相比县城，M 市农村专任幼儿教师更加缺乏。某小学附属幼儿园园长在访谈中向笔者介绍了农村的师资状况：“由于农村办园条件和收入有限，我们选择教师的时候基本上没什么要求，只是会问一下会不会跳舞之类的。”这一现实情况是 M 市专任幼儿教师极度缺乏、教师流动性大的一个侧面反映。

五、政策建议

(一) 加大学前教育经费投入

笔者通过调研发现，M 市幼儿园经费来源存在极大的差异，在设备设施、玩具和教具方面的投入明显不足、比例偏低。政府要加大对幼儿园的投入力度，提高财政性学前教育经费在教育经费中的占比，优化公共财政支出结构，加大对民办幼儿园的资金扶持，完善学前教育资助体系，将残疾儿童和孤儿纳入学前资助体系。在加大财政投入的同时，政府还要建立健全学前教育经费监管体系，提高经费的使用率。

(二) 优化学前教育布局，大力扶持普惠性民办幼儿园

为解决学前教育的规范化、规模化问题，必须要建立以公办幼儿园为主的学前教育公共服务体系。M 市的公办幼儿园已经在学前教育公共服务体系中居于主导地位，但是民办幼儿园却陷入发展困境，具体表现在：民办幼儿园总量不断减少；对普惠性民办幼儿园的概念界定不清，缺乏政策和资金方面的支持；正式规范的民办幼儿园数量少，无证幼儿园多（2014 年，民办幼儿园有 265 所，仅有 90 所合格，合格率为 34%）。此外，M 市的城市小区住宅配套幼儿园数量较少，分布不合理。在此形势之下，优化学前教育布局，根据实际情况合理布置幼儿园，鼓励、扶持普惠性民办幼儿园的发展，成为构建学前教育公共服务体系的重要工作。

(三) 充实师资力量，保障教师收入

幼儿教师队伍建设是提高学前教育质量、构建学前教育公共服务体系的关键。为壮大教师队伍，M 市各级教育主管部门应逐年按计划加大对学前教育专业教师的招聘，增加事业编制的数量，特别是应将编制数量向农村倾斜；要切实提高幼儿教师待遇，缩小公办幼儿园与民办幼儿园教师收入的差距；落实幼儿教师待遇，解决好工资福利、专业职称、社会保障和评优奖励等问题。

充实师资力量的要求是充实高质量的专业化的教师队伍，各级教育类师范院校要改革课程体系，组织学前教育专业的毕业生到幼儿园学习，将理论教学与实

践教学相结合，为壮大高质量的教师队伍储备人才。同时，各幼儿园也要积极为学前教育毕业生的实习提供一定的机会。

第二节　P 市构建学前教育公共服务体系的调查研究

一、研究方法

P 市位于我国中部地区，总面积为 22 791 平方千米。目前，该市基本形成了以公办幼儿园为示范、普惠性幼儿园为主体，公办幼儿园、民办幼儿园并存的多元化办园格局。2014 年，全市适龄幼儿数为 325 285 人，在园幼儿数为 237 190 人（其中农村 204 757 人，城区 32 433 人），占适龄儿童总数的 72.92%，学前三年毛入园率已达到 73%。全市共有各级各类幼儿园 1961 所，其中城区公办性质幼儿园 171 所，农村公办乡镇中心园 35 所，教职工 13 557 人，其中专任教师 8225 人。

研究采用分层抽样法，分别在 P 市的城区、县城和农村抽取不同性质的幼儿园各 12 所，共 26 所。笔者对相关政府部门进行问卷调查与访谈，了解其在发展学前教育方面采取的各项政策和政府责任的落实情况、成效。之后，笔者对每一所样本幼儿园的园长进行问卷调查，了解幼儿园教育改革与发展情况以及家长满意度，分析实施效果。采用目的抽样法，在每个市的城区、县城、农村（乡镇）选取 10 所不同类型幼儿园进行实地访问和观察，实地考察和评估相关部门采取的扩大公益性、普惠性学前教育资源的举措取得的实际成效，总结和发现促进学前教育可持续发展行之有效的方法与经验，分析制约学前教育可持续发展的体制机制障碍。在每所样本幼儿园中抽取 3～4 岁小班幼儿家长 30 名，每个市为 780 名家长，通过问卷调查，了解他们对实施“一期学前教育三年行动计划”以来缓解“入园难”、解决“入园贵”问题的满意度。家长问卷共回收 743 份，回收率为 95.26%，剔除无效问卷 15 份，保留有效问卷 728 份，有效率为 97.98%。

二、P 市学前教育发展所取得的成绩

（一）多举措普及学前教育

1. 学前三年毛入园率持续提高

近年来，P 市政府不断加大财政投入，创新公益性、普惠性学前教育发展机

制，幼儿园办学条件明显改善，“入园难、入园贵”问题得到有效缓解。2009—2014 年，学前三年毛入园率呈现出稳步增长的态势，到 2014 年全市学前三年毛入园率达到 73%，远远超出 67.5%的全国平均水平，如图 7-23 所示。

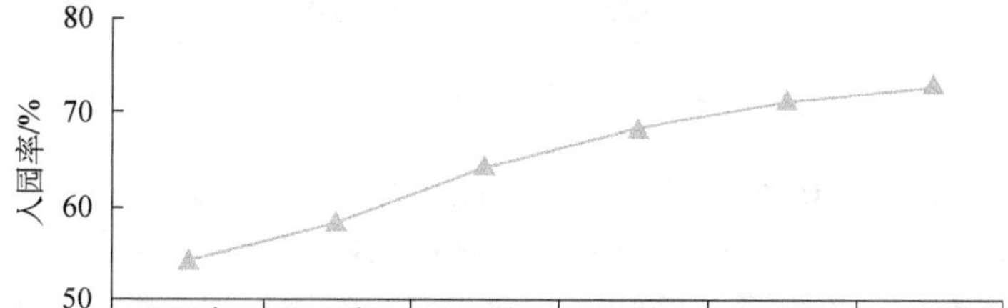

	2009年	2010年	2011年	2012年	2013年	2014年
学前三年毛入园率	54	58	64	68	71	73

图 7-23　P 市学前三年毛入园率情况

2. 在园幼儿数不断增加

图 7-24 表明，2009—2014 年 P 市在“在园幼儿数”方面有了较大的突破。2014 年的在园人数是 2009 年的 1.35 倍。2009—2013 年的涨幅最大，2014 年有所回落。2011 年，在园幼儿数突破 200 000 人，2013 年达到峰值。这表明自 2011 年以来实施的“一期学前教育三年行动计划”对 P 市学前教育起到了积极促进作用，扩大了适龄幼儿接受学前教育的机会。

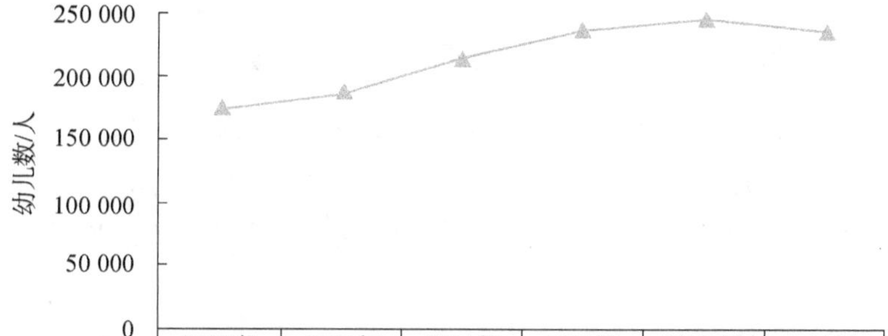

	2009年	2010年	2011年	2012年	2013年	2014年
在园幼儿数	175 698	188 422	213 983	237 324	245 620	237 190

图 7-24　P 市在园幼儿数发展变化图

（二）多种形式扩大学前教育资源

1. 公办幼儿园数量不断增加

P 市致力于建立“广覆盖、保基本”的学前教育公共服务网络，新建、改建、扩建公办幼儿园。2011—2013 年，P 市公办幼儿园数量不断增加，总体上上从 2011 年的 121 所增至 2013 年的 248 所，增幅达到 105%。其中，城区的公办幼儿园数量增幅最为明显，公办幼儿园占比由原来的 29.8%增至 54.4%。这说明自 2011 年以来，公办幼儿园获得了一定程度的发展，学前教育资源不断扩大。

2. 扶持、规范社会力量办园

P 市各县、区通过政府以奖代补、购买服务、减免租金、派驻公办教师等多种方式积极引导、扶持面向大众、收费较低的普惠性民办幼儿园的发展。同时，其出台了相关政策法规提升民办幼儿园的整体水平，如《P 市民办幼儿园管理办法》《P 市民办幼儿园年检及星级评估工作的通知》《P 市民办幼儿园清理整顿工作方案》，极大地激发了各幼儿园加大资金投入、改善办园条件的热情，营造了积极的竞争氛围，几年来取缔不合格民办幼儿园 300 余所，保证了幼儿教育的健康有序发展。

3. 推动、落实住宅小区配套幼儿园建设

在实施旧城改造、新区建设和安居工程时，P 市根据 2018 年《城市居住区规划设计标准》中的要求，配套建设幼儿园。

（三）多渠道增加学前教育经费

1. 加大对学前教育财政性经费的投入力度

用来衡量一个地区对学前教育财政投入水平的指标主要是学前教育财政性经费在同级财政性教育经费中所占比例。由图 7-25 可见，学前教育财政性经费投入整体上呈稳步上升的趋势，然而在 2014 年有所回落，比 2013 年降低了 0.92 个百分点。

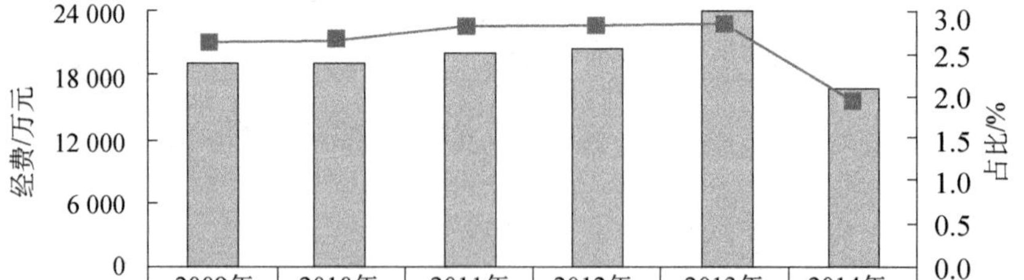

	2009年	2010年	2011年	2012年	2013年	2014年
学前教育财政性经费	18 998	19 005	19 987	20 334	23 926	16 707
占比	2.60	2.67	2.80	2.82	2.81	1.89

图 7-25　学前教育财政性经费及其在同级财政性教育经费中所占比例

2. 建立学前教育资助体系

为了促进教育公平，使处境不利儿童能有机会接受普惠性学前教育，P市教育局根据《江西省学前教育资助制度实施意见》《江西省学前教育资助专项资金管理暂行办法》，并结合本地实际出台了《学前教育幼儿资助资金的通知》。2011 年，该市对学前教育贫困幼儿以减免学费的形式予以资助。2012 年，P 市争取中央专项资金 462.48 万元，全部用于资助县级以上教育行政部门审批设立的普惠性幼儿园（包括公办幼儿园、公办性质幼儿园及普惠性民办幼儿园）中符合入园年龄的在籍在园就读的家庭经济困难儿童、孤儿和残疾儿童。

3. 加强对农村学前教育建设的投入

为了缩小学前教育的城乡差距，各级政府不断加大对农村学前教育的投入，按照《江西省农村幼儿园基本办园条件标准》，大量改造农村闲置校舍、设立农村公办附属幼儿园。2011—2013 年，P 市农村学前教育项目资金投入情况如图 7-26 所示。

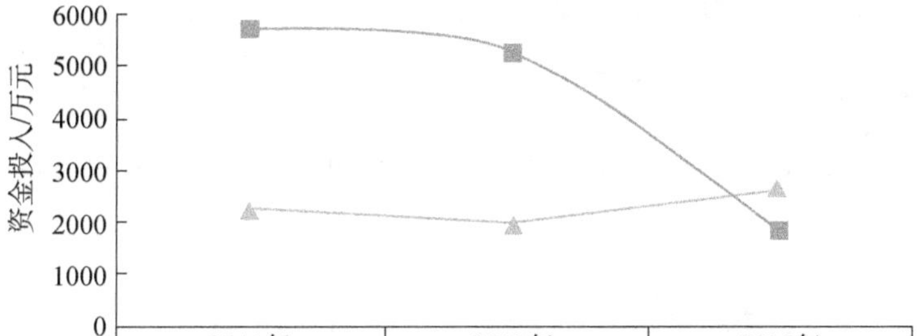

	2011年	2012年	2013年
农村闲置校舍改建项目资金	2218.86	1987.55	2647.31
农村小学教学点增设附属幼儿园资金	5725	5220	1800

图 7-26　P 市农村学前教育项目资金投入情况

4. 扩大奖补资金

本着突出普惠、体现公平、城乡统筹、优质优先的原则，P 市大力改建、扩建、新建幼儿园，并通过政府购买服务、奖励等方式支持普惠性民办幼儿园的发展，对接收农民工随迁子女的幼儿园给予奖励性资助。各县、区的奖补资金主要用于改善办园条件，重点用于补充玩具、教具和保教生活设施设备，以及校舍维修改造、建设等方面。以 P 市 M 县为例，2014 年，P 市下达 750.5 万元奖补资金，分配情况如图 7-27 所示。

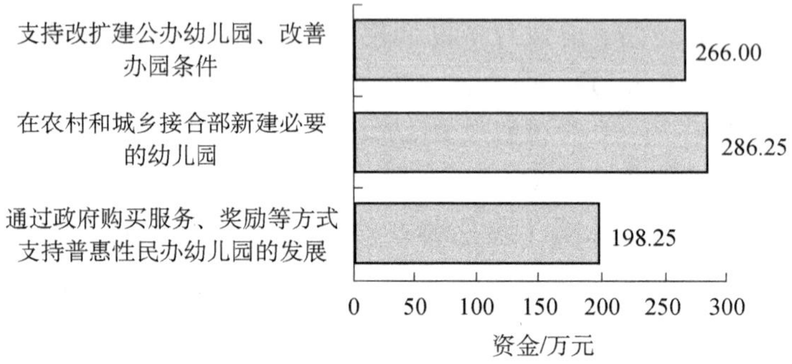

图 7-27　P 市 M 县扩大学前教育资源奖补资金用途

（四）多途径加快学前教育师资队伍建设

P 市加强幼儿园师资队伍建设的成效表现在以下方面：一是专任教师人数不断增加；二是幼儿教师工资待遇有所改善；三是教师队伍质量不断提升；四是家长对幼儿园教育的满意度较高。

1. 专任教师人数不断增加

总体来说，2009—2013 年，P 市幼儿园专任教师人数呈稳定增长态势（图 7-28），增幅达 166%。

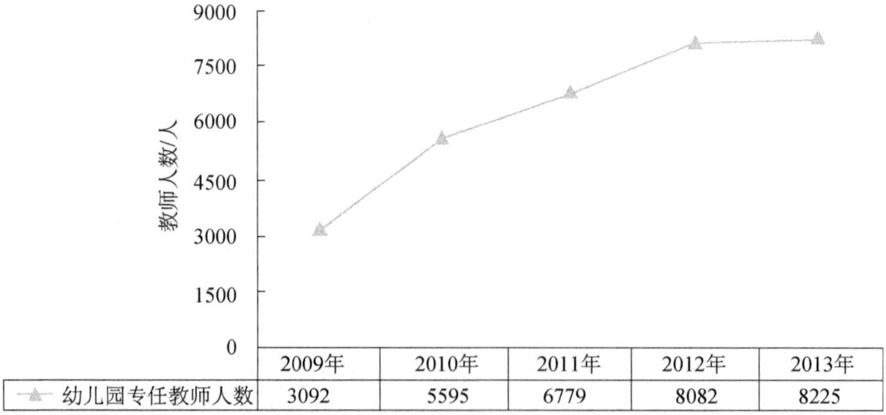

图 7-28　P 市幼儿园专任教师人数统计图

2. 幼儿教师工资待遇有所改善

2009—2014 年，P 市幼儿园教师的工资待遇得到了一定的改善。公办幼儿园在编教师的年平均收入从 2.2813 万元增长至 4.2572 万元，民办幼儿园教师的年平均收入从 2.16 万元增长至 4.2 万元（图 7-29）。

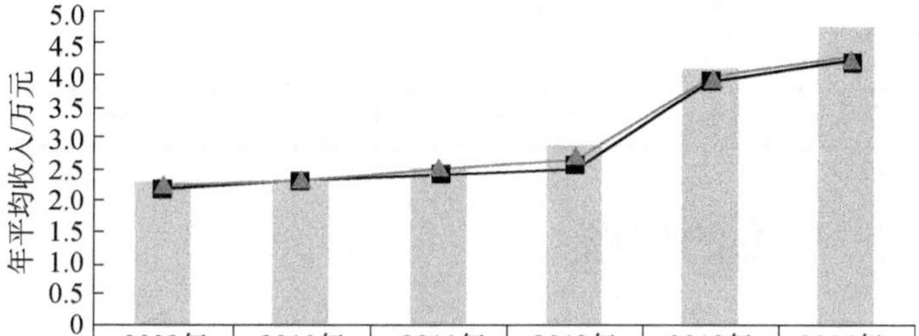

	2009年	2010年	2011年	2012年	2013年	2014年
小学教师	2.2774	2.2774	2.5518	2.8779	4.1159	4.7664
公办幼儿园在编教师	2.2813	2.2813	2.5107	2.6573	3.9885	4.2572
民办幼儿园教师	2.16	2.28	2.4	2.52	3.9	4.2

图 7-29　教师平均年收入对比图

3. 教师队伍质量不断提升

教师队伍质量不断提升，具体表现在以下几方面：其一，持教师资格证上岗的教师人数不断增加。2010 年，持证人数有所下降，但自 2011 年后持证的教师人数增幅较大。这表明，近年来，P 市幼教工作者的专业化水平得到了一定的提升。其二，教师的培训机会增多。P 市每年暑期都会在全市甚至县和村里组织幼师培训班，对幼师进行乐理、幼儿舞蹈、美工、幼儿体操及国家有关幼儿教育政策等方面的培训和学习，出台了《关于鼓励幼儿教师通过中央广播电视大学在职学习提升专业素质和学历层次的通知》《全市幼儿教师全员远程培训工作安排的通知》等法规文件。此外，P 市还积极开展城乡幼儿园园长、教师交流活动，骨干教师“送教下乡”活动，经常资助幼师到省级示范园、市级幼儿园、县示范幼儿园、优秀民办幼儿园参观学习，实现了优质学前教育资源的共享。

4. 家长对幼儿园教育的满意度较高

当前，“入园难、入园贵”是困扰着年轻父母最大的问题，已成为反映强烈、社会高度关注的民生问题。从调查情况来看，无论是城区还是农村的幼儿家长，对此项的评分均高于 4 分，介于比较满意和非常满意之间。笔者以“入园难、入园贵”因子为指标，对不同地区的适龄幼儿家长进行地区独立样本 t 检验和描述性分析。表 7-19 的结果表明，“入园难、入园贵”问题在地区上并不存在差异。

表 7-19　入园问题在地区上的差异分析表（N=728）

变异量	城区（n=287）		农村（n=441）		t	p
	M	SD	M	SD		
入园难	4.050 7	0.670 27	4.050 7	0.637 57	0.000	1.000
入园贵	3.893 4	0.809 00	4.012 7	0.798 88	−1.726	0.085

三、存在的问题

（一）学前教育投入不足，分配不均

调研发现，P 市学前教育财政性经费在同级财政性经费中所占比例最高的一年也只达到了 2.8%。学前教育经费的投入虽然普遍呈现出上涨态势，但分配并不合理。学前教育尚未被纳入义务教育范畴，因此容易成为教育投入的“盲区”。在园舍房屋建设方面，笔者在与幼儿园园长和学前教育行政管理人员的访谈中了解到，为改善农村办园条件，各县区结合农村中小学布局调整，有效整合教育资源，利用农村富余教育资源开办幼儿园，积极推进乡镇幼儿园建设。各县、区也结合本地实际和城区发展规划要求，均不同程度地加大了对公办幼儿园的建设投入力度，积极新建、改扩建幼儿园。相关领导人在全国学前教育工作电视电话会议上的讲话中指出，要尽快在城乡公办资源短缺的地区制定和落实发展规划，新建和改扩建一批公办幼儿园，中小学布局调整的富余资源也要优先用于改扩建幼儿园，促进公办幼儿园合理布局。

（二）幼儿教师缺编严重，待遇偏低

师资队伍不稳定是目前一个很难解决而又迫切需要解决的问题。绝大多数公办幼儿园教师编制是幼儿园开办之初核定的，有的是参照中小学教师标准进行核定的，人员配备不齐。根据教育部发布的《幼儿园教职工配备标准（暂行）》，全日制幼儿园每班配备 2 名专任教师和 1 名保育员，或配备 3 名专任教师；全日制幼儿园保教人员与幼儿比应为 1∶9～1∶7。P 市幼儿园多数是每两个班配 1 名保育员，保育员仅仅帮助教师打扫卫生，不能做到提供教学协助；在农村，有些园所的师生比甚至高达 1∶20 以上，教师的配备也只是一班 1 名。由于编制不足，目前，P 市公

办幼儿园普遍采取聘用教师和保育员的方式来缓解压力。大部分公办幼儿园教师还未落实绩效工资，多数民办幼儿园的教师和保育员工资待遇低，养老保险、医疗保险、失业保险等保障制度难以落实到位，在职教师也很难与中小学教师享受同等待遇，影响了幼儿教师工作的积极性和责任感，甚至导致不少本专业的幼儿教师都改行去从事其他工作。

（三）园所质量存在较大差距

笔者通过对调研园所不同的幼儿园服务方式、内容和质量满意度进行独立样本 t 检验发现，家长对幼儿园服务方式、内容和质量满意度的差异主要表现在课程与教育质量满意度上，如表 7-20 所示。

表 7-20 家长满意度在园所类别上的差异分析表（N=728）

变异量	公办幼儿园（n=287）		民办幼儿园（n=441）		t	p
	M	SD	M	SD		
课程与教育质量满意度	3.748 5	0.662 38	3.633 6	0.522 13	2.389*	0.170
环境满意度	4.286 2	0.783 93	4.222 6	0.793 45	1.031	0.303
师资满意度	4.349 3	0.597 39	4.279 1	0.609 65	1.480	0.141
服务距离及方式满意度	4.008 1	0.779 71	4.214 0	0.937 93	−1.820	0.069

在课程与教育质量满意度上，即家长对公办幼儿园的满意度显著高于民办幼儿园。与民办幼儿园相比，公办幼儿园能得到更多政策及财政上的倾斜，所以其有更多的资金和经历投身到改善课程和教育质量上。在环境满意度和师资满意度上，公办幼儿园与民办幼儿园虽无显著差异，但公办幼儿园的满意度的均值高于民办幼儿园。在服务距离及方式满意度上，民办幼儿园的满意度均值却高于公办幼儿园。笔者从调研中了解到，民办幼儿园较多，分布也广，而近几年新建的公办幼儿园选址都是政府做的规划，考虑到公办幼儿园能起到示范和引领的作用，大部分将其选址于周围民办幼儿园比较多的地方。另外，就是公办幼儿园环境好。但相对而言，这些地方的位置偏了一点，交通不便；而且教育部门是不提倡公办幼儿园使用校车的。基于以上原因，公办幼儿园在服务距离及方式的满意度上不及民办幼儿园。

（四）农村民办幼儿园“小学化”倾向严重

其一，幼儿园用书不规范。一部分农村民办幼儿园使用的是简单的幼儿读本，教育内容不规范，背离了《幼儿园教育指导纲要（试行）》的精神。这些幼儿园的用书基本上是拼音、识字、算术等方面的各种练习册。其二，幼儿园教育教学活动开展不全。有些农村幼儿园基本上是以静坐的形式上课，学拼音、认字、算术，游戏和户外活动很少。仅从表 7-21 就可以看出农村民办幼儿园“小学化”的严重程度，这显然违背了幼儿身心发展规律和年龄特点。笔者通过对 26 所样本幼儿园小班“一日作息时间安排表”进行文本分析发现，大部分公办幼儿园每天安排了 2 项教学活动，而民办幼儿园却安排了 3 项教学活动。此外，对 26 所抽样幼儿园的小班进行实地观察发现，68.75%的城区幼儿园室内布局以活动区为主，而 90%的农村幼儿园采用的是秧田式结构。由此可以推断，抽样的城区幼儿园已经意识到并逐渐将区域活动作为幼儿园课程实施的重要途径，而农村幼儿园还停留在传统的课堂教学模式上，完全采用小学课堂教学的模式。

表 7-21　P 市某县农村民办幼儿园 2015 年度小班周活动安排表

课程活动	星期一	星期二	星期三	星期四	星期五
晨间活动	剪指甲、晨检	晨检	晨检	晨检	晨检
教学活动	语文	数学	数学	科学	语文
区角活动	认识植物	玩滑滑梯	认识小动物	手指游戏	丢手绢
教学活动	音乐	美术	舞蹈	体育	体育
午休					
游戏	跳圈圈	传球	跳格子	小鱼小鱼快快游	郊游
教学活动	语文	数学	数学	科学	语文
本周工作重点	春天来了，天气多变，及时为幼儿添减衣服				
家长工作	请各位家长多关心幼儿的清洁卫生，预防感冒				

四、对策建议

（一）健全机制，调整教育支出结构

学前教育发展离不开投入保障，各级政府应认真贯彻《国务院关于当前发展学前教育的若干意见》的精神，把发展学前教育纳入城镇规划和社会主义新农村建设规划中，将学前教育经费列入各级政府财政预算，加大对财政性学前教育经费的投入，保证学龄前儿童生均教育经费、生均公用经费得到落实并逐年增长。同时，进

一步完善学前教育投资体制和资助制度，让贫困儿童、残疾儿童及孤儿接受普惠性教育。

（二）优化布局，合理统筹就近入学

笔者在调研过程中发现，部分家庭的子女入园不仅存在“入园难”问题，还存在交通不便等问题，因此“就近入园”，实现就近划片入园才是切实地解决这一问题的办法。针对于此，一方面要合理规划、科学布点，将人口分布情况和中小学布局调整结合起来；另一方面要大力发展公办幼儿园和普惠性幼儿园，将幼儿园建设纳入为民办实事等民生工程，完善城区配套幼儿园建设和管理制度，鼓励利用富余教育资源改建幼儿园；积极扶持民办幼儿园，引导和支持民办幼儿园提供面向大众、收费较低的普惠性服务。“十二五”期间，P市教育部门按上级部署建设288所达标的乡镇公办中心幼儿园；根据上级核定的公办幼儿园教职工编制，逐步配齐幼儿园教师。

（三）城乡联动，规范教师配置

师资问题是加快学前教育事业发展的关键问题。P市应不断加强师资队伍建设，包括：一是健全幼儿园教师培养体系，扶持中等幼儿师范学校，特别是要加大对面向农村的幼儿教师的培养力度，有条件的学校实行免费招生培养，以满足学前教育快速发展对幼儿师资的巨大需求。二是制定“幼儿园编制标准”，以使各地“有章可循”。事实上，山东、陕西、贵州、江苏等地已制定出各地的“幼儿园编制标准”。在制定编制标准的同时，幼儿园师资的补给与培养也是工作重点。三是建立学前教育发展的权益保护机制和幼儿园教师基本待遇保障制度，逐步提高幼儿教师的工资待遇和福利水平，确保幼儿教师在编制、待遇、进修培训、评选先进、职称评定、社会保险和公积金等方面的权益得到充分落实和保护。特别是对民办幼儿园和农村幼儿园教师要公平对待，并适当给予倾斜，保证幼儿教师队伍的稳定发展。四是加大招聘力度，根据目前幼儿教师资源短缺的实际，应在每年的教师招聘计划中适当增加幼儿教师的招聘比例，解决公办幼儿园幼儿教师严重缺编的问题。五是改善对幼儿园园长和教师的培养方式，如小学流行的跟班学习值得借鉴，可以去北京、上海等发达城市，跟着名师在一日活动、教研学习、上课、例会等各方面进行学习，学有所成后，将其灵活运用到本园工作中。

（四）盘活资源，发展农村学前教育

当前发展学前教育的责任主体主要是县级政府，相关部门应按时、保质保量地完成乡镇公办中心幼儿园的建设，并发挥其对其他农村幼儿园的示范和指导作用；采取多种形式扩大农村学前教育资源，充分利用中小学布局调整富余的校舍和教师举办幼儿园（班）；探索乡镇中心幼儿园举办村组分园，实行乡村一体化管理，逐步完善县、乡、村学前教育网络。针对农村幼儿教育“小学化”严重的情况，政府应出台相应的政策和文件规范教师的教学行为，把幼儿教育课程改革纳入工作范畴，认真贯彻落《3—6岁儿童学习与发展指南》《幼儿园教育指导纲要（试行）》的精神，培养孩子的看、听、闻、查、动手、动脑等综合能力，实现玩中学、学中玩。另外，也要加强对农村幼儿教育宣传的广度和深度，树立正确的幼儿教育观。

普及学前教育，解决“入园难、入园贵”的问题，是一项重大的民生工程，是广大人民群众的热切期盼。从根本上说，补齐、补好学前教育的“短板”，只能进行深刻的社会改革，建立专门的教育教师保障制度，这才是治本之策。

第八章

国外幼儿教育质量提升与财政投入的经验

学前教育是基础教育的起始阶段，是个体一生发展的奠基阶段。学前教育投入是回报率很高的人力资本投入，因为学前教育有利于提升儿童后续的学业水平和社会适应水平、提高劳动力质量，预防和降低犯罪率，节约公共行政、司法、医疗和福利开支，从而带来巨大的经济效益，有利于社会的安定团结、公平公正。

第一节　国外幼儿教育质量提升的经验

随着我国幼儿教育事业的发展，入好园、入高质量的幼儿园成为人们的关注点。提升幼儿教育质量，提供高质量的幼儿教育，是社会的需要。因此，了解国外幼儿教育质量提升的经验，对提升我国幼儿教育质量具有一定的借鉴作用。

一、国外主要国家的经验

（一）美国

在美国，NAEYC 对学前教育质量的认证具有一定的代表性。NAEYC 认为，高质量的幼儿教育机构应该能够满足所有参与幼儿教育机构的幼儿及成人（包括家长、工作人员及管理人员）的身体、社会性、情感和认知的需要，促进他们在这些方面的发展，使幼儿成为一名健康、聪明和有贡献的社会成员。

NAEYC 完成了对认证体系内容的全面修订，目前该认证体系由 10 个项目标准组成，其中每个项目标准都有明确的指标，参与认证的早教项目必须符合这10个标准才能获得NAEYC的认证。该认证体系充分考虑了早教项目中涉及的4类利益相关者，即儿童、教师、家庭成员以及项目管理者，认证过程的内容分别围绕与这4类相关者有关的10个标准展开。①

1．儿童质量标准

从儿童质量标准看，重点关注的是健康和发展。因此，认证体系的10个标准中有5个是直接与儿童相关的，分别是关系标准、课程标准、教学标准、儿童进步标准和健康标准。②

关系标准强调参与幼教项目的教职员工与儿童及其家庭之间应建立积极的关系，工作人员与儿童的相互作用为儿童提供了一个理解自己与他人的机会。这种相互作用应该以温馨、尊重幼儿个性、积极鼓励幼儿和对幼儿的积极反应为特征。工作人员应鼓励幼儿之间的交往，为幼儿提供发展社会技能和智力的机会，进而培养每个儿童的价值观、归属感以及对集体的责任意识。

> 工作人员经常通过各种方法与幼儿交往，比如，微笑、抚摸、拥抱、谈话，特别是在幼儿入园/离园和替儿童换尿布和喂饭的时候。
>
> 工作人员应该在儿童视力可及的地方，并且对儿童的表现做出反应。
>
> 工作人员要注意与儿童的谈话方式，要用友好、积极礼貌的态度与儿童说话，并经常提一些开放性的问题，同时注意与儿童进行个别交谈。
>
> 工作人员要平等地对待和尊重不同种族、宗教信仰和文化背景的儿童，工作人员要为不同性别的儿童提供参与所有活动的平等机会。
>
> 工作人员要善于运用正面的、积极的指导技巧，不要用竞争、比较、批判、体罚、人格羞辱等手段；要为儿童制定一定的规则，但是环境的安排必须合情合理，少对幼儿使用“不”字等。③

课程标准强调早教项目的课程目标要促进儿童在社会、情感、身体、语言及认知等各领域都得到发展。同时，鼓励幼儿积极参与学习活动，体验适合不同发展阶段的不同活动和材料，从其所在社区和生活环境中获得乐趣。课程不仅是有目的和有计划的活动，活动的转换以及完成日常生活任务的方式。课程实施的评

---

① NAEYC. 2016. Introduction to the NAEYC Accreditation Standards and Criteria. http://www.naeycorg/academy/primary/standardsintro[2017-08-06].

② NAEYC. 2016. Overview of the NAEYC Early/Childhood Program Standards. http://www.Naeyc.org/files/academy/file/Over/viewStandards.pdf [2017-08-06].

③ NAEYC. 2016. Overview of the NAEYC Early/Childhood Program Standards. http://www.Naeyc.org/files/academy/file/Over/viewStandards.pdf [2017-08-06].

价标准要反映儿童通过积极操纵环境而获得的知识，以及有利于儿童概念发展的具体经验。工作人员在一天中要为儿童提供材料和时间，以便他们选择自己的活动。儿童可以选择教师计划好的活动，也可以自己发起活动。工作人员要尊重儿童偶尔不参加活动的权利。

> 工作人员要使各个活动环节之间顺畅、自然地过渡，不能总要求所有儿童同时从一个活动转入另一个活动；教师要将活动之间的过渡作为学习的一种媒介整合到教育方案中。
>
> 工作人员要根据儿童的兴趣和需要，改变事先计划好的活动和日常活动，灵活应付天气或其他影响日常活动的情况。
>
> 工作人员应把常规培养作为促进儿童学习能力、自理能力和社会能力发展的手段，并将其纳入课程计划之中。常规活动应该根据儿童发展的需要，以轻松、肯定和个性化的方式来进行。这个评价标准特别强调对幼儿进行个别化的生活照顾，为有早起或午睡习惯的孩子提供条件，通过满足儿童的需要，使他们形成自我意识和自我价值感。①

另外，教学标准强调用适宜的教学方法促进每个儿童在各早教项目的课程体系中进步；儿童进步标准强调要用系统的评价方法提供学生学习及其他方面发展情况的信息；健康标准强调要提高儿童的营养和健康水平，保护儿童和教职工免受疾病伤害和其他伤害。②

2. 教师质量标准

教师评价指标是幼儿教育机构进行质量评估的关键指标之一。NAEYC 对合格的幼儿教师提出了相应标准（表 8-1）。③

表 8-1　NAEYC 制定的幼儿教育机构质量标准中的教师评价指标

项目	内容
专业准备、知识与技能	所有教师在教育中遵守、履行职业道德原则（详细内容参见 NAEYC 制定的道德行为准则）
	开展教育教学工作时，教师应具备如下能力： · 不对学生进行体罚或心理伤害 · 区分健康、安全的挫折，使儿童免受伤害

① NAEYC. 2016. Overview of the NAEYC Early/Childhood Program Standards. http://www.Naeyc.org/files/academy/file/Over/viewStandards.pdf [2017-08-06].

② 王吉，王志军. 2013. 美国学前教育质量认证研究——以全美幼教协会《早教项目标准及认证指标》为例. 现代教育管理，(10)：120-123.

③ NAEYC. 2016. Academy for Early Childhood Program Accreditation. http://www.naeyc.org/academy/standards/[2017-09-11].

续表

项目	内容
专业准备、知识与技能	·鼓励儿童学习，并为其提供多种学习机会 ·鼓励、促进儿童多种社会经验的发展 ·以提高机构质量的方式采取措施，应对挑战 ·与儿童及其家庭交流
	在正式工作之前，新教师应主动熟悉机构运作的各项基础： ·机构的哲学观、价值取向及目标 ·对教师道德行为的期待 ·健康、安全及突发事件的处理程序 ·教学、保育中关注儿童的个体需要 ·已有的指导及班级管理策略 ·日常活动及机构规章制度 ·课程设置 ·检举虐待、忽视儿童的程序 ·机构政策及程序 ·NAEYC 制定的幼儿教育机构质量标准 ·常规要求 在正式工作之前，代课教师、志愿者或其他成人应熟悉机构运作的各项基础： ·健康、安全及突发事件的处理程序 ·已有的指导及班级管理策略 ·检举虐待、忽视儿童的程序 ·常规要求 这些幼儿教育工作者需要在资深教师的直接辅导下进行工作
	所有教师至少具有副学士学位或同等学力，至少 75%的教师具有幼儿教育或幼儿发展、基础教育、幼儿特殊教育方面的学士学位。在这些教育中，其学习了幼儿发展，0～6 岁儿童的学习状况，家庭和社区的关系，观察、记录、评价幼儿的方法，以及教与学的方法等知识，并进行了专业实践与发展
	助教有高等学校毕业证书或通过了一般教育发展的测验 ·50%的助教至少有儿童发展联合会颁发的毕业证书或具备同等学力 ·没有儿童发展联合会颁发的毕业证书的所有助教需要参加儿童发展联合会举办的培训或相关培训，并汇报其成绩
	所有教师学习特定的大学课程，接受专业发展训练，以便为不同种族、文化、语言背景的儿童及其家庭服务
	所有教师接受有关幼儿课程、团队教学的特定大学课程培训和专业发展训练
	所有指导教师接受有关成人管理、指导、领导发展的大学课程培训与专业发展训练
	所有教师及助教接受有关儿童差异教学知识、技能的大学课程培训和专业发展训练
	所有教师及助教接受运用质量评估程序对儿童发展和机构质量做出评估的专业发展训练
	所有教师接受应对儿童特殊需求的大学课程培训和专业发展训练，这些课程和训练包含以下内容： ·以家庭为中心的实践 ·独特的发展与普遍的健康问题 ·应有的教育相关法则 ·儿童与家庭的合法利益 ·个别教学计划及个别化家庭服务计划中的角色与责任 ·支持全纳教学的策略

续表

项目	内容
专业准备、知识与技能	·为满足个体需求，完善、提高课程、计划、材料及教学的策略 ·参考及评价程序 ·社区支持与资源
	所有教师通过持续的反思和来自管理者、同事、幼儿家长的反馈对自我做出评价，以求不断进步；教师注重积累知识，提高将知识运用于实践的能力；在管理者的辅导下，制定年度个人发展规划，并以此规划指导其持续的专业发展
教师性格与义务	所有教师需要不断提高领导才能，巩固与他人的关系，有义务提高儿童及其家庭或当地社区等的教育水平；教师通过参加小组、出席会议、与他人分享信息等各种途径参与到与幼儿教育有关的活动中去

资料来源：NAEYC. 2016. Academy for Early Childhood Program Accreditation. http://www.naeyc.org/academy/standards/［2017-09-11］

NAEYC 不仅提供了评价所有教师的共性指标，还根据教师专业发展程度的差异，提供了适用于不同群体的教师评价指标，清晰地描绘了新手教师、助教、资深教师所要掌握的不同的知识和技能，避免了专业发展的模糊性。

3. 关注家庭和社会团体标准

NAEYC 指出，儿童是与其家庭紧密联系的，儿童的学习和发展与他们的家庭环境以及相关的社区组织是分不开的，幼教机构只有真正认识到儿童家庭的重要性，并提出与家庭有效合作的方法，才能充分满足儿童的需要。幼教机构与家长的交流应该基于这样一种观念，即家长是也应该成为儿童生活中最主要的影响因素。因此，该认证体系中分别设置了关注家庭和社区的标准。家庭标准强调参与早教项目的教职员工要熟悉儿童的家庭情况，掌握与不同家庭进行沟通与合作的技巧和能力，与家长建立并保持良好的合作关系。

> 向新的、将要进入幼教机构的家庭提供有关该机构的信息，包括幼教机构宗旨的书面材料和活动开展的程序。
>
> 为使家长及幼儿适应幼教机构的活动，要专门组织各种活动，如入园前的参观、召开家长适应会等，使家长及幼儿适应幼教机构的活动，将幼儿逐步吸引到幼教机构中来。
>
> 工作人员要和家长就家庭和幼教机构中幼儿的抚育情况进行交流，以便减少幼儿可能产生的不适或困惑。
>
> 随时欢迎家长来幼教机构参观（如观察、与幼儿一起进餐、自愿在课堂上进行帮助等）。鼓励家长和其他家庭成员以多种方式参与幼教机构的活动。①

① 资料来源：NAEYC. 2016. Academy for Early Childhood Program Accreditation. http://www.naeyc.org/academy/standards/[2017-09-11]。

社区的标准要求参与早教项目的教职员工熟悉儿童家庭周边的各类社会服务情况，并与周边社会团体和社会服务部门建立良好的关系，利用各种社区资源实现各早教项目的预定目标。

4. 关注物理环境和管理标准

优质的物理环境可以为儿童提供探索及学习的机会，促进儿童健康成长和发展。环境会影响在其中生活和工作的人（成人和儿童）的行为和发展。物质空间和材料质量会影响幼儿参与活动的水平和幼儿与成人交往的质量。早期项目认证体系中设置了专门的物理环境标准，规定进行早教应有健康、安全的物理环境，包括各种室内、室外的设施、装备、材料等，以利于儿童和相关教职员工的学习和发展，具体的评价指标如下。

> 室内外环境应该安全、清洁、有吸引力并且空间宽敞。对空间进行评价时，不应该包括那些长期用于储藏的空间，关键是空间的“可利用性”。
>
> 空间安排应有利于儿童进行个别的、小组的、集体的活动，促进儿童之间的交往，而不是互相干扰。
>
> 各区域活动的安排应适合不同年龄儿童的需求。
>
> 给儿童提供数量充足、种类齐全、经久耐用并符合儿童年龄特点的材料和设备。
>
> 应给儿童提供挂衣服和存放个人物品的单独空间。
>
> 为儿童提供室内外个人空间，以便他们独处。
>
> 环境应该有柔软的物件，如地毯、靠垫、摇椅等。
>
> 用消音材料减少噪声。
>
> 幼教机构必须具备或者安排室内外活动场地，提供不同种类的地面及设施，并注意安全。①

NAEYC 指出，幼教机构的管理方式会影响到该机构内部的各个方面。有效的管理能创造出一种高质量的幼儿教育环境。这样的管理包括所有有关人员之间的良好交流、与社区的积极联系、财政的稳定、对工作人员的需求以及对工作条件的关注等。同时，认证体系还包括详细的管理者标准，规定了对早教项目管理者的资质和能力的要求，要求早教项目的管理者能够贯彻相关政策，有效地推动早教项目的实施。

---

① 资料来源：NAEYC. 2016. Academy for Early Childhood Program Accreditation. http://www.naeyc.org/academy/standards/[2017-09-11].

（二）澳大利亚

相比世界上的其他许多国家，澳大利亚建国时间比较短，但其幼儿教育发展速度很快。1993 年，澳大利亚成立了国家幼儿教育认证委员会（National Childcare Accreditation Council，NCAC），受联邦政府资助，专门负责幼儿教育工作，通过颁发实践指南为幼儿教育机构提供具体指导。从 2006 年开始，实践指南提出了七大领域，分别是教师与儿童及其同伴之间的关系、与家庭的合作关系、计划和评价制度、儿童的经验和学习、对儿童的保护和安全、健康与营养、支持和管理的措施。每个领域又制定了一些具体的原则，质量认证主要根据这七大领域以及相关原则的实践进行评价，具体的认证程序主要包括注册、自我研究和促进、访问确认和调整与指导四大步骤。①

近几年，澳大利亚的幼儿教育不断发展，从 2007 年的"投资儿童早期"到 2009 年的"国家质量议程"，再到 2011 年的《国家质量框架》（*National Quality Framework*），这一系列的变化体现出了澳大利亚政府对幼儿早期教育和保育的重视。②

《国家质量框架》的内容主要包括国家立法框架、国家质量标准、国家质量评级和评估过程、建立新的国家机构（澳大利亚儿童教育和保育质量管理局）四个方面的内容，重点是国家质量标准。国家质量标准划分为以下七个领域。③

1）教育方案和实践。在幼儿学习框架里提供了一个支持和促进每个儿童学习与发展的方案与实践指南。

2）儿童安全、健康和福利。每个儿童的健康与安全都应受到保护。

3）物理环境。物理环境应该是安全和舒适的，提供丰富多样的经验，以促进儿童的学习与发展。

4）教师要求，包括师幼比和教师资格要求。合格的、有经验的教育者、协调者应鼓励儿童积极参与到学习方案的制订过程中。

5）师生关系。它是敏感的、受尊重的，并且能提升儿童的安全感和归属感，使他们能够自由地探索环境、自由地参与学习。

6）与家庭和社区的合作伙伴关系。建立并保持与家庭的相互尊重与支持的关系，服务对象还包括社区。

---

① National Child care Accreditation Council. 2008. Steps in the Child Care Quality Assurance Process. http://www.ncac.gov.au/child_care_professionals/child_care_professionals.htm[2017-09-12].

② 王绍华. 2012. 安全、健康、福利：澳大利亚幼儿教育和保育新动向. 赤峰学院学报（自然科学版），3：186-187.

③ Australian Government. 2011. Australian Children's Education and Care Quality Authority. http://www.acecqa.gov.au/national-qual-ity-framework/national-quality-standard[2017-09-12].

7）领导和服务管理。有效的管理有助于形成持久的优质关系与环境，从而促进儿童的学习与发展。

国家质量标准旨在：①促进儿童的安全、健康和福利；②重点是使儿童通过高品质的教育方案获得发展；③引导家庭了解和分辨哪些服务是优质的。①

（三）德国

早期的德国不提倡幼儿在社会机构中接受照顾和教养，更重视对家庭的辅助和支持。但自20世纪60年代末起，幼儿园开始被当作幼儿接受教育的重要场所。特别是在1999年，德国联邦家庭、老人、妇女、少年儿童工作部发起了一项规模庞大的研究计划，即“全国儿童日托机构系统质量推动研究”，研究成果于2002年出版，这就是《儿童日托机构的教育质量：国家标准集》（以下简称《标准集》）。包含了5个层次、20个领域、1364条质量标准。②

该《标准集》从儿童在托幼机构中生活和学习体验的视角出发，去观察托幼机构的工作是否为他们各方面的发展和学习提供了安全、卫生、有激发性的环境和活动，是否主动与家庭合作，领导层的工作是否服务于此核心目的，使整个标准体系形散而神不散。

（四）英国

早在1870年，英国就开始实施了儿童5岁入学（在北爱尔兰则是4岁）的义务教育。5岁以下幼儿的教育不属于义务教育，加上长期以来人们认为儿童的照顾和照料主要是父母的责任，因此英国在一段时间里并不重视发展5岁以下幼儿的学前教育。但自1997年以来，英国政府推出了一系列重大的政策和举措来促进学前教育的发展。

首先，英国通过立法来保障学前教育质量。2003年的政府绿皮书《每个儿童都重要》（*Every Child Matters*）则指出了儿童良好发展（well-being）的5项指标，即健康（healthy）、安全生活（stay safe）、快乐且有所成就（enjoy and achieve）、做出积极贡献（make a positive contribution）和达到良好的经济状况（achieve economic wellbeing），并将这5项指标指向所有的儿童服务工作。③随

① Australian Government. 2011. Department of Education，Employment and Workplace Relations. http://www.deewr.gov.au/Earlychildhood/Policy_Agenda/Quali-ty/Pages/home.aspxx[2017-09-12].

② 郭良菁. 2010. 德国《儿童日托机构的教育质量：国家标准集》对我国制定学前教育国家质量体系的启示. 中国教育政策评论，（1）：291-302.

③ Treasury H M. 2003. Every Child Matters（Green Paper）. http://www.everychild mat-ters. gov. uk[2019-10-11].

后，出台了《儿童法案》（*Children Act*，2004）和《儿童保育法案》（*Child Care Act*，2006）等，为进一步建立、健全政府职能，明确相关重要部门和相关责任人的职能，以及提升学前教育质量提供了政策支持。

其次，英国出台了不同的标准来提升幼儿教育质量，如《0～3岁很重要》（*Birth to Three Matters*）、《8岁以下儿童日托和居家保姆全国标准》（*National Standards for Under 8s Day Care and Childminding*）、《基础阶段课程指导》（*Curriculum Guidance for the Foundation Stage*）等。其中，《0～3岁很重要》《基础阶段课程指导》分别为0～3岁儿童和3～5岁儿童提供了课程指导和发展框架，《8岁以下儿童日托和居家保姆全国标准》则针对不同类型的保育机构设立了14项国家标准。这些标准在一定程度上对提升英国的学前教育质量发挥了重要的作用。但随着整合学前儿童保育和教育服务这一理念在政策和实践领域的逐步深入，《儿童早期基础阶段》（*The Early Years Foundation Stage*，EYFS）随之出台，并于2008年9月在英国全面实施。EYFS整合了《0～3岁很重要》《8岁以下儿童日托和居家保姆全国标准》《基础阶段课程指导》，建立起0～5岁儿童学习、发展和保育的统一的政府框架。[①]EYFS包括方案实施的原则、学习和发展标准及幼儿权益保障三个方面的内容。[②]

实施的原则

独一无二的孩子（a unique child）、建构正向积极的关系（positive relationship）、创造激发能力的环境（enabling environment）、学习与发展（learning and development）方式。

学习和发展标准

EYFS目标涉及6个领域、69个子目标，具体包括：性格、社会和情感发展（共14项），如社会技能、情绪与态度、与他人的关系等；沟通、语言和读写能力（共19项），如将声音和文字相联系、图画与书写、阅读等；问题解决、推理和数学能力（共12项），如用语言描述两个数值的大小、计算、空间等；认识和理解世界（共11项），如事情发生的原因以及是怎样发展的；体能发展（共8项），如能控制并通过合作来移动、健康和身体意识、使用设备和资源；创造力发展（共5项），如自己创作音乐和舞蹈、发展具有想象力的表演。另外，依据时间划分为6个阶段，分别为0～11个月、8～20个月、16～26个

① 霍力岩，齐政珂. 2010. 全面整合学前儿童服务体系——走向“保教一体化”的英国学前教育. 比较教育研究，（5）：81-85.

② 冯慧，李盛. 2012. 英国学前教育方案（EYFS）述评. 上海教育科研，（7）：34-37.

月、22～36个月、30～50个月、40～60个月。

幼儿权益保障

（1）督导与质量保障。要求提供适当的人力、环境设施、组织机构，以及相关记录文件，保障幼儿的学习与发展。所有日间儿童照顾服务提供机构与提供教保服务的人员均需要向教育标准局注册并接受审核，定期接受督察人员的督导。

（2）教保工作者的资格认证。幼儿基础阶段要求所有教保工作者都需要接受犯罪记录局的调查，所有从业人员均需要经过教育标准局的审查登记。儿童保育员必须受过6个月以上的专门训练课程，以及有急救训练合格的有效证明，教保机构的督导或管理人员必须有儿童工作人力发展署所规定的3级以上的儿童照顾与教育文凭证书资格。

（3）设施设备要求。方案中规定，如2～3岁幼儿组，每名幼儿至少有2.5平方米的活动范围；3～5岁幼儿组，每名幼儿至少有2.3平方米的活动范围。除了宽敞的空间外，对于室内外环境的安全性，丰富的学习刺激，盥洗室、尿布更换台、游戏场、睡眠区、饮水提供等，均有一定的标准。

（4）保障幼儿的受教育权。所有满3～5岁法定入学年龄前的幼儿，均可享有最多2年、6学期，每年38周，每周5次，半日班（half-day，2.5小时）的免费课程。此外，只要是为照顾儿童所支出的费用，在合格的教保机构、团体或儿童保育者的服务下，均可获得儿童照顾和工作税额减免。

二、国外提升学前教育质量相关举措分析

国内外的学者、专家从不同的角度研究了国外提升学前教育质量的问题，总结和归纳已有的文献资料，可以找到世界各国为提升学前教育质量采取的各种措施，可以为现今的研究提供参考。为提高学前教育质量，世界各国采取的措施几乎涉及与学前教育相关的各个方面，如政府、社会、教师、课程、评估、儿童、家长等，但其中教师、课程、评估是与教学过程最直接相关的几个因素，因此各国主要将改革学前教育课程、优化学前教育师资、构建学前教育质量标准和认定体系等方面作为主要内容，具体如下。

（一）改革学前教育课程

课程是保证学前教育质量的重要条件。幼儿园课程改革是幼儿教育改革的核心内容。为推动幼儿园的课程改革，世界各国纷纷加强政府的政策导向，出台相

应的政策、法规、课程标准，并强调课程改革要以儿童本位的课程理念为基础，开发真正有利于儿童可持续发展、和谐发展的课程。

瑞典早在 1998 年就颁布了全国第一部幼儿园课程标准，后来经过了几次修订。课程标准规定了幼儿园的基本价值观和任务以及幼儿园课程的目标和准则，幼儿园课程主要根据国家统一的课程标准进行调整和设置。英国也在 2000 年 9 月颁布了面向 3～5 岁幼儿的《基础阶段课程指南》，明确提出了幼儿教育的六大领域：个性、社会性和情感的发展；交流、语言和读写；数学发展；认识和理解周围世界；身体发展；创造性发展。英国还专门成立了课程委员会（The Curriculum Council），并制定了相应的课程大纲，规定了具体的课程设置原则。英国幼儿园课程就是根据六大领域进行设置的。[①]这些政策、法规、标准对幼儿园的课程改革具有直接的规范和指导作用。

2000 年，美国“开端计划”项目制定了《“开端计划”：儿童发展结果框架》，将幼儿的学习内容划分为 8 个领域，2010 年 12 月又对该框架进行修订，扩展了幼儿的学习领域，并将框架更名为《“开端计划”：儿童发展与学习框架》。这种政策的修订也有利于幼儿园及时调整课程设置，提高教育质量。[②]

英国政府在 2003 年出台了《2004 年儿童法》，以“每个儿童都重要”（every child matter）作为国家促进幼儿发展的战略目标，从国家政策的角度对幼儿教育的发展提出了明确方向，其目的旨在促进儿童的发展和获得幸福生活。[③]这种“儿童本位的课程理念”得到世界各国的普遍认同。同一年初，新加坡公布了幼儿园新课程框架，并开始全面使用。新课程框架指明了新加坡学前教育课程目标、原则及实施指导，从幼儿的发展需要和学习特点出发，力图为每名幼儿的人生提供良好的开端，帮助他们开始终身学习的愉快旅程。[④]另外，美国的早期幼儿“开端计划”主要是通过政府对幼儿教育的经济投入解决贫困儿童入园的困难，而后颁布的《早期学习机会法》（*Early Learning Opportunity Act*）则为全美幼儿的学习与发展提供了充分的法律保障，要求为幼儿的发展提供高质量的幼儿服务体系，使幼儿在此阶段获得有益的早期学习经验，并为将来的成功奠定基础。可见各国幼儿园课程改革都强调了幼儿的需要、兴趣等，同时强调要从幼儿的实际情况出发，促进幼儿的全面发展。

---

① 张繁，王雨露. 2010. 国外学前教育改革与发展探析. 教育与教学研究，24（1）：25-27，36.

② 何茜. 2012. 国外幼儿园课程改革的基本经验与发展趋势. 比较教育研究，（5）：1-6.

③ 何茜. 2012. 国外幼儿园课程改革的基本经验与发展趋势. 比较教育研究，（5）：1-6.

④ Ministry of Education. 2016. A Framework for a Kindergarten Curriculum in Singapore. http://www. moe.gov.sg/[2017-12-09].

（二）优化学前教育师资

幼儿教育的关键在于教师，教师的学历、专业化程度、素养、教育观等会直接影响幼儿的发展、学前教育的质量。研究表明，接受过培训的、合格的学前教育教师能为儿童提供更高质量的早期学习经验。世界上许多国家都把培养师资的工作看作学前教育发展的基石。为了提高幼儿师资水平，各国所采取的措施通常包括对师资的培训、延长学前教育领域职前的学习时间，提高教师的收入和地位，以及注意教师的性别构成等。

日本的幼儿教育在第二次世界大战后迅速发展，其中很重要的一个原因是日本在第二次世界大战后逐步建立健全了一系列相互衔接、相互促进的幼儿教师教育制度，为幼儿教师的持续发展和自主发展创造了有利条件。除了在职前培养制度和幼师选拔制度方面提高了要求，日本还为幼儿教师制定了在职研修制度，提供了园内培训、公开活动、园际研修交流、短期培训等多种形式的培训机会。[①]

新加坡也非常注重对师资的培训。21 世纪初，新加坡对学前教育各类教师提高资格要求，提供教育培训的机会和制定相应的教育资格培训鉴定标准，逐步建立和完善学前教育师资鉴定和培训体系，提升新加坡幼儿教师队伍的整体素质。[②]

除了对师资的培训，很多国家还延长了幼儿教师职前的学习时间。在美国，对于托幼机构的教师，要求其中学毕业后进入教育学院接受专业培训 3～4 年，学完 3 年的课程并获得教师资格证后才可以当教师，然后再学习第四年的课程获得学士学位。土耳其则把学前教育师资的培养时间从 20 世纪 80 年代的 2 年发展为 90 年代的 4 年。西班牙、匈牙利、朝鲜、澳大利亚把学前教育师资的培养时间从 2 年延长至 3 年或 4 年。奥地利把学前教育师资的培养时间从 4 年改为 5 年。[③]

还有的国家则重视提高学前教育的地位、教师的收入和地位。日本除了对师资的培训，还重视提高学前教育的地位。1947 年，日本公布的《学校教育法》将幼儿园正式纳入学校教育体系之中。[④]澳大利亚为了招募到充足的有经验的、合格的师资，也采取了一系列措施，包括增加大学培养学前教育教师的名额，提供财政资助，为在职学前保育人员接受继续教育提供机会，并制定了认定现行学前教育教师资格的程序。[⑤]韩国和英国也重视提高学前教育教师的地位和物质待

① 何京玉. 2008. 日本幼儿教师教育制度及其对中国的启示，外国教育研究，(12)：28-32.

② 曾明鸣. 2011. 提升质量：近十年来新加坡学前教育改革研究. 云南师范大学，26.

③ 张繁，王雨露. 2010. 国外学前教育改革与发展探析. 教育与教学研究，24 (1)：25-27.

④ 何京玉. 2008. 日本幼儿教师教育制度及其对中国的启示. 外国教育研究，(12)：28-32.

⑤ 王春亚. 2012. 澳大利亚学前教育和保育改革研究. 南京师范大学，23.

遇。1993 年，韩国政府为学前教育教师增加薪水；1998 年，英国政府在时隔 80 年后，重新划分社会阶层，使教师职业在 17 个阶层中跃居榜首。①

此外，很多国家还意识到幼儿教师的性别对于幼儿的发展也很重要，因此在优化师资时还注意教师的性别构成。日本、丹麦、瑞典、澳大利亚、马来西亚、日本等国家都十分重视男性在学前教育中的作用，都支持、鼓励男性从事学前教育工作。这使男性学前教育教师能占有一席之地，以促进儿童人格的健全发展。据统计，日本男性学前教育教师自 1990 年以来始终保持在 6.3%的高比例，而美国男性学前教育教师的比例更是高达 10.3%。②

（三）构建学前教育质量标准和认定体系

学前教育质量评估作为一种价值判断，对学前教育质量有着审批、认证、导向、检验等作用，也是提升学前教育质量的有效手段之一。各国主要通过对评估认证系统的构建和执行，来保障学前教育质量。

自 20 世纪 60 年代以来，美国为提高学前教育质量，采取了一系列保障措施，建立了比较完善的学前教育质量保障体系。1984 年，NAEYC 建立了学前教育机构认定体系，以提高美国学前教育的质量，2005 年又颁布了最新修订的《幼儿教育方案标准和认定指标》（*Early Childhood Program Standards and Accreditation Performance Criteria*）。③

澳大利亚也是在 20 世纪 60 年代前后开始关注幼儿教育质量保障问题的，并逐步建立起一套行之有效的幼儿教育质量保障体系。1993 年，澳大利亚建立了质量促进和认证系统，使幼儿教育质量保障体系首次被引入澳大利亚幼儿教育服务体系。2001 年和 2003 年，澳大利亚又分别建立了家庭入托教育机构的质量保障系统和校外钟点时间幼儿教育质量保障体系，2005 年还成功引进了 ISO 9001：2000 质量管理系统认证。④

21 世纪初，为提高学前教育质量，激励学前教育机构提升素质和改进教育服务，使新的教育理念转化为质量的具体要求，使得学前教育的理想最终得以实现，新加坡制定质量标准、开发评估工具、规范评估方式，不断构建和完善质量评估体系。⑤德国也于 1999 年着手研制《儿童日托机构的教育质量：国家标准集》，站在儿童发展的立场看待“优质”的内涵，关注对儿童发展有直接

① 黄静潇. 2005. 国外学前教育发展策略概览. 教育导刊（下半月），（2）：49-53.

② 黄静潇. 2005. 国外学前教育发展策略概览. 教育导刊（下半月），（2）：49-53.

③ 李冬梅. 2003. 中国新加坡课程文化比较. 东北师范大学，46.

④ 崔爱林. 2008. 澳大利亚幼儿教育质量保障体系的发展、内容与特征. 学前教育研究，（7）：60-62.

⑤ 曾明鸣. 2011. 提升质量：近十年来新加坡学前教育改革研究. 云南师范大学，27.

影响的教育过程质量，同时考虑结构性质量和教育取向质量。①

第二节 国外幼儿教育财政投入的经验

分析国外幼儿教育财政投入政策，吸取相关幼儿教育成本分担经验，对我国优化学前教育投入，形成合理的幼儿教育成本分担机制，具有重要的参考意义。

一、国外主要国家的经验

（一）美国

美国是一个分权制国家，教育基本上是州和地方的责任。但随着对学前教育功能的认识更加深入，美国联邦政府与国会对学前教育事业的发展越来越重视。美国政府对学前教育机构的财政投入是通过中央政府和地方政府的配合实现的。联邦政府的财政经费主要用于贫困、残疾等处境不利儿童及其家庭，具有扶贫帮困的作用，主要通过转移支付和税收系统发放到各州、托幼机构、社区及幼儿家长手中，各州政府履行具体的幼儿教育管理职责，负责资金的分派、监督、评价等具体工作。

从联邦政府层面看，其主要是通过立法拨款的刚性形式承担起对教育的投资责任。1990 年，美国国会通过了《儿童保育与发展固定拨款法》（*Child Care and Development Block Grant Act*，CCDBG）。该法规定，1996—2002 年，每个财政年度联邦政府应为该法授权的儿童保育服务提供 10 亿美元的拨款，获得拨款的机构要将其中不少于 4%的部分用于改进和提高儿童保育服务的质量，包括促进家长选择权的活动，为儿童及家长提供相关保育信息的服务等。2005 年出台的《儿童保育法案》，拨款数额明显增加：联邦政府在该法授权的儿童保育方面的拨款在 2006 财政年度为 23 亿美元，是 CCDBG 中规定的 2002 年拨款数额的 130%，此后每年增加 2 亿美元。②

2002 年正式通过的《不让一个孩子掉队法》主要在于提升美国儿童的阅读、数学、科学水平。2002 年财政年度，其拨款 9 亿美元用于“阅读优先”项目，而美国众议院教育与劳工委员会的一份报告表明，2003 年财政年度布什签

① 郭良菁. 2004. 德国研制《儿童日托机构的教育质量：国家标准集》的启示——兼论我国制订质量评价标准体系的若干问题. 学前教育研究，（9）：58-60.

② 美国国会. 2006. 儿童保育法案. http://thomas.loc.gov/cgi-bin/query/[2017-12-09].

入“阅读优先”项目的实际资金比该法规定的还要多，达 10.75 亿美元，这在美国历史上是史无前例的。[①]

此外，为提高幼儿园和小学阅读、数学、科学等学科教师的素质，促进阅读、数学和科学教育质量的提高，《不让一个孩子掉队法》为这些方面教师的培训和聘任提供了充裕的资金，2002 年财政年度用于这方面的资金为 30 亿美元，比上一年增加了 35%；2003 年财政年度用于该方面的预算更是高达 40 亿美元。事实证明，有了充足的财政投入保障，美国语言教育、数学教育和科学教育师资的培养和培训质量都有了显著的提高，进而有力地促进了美国数学、科学和语言教育质量的提高。[②]

通过立法来保障早期教育拨款额度持续不断增加是美国的一大特点。以《提前开始法》（*Head Start Act*）为例，从 1965 年的 9600 多万美元拨款，到 1981 年规定拨款 10.7 亿美元，以后多次修订和重新授权，2003 年修订案要求 2004—2008 年联邦政府在每个财政年度要保证 68.7 亿美元的拨款，2005 年的《入学准备法》（*School Readiness Act*）计划并保证 2006—2011 财政年度为该项目拨款 68.99 亿美元，比 1965 年增长了 70 多倍。通过对学前教育问题的密切关注与持续不断增加的财政支持，足以看出美国联邦政府对学前教育重要作用和地位的高度重视以及对其教育价值的深刻认识，值得我们认真思考和借鉴。[③]

（二）英国

英国学前教育财政投入的特点之一，是为 5～7 岁儿童提供免费教育，该年龄段的教育通常由附设在小学里的幼儿学校或幼儿班进行，属于义务教育范畴。3～4 岁年龄段的教育不属于义务教育范畴，但由于近年来英国政府对学前教育价值与功能的认识加深，在多项促进学前教育普及与质量提高的全国性政策中，就包括在全国推行 3～4 岁免费学前教育的政策。2004 年底发布的“儿童保育十年战略：家长的选择与儿童最好的开端”（Choice for Parents，the Best Start for Children：A Ten Year Strategy for Childcare）计划决定，中央政府设立“转型基金”（transformation fund），从 2006 年起每年资助地方政府 12 500 万英镑，用于投资高质量、可支付的学前保教事业，将 3～4 岁儿童免费学前教育服务的时间从之前一年 33 周、每周 12.5 小时，延长至 2006 年之后的一年 38 周，并于

① President Bush’s Reading First Initiative：Insuring that Every Child Learns to Read by Third Grade. http://edworkforce.house.gov/issues/107th/education/nclb/factsheetreadingfirst.html[2017-12-10].

② 刘小蕊，庞丽娟. 2007. 美国联邦学前教育投入的特点及其对我国的启示. 学前教育研究，（3）：3-9.

③ 刘小蕊，庞丽娟. 2007. 美国联邦学前教育投入的特点及其对我国的启示. 学前教育研究，（3）：3-9.

2010年达到每周20小时，新建的3500个儿童中心将保证每个社区的所有家庭均可享受学前教育与保育服务。①

2005年，OECD的报告显示，英国对3～6岁幼儿学前教育服务的人均投入高达8452美元，高居所有OECD国家之首。截至2010年，英国3～4岁儿童的入园率已达94.5%。单就英格兰地区而言，0～3岁幼儿接受正规学前教育服务的比例约为20%，该比例在3～4岁幼儿中高达96%，4～5岁幼儿则实现了100%入园。与此同时，一些地区开始将免费学前教育的权利继续向3岁以下儿童扩展，特别是扩展至贫困地区的2岁儿童。②

通过立法来保障早期教育经费，也是英国教育投入的一个特点。英国有关学前教育的财政投入以《预算拨款法》（*Appropriation Act*）予以法律保障和执行。其中“确保开端、早期教育供应和保育”拨款便是对学前教育预算的专门单列预算。近年来，各单项预算拨款数额均逐年增加，以对“确保开端、早期教育供应和保育”的预算拨款为例，2007—2008年度预算拨款的数额约为17.6亿英镑，大约是2003—2004年度预算拨款数额（约5.3亿英镑）的3倍多。财政专项预算为英国“确保开端”项目及整个英国学前教育与保育质量的提高，提供了有法可依的财政保障。

（三）法国

法国学前教育在世界上一直处于领先水平，这与法国历来重视学前教育发展、实施免费学前教育的规定密不可分。早在19世纪后半叶，经法国国会通过并颁布的《费里法案》即明确规定了学前教育的免费原则：公立幼儿园和小学免征学费。法国的学前教育机构——幼儿学校，早已被纳入法国学制系统，完全依照初等教育的法规和条款运行，享有和初等教育相同的各类资源。对法国学前教育来说，法国的《宪法》（1958年）对包括学前教育在内的各级各类教育性质的定位是最为上位的指导性规定，其序言明确规定各个阶段的教育具有公共性、义务性、免费性和世俗性。③法国《教育法典》也明确规定：“幼儿班或幼儿学校向农村和城市环境中未达到义务教育年龄的儿童开放。所有3岁儿童应其家长要求，都应被邻近家庭住处的幼儿班或幼儿学校接收。”这些幼儿学校多数与当地小学相邻，拥有独立的教学楼，每周共计26小时，在工作日的8:30—12:00

① HM Treasury. 2004. Choice for Parents，the Best Start for Children：A Ten Year Strategy for Childcare. http://www.education.gov.uk/publications/eOrderingDownload/HMT-991151 [2017-12-18].

② 霍力岩，郑艳，陈雅川，等. 2012. 部分国家学前教育财政投入特点探析. 中国人民大学教育学刊，（1）：138-149.

③ 法国国会. 1958. 宪法（序言）.

和 14:00—16:30，向周边 3～5 岁的适龄儿童完全免费开放。虽然法国的免费学前教育并非强制性的，但作为法国学校教育的奠基阶段，其重要地位却从未动摇。2010 年，联合国教科文组织主办的首届“世界幼儿早期保育与教育大会”最新公布的数据显示，法国学前教育公共经费投入占 GDP 的比例高达 1%，仅低于丹麦（1.2%），与瑞典并列第二，远高于世界上其他国家的公共财政投入。正因为如此，早在 20 世纪 90 年代初，法国 3～5 岁幼儿的入学率就已达到 100%，并一直维持至今。[①]近年来，考虑到学前教育对社会经济处境不利儿童的特殊意义，法国政府将享受免费学前教育的年龄由 3 岁提前至 2 岁，该覆盖比例在 2004 年已达到 35%。[②]

法国政府对幼儿教育的投入还集中体现在依法保障幼儿教师的工资、待遇等基本权益上。早在 19 世纪末，法国就在《1889 年法》中明确规定国家负担全部公立学校教师与行政人员的工资，其中就包含幼儿教师的工资。2000 年，《教育法典》针对幼儿教师明确地再次重申：国家承担（公立）初等学校和幼儿学校教师人员的工资。法国教育部对包括私立幼儿园教师在内的私立学校教师的工资做出规定：学区负责执行私立学校与国家的合作合同和简单合同，并负责支付教师的报酬。关于幼儿教师的工资、住房、津贴、带薪休假、职业流动等多方面的法律及政策规定，在保障和落实法国幼儿教师的身份、地位，从而保障和实现其学前教育的性质与地位，稳定和促进法国学前教育的发展方面，起到了至关重要的作用。[③]

（四）德国

在德国，幼儿园不属于国家的学校体制，而是属于青少年福利救济事业，主要由教会、福利联合会、乡镇负责举办幼儿园，也有企业和协会办的幼儿园。

德国幼儿园实行的不是义务教育，幼儿自愿入学，因此要收费。但是，不同家庭所交费用是不一样的，即孩子的父母根据收入情况向幼儿园交费，这就有效地解决了贫困家庭儿童的入园问题。

虽然德国幼儿园实施的不是义务教育，但是政府出资并不少。2002 年，政府为幼儿园拨款 44 亿欧元（不含学前班和学校幼儿园等）。仅此一项，就占德国当年 GDP 的 0.2%。教会等非政府团体的拨款更多，2002 年，私立款项约有

---

① OECD. 2004. OECD Country Note. Early: Childhood Education and Care Policy in France. OECD，14.

② OECD. 2004. OECD Country Note. Early: Childhood Education and Care Policy in France. OECD，16.

③ 沙莉，庞丽娟. 2010. 明确学前教育性质，切实保障学前教育地位——法国免费学前教育法律研究及其对我国的启示. 学前教育研究，(9)：3-8.

74 亿欧元。二者相加，德国幼儿园全年获得的经费起码就有 118 亿欧元。虽然只有约 250 万名在园幼儿，但德国幼儿园每年的生均经费达到了 4720 欧元。可见，政府和民间资本的投入是非常可观的，这也反映了德国政府和民众对幼儿教育事业的高度关注和重视。①

（五）印度

自独立以来，印度一直致力于促进儿童的早期发展，制定了多个促进儿童发展的项目。2006 年之前，除营养补充项目投入由各邦政府利用当地资源独立负担外，其余所有项目的资金投入则完全依靠印度中央政府。对于那些资源短缺的地区，中央政府同样负担起营养补充项目（最多高达 50%）的资金投入。2009—2010 财政年度，印度政府首次调整了中央与地方在项目投入资金中的分配比例，由原来 100%由中央出资，转变为中央和邦政府按 90∶10 的比例分担（除营养补充项目以外），以此增强项目的地方自主性。由于受到印度政府的高度重视，“儿童综合发展服务计划”自设立以来，其财政投入总量在历个国家五年发展计划中一直呈不断攀升趋势：第八个五年计划（1992—1997 年）对该项目的投资仅为 260 亿卢比，到第十个五年计划（2002—2007 年）时投资已达到 1039 亿卢比，而到第十一个五年计划（2007—2012 年）期间，印度政府对该计划的预算额已高达 4440 亿卢比，较之上一个五年又增加了 3 倍多。截至 2010 年 12 月 31 日，印度全国已批准通过了 6719 个儿童综合发展服务（integrated child development services，ICDS）项目，正在运行的儿童综合发展中心数量则多达 1 241 749 万个；“儿童综合发展服务计划”中营养补充服务的受益儿童超过 9180 万人；参加非正规幼儿教育服务的儿童人数则超过 3550 万人。②

印度政府非常重视学前教育财政预算。“儿童财政预算”是印度的一个综合性预算项目，由儿童健康、儿童发展、儿童保护与儿童教育 4 个子项目组成，其中儿童教育是“儿童财政预算”的重要组成部分，所占份额也最大。以 2007—2008 财政年度为例，印度用于儿童教育的财政预算占“儿童财政预算”总额的 72%，是其他 3 项子预算总额的约 2.6 倍。③参与该项预算的投入部门不仅包括妇女儿童发展部，还包括人力资源开发部、健康与家庭福利部、劳动部、

---

① 周谊. 2005. 值得注意的德国学前教育. 学前教育，（9）：57-59.

② 霍力岩，郑艳，陈雅川，等. 2012. 部分国家学前教育财政投入特点探析. 中国人民大学教育学刊，（3）：138-149.

③ Ministry of Women and Child Development. 2011. Budget Analysis for Child Protection. http://www.wcd.nic.in/Budgeting ChildProtection.pdf [2017-12-18].

社会公正与授权部、青年事务与体育部以及部落事务部等多个国家政府部门。[①]正是由于财政预算中清晰的权责划分，才使得上述相关部门之间的通力合作得以保障，并最终促成了项目的成功运作。[②]

（六）日本

2000年，日本幼儿教育费用为2688.24亿日元，2001年为2708.62亿日元，2009年为2403.57亿日元。随着每年入园幼儿总数的减少，幼儿教育总体费用相对减少，但幼儿生均教育经费基本保持不变。2000年，日本幼儿生均经费为151 563日元/年，2001年为154 476日元/年。2005年，生均经费有所下降，为140 200日元/年。到2009年，生均经费为147 428日元/年。2006年，为了确保幼儿教育的发展，日本实施了经济和财政管理改革，根据税收资金的比例支持幼儿教育的发展。国家加强对私立幼儿园经常性开支的援助，以缩小公立幼儿园、私立幼儿园之间的差距。国家与地方政府联合拨款，用于减轻家长的负担。这一款项的预算额在2007年为1845.3万日元，2008年达到2433.8万日元。依据父母的经济条件，国家为直辖市居民补助其保育费支出的1/4，为市（町村）和县（都道府）居民补助其保育费支出的1/3。地方政府税收承担父母保育费总支出的2/3（直辖市居民）或3/4［市（町村）和县（都道府）居民］。此外，日本实行幼儿就园奖励政策，为幼儿人数多的家庭提供补助。以一个家庭有三个孩子为例，三个孩子同时入园，无论就学于公立幼儿园还是私立幼儿园，其家庭承担的费用率依次为1%、0.5%、0.1%。日本增加对幼儿教育的经费投入，不仅是为了保障儿童接受幼儿教育，也是为了促进国家人口数量的增长。[③]

二、国外学前教育成本分担研究

1. 关于免费学前教育制度的研究

政府负担全部学前教育经费（即免费学前教育）的国家在全世界有近30个，

① Department of Women and Child Development. 2011. Ministry of Human Resource and Development. The Integrated Child Development Services Scheme. http://www.wcd.nic.in[2017-12-18].

② 霍力岩，郑艳，陈雅川，等. 2012. 部分国家学前教育财政投入特点探析. 中国人民大学教育学刊，(1)：138-149.

③ 邢冬梅. 2012. 2000年—2010年日本幼儿教育的发展综述. 早期教育，(7-8)：30-31.

以法国、古巴为典型代表。法国、瑞典、比利时、美国、英国、俄罗斯、丹麦、芬兰、荷兰、新西兰、澳大利亚等发达国家以政府政策为保障，以政府财政投入为主要途径，分地区、分阶段通过多种形式推行免费学前教育。墨西哥、巴西、古巴等发展中国家也将学前教育纳入免费教育范畴，并取得了显著成效（表 8-2）。

表 8-2　OECD 国家学前教育免费教育情况一览表

国家	义务教育起始年龄	0～6 岁免费教育	1 年免费教育（5～6 岁）	2 年免费教育（4～6 岁）	3 年免费教育（3～6 岁）
爱尔兰	6 岁			√	
澳大利亚	6 岁		√		
奥地利	6 岁		√		
比利时	6 岁				√
丹麦	7 岁			√	
德国	6 岁				
芬兰	7 岁				
法国	6 岁				√
韩国	6 岁		√		
荷兰	5 岁			√	
加拿大	6 岁		√		
卢森堡	6 岁				√
美国	6 岁		√	√	
墨西哥	3 岁				√
挪威	6 岁				
葡萄牙	6 岁				√
瑞典	7 岁			√	√
意大利	6 岁				√
英国	5 岁				√

资料来源：OECD. 2006. Starting Strong Ⅱ：Early Childhood Education and Care. http://www.oecd.org/education/school/startingstrongiiearlychildhoodeducationandcare.htm [2019-08-15]

法国实行完全免费的学前教育政策。1881 年，法国在《学校法》中明确规定幼儿园为教育机构，幼儿学校实行免费教育。

美国、英国、韩国、印度等国家实施部分免费的学前教育政策。其中，美国、英国和韩国分年龄段实施免费学前教育。美国对学前班的幼儿（5 岁儿童）实行免费义务教育。美国各州的一些公共托幼机构每周也为幼儿提供两天或更长时间的免费教育。近几年，随着美国政府对学前教育投入的不断增加，幼儿教育的免费范围也覆盖到了国家投资的托儿所，即向下延伸至 4 岁幼儿。①英国实行学前教育免费制度的形式呈现出多样化。首先，属于义务教育范畴的幼儿学校或幼儿班是免费的；其次，在全国范围内推行 3～4 岁免费学前教育政策；最后，英国一些地区尤其是贫困地区免费学前教育已经向 3 岁以下儿童开放。韩国将 3～6 岁幼儿的学前教育纳入其正规学制系统内，其免费政策限于学前一年。②

研究发现，不同国家大致采用 3 种主要的重点资助方式，分别为部分学前教育费用减免、家庭困难者学前教育费用减免以及部分机构和教育服务费用减免（表 8-3）。

表 8-3　世界部分国家学前教育费用（0～6 岁）减免情况一览表

国家	部分学前教育费用减免	家庭困难者学前教育费用减免	部分机构和教育服务费用减免
澳大利亚	√	√	√
丹麦	√	√	√
荷兰	√	√	√
挪威	√	√	√
英国	√	√	√
韩国	√	√	
比利时	√		√
芬兰	√		√
加拿大	√		√
美国		√	√
俄罗斯	√		
巴西		√	
葡萄牙		√	
印度		√	

① OECD. 2006. Starting Strong Ⅱ：Early Childhood Education and Care. http://www.oecd.org/education/school/startingstrongiiearlychildhoodeducationandcare.htm [2019-08-15].

② Free Learning for Three and Four Year Olds. 2008. http://www.direct.gov.uk/en/Parents/Preschool development and learning/Nurseries Play-groups Reception Class-es/DG_10016103 [2017-12-18].

续表

国家	部分学前教育费用减免	家庭困难者学前教育费用减免	部分机构和教育服务费用减免
法国			√
卢森堡			√
瑞典			√
意大利			√

资料来源：徐雨虹. 2007. 新制度经济学视角下的我国学前教育投资制度研究. 华东师范大学，36

此外，美国、英国和印度还针对弱势群体提供免费学前教育项目。美国的“提前开端计划”“早期提前开端计划”是旨在帮助处境不利儿童在入学前接受必要的入学准备的全国性的大型学前教育项目。这两个补偿教育计划均由联邦政府负责经费投入，只要符合条件的 3～5 岁幼儿均可接受免费教育。英国的“确保开端计划”类似于美国的“提前开端计划”，同样由政府负责经费投入。1974 年，印度中央政府出台了面向弱势群体的免费综合发展型学前保教项目计划——ICDS，参与该项目的儿童及其家庭可以免费获得印度政府提供的相关综合性服务。该服务包括补充营养、幼儿教育、免疫接种、体检、医疗服务以及营养和保健教育等。①

2. 关于政府、家庭和社会三方共同分担学前教育成本的研究

政府、家庭和社会三方分担学前教育成本的模式，可以根据政府的负担量分为两类。

一是国家承担学前教育成本的主体部分或绝大部分。如 OECD 国家政府平均承担学前教育经费的 80%，私人或家庭承担 10%～20%。但 OECD 国家内部的差距也较大，比如，日本和韩国私人承担的比例分别高达 44%和 41%。②

日本《学校教育法》第 5 条规定，日本教育经费遵循“设立者负担”的原则。在学前教育领域，政府采取不同形式的补贴政策。例如，在幼儿园方面，日本的幼儿园根据其设立者可分为国立幼儿园、公立幼儿园和私立幼儿园。国立幼儿园由国家负担其经费，公立幼儿园由地方政府扶持，私立幼儿园则由设立幼儿园的法人（团体或个人）负责；在保育所方面，国家、都道府县和市町村各自按照一定的比例分担保育所的经费。由市町村设立和管理的保育所，其不足部分由国家、都道府县和市町村共同分担，分担比例为 8∶1∶1；由都道府县设立和管

① Integrated Child Development Services（ICDS）Scheme. 2012. http://cdf.ifmr.ac.in/wp-content/uploads/2011/03/ICDS-Scheme-Brief.pdf.

② 郅庭瑾，陈佳欣. 2019-06-04. 经合组织国家怎样发展学前教育. 光明日报，第 13 版.

理的保育所，其不足部分由国家和都道府县共同分担，分担比例为 4∶1。[①]由此可见，日本的公立幼儿园和私立幼儿园都要求幼儿家长缴纳一定的费用，但国家和地方行政当局也会负责一部分费用，与此相比，保育所的收费比较低，国家对保育所的补助也较多。

二是国家承担学前教育成本的一小部分，这类国家主要是一些发展中国家。

3. 关于学前教育公共财政投入的研究

（1）公共财政投入量

学前教育公共经费投入是指国家财政预算内的教育拨款中对学前教育投入的专项资金。作为衡量政府对学前教育重视程度、对学前教育财政投入力度和对儿童发展关注程度的依据，学者普遍选用各国学前教育公共投入经费占 GDP 的百分比进行比较。根据 2004 年各国为 OECD 提供的数据，丹麦在 0～6 岁早期教育机构上的投入占本国 GDP 的 2%，瑞典的投入占本国 GDP 的 1.7%；有的国家如芬兰，还给 6～7 岁儿童的学前班另外增加占本国 GDP 0.3%的拨款，用于提升学前教育水平。这些发达家将占本国 GDP 1%以上的经费投入学前教育机构系统，其中还包括具有社会福利性质的对家庭服务和产假、教育假等产生的现金补贴。[②]

与“金砖四国”中的其他国家比较，2004 年中国在学前教育经费上的投入占 GDP 的比例与印度相当，都较低（图 8-1）。将中国置于亚洲国家（地区）的范畴内进行比较，我们再一次认识到了中国学前教育公共投入经费的不足（图 8-2）。

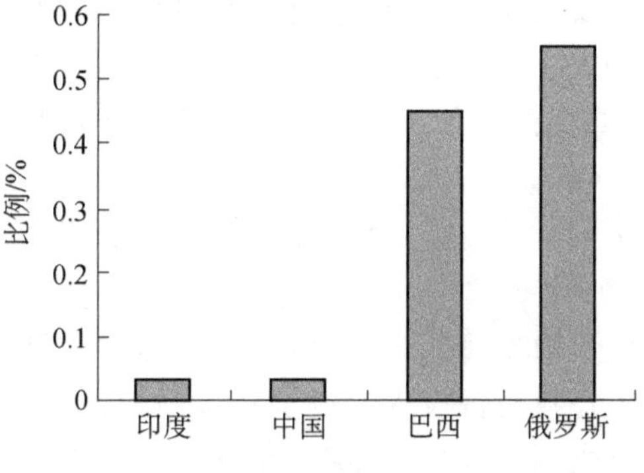

图 8-1 2004 年“金砖四国”学前教育公共经费投入占本国 GDP 的比例

资料来源：OECD. 2006. Starting Strong Ⅱ：Early Childhood Education and Care. http://www.oecd.org/education/school/startingstrongiiearlychildhoodeducationandcare.htm [2019-08-15]；部分数据来源于联合国教科文组织统计部门数据库，http://stats.uis.unesco.org/unesco/TableViewer/ document.aspx?ReportId=143&IF-Language=eng[2017-12-12].

---

① 李永连，李秀英. 1997. 当代日本幼儿教育. 太原：山西教育出版社，153.

② OECD. 2006. Starting Strong Ⅱ：Early Childhood Education and Care. OECD Publishing，122.

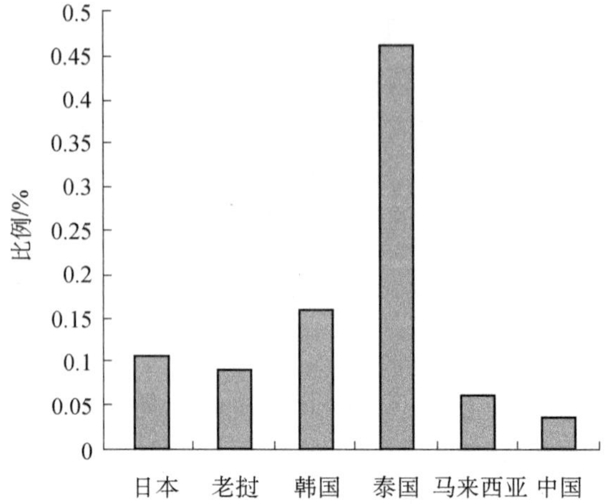

图 8-2　2004 年中国与亚洲国家学前教育公共经费投入占本国 GDP 的比例

资料来源：OECD. 2006. Starting Strong Ⅱ：Early Childhood Education and Care. http://www.oecd.org/education/school/startingstrongiiearlychildhoodeducationandcare.htm [2019-08-15]

学前教育公共经费投入占本国教育总经费的比例，是国际范围内考察学前教育公共经费投入状况的第二个指标。OECD 的研究报告显示，近年来，各国学前教育公共经费投入占教育经费总预算的比例均有不断增长的趋势，过去学前教育公共经费投入较少的国家都显著地增加了投入。统计显示，OECD 国家 3 岁以上儿童的学前教育支出大部分来源于政府财政，占学前教育支出的比例平均高达 80.2%。2003 年的相关数据显示，OECD 国家和欧洲 19 国学前教育经费投入占 GDP 的比例平均约为 0.5%。即便是欧盟中学前教育公共财政投入相对较少的国家，如德国 2005 年的学前教育公共经费投入仍高达 109 亿欧元，约占本国 GDP 的 0.53%。①

在亚洲国家和地区的比较中，2004 年学前教育公共经费投入占教育经费的比例最高的当属泰国（图 8-3）。

从学前教育生均经费的政府公共经费投入和私人经费投入比例来看，很多国家学前教育生均经费的公共经费投入超过了私人经费投入，如挪威和丹麦，2004 年学前教育生均经费分别占 GDP 的 1.02%和 0.8%，其中公共经费投入分别约占 GDP 的 0.85%和 0.65%，私人经费投入分别约占 GDP 的 0.17%和 0.15%，瑞典的学前教育生均经费约占 GDP 的 0.53%，全部来自公共经费投入，而我国则相反，私人投入占据更大比例，这不利于学前教育的健康发展。②

① OECD. 2006. Starting Strong Ⅱ：Early Childhood Education and Care. OECD Publishing，128-130.

② Integrated Child Development Services（ICDS）Scheme. 2012. http://cdf.ifmr.ac.in/wp-content/uploads/2011/03/ICDS-Scheme-Brief. pdf [2017-12-18].

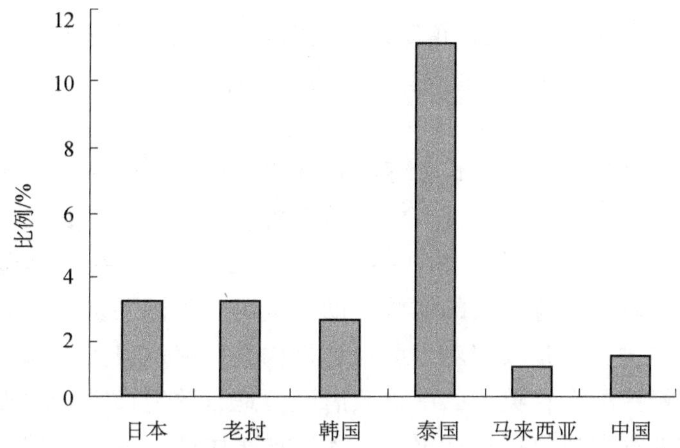

图 8-3　2004 年亚洲国家和地区学前教育公共经费投入占教育经费的比例情况

资料来源：OECD. 2006. Starting Strong Ⅱ：Early Childhood Education and Care. http://www.oecd.org/education/school/startingstrongiiearlychildhoodeducationandcare.htm [2019-08-15]

美国的“提前开端计划”实施之初，联邦政府承担 80%的费用；为保障投入的稳定性，20 世纪 80 年代，美国通过《开端计划法案》明确规定对其进行专项拨款，其中 1981 年联邦政府拨款为 10.7 亿美元；2005 年，《入学准备法》再次明确规定 2006 年对该项目拨款 68.99 亿美元，并保证 2007—2011 年有如上数额的拨款。奥巴马政府在 2009 年通过的《美国复苏与再投资法案》中规定，联邦政府拨款 1150 亿美元来支持教育发展，其中 50 亿美元专门用于发展学前教育。英国“确保开端计划”的财政预算金额从 2001—2002 年的 1.8 亿英镑逐年增长，到 2007—2008 年已高达 17.6 亿英镑，增幅相当可观。发展中国家学前教育公共财政投入量也呈现出增加趋势。部分发展中国家公共资源在学前教育经费中所占比例已不低于 OECD 国家，甚至超过部分发达国家的水平。例如，古巴早期儿童保育与教育计划资金的 73.8%来自公共资源；印度学前教育支出中 95.3%的资金来自公共资源，其 ICDS 的财政投入亦纳入国家财政预算，“八五”期间（1992—1997 年）和“十五”期间（2002—2007 年）的拨款额度分别为 260.8 亿卢比和 1168.45 亿卢比，且联邦政府与地方政府分担的经费比例达 9∶1。巴西则主张实行全民免费教育制度，学前教育经费基本由政府负担。[①]

从目前的国际学前教育发展形势可以看出，学前教育财政投入水平较高，并呈现出持续增加的趋势，基本形成了以公共投入为主，家庭、社会投入为辅的学

① Integrated Child Development Services（ICDS）Scheme. 2012. http://cdf.ifmr.ac.in/wp-content/uploads/2011/03/ICDS-Scheme-Brief. pdf [2017-12-18].

前教育发展的经费格局，这足以说明以公共财政为支撑是学前教育发展的坚实保障，也是国际学前教育事业发展的必然趋势与选择。

（2）公共财政投入方式

各个国家在财政资助的形式上存在多样化，如丹麦、荷兰、挪威、美国、英国等国家对符合条件的儿童进入学前教育机构学习实施学费减免政策，与此同时，美国、日本、加拿大、新西兰等还针对弱势儿童或其家庭提供资金补助、税费返还和教育券等形式的财政资助。美国、英国两国学前教育财政投入有三种共同的方式：一是政府对学前教育机构进行财政投入，如美国的中央财政和地方财政相互配合；英国的中央政府经由地方政府实现转移支付。二是政府对大型学前教育项目直接进行财政投入，如美国的“提前开端”项目，即中央政府以“整笔补助金”的方式拨付给项目代理处；英国的“确保开端”项目，即中央政府以“限制性拨款”的方式分配给地方当局。三是政府通过“教育券”和税费抵扣等方式补助学前儿童的家庭，如美国通过发放教育券和实行依附性税费抵扣政策为幼儿家长提供学前教育费用补助；英国的家长通过儿童抚养税费抵扣（child tax credit）和工作所得税费抵扣（working tax credit）等方式来抵消部分保育费用。①

整体来看，公共经费的投入方式有两种，即供给方导向的投入方式和需求方导向的投入方式。供给方导向的投入方式即政府（中央或地方）把公共经费的投入直接导向学前教育服务的供给者——学前教育机构。在 OECD 的成员国中，对于 3 岁以上儿童学前教育的公共经费投入，大部分国家往往主要采用此种方式。在各国的具体操作实践中，这一基本投入方式主要有以下几种具体表现形式：①现金投入，即中央或地方政府通过津贴、赠款等形式把公共资金直接投向学前教育机构，用于机构的各种开销，这是最基本的一种投入方式。在现金投入上，一般有两种基本操作，即直接拨款和转移支付。②税收优惠，即政府通过对学前教育机构所提供的服务性收入给予税收减免等优惠政策，从而让利给学前教育机构的一种投入方式。在税收优惠上，一般也有两种基本操作，即税收免征和税收减征。③实物资助，即在一些国家，政府会用公共财政收入来购买诸如器材设备、书本教材、食物等实物，免费提供给学前教育机构使用，这也是政府对学前教育机构的一种间接投入方式。

① Daycare Trust. 2010. Daycare Trust Childcare Costs Survey 2008. http://www.day care trust.org.uk/mod/fileman/files/Cost_survey2008[2017-12-18].

需求方导向的投入方式，即政府（中央或地方）把公共经费直接或间接地投向学前教育服务的需求方——家庭，通俗地说，就是“投家庭”。根据OECD的报告，一般而言，在自由经济体制国家，如澳大利亚、加拿大、爱尔兰、韩国、荷兰、英国和美国，都倾向于把“投家庭”作为主要的学前教育公共经费投入方式，其中包括托儿费津贴、教育券、家庭收入税减免等。具体表现有：①家庭津贴。政府通过现金的形式，对符合条件的家庭直接发放幼儿教育津贴，以补贴家庭在这上面的花费。在这一补助方式上，一般也有两种操作类型，即普惠式家庭津贴和重点投入式家庭津贴，前者为针对大部分甚至所有有育儿任务的家庭的普惠式的津贴，后者为针对特定类型的家庭，尤其表现为对低收入家庭、偏远地区的家庭、少数民族家庭等的重点资助。②学费减免。送孩子入学前，政府对符合条件的家庭通过教育机构给予不同程度和不同形式的学费减免，帮助他们缴付子女的学费。这是政府资助家庭的一种间接的公共经费投入方式。③税收优惠。在计算家庭收入所得税时，通过退税或减免家庭的缴税负担来为家庭提供支持，冲抵家庭为孩子所支出的学前教育花费。在具体操作上，也有免征、减征、退税等不同做法。④幼儿教育券。它是政府提供给幼儿及其家长的有价兑换券，用于支付幼儿进入学前教育机构所需经费。⑤带薪育儿假。它是指政府通过为父母（尤其是母亲）提供育儿期间的带薪假期，来对家庭的早期教育给予公共经费支持的一种方式，具体包括产假、陪产假、育儿假等。

（3）各级政府成本分担分工模式

在各级政府成本分担分工方面，国际上形成了以地方政府公共财政为主导、中央政府扶持的公共财政投入体制。美国就设立了多样的学前教育计划支持地方政府来申请，仅美国政府的生态化干预项目就包括早期提点计划、成人计划及婴儿健康与发展计划等丰富的内容。

日本各级政府在学前教育成本分担方面分工明确，如国立幼儿园经费由国家负担，公立幼儿园经费由地方行政当局扶持，私立幼儿园经费完全由设立者负担。在保育所方面，国家、都道府县和市町村会根据保育所设立的性质而各自按照一定比例分担保育所的经费。

作为发展中国家，印度的学前教育以综合发展型为主要模式，以提供价廉物美的学前教育产品为主。考虑到社会发展水平还比较落后，印度政府重点关注多数国民的基本需要，并没有把钱用于建设少数高水平的幼儿园，而是让私立幼儿园来满足部分国民更高的教育要求。①

① 严仲连. 2008. 公平优先：福利取向的印度学前教育. 教育导刊（幼儿教育），(3)：60-62.

第三节　美国农村地区构建学前教育公共服务体系的经验及启示

构建完善的农村地区学前教育公共服务体系，对发展农村学前教育具有重要的战略意义。随着《国家中长期教育改革和发展规划纲要（2010—2020 年）》《国务院关于当前发展学前教育的若干意见》等文件的颁布实施，我国农村地区学前教育的发展在取得了可喜成就的同时，也存在一些问题、面临一些困境。学前教育公共服务体系是由学前教育公共服务的范围和标准、资源配置、供给方式和效果评估等所构成的整体性的制度安排。[①]美国农村地区构建学前教育公共服务体系积累了一些好的经验，特别是政府职责定位、政策法规激励、经费投入保障、师资保障提升和专项项目实施等方面的经验值得我国农村地区借鉴。

一、美国农村地区构建学前教育公共服务体系的经验

（一）强化各级政府在发展农村学前教育中的“首责定位”

学前教育是一项公益事业，特别是发展农村地区的学前教育更具补偿性和公平效益，为此美国在构建农村地区学前教育公共服务体系时，强化了各级政府的“首责定位”。虽然美国的教育以分权为主，但近几十年来联邦政府对学前教育的干预和调控却加强了，诸如联邦政府在农村学前教育目标制定、发展规划、立法保障、经费投入、管理监督和评价协调等方面发挥着更为重要的作用，还专门就全美学前教育的领导机构、课程改革、标准评价、监督实施等做出了明确的规定。[②]奥巴马政府设立了总统早期学习委员会（Residential Early Learning Council），这是由总统直接领导的专门机构，其目的是弥补各州分权带来的缺陷，促进农村地区学前教育事业的发展，促进联邦政府和州政府之间的积极合作，提高协作效率，更好地推进全美的学前教育改革，进而整体提升学前教育的质量。总统早期学习委员会成员包括奥巴马、各州州长、各领域专家、社区和宗教负责人、行业领导等，其显著特点是由奥巴马直接领导，体现了政府“首责”的特性。总统早

① 裘指挥，张丽，胡新宁. 2016. 农村地区构建学前教育公共服务体系的成效、问题与对策——基于中部地区 N 市的调研. 教育研究，（6）：58-63.

② Goals 2000：Educate America Act. http://schugurensky.faculty.asu.edu/moments/1994goals2000.html[2017-12-19].

期学习委员会充分发挥统领功能：第一，引领全社会高度重视学前教育的战略价值，特别是重视农村地区和处境不利儿童的发展与教育。第二，对全美学前教育项目及发展重点进行规划，如提升各州 0～5 岁儿童早期保育与教育的质量，保障农村地区及处境不利的 3 岁以下幼儿进入高质量学前教育项目的机会等。第三，充分激发中央与地方发展学前教育的积极性，强化联邦政府的统领作用，促进联邦政府与州政府的合作。第四，出台有利于充分发挥各方积极性的学前教育经费投入机制，强化政府在经费投入中的核心作用，广泛吸引社会投入。总统早期学习委员会为各级政府财政投入的重点、私人和非营利部门激励机制和投入效果保证等方面提供对策建议。第五，加强对早期儿童学习与相关项目的实施状况、质量等的监测、评估与推广。总统早期学习委员会注重收集国家、州或地方成功的教育实践及项目模式，并在全美国范围内宣传及推广，特别是对处境不利儿童和农村地区的早期教育项目经验的推广给予了特别强调。①

（二）出台、完善法规，规范与激励农村学前教育发展

美国农村地区学前教育事业的发展得益于完善的政策法规的规范与激励。早在 1933 年，美国联邦政府就颁布了主要面向处境不利儿童和农村地区的《联邦紧急救济法》（*The Federal Emergency Relief Act*），该法案推动了覆盖全国的紧急保育学校（The Emergency Nursery School）的创立，为农村地区贫困且优秀的教师提供了就业机会，较好地满足了农村地区和经济困难家庭的幼儿对于营养、身体、教育等方面的需要。②1940 年，美国国会通过了《兰汉姆法案》（*The Lanham Act*），联邦政府出资创立儿童保育中心（Child Care Center），保障儿童发展。③ 1965 年，美国联邦政府出台政策，要求对处境不利的 3～5 岁儿童进行早期补偿教育，对农村和贫困家庭的子女实行“开端计划”。随之而来的是，1981 年，联邦政府颁布了《提前开始法》，对“开端计划”项目的对象、内容、质量评估、教师素养与发展等方面提出明确的要求，对拨款数量和款项的使用范围、程序等做出具体的规定。1990 年，美国颁布了《儿童保育与发展固定拨款法》，提出了给予农村地区及处境不利儿童优先和重点资助的主张。1994 年，颁布了《2000 年目标：美国教育法》（*Goals 2000：Educate America Act*），在该法中，学前教育位于八大教育目标之首。该法案强调：所有儿童必须获得发展所必需的丰富营养、体育锻炼和卫生保健，所有儿童都要接受具有发展适应性的、高质量的

---

① Barack Obama Plan for Lifetime Success through Education. 2009. http://www.barackobama.com[2017-12-19].

② Lascarides V C，Hinitz B S F. 2000. History of Early Childhood Education. New York：Falmer Press，381.

③ Lascarides V C，Hinitz B S F. 2000. History of Early Childhood Education. New York：Falmer Press，391-393.

早期教育，到 2000 年，所有儿童都要做好入学的准备，即具有健全的头脑和强壮的体格。该法案大大提高了学前教育在人们心目中的地位。[①]美国分别于 2000 年和 2002 年颁布了《早期学习机会法》《不让一个孩子掉队法》。这两个法案的立法宗旨是保证所有早期儿童享有获得适宜的、有质量保障的教育机会，充分表达了公平与优质的早期教育价值取向，对提升教师素质，确保农村地区及弱势儿童得到全面健康的发展发挥着重要的作用。[②]2003 年，美国联邦政府颁布了《入学准备法》，"开端计划"被重新授权，主要目标为促进农村及低收入家庭儿童的发展，保障其做好入学准备；通过向农村地区及低收入家庭儿童提供营养、健康、教育、社会和其他服务，提升早期儿童前阅读、前数学和语言方面的技能。总之，美国政府用一系列完善的法规与规范激励农村地区及处境不利儿童的发展，推动整个学前教育事业质量的提升。[③]

（三）公共财政优先保障农村及处境不利儿童早期教育

美国政府对学前教育不同层面的投入主要以各种项目形式进行，我们分析项目受益人群和资格条件发现，大多数项目将受益人群设定在低收入家庭、特殊儿童和面临学业风险的儿童等处境不利群体，而这在农村地区占了较大的比例。例如，在"开端计划"中，受益人群的资格为收入低于联邦贫困线 130%的家庭；在幼儿特殊教育项目中，受益人群的资格为面向所有学龄前的残疾幼儿和州政府确定的发育迟缓儿童；在州 Pre-K 项目中，受益人群的资格主要是高风险儿童（低收入家庭儿童、学业风险儿童）；在儿童直接补贴项目中，受益人群的资格为收入低于州中位数收入 85%的家庭的儿童，或符合贫困家庭临时救助的儿童，且儿童年龄在 0～13 岁。[④]持续增长的投入对保障美国早期儿童的入学机会、提升教育质量发挥了重要的作用。例如，根据 1981 年《提前开始法》的规定，联邦政府对"提前开始"项目的拨款金额为 10.7 亿美元，此后美国政府对该项目的拨款额度不断增加，到 2004 年政府在每个财政年度对该项目的拨款金额为 68.7 亿美元，大约是 20 世纪 80 年代年度拨款总金额的 7 倍。[⑤]2011 年 5 月，美国教育部开始实施"力争上游——早期学习挑战"（Race to the Top & Early

---

① Goals 2000：Educate America Act. http://schugurensky.faculty.asu.edu/moments/1994goals2000.html.

② No Child Left Behind Act. http://wvwed.gov[2017-12-20].

③ School Readiness Act. http://thomas.locgov[2017-12-20].

④ 赵海利. 2016. 美国政府学前教育投入的特点、趋势与启示. 教育研究，（5）：141-147.

⑤ Taking Money from Children Financial Abuse & Mismanagement in the Head Start Early Childhood Program. http://govthub.com/head-start-program.aspx?utm_source=bing&utm_medium=cpc&utm_term=early%20head%20start%20programs&utm_campaign=GH+Head+Start+Eligibility[2017-12-20].

Learning Challenge）的国家级拨款竞争项目，项目投资总额达 5 亿美元，旨在在公平的基础上引入竞争和财政激励机制，以扩大处境不利儿童接受优质学前教育的机会，提升农村地区早期教育质量。①2013 年 2 月，美国政府正式推行“所有孩子的幼儿园”项目，享受该项目的条件是家庭收入必须处于或低于联邦贫困线 200%，儿童年龄为 4 岁，目标是免费接受一年全日制的优质学前教育，项目对象主要包括中低收入家庭的儿童、特殊儿童、无家可归儿童、移民家庭儿童和母语非英语家庭儿童等。

（四）形成了职前、职后一体化的幼儿教师培养与质量提升机制

首先，美国用一系列完善的法规保障幼儿教师的社会地位，促进幼儿教师的专业化成长。例如，在 2005 年就出台了《全体儿童的优质教师法案》（*Teacher Excellence for All Children Act*）、《幼儿园及中小学教师激励法案》（*Incentives to Educate American Children Act*）、《学前班入学法案》（*Prekindergarten Access Act*）和《培养、招募与聘任教育专业人员法案》（*Preparing, Recruiting, and Retaining Education Professionals Act*）4 部法案。2006 年，出台了《教师中心法案》（*Teacher Center Act*）、《教育专业人员免税法案》（*Professional Educators Tax Relief Act*）2 部法案。另外，从专业标准来看，从 NAEYC 于 20 世纪 80 年代制定的幼儿教师教育指南开始算起，共有 7 个版本，目前较为成熟的是 2010 年最终修订的早期儿童教师专业标准。其通过系统的法规保障幼儿教师的社会和经济地位，提升幼儿教师的合理权益，加大师资培养财政投入，规范与激励幼儿教师提高教育质量，促进专业化成长。其次，美国形成了职前、职后一体化的幼儿教师培养与质量提升机制。从职前培养看，强化专业标准和核心素养，保证培养质量。例如，2010 年版早期儿童教师专业的初级和高级标准中包含以下 7 项：能够有效引导儿童发展和学习；理解与构建家庭及社区的关系；通过观察记录和评估诊断为幼儿和家长提供有效帮助；运用适宜、有效的策略与幼儿和家长建立联系；能够构建适宜及有意义的课程；成为一名有职业道德、学识渊博、有批判性精神的专业人士；具有较丰富的实践临床实践实习经验。②另外，值得关注的是，NAEYC 要求幼儿教师的专业角色是广泛多样的，如幼儿教师、儿童干预专家、家庭合作者、咨询辅导人员、幼儿训练师、全纳专家、教育技术专家、儿童的合

① U. S. Department of Education. 2011. Race to the Top & Early Learning Challenge. http://www2.edgov/programs/race to the top -early learning challenge/awards[2017-12-20].

② NAEYC Standards for Initial & Advanced Early Childhood Professional Preparation Programs. 2010. http://www.naeyc.org/faculty/pdf/2010[2017-12-28].

作者等。可以说，NAEYC 所制定的早期儿童教育专业标准既面向幼儿园等专业机构人员，又适用于所有与早期教育相关的人员。从入职环节看，美国严格执行教师资格制度，保障幼儿教师的水平。早在 1825 年，美国就开始实行教师资格制度。1991 年，NAEYC 和美国教师教育者协会共同制定、修订了 0～8 岁儿童教师的资格标准。2002 年，美国颁布的《不让一个孩子掉队法》，对什么是“优质教师”以及怎样保障“优质教师”待遇等问题以立法形式进行了规定：拥有州所颁发的教师资格证书，同时要求具有 4 年制本科院校学士及以上学位。入职时，对教师的招聘选拔非常严格，程序规范，重点审核和考察求职者的学历及资格证书、人格及职业品行、实践经验和专业特长。录用后有严格规范的试用期，试用期满后，包括专家学者、管理者、同行、儿童和家长等多主体对新入职的幼儿教师进行综合审查，决定其是否能被录用。最后，从职后的发展看，强化优质培训与专业成长自觉，保障教师可持续的专业化成长。从培训机构看，有大学教育学院、社区学院和优质的专业团体培训机构；从培训类型看，主要有专业团体培训和学术机构培训。专业团体培训中最具代表性的就是 NAEYC 的专业化教师发展培训计划，核心目标是引领早期教育从业者掌握最新的研究成果，并将其与自身的专业实践联系起来。大学和学院的培训往往是学术机构培训，它们会发挥优势，结合农村幼儿教育的特点，设计符合农村幼儿教师发展的培训项目，为幼儿教师职后的可持续发展注入新鲜的血液。

（五）实施符合农村地域特性的农村儿童教育成就项目

为缩小城乡儿童教育差距，解决农村地区教育规模偏小、师资短缺、财政拨款不足等问题，2000 年，克林顿总统签发了“农村教育成就项目”（rural education achievement program，REAP）。2002 年，在布什总统的授权下，REAP 着重发展了“农村和低收入学校”（rural and low-income school program，RLIS）项目，主要是针对低收入和处境不利农村家庭儿童；“小规模农村学校成就”（small，rural school achievement program，SRSA）项目主要是面向偏远的、资助太少以至于不能达到预期教育目标的农村和小型学区。[①] 申请 SRSA 项目资助的教育机构必须满足两个条件：①为每天生均出勤人数小于 600 人或该地区人口密度不足 10 人每平方英里[②]的农村学校；②仅适用于被美国国家教育统计中心定义为校区位编码为 7 或 8 的学校，或是被本州政府定义为“农村”的学校。申请

① U. S. Department of Education. 2014. Rural Education Achievement Program. http://www2.ed.gov/nclb/freedom/local/reap.html[2019-12-19].

② 1 英里=1.609344 千米。

RLIS 项目资助的教育机构需满足三个条件：①在其为之提供服务的学前及中小学学生中，家庭收入在贫困线以下的农村家庭达到 20%以上；②所有需要提供服务的学校的区位编码为美国国家教育统计中心定义为 6、7 或 8 的；③该机构没有获得 SRSA 项目资助。REAP 项目的实施，取得了较好的成就，首先是提高了农村地区的学前教育质量。由于项目的实施，农村教师有了更多专业发展的机会，工资福利也得到提高，小型学区得到更多的联邦拨款，对于招聘新教师、挽留合格教师发挥了重要作用。其次是提高了农村地区幼儿园、学校的教育技术水平，缩小了城乡差距。最后是促进了农村偏远地区儿童和处境不利儿童的健康成长，提升了英语熟练度有限学生的语言水平。REAP 项目的实施，体现出了如下几个特征：①追求城乡教育均衡发展、实现教育公平的价值取向。正如世界许多其他国家一样，美国的农村和城市也存在着贫富差距，在教育领域也存在失衡发展现象。REAP 项目的实施，给农村薄弱地区带来了大量拨款资金，对小型学校采取更加灵活的发展策略，在学校师资建设、教学设施改善、提升儿童学业水平和教育质量等方面取得了较好的成效，更好地保障了教育公平发展。②REAP 能够取得卓越成效，在很大程度上是因为其充分地尊重农村社区学校独特的人文和自然环境，教育项目与当地人口的分布情况、文化素养、经济发展水平和政治生态等融为一体。③形成“联邦政府引领、地方政府弹性发展教育的政策机制”。在 REAP 项目的实施过程中，REAP 强化各级政府间的对话与沟通，并结合自身的地区特点赋予地方教育机构最大限度的自主权，允许其依照各自独特的需求，有弹性、灵活地使用其所获得的各种资源和联邦拨款，从而保证项目拨款的使用更加高效。

二、美国经验的启示

（一）强化各级政府在发展农村学前教育中的“首责定位”

当前我国农村地区构建学前教育公共服务体系已进入一个攻坚阶段，农村地区学前教育在园所建设、资金投入、师资提升等方面取得了一定的成效，对解决农村地区“入园难”问题、构建家长满意的农村学前教育服务体系发挥了重要作用。但农村地区学前教育事业的发展也存在“三年毛入园率有待提高、持续性财政投入不足、小学化倾向较严重、教育质量有待提高、师资严重紧缺”等急需解决的困境。[①]美国的经验表明，要解决学前教育事业发展中所面临的问题，构建

① 裘指挥，张丽，胡新宁. 2016. 农村地区构建学前教育公共服务体系的成效、问题与对策——基于中部地区 N 市的调研. 教育研究，（6）：58-63.

完善的农村学前教育公共服务体系，必须强化各级政府的“首责定位”。优质的学前教育不仅对儿童的身心健康发展、家庭的幸福和谐具有重要的价值，对国家的经济发展更是具有战略性意义。学前教育事业的公益性和战略性，要求各级政府担当起“首要职责”，这在农村及处境不利地区显得更为关键。调研发现，决定学前教育事业发展的关键要素不是经济发展水平、地域的自然环境和人文环境等，而是政府在构建学前教育公共服务体系中有没有切实履行首要的职责。美国设立的总统早期学习委员会就是一个重要的例证。

（二）完善农村学前教育事业发展的政策法规

美国农村学前教育事业的发展与各种完善的政策法规息息相关。法规具有“刚性”特点，对政府、社会、组织及个人都具有强制功能。学前教育是一项公益事业和系统工程，构建学前教育公共服务体系需要统合多方的力量，挖掘各种资源，运用法规的强制性、统合性，这样会取得更好的效果。美国保障农村地区儿童及处境不利儿童教育的法律非常多，如《联邦紧急救济法》《兰汉姆法案》《提前开始法》《儿童保育与发展固定拨款法》《2000 年目标：美国教育法》《早期学习机会法》《不让一个孩子掉队法》《入学准备法》等。完善的政策法规规范促进了美国农村地区学前教育事业的发展，保证农村地区儿童享有获得适宜的、有质量保障的教育机会。当前我国学前教育领域急需制定与完善各种政策法规，重点对以下方面进行规范与激励：强化政府与社会对学前教育价值的认可，强化公共财政投入及多渠道吸纳社会资金，完善学前教育质量保障机制，形成职前、职后一体化的幼儿教师培养与质量提升机制及政府、社会与家庭的协同合作机制等。

（三）实施农村学前教育师资培养提升专项工程

随着《国家中长期教育改革和发展规划纲要（2010—2020 年）》《国务院关于当前发展学前教育的若干意见》等文件的颁布与实施，全国各地推进了“学前三年行动计划”，我国农村地区新建了一大批幼儿园。当前，构建农村地区学前教育公共服务体系面临的最大挑战之一就是师资的配备与素质提升。笔者在调研中发现，P 市政府几年来整合各级资金、因地制宜地改建闲置农村校舍 93 所，增加小学附属园 184 所。幼儿园的兴建与完善对解决农村地区幼儿“入园难”问题发挥了重要作用，但同时存在的更大问题是师资短缺与质量急需提升。美国农村地区幼儿师资保障的经验带给我们一些启示：首先，政府要出台完善的政策法规，重塑农村幼儿教师的社会与经济地位，刚性保障农村幼儿教师的各项权益，充分调动广大幼儿教师去农村工作的积极性，同时，对幼儿教师的素养、义务、职责与质量提升等进行严格规范，让完善的法规成为教师从事幼儿教育的坚强后盾与动力机制。其次，要形成职前、职后一体化的教师专业化成长机制，严把入口、上岗及职后提升各个环节的质量。为了从数量上充分保障，建议对农村地区幼儿教师编制进行倾斜并给予单列。从职前培养看，需要以幼儿园教师专业标准为指南，结合农村地区学前教育的特点，创新培养模式，培养大批愿意去农村工作的高素质幼儿教师；从上岗环节看，要严格实行幼儿教师资格制度，规范选拔过程，强化试用期的效用；从职后成长看，要提升各类培训的质量与针对性，形成教师自主自觉成长的动力机制。

（四）探索符合农村地域特点的学前教育发展专项项目

农村地区因地域特点、自然与人文环境、人口分布、经济发展水平与政治生态等的不同，学前教育事业的发展也存在着不同特征。例如，农村幼儿园具有规模较小、办园灵活、收费较低、入学方便、混龄教育活动较丰富、与社区家庭联系紧密等优势。当然，农村幼儿园也可能存在观念不科学、持续性投入不足、师资流动性大甚至大面积短缺、游戏材料不足及教育教学活动“小学化”倾向等问题。针对农村地区学前教育的地域特征和独特性，需要实施与之相适应的、符合农村自身特点的学前教育项目。美国的经验表明：因其与城镇的差异，农村地区需要实行反映农村特性的学前教育发展专项项目，这对保障我国农村地区学前留守儿童的受教育权，促进教育公平；引领乡村文明，使农村幼儿园成为乡村精神传承的主阵地；强化政府拨款，保障幼儿园健康发展；保障师资水平，提升教育质量及探索农村地区办园模式等，都具有重要的作用。

第九章

我国中部农村地区普及学前教育的建议

第一节　提高幼儿园教育质量的建议

在“入园难、入园贵”问题逐步得到缓解的背景下，提高幼儿园教育质量，保障幼儿科学、健康和快乐成长，成了重要的目标之一。

一、树立质量分层观，鼓励发展高质量的幼儿教育

质量分层观是指把质量分为不同的层次。由于不同地区的幼儿教育事业发展存在着差异，用不同层次的质量标准衡量不同地区的学前教育事业发展，具有更强的针对性和指导性。

（一）解读幼儿教育质量分层观

纵观质量概念的发展历程，其本身是一个不断丰富、完善和发展的过程。

首先是符合性质量观。它认为质量只是符合标准的要求。这是长期以来人们对质量的理解，但是标准不先进，即使某产品百分之百符合，也不能认为它就是质量好的产品，于是在质量的概念满足符合性的基础上，又产生了适用性这一概念。

其次是适用性质量观。它是以适合顾客需要的程度作为衡量的依据，即从使用的角度来定义质量，认为产品质量是产品在使用时能成功满足顾客需要的程

度。适用性质量概念的发展，说明了人们在质量概念的认识上逐渐把顾客的需求放在首位，但是满足顾客使用需求的产品，其质量还不一定能使顾客满意，于是质量的概念向“顾客满意质量”演变。

最后是顾客满意质量观。由于顾客（和相关方）满意的要求是广义的，它除了适用性外，还有内隐的要求，如对汽车来说，顾客的要求除了美观、舒适、轻便、省油和良好的售后服务等外，可能还包括法律法规要求，如发动机排放物符合排放标准，制动器的安全可靠性高，等等。

此外，根据卓越质量理念，对质量的衡量依据主要有三个方面：一是体现顾客价值，追求顾客满意和顾客忠诚；二是降低资源成本，减少差错和缺陷；三是降低和抵御风险。其实质是为顾客提供卓越的、富有魅力的质量，从而赢得顾客，在竞争中获胜。①

由此可知，质量的概念是从“符合”“适用”“顾客满意”到“卓越质量”不断演变的过程，每一阶段的内涵都更为丰富、充实。在不同时期、不同地域，对同一事物的质量要求可能是统一的，但也可能存在差异。

幼儿教育质量分层观是指在一定时期内，幼儿教育的发展从质量上看是分层次、分水平的，它是一种客观存在。在不同时期、不同地域，人们对幼儿教育质量水平的需要是不同的。与让一部分人先富起来的原理相似，在对待幼儿教育质量上，也可以走逐步提升，最后到达全面提高质量的路子。

（二）重点保障基本质量，鼓励发展高质量的幼儿教育：农村幼儿教育的质量定位

我国是农业大国，农村人口所占比例较大。许多农村幼儿园在一定程度存在着数量不够、办园条件差、师资严重匮乏、保育质量低、“小学化”趋势严重等问题，这已影响到了农村儿童的身心健康成长。研究表明，我国城乡儿童的入学准备水平差异显著，农村儿童在入学准备的诸多领域均落后于城市儿童。对于广大农村地区，特别是落后的农村地区而言，短期内用“高质量的幼儿教育”来要求是不符合实际的，重点是保障“基本质量”。只有“基本质量”均衡了，才能为达到“高质量”这个后续目标奠定良好的基础。

学者郭良菁指出：在“入园难、入园贵”问题得到初步缓解的背景下，多数地区宜及时将政策目标转向“确保基本质量均衡”，以避免单纯迅速扩张学前教育机构数量可能带来的后遗症，避免付出更多的政策成本。“基本质量”着眼于共同的基本需求，如人身安全、健康、心理安全感和通过活动认识具体事物的需

① 杨辉. 2008. 从质量概念的演变看企业质量竞争力. 中国标准导报，(9)：4-9.

求，基本质量标准也应该以此为参照来制订。“高质量”或“优质”则意味着学前教育机构不能仅仅满足基本的安全、健康标准，必须关注为幼儿提供的早期经验、多方面学习机会的质量，即是否能满足幼儿在健康生活习惯、情感、认知、社会性、语言、审美表达等方面的多样化需求。[①]

著名学者刘焱等在研究学前一年幼儿园教育质量与成本的关系时，对基本质量（合格及一般）和高质量（良好以上）的幼儿教育进行了描述，包括结构性质量与过程性质量，其中结构性质量主要从室内外空间、物质设施、班容量、教师资质、师幼比等方面进行考察。表 9-1 描述了从“不及格”到“良好”水平的学前教育机构的结构性质量基本状况。

表 9-1　各水平学前教育机构的结构性质量基本状况

指标		不及格	及格	一般	良好
幼儿园经费收入/元	生均拨款	891.88	942.54	1937.49	6004.28
	月保育费	120.25	199.84	326.86	682.5
生均运营成本/元	生均人员经费	1095.84	1942.64	3099.98	5021.50
	生均公用经费	149.44	455.68	1089.18	2949.13
教师年收入/万元	在编教师收入	2.02	2.56	3.12	4.42
	自聘教师收入	0.67	1.47	1.74	2.16
教师配置	师幼比	26.51	21.38	17.36	14.54
	职幼比	21.78	15.78	11.38	8.49
	班容量/人	63.5	43.25	40.36	36.38
教师资质/%	大专以上比例	32.05	47.74	74.92	94.79
	未评职称比例	38.67	57.64	22.73	10.1
	中高级职称比例	46.42	32.57	55.95	72.73

资料来源：刘焱. 2014. 学前一年教育纳入义务教育的条件保障研究. 北京：北京师范大学出版社，9

对于学前教育的过程性质量，主要从教学环境、课程与教学、生活活动、师幼互动等方面进行考察。

二、提高幼儿园教育质量的举措

目前，我国部分农村地区学前教育的普及率低，有限的财政投入远远不能满足农村学前教育事业的发展。因此，可能会出现以牺牲质量为代价换取普及率的现象。为此，要在保障质量的前提下，提高学前教育的普及率。

① 郭良菁. 2013. 以“系统”思路解决学前教育质量的保障与提升问题. 学前教育研究，(9)：8-14.

研究表明，高质量的幼儿园教育利于幼儿做好入学准备，提升幼儿与同伴进行复杂活动的能力。有学者考察了保教人员与幼儿之间的互动质量对处境不利幼儿发展结果的影响，发现在保教人员敏感性上得分较高的机构中接受教育的幼儿，有更好的阅读准备以及更少的社会性问题。低质量的托幼机构不仅不会对幼儿的身心健康、习惯养成和智力发展产生积极的影响，反而可能会产生诸多消极影响。

（一）持续加大投入，切实改善农村办园条件

相关部门要加大对学前教育的投入，切实改善学前教育的办学条件，要加强对幼儿园建设的规划，切忌以“塞入策略”替代建设规划。当前尤其要防止由于要解决“入园难”问题而使办园条件恶化的现象。第一，在农村地区，由于人员压力大，政府容忍、默认非注册园的存在，降低了对非注册园打击的力度，或者降低了幼儿园注册的门槛，导致幼儿园的卫生、安全水准下降，给幼儿的身心安全带来隐患。用幼儿身心安全换取高入园率的做法是不足取的，事实上，这也没有真正解决“入园难”问题。第二，由于生源数量过大，没有足够的幼儿园和班级，政府容忍、默许甚至鼓励幼儿园扩大班级的幼儿规模，有些幼儿园班级人数比国家标准高出了30%甚至更多，表面上看解决了幼儿入园问题，其实难以掩盖事实上存在的“入园难”问题。班级人数的增加，使幼儿的人均资源减少了，班级的安全隐患增加了，教师不得不对班级活动进行更多的控制，不得不以集体教学形式为主，幼儿个体的需要、兴趣难以得到满足。①下面是研究中对几个幼儿园相关条件的描述。

（1）室内拥挤，课桌椅呈“秧田式”排列，基本无游戏材料。

A大班共45名幼儿，室内面积约20平方米，摆放着16张双人桌，大部分双人桌由3名幼儿共用。

B大班共46名幼儿，室内面积约35平方米，房屋虽然陈旧，但地面干净，桌椅摆放整齐，桌子拼接成左右两大组，中间留出一条较宽敞的过道，幼儿分成四列坐在桌子旁边。

C大班共24名幼儿，室内面积约35平方米，教室最前方为讲台，课桌椅呈“秧田式”摆放在教室中间。

以上三个班级的人均室内可使用面积均小于1平方米，幼儿之间经常因无意的身体碰撞而产生冲突和矛盾。从班级课桌椅“秧田式”摆放以及空间利用情况来看，三个班级采用的都是以教师上课为中心的传统教学模式。

① 虞永平. 2012. 学前教育质量低的解决途径. 课程教材教学研究（幼教研究），（1）：94-95.

（2）设施设备简陋，缺乏游戏材料，墙面布置单调。

A 大班教室一面墙壁上挂着五幅幼儿拼音识字挂图、“幼儿安全制度”和“幼儿卫生守则”挂图。相对的另一面墙壁高处钉着一排钉子，用于挂放幼儿的书包。每个班级都有一盏日光灯、一个吊扇、一台电视机，4 个班级共用一块移动黑板和一台二手电子琴，无任何游戏材料。

B 大班教室内有一台电视机、一台吊扇和一台电子琴，无任何游戏材料。后面的黑板报上贴着教师制作的卡通画，四周墙壁的上方贴着儿童识字挂图，下方挂着部分幼儿创作的绘画作品。

C 大班教室前后各有一块黑板，前面的黑板用于教师上课写板书，黑板上方贴着“热爱祖国，振兴中华”的字样，后面的黑板写着近期的学习内容。四周墙壁几乎无任何装饰，仅张贴了几张有名人肖像和名言警句的图。课桌与小学生所用课桌无异，即单人带抽屉的方桌和四角方凳。

（3）空间布局不合理。园所的空间布局会直接影响幼儿在园活动是否舒适和便利。调查发现，大多数民办幼儿园和小学附设幼儿园在空间布局上缺乏科学合理的设计，较少考虑幼儿在园生活的安全性和便利性。例如，X 园午睡区处于教室和厕所中间，幼儿进进出出都必须经过午睡区，难以保持午睡区的干净整洁；T 园将幼儿厕所安排在教学楼一层的最东边，幼儿的如厕、盥洗活动会影响其他班级的正常教学。

（4）民办幼儿园存在较多安全隐患，大多数班级的环境未达到整洁、卫生的要求。调查显示，12.8%的班级房屋存在安全隐患。29.8%的民办幼儿园班级的大部分家具和设备维护不良，幼儿身体可能会受到伤害，如桌子上有凸出的木刺或钉子，椅子腿不牢固等。55.3%的民办幼儿园班级户外活动场地存在安全隐患（如地面过硬、滑梯太高、攀爬器械下面没有适宜的保护措施等）。下面以民办幼儿园 X 园为例进行说明。

在物质环境创设上，该园存在较多会危及幼儿生命健康的安全隐患。例如，前院的铁栅栏有几根已被拗断，锋利且锈迹斑斑的钢筋暴露在幼儿易接触的地方；插座安装位置过低，幼儿站在椅子上能够到；书包悬挂在幼儿头顶上方，若钉子松动，书包掉下容易擦伤或砸伤幼儿。

（5）学前班环境忽视了幼儿的年龄特点和身体健康发展的需要。C 大班虽然在室内外空间大小、采光和通风方面优于 A 大班，但在物质环境创设方面仍存在不少有碍幼儿身心发展的问题，例如，选用的方凳无靠背且凳脚过高，大多数幼儿需要将方凳倾斜才能双脚着地，方凳倾斜后幼儿坐不稳，容易摔跤。此外，幼儿正处于骨骼生长发育时期，无靠背的方凳易造成幼儿脊椎弯曲变形。该学前班环境创设还存在忽视幼儿年龄特点的问题。C 学前班的环境过于单调，且基本采用文字类抽象符号，忽视了幼儿的思维特点。

（6）生活活动设施不齐全，数量不充足，摆放不合理，不方便幼儿使用。调查显示，X 园 120 多名幼儿共用 60 个水杯，一个班的幼儿喝完水后将杯子放回原处，对水杯没有及时进行清洗，下一个班的幼儿接着用。桌椅不够，部分幼儿只能站在午睡区或者坐在床沿进餐。蹲厕的设计没有考虑班级幼儿数，导致部分幼儿只能在蹲厕外排便，不仅不利于幼儿形成良好的如厕习惯，也影响了园所的环境卫生。X 园的幼儿水杯远离饮水设备，幼儿需从后院取水杯再回到教室门口接水，许多幼儿拿到水杯后将其作为嬉闹和游戏的玩具。

（二）不断提高待遇，加快幼儿教师专业化成长

当前，我国许多农村地区学前教育师资存在如下问题：数量不足；学历起点水平较低，专业化发展程度不高；收入水平偏低，职称问题突出；职后提升机会不足，教育质量不高；等等。例如，笔者对 47 所农村幼儿园的调研发现，农村幼儿园班级规模过大，师幼比过低，专任教师队伍缺口大。68.1%的农村学前一年班级注册幼儿人数超过 40 人，80.9%的班级师幼比高于 1∶20；51%的班级由一名教师负责班级的全部工作。

除了数量，教师的素质与专业化水平也是影响幼儿园教育质量的核心因素，是普及有质量的学前教育的重要保障。调研发现，我国农村学前教育教师的学历和专业化水平较低，调研对象中不少教师（35.2%）为高中或初中学历，没有接受过任何幼儿师范专业的教育，大多数教师（46.6%）为中专毕业，仅 18.2%的教师接受过高等教育；28%的农村学前一年教师为无证教师，40%的教师持有小学教师资格证，仅 32%的教师持有幼教资格证。

师资短缺、教师专业化水平低，是农村学前教育师资建设面临的两大难题。农村学前教育师资力量薄弱的现状与农村幼儿教师的身份地位、工资待遇、社会保障的现状密切相关。研究表明，大多数农村学前教育教师为临时聘任的教师，仅 38.2%的教师为在编教师；本研究调查的 219 名农村学前教育教师月平均工资为 1577 元，最低为 520 元，18.7%的教师月工资不足 1000 元。农村幼儿园临时聘任的教师没有编制，无法享受公办教师享有的养老、医疗保险及住房公积金等社会保障，导致其存在许多后顾之忧。因此，稳定和扩大幼儿教师队伍，解决学前教育教师的编制、资格、待遇、培养和培训等问题，加快幼儿教师专业化成长，变得至关重要。

1. 增加学前教育教师编制

《幼儿园教职工配备标准（暂行）》是幼儿园办园标准的重要内容，是促进幼儿园教师队伍建设的重要手段，是规范幼儿园办园行为，促进幼儿园教师队伍建设，满足幼儿在园生活、游戏和学习的需要，确保幼儿接受基本的、有质量的学前教育，促进幼儿健康成长的重要保障。《幼儿园教职工配备标准（暂行）》做了如下具体的规定。

（1）教职工与幼儿的比例

幼儿园教职工包括专任教师、保育员、卫生保健人员、行政人员、教辅人员、工勤人员。幼儿园保教人员包括专任教师和保育员。幼儿园应当按照服务类型、教职工与幼儿以及保教人员与幼儿的一定比例配备教职工，满足保教工作的基本需要。不同服务类型幼儿园教职工与幼儿的配备比例如表 9-2 所示。

表 9-2　不同服务类型幼儿园教职工与幼儿的配备比例

服务类型	全园教职工与幼儿比	全园保教人员与幼儿比
全日制	1∶7～1∶5	1∶9～1∶7
半日制	1∶10～1∶8	1∶13～1∶11

资料来源：教育部. 2013. 幼儿园教职工配备标准（暂行）. http://old.moe.gov.cn/publicfiles/business/htmlfiles/moe/s7027/201301/147148.html[2018-09-09]

（2）专任教师和保育员配备

幼儿园应根据服务类型、幼儿年龄和班级规模配备数量适宜的专任教师和保育员，使每位幼儿在一日生活、游戏和学习中都能得到成人适当的照顾、帮助和指导。

全日制幼儿园每班配备 2 名专任教师和 1 名保育员，或配备 3 名专任教师；半日制幼儿园每班配备 2 名专任教师，有条件的可配备 1 名保育员。

寄宿制幼儿园至少应在全日制幼儿园基础上每班增配 1 名专任教师和 1 名保育员。

单班学前教育机构，如村学前教育教学点、幼儿班等，一般应配备 2 名专任教师，有条件的可配备 1 名保育员。

对所辖社区或村级幼儿园（班）负有管理和指导职责的中心幼儿园，应根据实际工作任务和需要增配巡回指导教师。

招收特殊需要儿童的幼儿园应根据特殊需要儿童的数量、类型及残疾程度，配备相应的特殊教育教师，并增加保教人员的配备数量。

幼儿园应根据当地学前教育发展的实际情况，增设教师岗位类别和数量，满足本园发展和保教工作的需要，并确保在教师进修、支教、病产假等情况下有可供临时顶岗的保教人员。

不同服务类型幼儿园各年龄班和混龄班班级规模、专任教师和保育员的配备标准如表 9-3 所示。寄宿制幼儿园每班幼儿人数酌减。

表 9-3　幼儿园班级规模及专任教师和保育员配备标准

年龄班	班级规模/人	全日制/人		半日制/人	
		专任教师	保育员	专任教师	保育员
小班（3～4 岁）	20～25	2	1	2	有条件的应配备 1 名保育员
中班（4～5 岁）	25～30	2	1	2	
大班（5～6 岁）	30～35	2	1	2	
混龄班	<30	2	1	2～3	

资料来源：教育部. 2013. 幼儿园教职工配备标准（暂行）. http://old.moe.gov.cn/publicfiles/business/htmlfiles/moe/s7027/201301/147148.html[2018-09-09]

（3）其他人员配备

园长：6 个班以下的幼儿园设 1 名，6～9 个班的幼儿园不超过 2 名，10 个班及以上的幼儿园可设 3 名。

卫生保健人员：根据《托儿所幼儿园卫生保健工作规范》配备。

炊事人员：幼儿园应根据餐点提供的实际需要和就餐幼儿人数配备适宜的炊事人员。每日三餐一点的幼儿园每 40～45 名幼儿配 1 名；少于三餐一点的幼儿园酌减；在园幼儿人数少于 40 名的供餐幼儿园（班）应配备 1 名专职炊事员。

财会人员：根据国家和地方有关财会工作规定配备。

安保人员：根据国家和地方有关安保工作规定配备。

幼儿园应根据实际需要配备数量适宜的教职工，积极实行一岗多责，提高用人效益。

各地可根据当地经济社会发展水平和学前教育发展的实际情况，制订适合本地的具体实施方案。

2. 提高对学前教育教师的学历要求

要保证农村学前教育的质量，提高学前教师的专业化发展水平：第一，要提高学历要求（大专及以上水平）；第二，要完善幼儿教师资格认证制度，强化农村教师的专业性和地区适宜性；第三，要建立分阶段、分层次的教师专业标准，按照教师发展的不同阶段和能力水平高低对教师进行专业水平认证，促使教师的能力不断提升；第四，要将教师教育培训与教师资格认证制度紧密联系；第五，要拓宽教师准入途径，让达到一定学历水平和专业要求的人员也能通过资格考试的方式加入学前教育教师队伍。

3. 依法保障学前教育教师待遇

建设学前教育教师队伍要以人为本，提高学前教育教师的地位和待遇，确保教师的基本权益。完善的教师保障制度是提高教师专业性和职位吸引力，吸引优秀教师入职，减少教师流失的有力保证。

《国务院关于当前发展学前教育的若干意见》要求："加快建设一支师德高尚、热爱儿童、业务精良、结构合理的幼儿教师队伍。各地根据国家要求，结合本地实际，合理确定生师比，核定公办幼儿园教职工编制，逐步配齐幼儿园教职工。"幼儿的发展取决于教师的工作热情和积极性，这就需要确保幼儿教师有尊严地生活和工作，确保教师的地位提高、待遇合理、专业发展有机会。

（三）科学地组织幼儿园一日活动

幼儿教师要科学、合理地安排幼儿的生活及活动，保证幼儿养成良好的生活习惯，促进他们的身心得到健康、和谐的发展。为此，要重点抓住一日活动这一重要环节。

1. 合理安排好过渡环节

幼儿园要尽量减少不必要的集体行动和过渡环节，减少和消除消极等待现象。幼儿园的一日生活中之所以需要过渡环节，一是为了适应幼儿日常身心活动有节奏更替的需要，二是为了适应日常教学活动有节奏更替的需要。

（1）什么是过渡环节

过渡环节是指在幼儿园一日活动中介于有明确目标和内容的活动组织形式之间、用于转换的环节。幼儿园有着较为稳定的一日生活制度，采取较为统一的形式，如统一进餐、统一起床等。但幼儿之间的能力存在差异，在教师的统一要求下，会出现过度的等待现象，并且幼儿会因为消极等待显得无所事事和自由散漫。因此，教师需要合理安排好过渡环节。

需要过渡环节的情况包括来园、离园、准备去户外活动、排队去别的地方、改变活动区、重新回到集体进行活动等。

（2）过渡环节中存在的问题

从目前幼儿园的实际情况来看，过渡环节的作用更多地体现在缩小幼儿的活动节奏的差距，保证集体活动时间的整齐、统一方面。对于过渡环节活动的安排通常是以如厕、盥洗等生活活动替代，在这个过程中，过度干预、催促等现象大量存在。过渡环节转换生硬，或者是安排幼儿自由活动，但在自由活动时间，教师往往采取“放羊”式的管理方法，并没有把过渡环节纳入“教育活动”的范畴。同时，在有目的、有计划进行的集体活动中，幼儿的自主性活动缺失，基本上是处于听从教师指令的状态。教师主要是面向全班儿童单向交往，而教师与幼儿一对一的交往以及教师与幼儿小组之间、幼儿与幼儿之间的交往严重缺失。在环节转换时，教师一味地追求安静、井然有序的教室环境与秩序，幼儿的自由活动往往受到压制。

《幼儿园教育指导纲要（试行）》指出，应尽量减少不必要的集体行动和过渡环节，减少和消除消极等待现象。对于该表述，部分教师可能会产生误解：减少和消除消极等待等浪费时间的现象是不是意味着要尽可能地压缩过渡环节的时间？用一些强制的手段来提高转换的速度，完全是出于教师管理的需要，忽视了幼儿身心的需要，这就违背了过渡环节本身具有的调节、转换的作用与意义。

（3）合理安排过渡环节的建议 ①

1）制订连贯的幼儿园一日活动流程，每一名教师都要提前安排好在过渡环节要做的事情。

第一，帮助幼儿熟知活动流程，明确知道自己接下来要做什么。可以在每一项活动结束时给出明确的信号，让每一个幼儿意识到要转向下一项活动了。

第二，教师提前准备好下一项活动所需材料，缩短过渡环节的时间，减少幼儿的消极等待时间。

第三，将一些简单的手指游戏、歌曲、儿歌用于过渡环节。

第四，若之前为时间较长的自选活动，教师应帮助并要求幼儿边活动边整理。

2）进餐结束后的过渡环节。

第一，幼儿进餐结束后，让他们清理自己的位置，并快速进入下一个活动。在等待的间隙，教师可以安排一些活动量较小、较安静的活动，如给幼儿分发一些纸笔让他们画画，或者给他们一些图书阅读。

第二，如果还需要较长的时间才能开展下一个活动，可以为幼儿提供一些桌面玩具或者让幼儿参与到区域活动中。教师可与幼儿商讨制定规则，当音乐或者某个信号响起时，幼儿应收拾玩具，结束活动。

---

① 赛菲尔. 2012. 幼儿教师工作高效应对策略. 曹宇译. 北京：中国轻工业出版社，27.

3）过渡到户外活动。

第一，上一个活动结束时，分批解散幼儿。如果需要让幼儿穿上外套，鼓励幼儿彼此间相互帮助拉拉链、扣纽扣，实在不行再向教师寻求帮助。

第二，尽量不要让幼儿排队。排队只会让幼儿觉得枯燥和紧张，可能会导致幼儿之间推搡和攻击性行为的发生。理想的做法是：一名教师带着第一个准备好的幼儿先到户外去，其他准备好的幼儿紧随其后，另一名教师负责在后面照看那些动作慢的幼儿。

4）户外活动或自选活动后的过渡。

第一，在离游戏结束还有 5 分钟时，教师可轻声地一组一组提醒幼儿。

第二，5 分钟时间结束后，让一名幼儿告诉大家到了收器材的时间，这样有助于减少幼儿因不能继续玩游戏而产生的失落感。

5）午睡后的过渡。

第一，先让睡醒的幼儿起床，然后引导他们参与安静的活动（玩橡皮泥、拼图等）。与此同时，帮助其他幼儿起床、穿鞋。

第二，使幼儿逐渐、平缓地从午睡环节过渡到其他活动。

6）过渡到离园。

第一，许多幼儿园以自选活动或户外游戏结束一天的活动，家长可以在这段时间接走孩子。这样过渡比较自然，教师也有时间与家长交流。教师应鼓励幼儿在回家之前把刚刚使用的东西归放好，让家长参与到孩子的整理工作中。

第二，如果幼儿一起离园，可以安排他们在一天结束的时候看看书、听听音乐或者画画。校车来了或者家长来接的时候，分批送幼儿离开。

第三，在幼儿离开的时候，教师与每个幼儿拥抱或者握手，叫着幼儿的名字，跟每个幼儿说几句话。

第四，教师应留一些时间与家长谈谈一天中的事情，分享那些自己或者他们关心的事情。

2. 保持良好的师幼互动

师幼互动是幼儿园人际互动的核心，是幼儿园生活的重要内容，贯穿于幼儿一日生活的各个环节。师幼互动对幼儿发展具有重要作用，但其作用发挥的条件性很强，只有高质量的师幼互动才能很好地促进幼儿的身心发展。

研究表明，良好的师幼互动对幼儿的心理发展具有重要的意义与价值。首先，良好的师幼互动可以增强幼儿的安全感、自信心及探索精神。其次，良好的师幼互动能增强幼儿的亲子关系与同伴关系。积极、适宜的师幼交往对不安全的亲子依恋有一定的弥补和调整作用，并能促进亲子关系的发展。此外，教师与幼儿之间是否能形成亲密、安全的依恋关系，对于幼儿同伴交往的主动性、态度、能力、交往行为和过程以及同伴社交地位等，都有十分显著的影响。再次，良好的师幼互动能促进幼儿自我概念的发展、学业能力的提升。积极的师生交往有助于儿童产生内在的学习动机，并形成良好的学习习惯，在认知发展、语言学习、概念与知识的掌握等方面做得更好。最后，良好的师幼互动有助于幼儿对新环境的适应。因此，幼儿园一日活动的组织与实施需要保持良好的师幼互动。

（1）师幼互动的内涵

师幼互动就是指教师与幼儿之间的互动，广义上的师幼互动既包括发生在托儿所教师与3岁前幼儿之间的互动，也包括发生在幼儿园教师与3～6岁幼儿之间的互动；狭义的师幼互动专指发生在幼儿园的师幼互动，是指发生在幼儿园内部的，贯穿于幼儿一日生活活动中的幼儿教师与幼儿之间的相互作用、相互影响的行为及过程。其包括以下5个维度。[①]

1）言语的互动，指幼儿在口头语言和书面语言内容方面与教师的互动。

2）非言语的互动，包括：①身势学，指幼儿在手势、面部表情、体态表情（即姿势）方面与教师的互动；②辅助语言学（即发声系统），指幼儿在音质、音幅和声调方面与教师的互动；③语言外符号系统，指幼儿在教师言语中出现停顿、咳嗽、哭、笑、语速变化等情况时与教师的互动；④人类空间统计学（即交往的空间和时间的组织），指幼儿在不同的空间（包括活动室环境布置、桌椅的摆放方式、背景音乐的变化等）和不同的时间（包括次数和频度）的状态下与教师的互动；⑤视觉交往（即视线接触），指幼儿在与教师有无视线接触时与教师的互动。

3）活动的互动，指在个体、分组和集体等不同活动状态下，教师在参与活动时与幼儿的互动。

4）情感的互动，指幼儿在教师的积极、消极和中性情感状态下与教师的互动。

5）幼儿园外的互动，指幼儿在幼儿园外随机的不同状态下与教师的互动。

（2）师幼互动的类型

卢乐珍将“师幼互动”划分为5类。[②]

1）假互动：互动双方各自坚持自己原有的活动打算，很少考虑或忽视另一方的所作所为和信息反馈，因而保持的只是自以为是的拒绝、冷漠态度。

2）倾斜式非对称性互动：一方根据自己的计划做出反应，同时在权力和经验上占相对优势，对互动也早有准备，并且引导和控制互动的发展方向和速度；

① 杨丽珠，吴文菊. 2000. 幼儿社会性发展与教育. 大连：辽宁师范大学出版社，273.

② 卢乐珍. 2007. 卢乐珍文集. 南京：江苏教育出版社，169.

另一方则是顺从的、被动的、受领导的，然而双方彼此保持相倚的姿态，在一定程度上被动的一方积极或消极地配合主导一方。

3）平等式互动：互动双方既能根据各自的打算（或计划）做出反应，同时也会考虑到另一方的需要，调整自己的行动。双方彼此都是互动的控制者，通过对话或争论相互让步和配合。

4）合作式互动：在活动开始前，双方已有共同商讨的计划或分工合作，密切联系，或出谋划策、互相调节，为完成一致的目标而努力，并能从中感到极大的乐趣与自豪。

5）反应式互动：互动双方并无既定计划或者在互动过程中丢弃了既定的计划，而对现有的活动感兴趣，对另一方的言行积极反应。起初互动是随意的、偶然的，不存在明确的方向，一段时间以后，发展为倾斜式互动或合作式互动均有可能。

（3）师幼互动现状

卢乐珍通过对一日生活中589个师幼互动事件的整理与分析，发现师幼互动行为主要存在以下问题。①

1）教师处于控制者、管理者、权威者的地位，幼儿总是处于服从者、依赖者、被动者的地位。教师心目中的“孩子”往往只是工作的客体，而不是能动的主体。在教师决策、操纵、指挥、包办一切的互动方式下，造成了幼儿完全按照教师的意志行动的习惯。幼儿被培养出了被动性、依赖性、服从性等特征，力求达到与教师的指令一致，一旦遇到意外的情境，如遇到困难与挫折，离开教师的指导与安排，不少孩子就会不知所措。

2）在教学活动中，存在着教育要求一刀切、学习成果一律化，忽视幼儿本身的经验、意向、想象和创造的表达等现象。具体表现为：一是片面强调记忆与重现，要求幼儿所反映的知识、技能必须与自己教的内容完全符合；二是对于幼儿所说、所想的与他人不同的答案，都要及时将其“拉回”到教师预先设定的要求上来。案例中，教师因为孩子没有像自己希望的那样“认真、仔细”地按照“老师怎样教你就怎样做”的要求去做，教师认为必须及时地把它纠正过来，要求孩子重做，忽视了幼儿本身的创造表达的需要。

3）在生活环节中，存在着过多的规则、束缚与压抑，忽视了不同幼儿身心需要的差异性与积极情感的引导。目前，规则种类日益繁多、复杂，使理解与遵守规则、纪律成为幼儿适应集体生活的一大难题，也是幼儿教师面临的一项棘手工作。在幼儿园中，规则的宽严程度与教师本身的性格和情绪状态有关，在心情

① 卢乐珍. 2007. 卢乐珍文集. 南京：江苏教育出版社，169.

不佳时，教师的忍受程度、宽容阈限在变化。然而，环境嘈杂、空间局限、活动设备和材料的单一与匮乏、过多的人数和违反幼儿身心特点的活动本身等是造成幼儿违反常规的重要外部因素，但教师采用训斥、强制、惩罚和剥夺权利等方式来简单处理，忽视了规则存在的合理性，不利于幼儿的身心发展。

4）在游戏活动中，存在着教师越俎代庖地安排角色、安排场地、确定内容的现象，忽视了幼儿对游戏的自愿选择、自主展开、自由交往的权利。

5）在师幼交往中，存在着“好孩子”模式的偏爱倾向，教师没有因势利导地发展不同幼儿的个性与潜能。在师幼交往的过程中，部分教师不能跳出对某些幼儿所形成的“刻板印象”，以致在一定程度上常被自己的成见和幼儿的偶然行为牵着走，不但难以进行针对性教育，也对自己和幼儿的身心发展产生了许多不良影响。

（4）保持良好师幼互动的策略

所谓师幼互动的策略，指的是教师在应对具体的师幼关系情境时，为了建构良好的师幼关系，实现促进幼儿发展的根本目的而采取的有效策略或方法。

1）以材料为中介，支持幼儿与环境材料互动，尽量减少教师的干预。

在这里，教师的主要作用是提供可以激发幼儿学习兴趣的材料，教师的作用通过其所提供的材料来体现，从而减少不必要的干预，有助于形成良好的师幼关系。

2）根据不同情境，采取适宜的互动策略。[①]教师是幼儿学习活动的支持者、合作者、引导者。这种定位要求教师在生活活动中应根据支持、合作与引导的需要，采取相应的互动策略。

支持性互动：指以支持幼儿主动活动、消除幼儿活动障碍为宗旨的互动方式，包括抚慰式、赞赏式、帮助式、评价式、激趣式、照顾式、调解式等。

合作性互动：指教师以平等身份介入幼儿活动，合作完成活动任务的互动方式，包括参与式、协商式、讨论式等。

引导性互动：指教师对幼儿的活动行为趋向与方式加以指导，以使之有效的互动方式，包括提醒式、建议式、启发式、提问式、示范式、指导式等。

案例：鼓励幼儿克服午睡中面临的新问题

背景简介：午睡时间，中班俊俊小朋友哭着向老师求助：“老师，我要回家。”

原因分析：幼儿刚升入中班，午睡常规尚未养成，而这个小朋友是因为被安排睡上铺觉得不安全而产生要回家的想法，这是突然生成的个体发起的

① 刘飞敏. 2006. 生活活动中影响师幼互动的因素及应对策略. 学前教育研究，(1)：40-41.

求助式互动。

应对策略：

抚慰式互动——老师说："小朋友都没回家，爸爸妈妈傍晚就会来接你。"孩子仍然哭："我要回家，我害怕睡觉。"老师又劝："老师陪你睡好吗？"孩子说："我害怕，我不敢睡上铺。"这下老师才恍然大悟。

鼓励式互动——老师鼓励说："你长大了才睡上铺，这些楼梯都用绳子绑紧了，只要爬上去的时候慢一点，是不会摔下来的。"

讨论式互动——老师对其他幼儿说："大家来讨论一下，睡上铺怎样才安全？"有的小朋友建议："上去的时候身体向前。"有的小朋友鼓励说："别怕，刚开始我也怕，现在我长大了，就不怕了。"有的小朋友提醒："我教你，手要抓紧。"

帮助式互动——听了小朋友的鼓励和建议，俊俊开始爬上床，老师在一旁边帮助边鼓励："俊俊长大了，能自己睡觉了，真了不起。"

3）根据不同生活活动内容，采取不同互动方式。

盥洗活动是幼儿比较喜欢参与且能独立完成的生活活动，但幼儿情绪容易激动，往往会忘记活动程序与规则，还喜欢玩水，容易产生纠纷。因此，教师应多采用提醒式、建议式等引导性互动方式，辅以讨论式等合作性互动方式，提醒幼儿规范自己的行为。

进餐活动存在个体差异，能力强的幼儿完全能自己愉快地进餐，教师宜采取赞赏式、评价式互动方式；能力差的幼儿往往情绪低落，喜欢求助、求慰，教师应采取激励式、抚慰式、帮助式等支持性互动策略。

在幼儿午睡时，几位教师应适当分工，根据幼儿的个体差异，采用相应的互动方式。一般来说，对于能力强的能主动穿脱衣裤、鞋袜的幼儿，在赞赏、评价的同时，还可以鼓励其帮助能力差的幼儿；对于能力差的幼儿，应以激励其自己穿脱衣服为主，辅以适当的帮助式、照顾式互动策略。①

4）掌握多种技能，形成良好互动。②

第一，换位思考技能。当教师面对个性孤僻的幼儿时，要换位思考，把自己当作幼儿的某位亲人，以形成教育幼儿的情感基础，帮助其调整心态。几乎每个班都有一至两个甚至更多这样的孩子：整天低着头，不爱说话，不爱活动，大多数时间喜欢一个人独坐，不愿意和别人交往，对教师和同伴有一种本能的抵触。

① 刘飞敏. 2006. 生活活动中影响师幼互动的因素及应对策略. 学前教育研究，(1)：40-41.

② 陈淑萍，林国芬. 2005. 建构良好师幼互动的策略. 学前教育研究，(10)：36-38.

中（三）班的新生非非就是一个这样的孩子。由于父母离异，不能与同胞姐姐经常相聚，使瘦小的她变得孤僻，不愿意与同伴交流，对外界事物缺乏兴趣。教师针对这一情况，注意营造气氛，不勉强孩子，而是努力让她感到轻松、自在。有一次，非非告诉老师，奶奶说老师也是个小孩子。老师就对她说："老师是比你大一点、高一点的小孩子，你可以叫我姐姐。"此后，非非就叫老师姐姐，拉近了老师与她的距离。时间久了，她喜欢跟在老师身边，喜欢和老师说一些事情。老师也积极地提供机会，让她表现长处，并让全班幼儿鼓励她。非非逐步恢复了自信，跨越了孤僻，能大胆主动发言了，由此师幼互动也取得了实质性进展。

第二，启发思考，巧解矛盾。当孩子在讨论中争执不下并导致不愉快时，教师不应急于出面做"法官"，而应通过巧妙的提问，激发幼儿探索的欲望，启发幼儿从不同的角度思考，在协商与交流中解决冲突。

中（三）班辰辰带来一只八哥，告诉大家八哥会说话。可小朋友教了它一天，还没听到八哥讲话，大家认为辰辰在说谎。老师没有发表意见，而是组织大家讨论。有的孩子说："八哥一定是不认识我们，所以不讲。"马上有孩子否定："不对!它不认识我们，但它认识辰辰，为什么还不讲话?"又有孩子提出："可能是八哥忘了。"也有人反对："不可能，我们一直在教它。"老师抓住机会，问道："这只八哥是谁的呢?本来住在哪里?"立马有孩子说道："它觉得幼儿园太陌生了，它看到这么多小朋友害怕了，不敢说，一定是它太紧张了。"在孩子们这种有意义的争论中，教师没有急于去解决问题，而是在适当的时候适时介入和引导，有助于幼儿成为理性的思维者，并帮助他们巧妙地解决矛盾。

第三，抛球回应，保持兴趣。当教师发现幼儿想要放弃原有的特定兴趣而转入新的话题时，如果确定原有兴趣对幼儿更有发展价值或对于新的话题尚不具备探究条件，就应该想方设法让幼儿保持兴趣。这就要求教师能把问题再度抛给幼儿，促使他们更深入地探讨，以发展幼儿探究学习的品质与能力。

小（二）班浩浩在午后户外活动时，无意中在墙角边捉到了一只蜗牛，孩子们对蜗牛产生了浓厚的兴趣，并把它养了起来。可是几天后，蜗牛死了。孩子们在难过之余，感到很奇怪：我们喂蜗牛东西吃了，为什么它还会死了呢?老师及时捕捉了这次教育契机，和幼儿一起讨论"蜗牛吃什么"的问题。通过幼儿的想象或猜测，答案自然是千奇百怪，并且都认为自己的想法是正确的。这时，老师没有把正确答案告诉幼儿，而是让幼儿自己去寻找和比较。几天后，幼儿纷纷找回了答案。可见，教师在发现幼儿的兴趣后，应善于提出关键问题，帮助幼儿保持兴趣，并且鼓励幼儿在兴趣的驱使下解决问题。在此，教师与幼儿的互动没有明确的规范，而是通过教师对幼儿的关心、建议和帮助来推动活动继续和实现幼儿发展的。

3. 善于抓住教育契机

教育契机是指在教育过程中事物发展或转化的关键、枢纽、决定性的环节。幼儿的思维是具体形象的，而出现的教育契机往往具有情境性、直观性，容易被幼儿理解和接受，因此教师要及时利用，如果错过时机，效果可能就不明显了。《幼儿园教师专业标准（试行）》指出教师应具备“充分利用各种教育契机，对幼儿进行随机教育”的能力。如何才能抓住教育契机，做好随机教育？以下几点建议供大家参考。

（1）教师应树立“一日活动皆课程”的理念

有学者提出，幼儿园课程是幼儿在幼儿园教育环境中进行的、旨在促进其身心全面和谐发展的各种活动的总和。树立“一日活动皆课程”的理念，就是要充分重视幼儿园一日活动中各种形式活动的教育价值，包括生活活动、游戏活动、学习活动与运动活动等。然而，受传统观念的影响，许多教师认为只有“集体教育活动”即“上课”才是幼儿学习的重要途径，往往会忽视一日活动中的其他环节。因此，在一日活动的组织与实施过程中，教师要树立“一日活动皆课程”的理念，只有这样才能更多地发现蕴含在一日生活中的教育契机。

（2）细致观察，把握教育契机

观察是教师了解幼儿最重要、最基本的方法之一。对教育契机的把握需要建立在细致观察的基础之上。教师要利用各种机会，细致地观察了解幼儿，通过观察幼儿在活动中的言谈举止，了解他们的发展需要及发展水平、学习方式等，有的放矢地进行指导。

（3）注意情境，灵活调整教育策略

教师在捕捉到教育契机以后，应根据幼儿的兴趣、突发事件的性质来决定如何处理：或将其作为生成新的教育内容的契机，进行集体教育活动；或另行选择合适的时间、地点进行个别教育。

案例：“静电”

一天，亮亮发现脱毛衣时会发出噼噼啪啪的声音，并感到有点刺痛，他忙问：“是什么弄得我这么痛？”清清说：“有时我脱衣也痛的，晚上还看见一点点亮光呢。”大家一听，都说自己也碰到过这样的事。我觉得孩子对“静电”这一现象有了极大的兴趣和探究的欲望。于是，我有计划地在科学角分批投放了不同的材料，让孩子们在操作过程中认识“静电”。

第一次，我投放了许多纸屑、一些塑料玩具、积木和笔等，还有几块小手帕，让孩子们自己去尝试：怎样把纸屑吸起来？

孩子们在探索中发现：将手帕盖在纸屑上，用笔杆在衣服或头皮上擦几下，用手不停地摩擦，都能将纸屑吸起来，于是，得出结论：样样东西摩擦后都能将纸吸起来。

我没有急于否定孩子们的结论，而是投放了一些纸质小棒、不锈钢的小盖子、木质积木、玻璃杯等材料，让孩子们再去探索。当孩子们发现不是所有东西摩擦后都有吸引力时，我马上向孩子们讲解了有关“静电”的简单知识，解开了孩子们心中的疑团。

为了让孩子们知道“静电”与“吸力”的关系，我第三次投放了不同大小、不同质地的纸屑，如皱纹纸、蜡光纸、硬纸板、塑料纸等。

最后，我引导孩子们用已有的知识去解释日常生活中的摩擦产生静电的现象。当老师给小朋友梳头发时，孩子们发现头发飘了起来，有的小朋友会说：“这也是静电的关系吧，是梳子和头发摩擦的结果。”①（江苏吴中区木渎实小幼儿园　徐红艳）

［**案例评析**］该案例中的教师能敏锐地抓住孩子在生活中遇到的问题，通过有层次、有目的地在活动区投放相关材料，在发现问题—探索—（教师投放新材料后）再探索—发现问题—教师讲解的过程中，幼儿获得了较为完整的与“静电”有关的经验。

第二节　建构合理的成本分担机制，大力发展普惠性幼儿园

经费保障机制是指为了保障学前教育经费的充足、公平和效率而形成的关于学前教育经费的投入、分配和使用的规则体系和运行方式，它对教育经费的投入数额、投入主体和投入方式、经费分配及使用规则做出了具体的规定。逐步建立

① 徐红艳. 2001. 遇物而诲　相机而教（一）. 早期教育，（9）：16-17.

和完善学前教育的经费保障机制，是落实《国家中长期教育改革和发展规划纲要（2010—2020年）》提出的目标，实现有质量地普及学前教育、大力发展普惠性幼儿园的重要环节。

一、完善学前教育成本分担机制的对策

随着社会主义市场经济体制的建立，基础教育体制的深入改革，学前教育的快速发展，一个依靠政府拨款为主，多渠道筹措教育经费的格局正在形成。我国经济主体的多元化必然要求教育多样化，也必然要求对教育体制进行相应变革，实行教育成本分担与补偿。实行学前教育成本分担，也具有其现实可能性：一是国民收入分配格局的调整为学前教育成本分担创造了条件；二是相当一部分家庭已达成共识，家长对子女受教育程度的期望值不断升高，希望子女通过接受良好的学前教育，为将来获得较高的文化素养、较好的职业和较高的社会地位做准备。学前教育财政机制与其他非义务教育类型的财政体制中的具体问题和现象虽有不同之处，但其反映的问题是一致的，解决问题的途径和方法是接近的，因此可以借鉴其他非义务教育财政机制发展与改革的建议，进一步完善学前教育财政机制，为学前教育实行成本分担提供可能与保证。①

（一）政府成为学前教育成本分担中的主体

政府应加大对学前教育的投入，增加公办幼儿园的数量，扩大政府对学前教育服务的供给，确立农村优先、弱势群体优先的保障机制，对处境不利的儿童给予适合其水平的教育。对于农村和城市低收入人群、社会弱势群体等社会力量不愿意投入或者很少投入教育资源的领域，政府应成为供给的主体，以开办公办幼儿园、购买民办幼儿园服务等方式提供学前教育服务，对于无支付能力的人群减免入园学费，保障幼儿基本的受教育权利。②

另外，当今的国际社会，将学前一年教育或处境不利学前儿童教育纳入义务（免费）教育体系已经成了一种趋势。其核心工作是深入研究学前教育成本分担机制，完善分担的思路和方法。为此，各级政府应结合本地实际，将学前教育发展纳入地方社会经济发展的总体规划，在此基础上进一步完善财政支持，筹集社会各种投资，以加大财政支持的力度。

---

① 马佳宏，王琴. 2009. 我国学前教育成本分担问题分析. 2009年中国教育经济学学术年会论文集，6.

② 张玲. 2011. 我国学前教育中的政府责任与成本分担机制研究. 湖南师范大学，12.

（二）通过立法保证政府在学前教育成本分担中的责任

目前，《中华人民共和国教育法》《中华人民共和国教师法》等教育相关法律缺乏对学前教育制度的具体规定，对政府及其相关职能部门的义务和责任的规定散见于《幼儿园管理条例》《幼儿园工作规程》《幼儿园教育指导纲要（试行）》《全日制、寄宿制幼儿园编制标准（试行）》等行政规章、地方性法规和相关规范中。但这些立法效力层次低、范围窄；内容缺乏对责任主体义务和法律责任的规定。针对上述学前教育存在的问题，学前教育法律体系急需建立和完善。例如，加快幼儿教育的立法进程，通过法律明确幼儿教育的公益属性和重要地位，以教育法制为手段，明确规定政府对于学前教育的经费投入义务，不断强化政府作为幼儿教育经费承担者的角色，从法律制度上确保政府对幼儿教育的投入，化解幼儿教育的资源供需不平衡矛盾，同时还要通过立法加强政府对幼儿园办学条件的管理和监督，从根本上遏制幼儿教育收费的大幅上涨。同时，应重新确立幼儿教育事业由政府主办与政府主导投入的原则，将幼儿教育纳入国家的公共服务体系，加大公共财政对幼儿教育投入的保障力度。另外，应强化法律的强制约束机制，从法律制度上确保国家对于幼儿教育的成本分担义务，要做到这一点，就必须要明确以政府财政拨款为主，多渠道筹措教育经费的资金筹措体制，并通过法律条文的形式明确规定政府作为幼儿教育投资主体的法律责任，以及达不到法定投入比例所应承担的法律后果，确保各级政府履行对于幼儿教育的成本分担义务。①

为保障学前教育经费能得到落实，提升学前教育经费的使用效益，必须建立学前教育经费投入的保障机制。我国在学前教育立法方面虽然出台了《幼儿园工作规程》《幼儿园教育指导纲要（试行）》等，但是这些法规主要是针对规范幼儿园办园行为、办园体制改革和加强幼儿园教育指导方面的。对于学前教育事业发展中至关重要的经费投入问题，我国并没有出台明确的法律规定。美国早在20世纪80—90年代就制定了相关的法律，如80年代的《提前开始法》《家庭援助法》，90年代的《儿童保育与发展固定拨款法》《全美儿童保护法》等，对学前教育的经费投入有明确的规定。鉴于此，我国须在学前教育事业中加强学前教育的立法，特别是学前教育经费立法。

（三）建立由政府主导的多种社会力量共同参与的学前教育成本分担机制

学前教育是教育体系中公共性最强、社会受益面最广的一种准公共产品，

① 余雅风. 2008. 从平等权视角看学前教育中的政府职责. 学前教育研究，(7)：7-11.

1987年，《国务院办公厅转发国家教委等部门关于明确幼儿教育事业领导管理职责分工的请示的通知》中明确指出，幼儿教育是教育事业的重要组成部分，是我国学校教育的预备阶段，同时又是一项社会公共福利事业。学前教育需要政府与社会力量共同参与其教育成本的分担，其中政府应发挥宏观调控的作用，设立中央级学前教育财政专项经费，以维持全国范围内的学前教育发展，在保证主要成本分担角色的基础上，还应鼓励和引导社会各种资金的筹措，扩大学前教育经费的来源渠道。

学前教育应受到重视，社会的稳定和发展依赖于儿童。因此，学前教育成本分担将从根本上促进学前教育事业健康、持续、和谐地发展。首先，社会捐资助学是我国幼儿教育经费的重要来源。2010年颁布的《国务院关于当前发展学前教育的若干意见》，也明确提出："建立学前教育资助制度，资助家庭经济困难儿童、孤儿和残疾儿童接受普惠性学前教育。"目前，教育部也启动了针对学前教育国家资助政策的前期调研工作。其次，应进一步拓宽社会分担幼儿教育成本的途径。最后，政府还可以制定相应的法律，从一些社会营利性单位的收益中提取一定比例的资金用于发展幼儿教育事业。

（四）以标准成本为依据，确定学前教育收费标准，按照家庭支付能力选择入学

我们认为，幼儿园可以分为"营利性"和"非营利性"两类。公办或者第三方机构举办的幼儿园应当坚持非营利性的公益原则，不以营利为目的，按照政府对学前教育实际成本进行分担后，留下的成本缺口通过收费的方式由家庭来承担。但是，为了吸引更多的民间资金投入到学前教育事业发展中，应当允许学前教育投资者取得合理回报。在收支平衡的基础上，投资者希望有一定的投资收益，幼儿园希望能有一定的发展积累，可以允许有一部分期望盈余，这部分期望盈余不属于幼儿园实际支出的成本，在标准成本中未计入投资者的期望盈余收益率，但在制定幼儿园收费标准时，应将此项考虑在内，因此幼儿园的成本收费应当是：收费=成本+期望盈余。不同地区、不同层次的幼儿园收费标准应有区别，要确保低收入家庭的孩子平等地享有受教育的机会。为遏制幼儿园的暴利现象，政府应对幼儿园投资者盈余的比例做出限定，可以参照社会平均利润率。学前教育作为准公共产品，个人和家庭是受益的主体，因此家庭应当分担部分费用，在家庭能承担的范围内可以自由选择入学。

根据《中华人民共和国企业所得税法》第九条规定，企业发生的公益性捐赠支出，在年度利润总额12%以内的部分，准予在计算应纳税所得额时扣除。目

前，我国涉及教育的非营利性组织主要是针对义务教育，还没有专门针对学前教育的非营利性组织，也没有针对学前教育捐赠的税收优惠政策和个人所得税政策。在“普及九年制义务教育”任务基本完成的情况下，可以考虑设立专门的针对学前教育的非营利性组织，制定对于企业捐赠的相关优惠税收政策和个人所得税政策，激励社会和个人向学前教育捐赠。

（五）改革现行的幼教拨款体制，构建以低收入人群为重点的投入模式

当前，学前教育的资源分配仍以城市为中心，有限的学前教育拨款被少数幼儿园独享，因此，改革现行的学前教育财政拨款体制，以维护社会的公平正义为基本导向，努力扩大幼儿教育的社会受益面，尤其应着力向农村及城市的低收入人群倾斜，有效地避免少数利益集团独占幼儿教育公共资源的状况。对此，省级政府可以设立幼儿教育发展专项经费，用于帮助偏远落后农村地区的幼儿、城市低收入家庭的幼儿及残疾幼儿接受学前教育，地方政府也应在加大投入的同时，设立专门的幼儿教育预算部门，分别对发达地区和贫困山区的幼儿教育进行单独核算，本着成本最低且效用最大的原则，将幼儿教育的资金投入和教育效益相挂钩，对幼儿园每年的资金使用情况进行及时跟踪和评估，灵活动态地调整幼儿园的财政拨款数额，努力改变以往幼儿教育经费“锦上添花”的投入方向，构建以农村及城市低收入人群为重点的投入模式，通过财政转移支付等方式，将幼儿教育经费用到最急需的地方去，切实保障农村及城市低收入人群的受教育权利。

（六）学前教育经费投入要建立中央、省、县三级财政拨款体制

要保障学前教育经费能够得到落实，需要建立中央、省、县三级政府的财政拨款体制。我国地域和经济发展具有不平衡性，决定了学前教育发展的不均衡，因此要促进我国学前教育的均衡发展，需要建立以中央为主、地方为辅的财政拨款体制。中央首先要对全国的学前教育经费投入有一个总体的预算，确定学前教育的最低投入标准；省级政府要在保证中央最低标准的基础上，适当增加对学前教育的投入，省级政府自身无法满足这一条件的，可以向中央申请拨款，由中央和省级政府共同承担；县级政府要在保证中央和省级拨款最低标准的基础上，适当增加对学前教育的投入，在自身财力无法满足的情况下，可以向中央和省级政府申请拨款，由中央、省级和县级政府共同承担。同时，为了保证学前教育经费能在公开、透明的条件下得到充分利用，要设立相应的申

请拨款、审计和监督机构。

二、完善学前教育成本分担机制的配套举措

有学者指出，建设普惠性幼儿园关键是要有科学的学前教育成本分担机制。教育部、财政部应当联合出台文件，要求各地政府根据本地的实际情况，按照普惠性幼儿园的质量标准核定公办幼儿园的生均办园成本，防止公办幼儿园装修建设的奢华化倾向；以建立普惠性幼儿园公平合理的成本分担机制为导向，确定公办幼儿园生均财政拨款标准，并纳入当地财政性教育经费预算，既确保公办幼儿园的运行经费，又确保教育拨款的公平性，不人为地扩大幼儿园之间的差距。

（一）加强幼儿教育成本核算制度建设

教育主管部门和财政部门应当深入调研幼儿园各项活动的支出费用，以避免成本统计口径不一致的情况出现，同时还应对幼儿园的成本项目进行科学界定和清晰规定，幼儿园维持正常运行所必需的开支项目都应当明确地列出来，作为文件发放给各级各类幼儿园，并要求幼儿园按照规定的项目对各项支出进行成本核算，公开会计信息，真实反映园所正常运行所需成本的情况。在此基础上，相关部门应当结合幼儿园的具体情况规范幼儿园的收费管理，实施分类管理，对于不同办园类型的幼儿园应当有不同的要求。在对幼儿园进行调研的同时，教育主管部门和财政部门也应当对幼儿园日常运行的主要成本项目进行核算和分析，据此制定生均经费标准，并以此规范幼儿园的日常支出。一方面，可以预防幼儿园通过减少开支来降低办园质量；另一方面，也可以限制有些幼儿园过于追求硬件设施而增加事业收费。因此，相关部门应当建立幼儿园成本信息公开制度，将幼儿园的成本和收费公布给社会和家长，接受舆论的监督，也有助于规范幼儿园的收费行为。

（二）加快幼儿教育建设，推动多元办园体制发展

学前教育建设离不开政府的支持，各级政府要切实履行发展幼儿教育的职责，搞好统筹规划，增加财政投入，加大对各级各类幼儿园的监管力度，推动多元办园体制的发展，鼓励和支持社会力量依法举办幼儿园。同时，要进行“公建民办”“民办公助”等办园体制改革。政府和教育部门应根据教育现代化的要求，发挥政府、社会、家庭三方面的力量，通过财政拨款、开征地方教育附加、

筹集人民教育基金、社会捐资等多种渠道，不断增加对学前教育的经费投入，改善和优化办园条件。其次，健全多元化的办园体制，激发学前教育发展的活力，形成以政府办园为主体、社会参与、兼顾公平与特色的发展格局。再次，构建以社区组织为基础，以示范性幼儿园为中心，优质规范、灵活多样的学前教育服务网络，不断完善多元化的学前教育管理体系。为了进一步发展学前教育事业，增强学前教育的磁场效应，应当多方筹措资金，鼓励社会力量多元投入举办幼儿园。最后，应加快实施意见的制定，促进办园机制的转型。相关部门应积极构建政府投入、举办者筹措、家长缴费、社会捐助的多元化投入办园机制，争取为高质量实施幼儿素质教育创造良好的条件。

（三）建立中低收入家庭幼儿保障体系

要真正完善学前教育成本分担的配套措施，不仅要根据中低收入家庭的承受能力与学前教育成本分担原则，合理制定符合学前教育成本分担制度和幼儿家庭经济能力能够负担的学前教育收费标准，同时还应当建立起中低收入家庭幼儿保障体系。政府应适当加大对学前教育的投入力度，设立专门的中低收入家庭学前教育补助基金，以幼儿助学券的形式对家庭情况符合中低收入标准的家庭予以一定的学前教育补助，减轻这部分家庭的幼儿教育负担，保障幼儿得到良好的学前教育。另外，鼓励公办幼儿园挖掘潜力，尽可能地接受中低收入家庭儿童入学，并且做好管理和教育教学工作。各级教育行政部门应积极扶持社会力量举办以接受中低收入家庭幼儿为主的幼儿园，将其纳入民办幼儿园管理范畴，制定审批办法和设置标准，加强管理。各级政府特别是教育行政部门要对上述幼儿园给予关心和帮助，在办园场地、办园经费、师资培训等方面予以支持和指导，对办学成绩显著的要予以表彰，切实保障中低收入家庭幼儿接受优质的学前教育的权利。

总之，学前教育成本分担是一个关系到政府、社会、家庭及其幼儿三方面利益的问题，如何切实有效地推进学前教育成本分担机制的构建与实施，是一项长远而重要的任务，仍需要我们不断地探索和努力。

第三节　大力发展农村小微型幼儿园

大力发展农村小微型幼儿园具有重要的战略价值，为此相关部门需要从政策导向、机制保障、专项工程和文化引领等方面加强对农村小微型幼儿园的建设。

一、完善发展政策

教育政策是一个政党和国家为实现一定历史时期的教育发展目标和任务，依据党和国家在一定历史时期的基本任务、基本方针而制定的关于教育的行动准则。教育政策代表了政府和民众的心声，著名学者劳凯声和刘复兴提出：教育政策涉及三个实践主体与七个基本方面，三个实践主体是国家、社会组织和个人；七个基本方面是国家教育权力、教育制度、受教育权利、受教育机会、教育资源、教育过程中个人与组织的活动、政策环境。①可以说，完善的教育政策对教育实践具有重要的导向和调节功能。

从当前小微型幼儿园发展的政策环境看，存在着一些误区。农村小微型幼儿园常常被一些人认为是以营利为目的，不规范的、低质量的甚至是非法的。从近几年农村幼儿园的建设来看，资金投入较多的是规模较大的乡镇中心幼儿园，而农村小微型幼儿园获得的资助并不多，这种政策模式往往容易形成“马太效应”，背离了教育公平的价值取向。②其实小微型幼儿园的存在有其独特价值，“小微型幼儿园大多地处城乡接合部，以处于低端的农民工子女为收托对象，其兴办与当地社区的经济社会发展相适应，尽管园所环境简陋，还是与社区周边环境相协调和适应的”③。为此，相关部门要基于如下原则设计农村小微型幼儿园的发展政策。

（一）坚持以人为本

这里的“以人为本”主要是以农村的幼儿为本、以农村的幼儿教师为本、以农村的地域特点和文化为本。具体来说如下：①学前教育是每一个人都应拥有的基本权利，政府与社会必须为每个儿童提供合格、优质的学前教育，为每个儿童探索和开拓新的生活打下良好的基础，因此受教育者应该是具有个人尊严和独特价值的个体，而不应是被加工、塑造的原料。②学前教育要保证幼儿健康快乐地成长，要重视游戏活动在幼儿日常生活与学习中的重要价值。教育不只是一种外部的引导、塑造，更重要的是，它是一种源于精神内部的活动，任何外部的作用只有通过受教育者的内部精神活动才能转化为教育。④因此，在对幼儿进行教育

① 劳凯声，刘复兴. 2000. 论教育政策的价值基础. 北京师范大学学报（人文社会科学版），（6）：5-17.

② 符太胜，严仲连. 2014. 论城镇化背景下小规模幼儿园的合理性——基于小规模幼儿园不合法性的反思. 广州大学学报（社会科学版），（10）：67-71.

③ 张燕，李相禹. 2010. 山寨幼儿园与农民工子女学前教育——对北京市城乡交界处一个区位样本的调查与思考. 学前教育研究，（10）：3-8.

④ 邬志辉，史宁中. 2011. 农村学校布局调整的十年趋势与政策议题. 教育研究，（7）：22-30.

的过程中，要充分尊重幼儿的主体地位，让幼儿在活动与探索中主动发展。③要有基于农村幼儿教育特点和农村幼儿教师成长规律的幼儿教师培养与考核机制。④要基于农村地区的地域特点和乡村文化实施幼儿教育。为此相关部门需要设计符合农村特性的小微型幼儿园发展政策，从农村小微型幼儿园和入园幼儿的实际出发制定适宜的办园标准。

（二）坚持公平与补偿相结合

平等是从正义理想中引申出来的最基本的原则。正义的实质就是平等[①]，在罗尔斯对正义的解释和他提出的关于正义的两个原则中，其基本的思想就是平等和不平等的补偿原则。[②]学前教育的功能与性质决定了它是针对所有社会成员所实施的一种基础性、启蒙性教育，是一个国家或社会及其所有成员能正常生存和发展的前提条件，因此它是公民的一项基本权利。在城乡差异较大的背景下，坚持平等正义的原则，制定发展农村小微型幼儿园的相关政策、保障农村学前儿童的受教育权，具有重要的意义。另外，由于地域、家庭等特点，农村地区存在着一些处境不利儿童。这就要求相关部门在制定农村学前教育发展政策时，要追求平等、差异和补偿的统一。具体来说，在接受基础教育的学习机会上，应面向所有人（儿童、青年和成人）坚持起点平等的机会平等，并建立一定的机制，以保证把这种平等不断推向更高水平；在进行教育的过程中，应坚持差别原则，为不同的人群提供不同内容与形式的教育；对由于处于不利地位而丧失机会或权利的人群（如女童、妇女以及社会地位低下人口）进行补偿。[③]有质量保障的学前教育对儿童一生的发展都具有重要的积极影响，且这种影响具有潜在性和延迟性的特点，如可以减少儿童后续学业失败、提高升学率，促进儿童的社会性、人格的发展等。

二、创新发展机制

（一）以县级为主的三级联动

从宏观统筹路径与管理机制看，应坚持县级统筹为主，乡镇统筹为辅，县、镇、村三级联动，确保政策、资金、师资与办园条件等得到充分保障。首先，政

① 皮埃尔·勒鲁. 1988. 论平等. 王允道译. 北京：商务印书馆，43.
② 劳凯声，刘复兴. 2000. 论教育政策的价值基础. 北京师范大学学报（人文社会科学版），(6)：5-17.
③ 劳凯声，刘复兴. 2000. 论教育政策的价值基础. 北京师范大学学报（人文社会科学版），(6)：5-17.

府和社会要充分认识到农村小微型幼儿园的价值，这是出台政策、加大投入和联动统筹的前提。科顿（Cotton）在总结学校规模和学生成绩的关系时指出："有50%的研究认为小微学校更具优势；但是，还没有一项研究表明大规模学校在学生成绩方面占优势。"[①]也就是说，如果小微型幼儿园的办园条件得到较好的保障，其质量不会比大规模幼儿园差，甚至还会更好，特别是在保障留守儿童的受教育权，关爱弱势群体方面更具优势。其次，以县级统筹为主，出台鼓励性政策，在资金、师资和相关待遇机会方面给予优先保障。例如，出台倾斜性政策，降低规模要求，将农村小微型幼儿园逐步纳入普惠性幼儿园体系；出台符合农村小微型幼儿园地域特点的质量标准；设立专项基金，用于补助和奖励农村小微型幼儿园；创立农村小微型幼儿园师资培养与提升阳光工程，优先资助农村幼儿师资的培养与促进其发展等。同时，在县级政府的统筹下，要充分调动镇（乡）、村各级政府的积极性，形成发展农村学前教育的合力。

（二）区域园际联盟协同发展

区域园际联盟协同发展是指以区域内（如乡镇）1～2 所优质幼儿园为核心，坚持共生发展的思路，形成资源共享、优势互补的机制，最终达成农村小微型幼儿园共生发展的目标。

区域园际联盟的发展路径有引领示范、管理互通、资源共享、研训联动、文化共建、项目合作等。引领示范是指区域内的中心园或发展好的幼儿园要充分发挥示范作用和辐射功能，引领所在联盟幼儿园的管理、教学和文化等的全方位发展。管理互通是指引领性幼儿园要在尊重农村小微型幼儿园办学自主权的基础上，充分发挥其在园所管理、制度建设、家园合作等方面已有的优势和经验，辐射到农村幼儿园，通过园际沙龙、联盟报告、现场观摩等形式，交流管理策略，促进农村幼儿园的管理水平不断提高。资源共享是指区域联盟在政府的统筹下，实现师资、课程资源等共分享、共互补，妥善地解决联盟内各园教师的结构性矛盾，促进师资均衡分布。研训联动是指区域园际联盟之间实施师资共训共育，组建区域内的教师专业发展共同体，在示范园的带领下，园与园之间共同开展教研、共同发展。同时，园与园之间还可以通过文化共建、项目合作等路径学习先进文化、打造个性化文化，实现联盟内资源的优化与充分利用，着力提升园际活动的实效性。区域园际联盟协同发展对营造园际共生合作的良好氛围，缩小城乡幼儿园办学差距，努力实现教育资源共享互补、教育教学联动互助，切实提高农

---

① Cotton K. 1996. School Size，School Climate，and Student Performance. http://upstate.colgateedu/pdf/Abt-merger/Cotton-1996-Size-Climate-Performance.Pdf [2017-12-23].

村小微型幼儿园、薄弱幼儿园的整体办学水平，具有重要的意义。

三、实施专项工程

发展农村小微型幼儿园具有重要的价值，但需要实施农村小微型幼儿园专项工程，以解决农村小微型幼儿园所面临的困境，更好地满足农村学前教育的需求。

我国实施农村小微型幼儿园发展专项工程，首先，要分析不同农村地区的自然与人文环境、人口分布、经济发展水平与政治生态等特性，要充分发挥农村小微型幼儿园规模较小、办园灵活、收费较低、入学方便、混龄教育活动较丰富、与社区家庭的联系紧密等方面的优势。其次，要设立农村小微型幼儿园发展专项资金，形成合理的成本分担机制，建立专项资金使用管理机制。再次，要合理分析农村地区人口流动与布局，科学地建设、布局农村小微型幼儿园。最后，要结合农村幼儿教育的特点，实施农村幼儿教师定向培养与提升工程。

四、彰显乡村文化

从微观特色路径看，要充分发挥农村小微型幼儿园的地域特点，彰显乡村文化特色，使农村小微型幼儿园的教育活动、幼儿的主动学习与幼儿身边鲜活的生活体验有机结合。幼儿教育的发展离不开其赖以生存的土壤，陶行知先生指出：农村幼儿教育要坚守乡土文化，走自己的道路，这符合幼儿教育生活化、自然朴素的特点，为此教育资源要就地取材，“要充分运用眼前的音乐、诗歌、故事、玩具及自然界陶冶儿童”，“活的乡村教育要用活环境，不用死的书本”[①]。农村小微型幼儿园的教育教学要根植于当地的沃土，充分体现区域特色。在教学资源上，要立足乡土文化，因地制宜，内容、游戏材料等要贴近大自然、源于农村生活和乡规习俗，同时在活动的开展上，要让贴近幼儿亲身体验的大自然成为主阵地，让幼儿在“做中学，玩中学”。农村小微型幼儿园可以开展乡村科学教育实验、田园科学教育之旅等活动，充分挖掘乡村的学前教育资源，让游戏教学充满探究学习的乐趣，达到说做结合、知行合一。

---

① 转引自：张丽. 刘焱，裘指挥. 2016. 农村小微型幼儿园发展的价值、困境及路径. 教育学报，12（5）：91-96.